アインシュタインここに生きる

ハーブロックによる風刺画．1955 年 4 月 18 日のアインシュタインの死後数日後に『ワシントン・ポスト』に発表された．(『ワシントン・ポスト』の許可によって再掲した．)

アインシュタインここに生きる

アブラハム・パイス
村上陽一郎　板垣良一　訳

産業図書

Einstein Lived Here

Abraham Pais

This translation of *Einstein Lived Here* originally published in English in 1994 is published by arrangement with Oxford University Press.

イーダ、ジョシュア、リーザのために

そして若いザーネ・アブラハムへの暖かい歓迎のために

「誰もが私を理解していないのに、
誰もが私を好んでいるのは、どうしてだろうか」

アルベルト・アインシュタイン
『ニューヨーク・タイムズ』の一九四四年三月十二日から引用

読者へ

一九二九年四月十六日に、イギリスの外交官で作家のハロルド・ニコルソン卿（Harold Nicolson 1886-1968）は、ベルリンから妻に――妻は『サックビル=ウェストの履歴書』（Sackville-West 1892-1962. イギリスの女流小説家・詩人）の著者である――手紙を書き、先頃の経験について語った。彼は国会で行われたH・G・ウェルズの講演に出かけ、その後ベルリンの有名なホテル、アドロンでウェルズのための晩餐に出たことを報告した。「アインシュタインが司会した。彼はおどけていて、まるで自分の顔を描いた仮面を被った子供のように見える。彼は可愛い人である。彼はウェルズのために短いスピーチを行った。私はそれを後で通訳した。私は次のように切り出した。〝私は、アインシュタイン教授のスピーチを通訳するように頼まれました。私は、それが私が彼について理解し得た最初のことであると付け加えてよいと思う〟。彼らは、それを面白い冗談だと受け取った」。

ハロルド卿のように、アインシュタインが言い、考え、行ったことを殆ど理解しないままに、彼についてもっと多くを知りたいという人は非常にたくさんいる。私は、物理学者であるからではなくて、彼の晩年に彼をよく知っていたが故に、多くの人々よりも彼について多くを理解してきたので、一般の大衆を人間アインシュタインにより近づけることを本書で試みる。私はこのような読者を対象と考えるので、どんな数学も使わないよう心がけた。但し、$E=mc^2$ という不可避な公式や、第六章での少数の方程式は例外である。

永らく本書のような文章の集大成の準備を進めながら、私の目がアインシュタインの疑問に行き当たった時、私はすぐに、たとえその疑問の言明が不正確であっても、この書物の題字は決まったと思った。誰もがアインシュタインを理解していないとか、誰もが彼を好んでいるとかいうのは、どちらも真実ではない。良い大学の大学院科目の中にもうけられた相対論のしっかりしたコースを見いだすのは、稀ではない。この老人を嫌う人々の例に関して、注意深い読者は、実際以下のページにそれらの例のいくつかを見いだすだろう。

本書は筆者の『神は老獪にして…』(クラレンドン社、オックスフォード、一九八二年〔西島和彦監訳、産業図書、一九八七年〕)の姉妹版であるが、続編ではない。前著ではアインシュタインの科学と彼の生涯に焦点を当てた。彼が外部の非科学者の世界に受け取られた有様については時折触れただけだった。本書の主要な目的は、後者の話題についてより詳しく述べることである。それが本書の中心的なテーマになっている。

しかしながら、前著と重なるところも多少は存在する。即ち、アインシュタインとニュートンの章(第四章)と、ノーベル賞の章(第六章)の二つの章は前著から借りてきた。おそらく今回読者が異なることを考えれば、前著からそれらを借り出すことは許されるだろうと考えた。他の章では、『神は老獪にして…』をよく知っている読者は、そこに登場した言葉を見いだすこともあるだろうが、それは稀でしかない。

本書に含まれる内容のいくつかは、アインシュタインについての筆者の前著が完成した一九八二年には、まだ使えなかった資料を扱っている。特にアインシュタインが後の最初の妻との間に私生児の娘を持っていたことを扱った資料は手に入っていなかった。その事実はやっと一九八六年になって公になった。その同じ年にアインシュタインの次男についての回想録の集大成が、多数の中等学校の級友たちによって出版された。この次男は、級友たちとの密接な関係があった時代のすぐ後に、はっきりと精神分裂病となった。その書物は、今のところドイツ語でのみ出版されている。また、アインシュタインの最初の妻が、相対論の定式化に重要な役割を演じたことが主張される出版物も、最近出されたものである。私はこれらの三つの話題を「アルベルト・アインシュタインの陰で」（第一章）の章で扱う。

彼についての前著を書き進める間に、世界規模の彼の著名度は、メディアから彼が受けた注目の結果であると確信するようになった。この報道範囲をより十分に調べることが、極めて有益であろうという考えが、その時既に生まれていた。従って私は、この一〇年間時間を捉えて新聞や雑誌のアーカイヴを掘り起こし、アインシュタインが新聞の記録に初めて現れる一九一九年から現在までの『ニューヨーク・タイムズ』のマイクロフィルムを手始めに取り上げた。一九八〇年代終わり頃までに、多くの時間をかけた調査は、ぎっしり詰まった五〇数ページの手書きノートになった。

その間、私はできるだけアインシュタインの人生を遡って、外国の新聞の切抜きを入手する努力を行うべきであることを、確信するようになった。現地の調査機関からの素晴らしい援助によって、一九〇二年という初期に、アインシュタインが新聞に現れていることがわかった。面白いニュースが、スイスやチェコやドイツの日刊紙から現れた。それらの国々は、彼がアメリカにやって来る前に、大学での地位を占めていた国である。

このような資料のすべては、「アインシュタインと新聞」の章となった。この章は、本書の主要な章で、収集するために最も骨を折った章である（第一一章）。

簡単なコメントや、長い講演の報告と同じように、彼とのインタヴューが、定式化という彼の優れた才能と並んで、生き生きとした表現形式を伝えていることを願う。また読者が、科学を含むにしても、科学から全く離れたところでの、人間としての彼の見解を知るようになることで、私が感じている魅力を分かち持って欲しい。実際、新聞は好んで、平和主義、超《スープラ》国家主義、市民の自由、中東でユダヤ人とアラブ人が調和と威厳を持って互いに生きる権利と義務、つまり科学以外のアインシュタインの考え方の主要なテーマについての彼の声明を報告してきた。しかしながら、このことはまだすべてではない。私はしばしば本書での説明に、死刑から菜食主義に至る話題についての彼の意見を扱う多彩な新聞報道を挿入する。どうか我慢して読んで戴きたい。

このように多くの問題についてのアインシュタインの言明がそれほど重要であるかどうかについては、きっと意見が異なるであろう。私はそのすべてを伝えることを目指した。というのはそれが読者にこのきわめて非凡な精神の働きについての感覚を与える最も良い方法であると考えるからである。たとえ長く記憶されようと、すぐに忘れ去られようと、彼の変わらぬ偉大さは彼の科学であろう。

本書の具体化を助けてくれた人々の援助を感謝して記しておく。ボストン大学のアインシュタイン研究プログラムのメンバーたちに心から感謝する。特に、最も有用で、友好的な忠告に対して、ロバート・シュールマン、資料を集めてくれたアネット・プリングル。エルサレムの記録を提供してくれる好意を示されたヘブライ大学のゼーヴ・ローゼンクランツ。ドイツの新聞の切抜きを集めることを助けてくれたベルリンのカールハインツ・シュタインミュラー博士夫妻。また上で引用したニコルソンの手紙に注意を向けてくれたハンス・ヘンリック・ブルーム大使に感謝する。手稿の準備のための有用な仕事や、途上での有用な編集上のコメントに対してヤン・マイヤーさんを得て、きわめて幸運だった。

準備の多くの局面で私を助けてくれた基金に対してアルフレッド・P・スローン財団に多くの恩を受けている。

最後に、ボストンとエルサレムの両方にあるアルベルト・アインシュタイン・アーカイヴ、ルイ・ド・ブロイ基金、ケンブリッジ大学出版会、*American Scientist* などからの引用や再録の許可に感謝したい。これらの機関については当該の章の初めに言及されている。

親愛なるイーダ、君の絶えざる援助、加えて著述が進んでいく際の君の賢明な疑問に対して感謝する。

4

ニューヨーク　一九九二年一月

アブラハム・パイス

参考文献

おのおのの章は，それ自身の参考文献を持っている。しばしば使われる略語は以下のようである。

CP : *Collected papers of Albert Einstein*, ed. J.Stachel *et al.*, Princeton University Press, 1987.

NYT : *New York Times*.

RS : J. Renn & R. Schulmann, *Albert Einstein-Mileva Marić, the love letters*, Princeton University Press, 1992.

SL : *Subtle is the Lord*, A. Pais, Clarendon Press, Oxford, 1982.

VZ : *Vossische Zeitung*.

目次

図版

原子力エネルギーについて記者に語るアインシュタイン。一九三四年十二月二十九日。 318
アインシュタインとオッペンハイマー、一九四〇年代終わり。 325
アインシュタイン（一九五〇年代初め）。 328
アインシュタインとベン・グリオン。一九五一年五月。マーサー通りの家の裏庭で。 376
アインシュタインの生誕百年祭の機会に使われた初日カバー。一九七九年三月十四日。 389

オッタワのカーシュ撮影のアインシュタインの肖像. 1950年代初め. (カーシュ/カメラ社の好意による.)

第一章

「アルベルト・アインシュタインの陰で」

第一節　序　論

一九六九年に（ユーゴスラヴィアの）クルシェヴァツの出版社バクダラ社はアインシュタインの最初の妻であったミレーヴァ・マリッチの伝記を出版した。この著作はセルボクロアチア語で書かれている。（＊原書名は *U senci Alberta Ajnstajna* である。）英語に翻訳すればその書名は『アルベルト・アインシュタインの陰で』である。その著者はセルビアの婦人でデサンカ・タルブホヴィッチ・グジュリッチで高校の数学の先生であった人物である。数年後にタイプ印刷した独訳がでまわり始めた。私はアインシュタインの伝記（1）を書き終える前にこの資料に目を通したが、その内容があまり印象に残っていなかったので、その伝記では言及しなかった。

その間にこのマリッチの伝記の独訳が公刊された。特に興味を引かれたのは著者の死後の一九八八年に出た最新の第四版(2)であり、その時期にはアインシュタイン全集の第一巻目がすでに出版されているのである(3)。この全集第一巻にはアルベルトとミレーヴァの関係についての新しい情報が含まれているが、タルブホヴィッチの生きている間にはそのどれもが公開されていなかった。この第一巻の中で最も重要なのは一九〇二年、つまり結婚前に生まれた娘リーザル[Lieserl : Liese は Elisabeth からの派生。-erl は縮小辞なのでエリーザベトちゃん、の意味か]の誕生後までの時期に交わされたアルベルトからミレーヴァへの四一通の手紙、ミレーヴァからアルベルトへの一〇通の手紙である。これらやその他の資料は一九八六年サンフランシスコの銀行の金庫室で、アインシュタインの長男ハンス・アルベルトの遺産の論文の中に発見された。

この新しい情報はヴェルナー・チンマーマンによってミレーヴァのこの伝記の独訳第四版に初めて組み込まれた。チンマーマンはチューリヒ市のアーカイヴの職員(その後退職した)で、チューリヒ大学のスラヴ言語・文学の正教授である。彼は、いくつかの章の補遺と全体的なまとめを書いた。そのことでこの二〇〇ページの著作の質と視点を大きく改善したのである。

このミレーヴァの伝記は彼女の家庭的背景や彼女の幼い頃について興味を引くユニークな情報を与えている。同様に、彼女のつらい晩年にあてられたこの著作の終わりの三分の一も薦められる。しかし、残念ながら同じ言い方をこの著作の中心テーマである「アインシュタインと彼の最初の妻となるべき婦人の関係の本質」についてあてはめることはできない。アルベルトの科学的生産に関するミレーヴァの役割についての記述が意外であるし、びっくりさせるものであるからである。この点に関してはこの著作の著者の主張が事実に基づいていると信じさせる理由をひとつも見いだせなかった。このようなわけで私は以前のタイプ原稿を読んだ後、最終的な版が語調を弱めることを願いつつ(そのことは果たされなかったが)、結局草稿であると考えられるものに言及しないことが最も賢明であると決心した。

にもかかわらず、私の以前の伝記を書き終えてから一〇年以上経つ今、いくつかの理由からこのミレーヴァの

1880年代初めにとられた，知られている中で最も小さい頃のアインシュタインの写真.（南ドイツ出版社の写真サーヴィス）.

3　第1章「アルベルト・アインシュタインの陰で」

伝記に戻りたい。

まず、それは以前には使えなかった新しい資料についてコメントする機会を与えてくれる。

第二に、最近アインシュタインの仕事、特に相対論にミレーヴァが重大な影響を与えたと称する点について、一部では喧しい議論がある。これらの最近の主張すべては、タルブホヴィッチが始めたことに起源を置いているが、それは決してミレーヴァ自身によってはなされなかったことである。私はこのような議論が結局跡形もなく消え去ることを確信しているのでこの問題の論争に関わることに興味はない。だがそのことは実際の事実を見るときにそれらが何であったかを理解するという或る目的に役立つと思う。

第三に、ミレーヴァについてのこの著作が別の点、すなわちアルベルトとミレーヴァの次男でもう一人の悲劇の人物エドゥアルトのことで遺憾に思われるところがあることに気づいたことである。このことに気付いたのは彼の中等学校時代の九人の級友たちが書いて一九八六年に出版された伝記的作品(4)を読んでからである。彼らは皆この本が出たときには七十代半ばになっていた。彼らはこのような共同事業への序文の中でタルブホヴィッチの資料が適切でないことを丁重だが確固と述べている。私は本章で英語圏世界にはあまりよく知られていないエドゥアルトのこのような伝記的スケッチについても伝えたい。

年代的な事柄をいくつか思い出すことから始めるのが有用だろう。

第二節　いくつかの背景

アルベルト・アインシュタインは一八七九年三月十四日、ドイツのヴュルテムベルク州のウルム市バーンホフシュトラーセＢ一三五番地の両親の家で生まれた。父ヘルマンは小実業家で必ずしも成功したわけではなかった。母パウリーネの旧姓はコッホだった。家族は一八八〇年にミュンヘンに移り、一八八一年十一月十八日にたった一人の兄弟である妹マリーア（いつもマーヤと呼ばれた）が生まれた。彼女は、アインシュタインの生涯で何らかの役割を演じることになった女性たちの中で彼が常に最も親しみを覚えた女性だった。彼の子供時代の環境は一般的な言い方をすれば暖かく、安定していて、励みを与えるものだったといってよい。

彼は五歳の時女性の教師からはじめて家庭での教育を受けた。七歳で国民学校に入学し、大変よい成績を修める。母親は一八八六年、息子が「また一番」だった(5)と手紙に書いた。彼は一八八八年上級学校に進み、ルイトポルト・ギムナジウムでまた良い成績をとった。一八九四年、家族はミラノへ移り、アルベルトをミュンヘンのある家庭に預けたので彼は学校教育を続けることができた。マーヤは一九二四年に書き終えた兄の伝記的スケッチ(6)の中でこのような孤独な生活が彼を意気消沈させ神経的に病ませたことを想い起している。それで彼は半年後に自発的に学校をやめ、イタリアの家族に加わった。だが、大学入学のための準備を続けることを決心した。彼はそれを独学で行ったのである(7)。

彼は一八九五年十月、チューリヒのスイス連邦工科学校 Polytechnikum の入学試験を入学最少年齢よりも二歳年下で受ける特別の許可をもらって受験した。この大学は一九一一年にスイス連邦工業高等専門学校 Technische Hochschule（ＥＴＨ）に名を改めた。彼が受験したのは（数学、物理学、化学などの）科学の科目と（文学史、政治史、ドイツ語などの）一般科目であった。彼は一般科目で不十分な成績しか取れなかったため不合格になった。この敗北はややもすると彼が能力のない生徒だったというかなり流布した誤った印象の原因になったのかも知れない。それは彼が決して出来が良くなかったのではなく、むしろ総じて学校を好まなかったということであった。

彼は、次いでＥＴＨの学長の助言にしたがって中等教育を終えるためスイスのアーラウの学校で一年間を過ごした。彼は一八九六年九月大学入学の資格を与えられるこの学校の修了試験に合格した。彼の成績はフランス語を除いて、他のすべての科目、特に数学、物理学、歌唱、音楽（ヴァイオリン）などで優だった(8)。

さて彼は十月、物理学や数学の中等学校教員資格取得コースであるETHのVIA部門に最終的に入学した(9)。彼はまだわずか十七歳で、この部門にはいった五人のグループの中で一番若かった。最年長だったのはミレーヴァであった。（＊他の三人はマルセル・グロースマン、ルーイ・コルロス——この二人は共にETHの教授になった——、ヤーコプ・エーラト（数学の教師になった）である。）

ミレーヴァは一八七五年十二月十九日、当時オーストリア-ハンガリー帝国の一部であったその頃のハンガリー、現在ではユーゴスラヴィアの領域にあるヴォジュヴォディナのティーテルという町に生まれた。彼女はセルビア人の両親の一番年上の子供だった。父ミロシュ・マリッチは中流の行政政府の役人だった。旧姓ルジッチの母親マリーアは裕福な地主の娘だった。

ミレーヴァは当時医学的に矯正できなかった股関節脱臼をもって生まれた。彼女は一生足を引きずっていた。彼女の妹ゾルカも同じ状態で、妹の方は結婚しなかった。ゾルカは晩年重度の精神病にかかり多くの猫に囲まれただけでこの世を去った。

ミレーヴァにはもう一人弟のミロシュがいた。彼は本来のセルビア語とは別にハンガリー語、ドイツ語、フランス語、英語を話すことを覚えた。彼は医学の勉強を続け、一時フランスに学び、そこで一九一四年フランス人と結婚した。第一次世界大戦が勃発したとき、彼は軍隊に入隊せねばならず、一九一四年に大隊付きの軍医となった。彼は同年ロシア軍の戦争捕虜になった。一九一五年にはロシアの病院で働くことを許された。彼は戦後、ソ連で医学のキャリアを続け、最終的にはモスクワから五〇〇マイル東南にあるヴォルガ河畔のサラトフの医科大学の組織学の教授になった(10)。彼は決して故国には帰らず、妻には葉書で夫からは自由の身であると考えよと知らせた。マリッチ家は普通の家庭ではなかった。

1899年のミレーヴァ・マリッチ.（スイス国立図書館.）

ミレーヴァの教育は一八八二年に始まった。授業はセルボクロアチア語で行われたが彼女はドイツ語やフランス語も学んだ。彼女はできの良い積極的な生徒だったようである。父親は彼女の中等教育に磨きをかけるために彼女をチューリヒに送った。彼女はそこで一八九四年十一月に高等女学校に入学を許可された。一八九六年の春には大学入学資格を与える最終試験に合格した。その年の夏、彼女はチューリヒ大学の医学生として入学した。チューリヒ大学はヨーロッパで初めて女性に Ph. D. を与えた（一八六七年）という特色を持っている。少なくとも二人のセルビア人女性がミレーヴァの入学前にそこで学位を取得した。彼女は一八九六年秋にはすでに医学から数学・物理学に研究計画を変えていた。彼女はこの目的のためにETHのVIA部門に移り、そこでアインシュタインに出会ったのである(11)。

この出会いの結果のことは後で触れることにして、次に彼女のETHでの勉学について私がわずかに知っていることを述べる。この大学の記録には一八九六—七年と一八九九—一九〇〇年の各学年の様々なコースの点数が記載されている。それらの点数はアインシュタインに匹敵するくらい大変良い(12)。彼女は一八九七年十月から一八九八年二月までハイデルベルク大学に学び、数学・物理学のコースをとった。

一九〇〇年に級友たちは最終試験を受けた。アルベルトは合格したが、ミレーヴァは不合格だった。彼女の点数は数学を例外として控え目だった(13)。彼女は一九〇一年七月に再度挑戦する（大変つらい条件のもとで：本章の第四節参照）。彼女は再度失敗した。その後彼女は挑戦をあきらめた。それ以後彼女の名は学術的出版物に単独であれ、共著であれ現われなかった。

第三節　ミレーヴァとアルベルト、最初の出会いからリーザルの誕生まで

両者の関係が級友の関係を越え始めた最初の徴候は、当時ハイデルベルク大学にいたミレーヴァからアルベルトへの一八九七年秋の手紙に見いだされる(14)。(＊この手紙や後の手紙はやがて英訳で出版された(3)。)その中で彼女は自分の父親に彼のことを話したことや「是非とも訪問してほしい」ことを述べた。彼女に宛てて残っているアインシュタインの最初の手紙は一八九八年二月の日付になっている(15)。その挨拶の言葉の「親愛なるお嬢様 Geehrtes Fraulein」は儀礼的なものである。彼はETHのコースについて書き、早く返事をくれるよう求めた(16)彼は次の手紙で「親愛なるマリッチ嬢」と挨拶し、彼の下宿への晩餐に彼女を招待した。彼はまた一八九九年、今度は家族を訪問したミラノから「あなたの写真は私の両親に深い印象を与えました。……私はからかいに耐えなければなりませんでしたが、そのことはまったく不愉快なものではありませんでした」。彼はそれまでは「アルベルト・アインシュタイン」と署名していたが、今回は「アルベルト」だった(17)。

彼は一八九九年夏、共にそれぞれの家族との休暇にあった頃、初めて一緒に物理学の教科書を読むことや家族関係についても書いた。「私には母や妹が少し心が狭いことがわかる。……注目すべきことに、家族の絆は弱まっており、人の精神生活は互いに理解不可能なため、何が他の人を動かしているかまったく感じることができないほどである」(18)。

一週間後の別の手紙は(19)いくつかの理由で興味深い。アインシュタインはそれを「愛するお人形ちゃん Liebes Doxerl」をあらわす「L.D.」宛に書いているのである。この言い方は、彼が生まれたヴュルテンベルク、バイエルン、チロルの南西の方言であるシュヴァーベンなまりで使われる表現で Docke は「人形」を意味する。

彼は生涯の間ずっと明確なシュヴァーベンなまりのドイツ語を話したので、彼にとってこの言語形式が親しみの持てるものであったに違いない。

一九〇五年に宣言することになったアインシュタインの特殊相対論の基本的特徴の予感は特に魅力的である。「電気理論におけるエーテルという名前の導入は、運動可能であると考えうる媒質の概念に導いた。私はこの言明に物理的意味を与えることができないと思う」(19)。

ここでは丁度十九世紀の終わる前頃に、ついには彼にエーテルを全廃させてしまう疑いが始まっていることが見てとれる。

この手紙に対するミレーヴァの返事は(20)ずっと形式的な「LHE」すなわち「愛するアインシュタインさんLieber Herr E.」で始まる。だが、更に進むと、「通常の経験からすると依然としてまったく人目を忍ぶような奇妙な感覚が展開しました」。さらにこの手紙はアルベルトの母や妹に対する挨拶を含むが、物理学についてのコメントはなかった。また彼女は「光エーテルに対する物体の運動の研究についての良い考え」(21)に関する次の二つの手紙の中の意見についても反応しなかった。

書簡からみると二人の関係は一八九九年の終わり頃にかけてかなり熱くなったようである。彼は彼女に「私の最愛のお人形ちゃん」と呼びかけ、「われわれの所帯」について書いた(22)。おそらく一九〇〇年のある時にミレーヴァは彼に「私の愛するヨハンちゃんMei liebs Johonesl」で始まり、「君のD《ダインス》からの千もの小さなキスを」で終わる小さなメモを送った(23)。彼女が形式的なあなたSieを使わず、親しい意味の君Duを使ったことに注意せよ。JohoneslはヨハネスJohannesの縮小形である。二人の書き方はその次の年の間、ますます際どくなる。二人の手紙は縮小形やミレーヴァの代わりに小さな猫を意味するMiezchenなどのペットネームであふれている。このようなことが続いている間でも、若きアインシュタインは内緒でちょっとした浮気心をもつことを躊躇わなかった(24)。

彼からの次の手紙はミレーヴァが試験に不合格だった一九〇〇年七月終わりや八月の日付があるが、大変奇妙にも彼はそのことにまったく触れていない。今や主なテーマは彼の私生活に関する彼の両親の反応である。彼が母親が休暇で滞在するホテルに着いたとき、母親は「お人形ちゃん」とはどうなっているかたずねた。「〝私の妻〟と私は無邪気に言い、大騒ぎに備えた。母はベッドに身を投げ出して赤ん坊のように泣いた。母は最初のショックから立ち直ると急に必死の攻撃を始めた。〝おまえは将来を破滅させているしおまえの人生の道をふさいでいる。……彼女は上品な家庭には合わない。……彼女に子供ができたらおまえは大変なへまをしたことになるだろう……〟。私はふしだらに同棲していたという疑いをきっぱりと否定した」(25)。彼は次の手紙で父親から説教の手紙を受け取ったと報告した。「私は両親の言うことを大変よく理解できる。両親は女性を一人前の地位を見いだした後にだけ行える人間の贅沢のように考えている」。彼は続けて、同じ様な混乱を避けるためにミレーヴァに彼女の両親には話さないように念を押して、「わたしは君と一緒にならないなら、まるでわたしがまったく存在していないように感じる」(26)と付け加えた。数日後彼はミレーヴァに、母親が今この問題に対して完全な沈黙をまもり、彼は「わたしの愛する小さな〝右手〟」がいなくて寂しく思うと告げた(27)。

上述のように、彼は一九〇〇年七月に科学教師としての卒業資格を獲得した。それゆえ職を見つける時期が到来したのである。この試みは大変な苦労を引き起こす結果になった。様々な大学での助手の職を手に入れる努力はすべて失敗したのである。一九〇一年五月にやっと最初の地位を得たが、それはスイスのヴィンタートゥーアという町の代用中等学校教師で一時的なものに過ぎなかった。一九〇二年の十月にはシャフハウゼンの私立学校で教えはじめ、一九〇二年一月までそこに留まった。一九〇二年六月にようやく、ベルンの特許局での下級の官職というもう少し定まった地位を獲得した(28)。

その間、彼は自分自身の独立した研究を始めていた。この研究がこのような混乱すべての中で彼に満足を与えたのは、一九〇〇年十二月科学雑誌に最初の論文を提出できた時であった。その論文は毛細管理論についてのさほど重要ではないものである。

当時彼は家族と共に休暇にある時も、チューリヒから離れて一時的な仕事をしている時も、ミレーヴァに手紙を書く機会があった。彼女はこの時期チューリヒにずっと留っていた。彼の手紙には前述のテーマとともに、今や職探しへの関心、物理学研究への情熱などの新しいテーマがあらわれている。

当時彼が彼女をどのようにいわば引き寄せて、彼自身の研究計画の中に引き入れたか注目する価値がある。「何が起ころうともわれわれは世界で最も素晴らしい生活を持つだろう。よい仕事と団らんである」(29)。彼の最初の論文については「それの準備が整ったら、われわれ（強調は引用者）はそれを『ヴィーデマン年報』（＊権威ある『物理学年報』の前身の名称）に送ろう」(30)。……「われわれがこの美しい道に沿って一緒に前進する幸運をもうすぐ手に入れられさえしたら、われわれの論文は……」(31)。次の論文の計画については「われわれの分子力理論……」(32)。

特に興味深いのは、一九〇五年の相対論に導く問題の共同研究についての彼の初期（一九〇一年）の手紙での言及である。「われわれが一緒に相対運動についてのわれわれの研究について勝利をもたらすよう完成できれば、なんと幸せで誇り高いことか」(33)。私が見たところ彼が相対論にふれた最も初期の言及がこの手紙の内容であり、もう少し早いやはりミレーヴァに宛てた手紙でもある（一八九九年九月二十八日）(21)。

再燃し続けているもう一つのテーマは彼の両親の態度である。「両親はほとんどまるで私が死んでしまったかのように私のために泣いた」(34)。……「両親は避けられないこととして受け入れた。……私はすべてを言ってしまってうれしい」(35)。ミレーヴァからアルベルトへ、「あなたのお母さんはあなたと和解しないように思う」(36)。それから数カ月後彼女は友人に彼の母について書いた、「この婦人は私のみならず彼の人生を苦しくさせることを彼女の人生の目的にしたようだ。……彼の両親は見事にスキャンダラスに私をののしる手紙を私の両親に書いた」(37)。ミレーヴァの両親もそれほど幸せではなかった。一九〇一年九月、アルベルトからミレーヴァへ、「あなたの両親が幾分か落ち着き、今は私により大きな信頼を持っていてくれて大変うれしい。私がそれに値することはわかっている」(38)。

そのほかのアインシュタインの一九〇〇—一年頃の手紙は彼の愛をあらわしている：「以前私はどのように生きることができたのだろうか?」(39)。……「あなたのことを考えないのなら、むしろ私はもうこれ以上生きていない方がよい」(40)。……「すべての人の中であなたは私をもっとも愛し、私をもっとも良く理解している」(33)。……「夜になると私が考えるのは、あなたが愛情を持って私のことを考え、ベッドでその枕にキスをすることです。それがどのように行われるか私は知っています」(41)。……「私の幸せはあなたの幸せです」(42)。……「私の人生はあなたのことを考えることによってだけ真の内実を獲得する。……自然な高まりの中で（Wie die Natur es gegeben hat）、私があなたを抱きしめることができたあの時何と幸せだったことか」(43)。ミレーヴァからアルベルトへ、「私があなたの小さな妻になれたら世界がどんなに素晴らしく見えることでしょう」(44)。……「私は休暇の間にあなたを招待して私の家族に会わせましょう。ちょっと一緒に来て下さらない?」(45)。

第四節　リーザル

一九〇一年五月には新しいテーマが書簡の中にはいってきた。それは若い人々に全く予期しえず起こると言っておくのが無難な事態であった。

典型的には、彼が読んだばかりの陰極線の論文について情熱的な表現で始まる手紙(46)で、彼は続ける、「子供はどうしている?……われわれの小さな息子と君の Ph. D. のための論文はどう進行している?」（*ETHの卒業生はそれ以上の試験を受けることなくチューリヒ大学からPh. D.を得ることができた。承認のためにPh. D.論文を提出することが、しなければならないすべてだった。アインシュタインの手紙(47)はミレーヴァがETHを卒業する二度目の試みを行う直前に書かれた。）一週間後、「あなたの勉強や小さな子供はどうなっているか？」(47)。

ミレーヴァは妊娠していた。

彼の人生の中で一九〇一年の春ほど彼にとって将来が不安定に思えたことはなかったにちがいない。職を見つける努力がそれまで生み出したすべては、ヴィンタートゥーアの中等学校教師としての一時的な地位だった。今や彼は間もなく父親になることになった。……

一カ月後、彼は書いた、「私はわれわれの未来について次のことを決めた。どんなに貧乏しても職を探しましょう。……それが見つかればすぐあなたと結婚する。……われわれの状況は大変困難だが、この決定をして以来まったく自信を持っている」(48)。

すぐ後で、彼はミレーヴァに来るべき試験に最大の努力を望むと書いた(49)。このことは彼女が教師の卒業資格を得る二度目の試みであった。上述のように彼女はまた失敗した。当時彼女が身重であったことが分かった今では、新たに試みようという彼女の勇気と忍耐はより一層賞賛されなければなるまい。

丁度上述の手紙は(40)、彼が男の子を望んでいたことを示す。ミレーヴァはそうではなかった。彼は、一九〇一年十二月その頃シャフハウゼンで教えていたがこう書いた、「私はわれわれの可愛いリーザル［女性形］を楽しみにしている。しかし、私はそれをこっそり（それで「お人形ちゃん」はそのことを知らない）ハンザール［男性形］と願っている。……解決されないで残っていることのすべては、われわれがどのようにリーザルを迎え入れるかの問題だ。私はこの子を引き渡すことをしたくない。われわれは生きている限り学究のままであり、世間のことにかかずらわない（kummern uns keinen Dreck）」(50)。一週間後、彼は書いた、「私はあなたの〝妙な姿〟にもかかわらず一層どうしても一緒にいたい……私にその姿を描いてくれ！……私は運動体の電気力学を研究している」(51)。

その週彼は良いニュースを受け取った。ベルンの特許局での地位が保証されたようなのである。「今こそ、事態の強い圧力がもはや私の重荷にならないので、どれほど私があなたを愛しているかがわかる」(52)。

一九〇一年年末の手紙は彼の存在がどれほど強くミレーヴァに集中していたかを示す：「あなた以外のすべての人が、まるで見えない壁で隔てられているようによそよそしく思える」(53)。

その後すぐ彼はシャフハウゼンからベルンに移った。そこで一九〇二年一月彼が娘の父親になったという知らせが届いた。子供は明らかにミレーヴァだけの意志でリーザルと名付けられた。

彼女は出産のためセルビアの故郷の地に戻っていた(54)。彼はベルンから彼女に手紙を書いた。「子供は本当にリーザルになったね。子供は健康でちゃんと泣いているかい？　誰がミルクをやっている？　子供はお腹をすかせているかい？　私はこの子を大変愛している。まだこの子を見ていないが。……私は私自身でリーザルという子を育てたい。それは興味深いに違いない。その子はきっともう泣いているだろうが、ずっと後になってから笑うことを学ぶだろう。その中に深い真理がある」(54)。この手紙からは彼女が出産した後あまり具合がよくないこともわかる。

いつどのようにこのニュースが彼の両親に届いたか確かでない。ひょっとして母親は、ミレーヴァの両親に手紙を書いた一九〇一年の十一―十二月ころ、すでに何が起きようとしているかを知っていたかも知れない(37)。あるいはそれ以前の二月終わりに次のように友人に手紙を書いたときには知っていたのかも知れない。「あのマリッチさんは私に人生のもっともつらい時間を与えている。できることなら我々の世界から彼女を抹殺してしまいたい。」(55)。

アインシュタイン全集のうち多く引合いに出される第一巻に発表されたアインシュタイン－マリッチ書簡は、一九八六年に発掘された彼らの書簡のうちのほんのわずかな部分でしかない。発見された他の手紙（約四〇〇通）の多くはミレーヴァや彼らの息子に宛てられており、いずれ別の巻で発表されるだろう。このような手紙の発見が第一巻の印刷を遅らせた。この第一巻は一九〇二年までの彼の生涯の時期を扱っているので、この資料の適切な部分を組み入れることは明らかに必要であった。これがこの巻の出版を特に遅らせた理由のひとつであった。

もうひとつはリーザルの存在そのものがアインシュタイン研究者すべてにまったくの驚きとして現れたことである。「この女の子はどうなったのか」というあきらかな疑問がすぐおこる。それが分からず第一巻を出版することができるだろうか。

編集スタッフのメンバーたちはすぐさま捜し出すために動きだした。それはユーゴスラヴィアやハンガリーへの旅行を含んでいた。この女の子のその後の人生のほんの断片でも見つけようというすべての試みは、しかしながら無駄だった。それでその問題は今日まで残されている。

これについてそれ以上の情報なしに第一巻の出版を進めなければならないことが明らかになった。新聞社をどう扱うかというデリケートな問題が生じた。新聞社は、その後の運命が不明であったし、今も不明であるこの小さな娘がかつて存在したことをかぎつけるであろう。私もメンバーであったアインシュタイン全集編集委員会の議論の間、私はともかく話が全集のなかにあるので新聞社にすぐに知らせるのが最善であることを示した。私はこの情報が新聞に報じられることには問題はないと考えた。一時的には騒ぎが起こるだろうが、その後は物事すべてがすぐに忘れさられるだろうと予測したのである。そしてそれは実際に起こったことである。『ニューヨーク・タイムズ』は一九八七年五月三日、「アインシュタインの手紙は苦悩に満ちた恋愛について語る」の見出しで一面記事を飾った。それは既知になったことについての分別のある記事だった。そしてそのことはおおかれすくなかれその場限りになった。

第五節　結婚、ハンス・アルベルト、リーザルはどうなった？

一九〇二年彼の父は心臓病に倒れすぐに亡くなった。最期が近づいた時、父は一人で死ねるように皆に出ていくことを求めた。それはアルベルトが罪の感覚なしには思い起こせない瞬間だった(56)。

アルベルトとミレーヴァは一九〇三年一月六日ベルンで教会によらずに結婚式を挙げた。彼らは古風な形式で印刷された結婚宣言を読み上げた(57)。彼らの証人は（＊結婚宣誓書に見られるように）二人の共通の友人であるコンラート・ハービヒトとモーリス・ソロヴィンだった。その夜小さなパーティがあった。その後夫婦がアルヒーフシュトラーセ八番地の住居に戻ったとき、アインシュタインは家主を起こさねばならなかった。彼が鍵を忘れてしまったからである……(58)。彼は晩年になって、結婚生活にはいるには内面的な抵抗があったと述べた(59)。

一九〇六年には彼の妹のマーヤもベルンに移ってきた。ベルリンで二年前に始めていた大学での勉強を続けるためだった。彼女が才能ある女性であることは明らかだった。彼女は一九〇八年十二月二十一日に優等第二位でPh. D.をロマンス語の論文で取得した。その論文は最終的にドイツの出版会社によって出版された(60)。彼女は一九一〇年スイス人パウル・ヴィンテラーと結婚した。二人の間には子供は生れなかった。

やがてアルベルトとミレーヴァの息子のハンス・アルベルトが一九〇四年五月十四日に生まれた。息子は親の七光ではなく、著名な科学者になることになった。彼は、一九二六年、土木技術者としての卒業資格をＥＴＨで取得した。彼は一九二八年、暫くの間鋼鉄工場の設計者として働いていたドルトムントで、フリーダ・クネヒトと結婚した。一九三〇年には彼らの息子ベルンハルト・カエサルが生まれた。この家族はこの息子によって今日

アインシュタインとミレーヴァ・マリッチの結婚写真．1903 年 1 月 6 日．
(© Evelyn Einstein.)

まで存続している。(彼は今ベルンの近くに住んでいる。) ハンス・アルベルトは、一九三六年ETHからPh.D.を取得した。一九三八年彼とその家族はアメリカに移住し、そこで彼の妻は死んだ。彼女の死後すぐ、彼はエリーザベス・ロボツと再婚した(60a)。彼は一九四七―七一年の間カリフォルニア大学バークレイ校の水力工学の教授だった。彼は一九七三年に心臓発作で亡くなり、マーサズヴィニヤード〔米国マサチューセッツ州南東部の島〕に埋められた。彼の墓石には「彼の学生、研究、自然、音楽に捧げた人生」という言葉が見いだされる。

ハンス・アルベルトは彼の父親の影響についてかつて次のように述べた。「おそらく私の父がかつて見切りをつけねばならなかった唯一の計画が私だった。彼は私にアドヴァイスを与えようとしたが、すぐに私が頑固すぎて自分の時間を浪費しているに過ぎないことを発見した」(61)。

父親と息子の関係は必ずしも良いものではなかった。私は(後で触れる事件である両親の離婚のずっと後に書かれた)かなり意地悪な手紙を見たことがある(62)。その中でハンス・アルベルトはミレーヴァや子供たちの将来の物質的保証を充分に果たしてくれないと父親を責めている。

ハンス・アルベルトは一九五五年四月十六日、父親が病院で危篤状態であったプリンストンに到着した。「土曜日と日曜日、私は父と大変長い間一緒だった。父は私がそばにいるのを非常に喜んだ」(63)。アインシュタインは四月十八日の朝早い時間に亡くなった。……

リーザルはどうなったのか？

私が見た限りでは彼がかつてリーザルに会ったかどうかさえ判らない。

アインシュタイン夫妻は結婚後リーザルをベルンに連れて行かなかった。

ミレーヴァは一九〇三年夏自分の家族を訪問した。その時期に彼はリーザルのしょうこう熱の発病を心配する手紙をベルンから書いた(64)。彼はこの小さな娘がどのように登録されたかを尋ね、彼女に許されるべき新しいリーザルを彼女がもうけることを心待ちにしていると彼女に言った。(彼が書いた当時ミレーヴァは実際既にハ

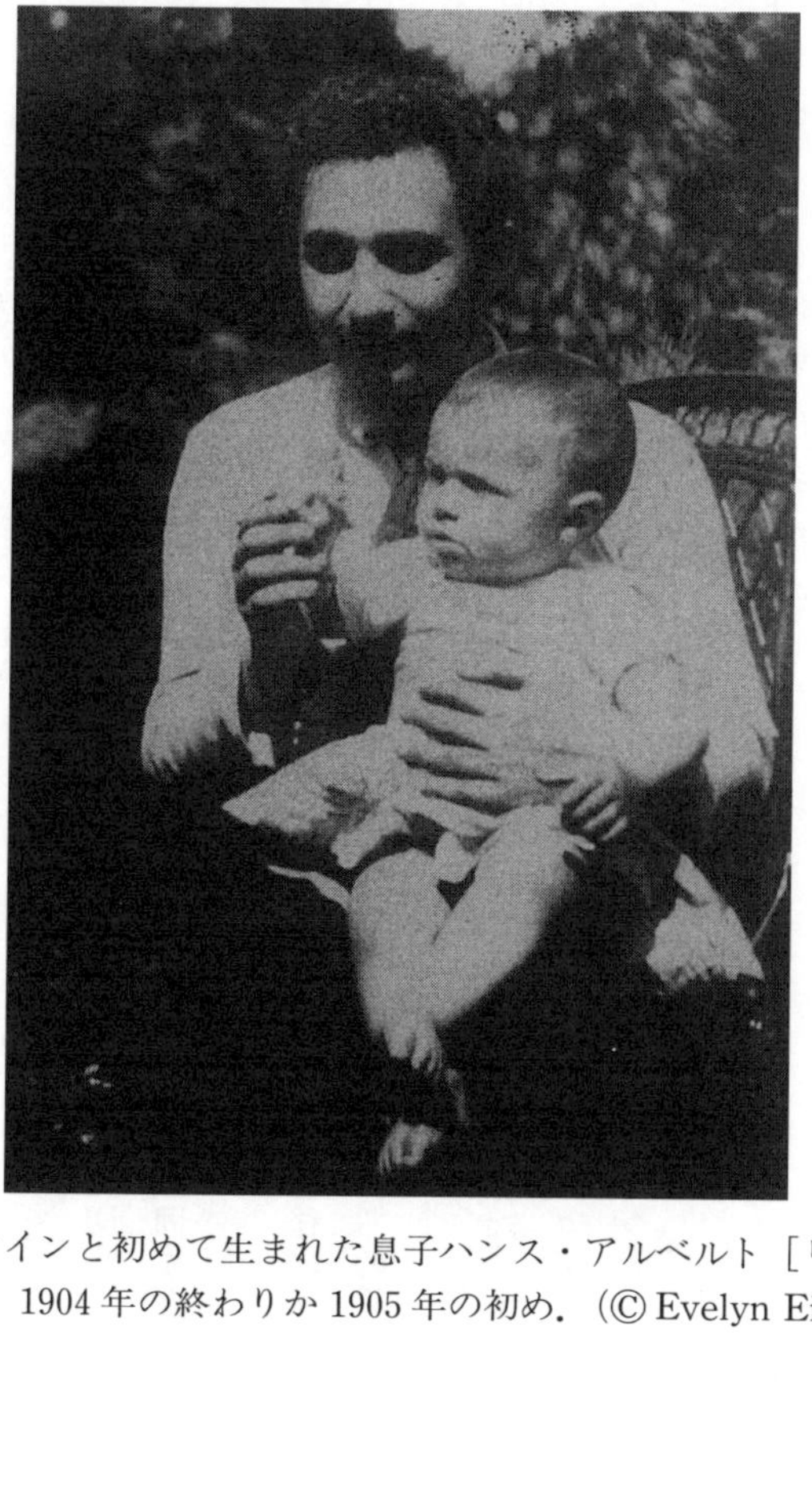

アインシュタインと初めて生まれた息子ハンス・アルベルト［リーザルだという説あり］．1904 年の終わりか 1905 年の初め．（© Evelyn Einstein.）

ンス・アルベルトを懐妊していた。）

これがこの小さな娘について知られている両親の最後の通信である。

第六節　アルベルト、ミレーヴァそして相対論について

アインシュタイン一家は一九〇三年夏、クラム・ガッセ四九番地のアパートに移った。その通りはいまでもベルンで最も美しい古い通りである。彼が一九〇五年に特殊相対論の仕事をしたのはここであった。さて、当時の議論に戻ろう。

一八九九年夏、彼からミレーヴァへの手紙はすでに引用した(19)。そこでの彼ははじめてエーテルの物理的実在への疑念をあらわした。これをタルブホヴィッチの言葉と比べてみよう。「エーテルに対する疑問を提出したのは彼女である……アルベルトはこの問題を取り上げ、彼らは一緒にその解答を探す」(65)。しかしながらこの研究を主導したのが彼女だったことを示す記録上の証拠はない。タルブホヴィッチによれば彼は彼女の弟のミロシュにかつてこう言った。「彼女は宇宙のエーテルの意味について私の注意を向けてくれた最初の人だ」(66)。──しかしこの口頭の言明に対する出典は与えられていない。タルブホヴィッチは再び次のように言う。「アルベルトが後に創造したすべてのことはミレーヴァの直接的な協力によって達成されたものに起源をもっていた。そしてそれは長い時間的な期間の中で発展させられた。彼の研究の中で彼女は彼のアイディアの共同創造者ではなかったが、それらすべてをチェックし、彼の特殊相対論の概念に数学的な表現を与えた」(67)。

私は全くこのようなことを信じることができない。アインシュタイン自身、必要とされる数学に関する能力を

アインシュタインと義理の娘マーゴット，息子のハンス・アルベルト．1937年の息子のアメリカ訪問の時，プリンストンのマーサー通りの玄関のポーチで撮られた写真．（アインシュタイン・アーカイヴ，ボストン．）

完全にもっていた。彼はずっと後になって「私は数学者ではない」と一度私に言ったことがあった。しかし、必要が生じれば、彼は数学的道具を充分過ぎるほどマスターすることができた。それは特に、一般相対論の彼の初期の研究で明らかである。更に言えば、数学は初歩的であることが特殊相対論の魅力のひとつである。巧妙さはその概念にあるのである。更に、数学は彼女が不十分な得点のためにETHの卒業資格をえることのできなかった当の科目であった事実からみて、数学でミレーヴァが助力者になることを期待するのはもっともなことだろうか。

ミレーヴァの役割に関するタルブホヴィッチの最も声高な主張は、著名なロシアの物理学者アーブラハム・ヨッフェの回想録にあらわれたと考えられる言明についての主張である。「一九〇五年の三つの革命的なアインシュタインの論文は〝アインシュタイン・マリッチ〟とサインされていたとヨッフェは記しているというのだ。ヨッフェは『(物理学)年報』の編集委員会のメンバーであったレントゲンの助手の頃オリジナル原稿を見たのであった」(68)。もし、本当なら、確かに考察の材料を与える証拠であろう。それゆえ私はアインシュタイン全集の共同編集者で友人のロバート・シュールマンに手紙を書き、彼の意見を求めた。彼はこう答えた、「あなたが興味をもつ著作のその文章は、それを初めて読んだとき私の興味もひきました。そして私がその婦人に一九八三年インタヴューしたとき、私はその文章について尋ねました。彼女はお世辞にも薄弱としか呼べない説明を私に与えました。彼女が言うにはこの言明の証拠となるものは数週間前にソ連に返さなければならなかったマイクロフィルムに含まれていたのだそうです」(69)。その後、著名なロシアの科学史家ヴィクトール・フランケル教授に同じ質問をする機会があった。彼はヨッフェの回想録の中にミレーヴァへのこのような言及を探したが何も見つからなかった。

にもかかわらず、ヨッフェは何か関連あることを書いたのである。しかしながら(もしそれがタルブホヴィッチの見たものであるなら)彼女はそれを正確に解釈しなかった。ヨッフェはアインシュタインの死後すぐに短い追悼文を発表した(70)。（＊この重要な文献はロバート・シュールマンに負う。）その中でヨッフェは次のように述べた。「一九〇五年に三つの論文が『物理学年報』にあらわれた。これらの論文の著者は——当時無名だった——特許局の技官アインシュタイン-マリティだった」。（＊セルビア語のＭａｒｉｃのハンガリー語的なこのような綴りは以前には婚姻届けに見いだされる。）そして括弧して次のように付け加えている。（マリティ——彼の妻の家族名。これはスイスの習慣によって夫の家族名に付け加えられる）（強調は筆者）。これは明らかに一人の著者を指している。それにしても私はヨッフェが「アインシュタイン-マリティ」に言及した理由がわからない。

そうすると相対論の創造におけるミレーヴァの役割の可能性の証拠として残っているすべては以前に引用した一九〇一年三月の手紙でのアインシュタインの言葉である。「われわれは一緒に相対運動に勝利を確信して結論をくだすでしょう」。このコメントの重さを測るとき、当時彼が大恋愛中の若者であったことをまず第一に思い出さねばならない。第二に彼は人生で極めて不安定な時期に同世代の科学者とほとんど接触がなかったことである。彼女が共同研究者としてではなく、彼の考えの唯一のたやすく役に立つ共鳴板や恋人として、当時の彼の人生で最も歓迎された人物であったと推論することで十分ではないだろうか。

そうするとタルブホヴィッチはなぜミレーヴァの役割を強硬に力説する方向に向かったのだろうか。私は彼女自身がこの答えを与えていたと思う。「(アインシュタインの仕事の）創造や形成に参加したミレーヴァ・マリッチという偉大なセルビア人を誇りに思うことを避けることはできない」(71)。それは、大目にみることができないとしても、まあ理解できる感情である。

第七節　別居、離婚、アインシュタインは再婚する

まず、その後のアインシュタインの経歴を手短にスケッチする。

彼は一九〇八年ベルン大学で（教授団に所属しない教職である）私講師として認められた。彼とその家族は一九〇九年十月チューリヒに移った。彼がチューリヒ大学の助教授に任命されたからである。ミレーヴァはその町を大変好むようになり、残りの人生のほとんどすべてをそこで過ごすことになった。この頃はアインシュタインの名声が広まり始めた頃であった。その年に彼は（ジュネーヴ大学から）最初の名誉博士号を授与された。次の年に彼は、はじめてノーベル賞の候補に挙がった。そして同一九一〇年七月二十八日には二番目の息子が生まれた。息子はエドゥアルトと名付けられた。彼については後で多くを語ろう。

チューリヒでアインシュタイン一家は刺激に満ちた社交生活を送った。特に彼らはアードルフ・フルヴィッツの家をしばしば訪れた。フルヴィッツはETHで彼の数学の教授の一人だったのである。フルヴィッツもアインシュタインも科学的興味のみならず、音楽への愛を共有した。彼はしばしばフルヴィッツの家にヴァイオリンを持っていき、室内楽の演奏に参加した。この時期のアイシュタインの人生の最も信頼のおける資料のひとつは、タルブホヴィッチもしばしば引用したが、フルヴィッツの上の娘のリースベトが書いた日記である。彼女は一九一一年一月に初めてアインシュタインに会い、ハンス・アルベルトも参加していたクラスでダンスのレッスンを受けていた(72)。「アルベルト・アインシュタインは［週一度］定期的にやってきて、私たちはバッハやモーツアルトを演奏する」(73)。

一九一一年三月アインシュタイン一家は再び引っ越した。今度はプラハで、彼がそこのドイツ系大学の正教授

に任命されたのである。彼らはそこにわずか一年半滞在しただけだった。そのあと、チューリヒに戻り、今度はETHで正教授の地位を獲得したのである。当時ミレーヴァは時々彼の科学研究の目的で彼に連れられて外国旅行を行った。例えば、ライデンに旅行して年長の偉大な先達ヘンドリク・アントーン・ローレンツを訪問したことなどである(74)。

私の知るかぎり、アインシュタイン一家の夫婦の関係は、このような初期の頃には何の問題もなかった。変化はプラハに移ったあと起こったようである。アインシュタインの伝記作家によれば「部外者たちによって結婚を破綻させるよう埋め込まれたいろいろな地雷が今や働きはじめた」(75)。特に彼がますます有名人になってきたため、彼の家族は彼の側にいる配偶者を高く評価しなくなった。彼女は足をひきずっていたのみならず、あまりおめかしもしなかった。その傾向は彼女が年をとるにつれてますますひどくなった。タルブホヴィッチのもっともな推論のように(76)、彼女はプラハで、夫のドイツ的傾向の強い環境と、彼女自身の出身に近い主要なスラヴ的環境の間で引き裂かれた違いない。ドイツ人はプラハの人口の二〇パーセントしか構成しなかった。一八八〇年代に緊張が原因となって、ほとんど交流のないドイツ系の組織とチェコ系の組織に大学が分裂した。

プラハにいる間にこの夫婦の仲たがいのもっと重要な原因があったことを考えてみよう。

上述のように短いプラハでの間奏曲の後彼らはチューリヒに戻った。昔の絆は再びしめなおされた。フルヴィッツ家での音楽の時間が復活したのである。その頃ミレーヴァの健康状態はそれほど良くはなかった。彼女はひどい足の痛みのために歩くのが困難になり、憂鬱質になった(77)。彼女は一九一三年三月友人に、夫は彼の科学のみに今生きており、家族にほとんど注意を払わぬと手紙に書いた(78)。

リースベト・フルヴィッツは一九一四年三月十六日、アインシュタインがこの間一人で音楽を演奏するためにやってきたと日記に書いた(79)。彼はベルリンに移ろうとしており、大変良い条件のもとで有力な学術的地位を受諾したのである(80)。彼はその月の終わりにこのドイツの首都に移った。妻と二人の息子たちとはすぐにそこで合流した。

ミレーヴァは、チューリヒに戻ることによって、夫とよりが戻せるかもしれないという、はかない希望を持っていたが、チューリヒで過ごした一年半は状況を改善しなかった。それはベルリンへ移動後危機へと悪化した。そのころに、共同生活の存続の条件を述べた彼のミレーヴァへの、メモとしか言えないような書き付けの日付は始まっている。彼女は社会的な義務が強制しない限り、彼との個人的な関係を拒否することができる。彼女は夫の側からの優しさを期待すべきではない。一緒に外出したり旅行することもなく、暴言もうないだろう。

状況は明らかに困難になった。そのあと別居になったのである。ミレーヴァと二人の息子は一九一四年六月ベルリンを去ってチューリヒに戻った。彼女はそこで人生の残りを過ごした。

アインシュタインは彼女と二人の息子をベルリンの鉄道駅まで送った。一九二八年から彼の秘書となり、その後家政婦ともなったヘレン・ドゥーカスはかつて私に「泣きながら彼は駅から戻ってきた」と語った。ミレーヴァの出発は彼にとって大きな安堵となったかもしれないが、子供たちとの別れは彼を大いに悲しませる原因となった。

ミレーヴァが去るころまでには、彼の将来の二番目の妻が既に大きな存在として登場していた。

エルザ・アインシュタインはホーエンツォレルンのヘッヒンゲンに一八七六年に生まれた。彼女はアルベルトのいとこでもあり、またいとこでもあった。彼女の父のルードルフはヘッヒンゲンの繊維工場の裕福な工場長であった。彼はアルベルトの父のいとこであった。彼女の母のファニーはアルベルトの母のパウリーネと姉妹だった。エルザとアルベルトは子供のころから互いに知っておりお互いに気に入っていた。彼女は商人のマックス・レーヴェンタールと結婚し、二人の娘イルゼとマーゴットをもうけた。エルザが高等教育をうけていないことはほとんど確実である。というのは彼女が二十一歳で母親というめぐまれた状態に既に入っていたからである。彼女と二人の娘はその短い結婚が一九〇八年に離婚で終わった後、アインシュタインという姓に再び戻っていた。

エルザとその娘たちは、アインシュタインとその家族がベルリンにやってきたとき、その町のハーバーラント通りに住んでいた。彼らはその時までには既に二年間にわたって親しい関係にあった。

彼は一九一二年にプラハからベルリンへ出張した。その機会に彼はエルザを訪問したのである。その時から二人の間に内密の文通が始まり、それが愛とは言わないまでも親密な意味を帯びてますます好意的なものとなった。その際には彼は当面の家庭生活の重荷を苦にしなかった(81)。このような接触はプラハ時代に彼をミレーヴァから遠ざけるのに（上で述べたように）決定的な役割をすでに演じていたと思われる。

彼は一九一七年のある時病気になり、次々に肝臓の病気、胃潰瘍、黄疸、一般的な衰弱などを患った。これらのトラブルはおそらく適切な栄養補給の困難と知的な過労とが結び付いて起こったのであろう。当時戦争が進行していたのである。エルザは病気の間このいとこの世話をした。アルベルトは一九一七年の夏彼女の隣のアパートに引っ越した。彼はその年の終わり頃友人に次のように書いた。「私はエルザの親身な世話のおかげでこの夏以来四ポンド太った。彼女は私のために何でも料理してくれる」(82)。彼はそれにもかかわらず一九一八年の数カ月の間ベッドに寝ていなければならなかった。彼とエルザが結婚する決心をしたのはこの年の間のことであった。それはもちろん依然として形式的に効力を持つミレーヴァとの結婚の法律上の解消を必要とした。

離婚の手続きはようやく動きだした。それは一九一八年六月十二日に二人の当事者の間の手書きの合意の書付けから見ることができる。それには彼が署名していた。十一月二十日に裁判所の審理がチューリヒで行われた(83)。それにはどちらの当事者も出向かなかった。ミレーヴァは弁護士のエミール・チュルヒャーを代理人とした。チュルヒャーは原告であるミレーヴァと被告であるアルベルトの両方の友人であると述べた。この弁護士が審理で言うところでは、彼は被告が不倫を認めた一九一八年八月三十一日付の被告の手紙を所有していた。（その浮気がいつ始まったかの言及はない。）より詳細な情報を求める弁護士の要求は答えられないままだった。それは明らかに問題になっている女性がベルリンの裁判所に呼び出されることを恐れたからであろう。しかしながら弁護士はそれが被告のいとこすなわちベルリンの住人である「上流階級の人物」に関係していると言うことができた。さらに弁護士は手続きを早めるように要求する被告からの葉書と電報を受け取った。そして被告は「世界で最も有名な学者の一人」であるからその証言が頼れるものと考えうるとその弁護士は述べた。

一九一九年二月十四日同じチューリヒの裁判所は離婚の判決を下した。夫が子供の養育費を与え、学校の休暇中には息子と接触する権利を持つという契約が明記された。妻は子供の養育と教育の責任を担うことになった。加えてアインシュタインはスイス銀行に四万ドイツマルクを預けることを命令された。そしてその利子は妻が自由に使えることになった。彼はさらにもしノーベル賞を受賞した時にはそれに伴う賞金を彼女に与えることを義務づけられることになった。最後に彼は二年間結婚することを許されなかった。この条項は法律的にはスイスでのみ束縛を受けることになる。

私は一二万一五七二・四三スウェーデン・クローナ（当時の変換レートで約三万二〇〇〇ドル）の支払い済みノーベル賞小切手を見たことがある。それは彼が実際ミレーヴァに送ったものである(84)。彼女はそのお金でチューリヒに家を三軒買った。そのうちの二つはすぐに売却された。彼女はフッテン通り六二番地の三番目の家で残りの人生のほとんどを過ごした(85)。

ミレーヴァは離婚後最初の頃は自分の家族名のマリティを名乗っていたが、一九二四年十二月二十四日付のチューリヒ州政府の判決によってアインシュタインという名前に戻る許可を与えられた。

彼は晩年になってミレーヴァについて書いた。「彼女は別居や離婚に決して満足しなかった。そしてメーディア［ギリシャ神話の魔法使い。夫の浮気に怒り夫との子供、浮気相手を殺した］の古典的な例を思い起こさせる気質があらわになった。これは私と二人の息子との関係を暗くした。私は二人の息子たちに優しい愛着を感じていた。私の人生のこのような悲劇的な側面は私が高齢になるまで消えることなく続いた」(86)。

アルベルトとエルザは一九一九年六月二日に結婚した。彼は四十歳で彼女は四十三歳だった。エルザのアパートが彼らの家になった。彼女はその後の年月の間にアメリカや極東などいくつかの海外旅行で夫に付き添った。アインシュタインの母は常にミレーヴァに反対し続けていた。これに反し息子の新しい結婚をとても喜んだ。アルベルトとエルザの結婚後六カ月経って彼女は、最後の日々を過ごすためにこの新しい夫婦の家にやって来た。母は腹部のガンで末期的な症状だった。

自分の二回目の結婚に対するエルザの姿勢についてチャーリー・チャップリンが記している。チャップリンが彼女に会ったのは一九三一年のパサディナだった。「彼女は豊かなヴァイタリティーをもつ四角い体型の婦人であった。彼女は素直にこの偉大な人物の妻であることを楽しんでいた。そして彼女の熱中が愛らしいものであるというその事実を隠す努力もしなかった」(87)。

アインシュタインは世話を受けることや友人を受け入れられる家庭を持つことを楽しんだといってよいだろう。しかし、ずっと深いレヴェルではこの結婚が不釣合いであったという印象はぬぐいがたい。彼の友人はこのような有り様を描写した。「自分の中にボヘミアン的なものをいつも持っていた彼は、中流階級の生活をおくり始めた……富裕なベルリンでの家族に典型的な世帯の中で……美しい家具、じゅうたん、絵などに囲まれて……そこに入れば、彼がそのような環境の中で依然として〝部外者 foreigner〟として留まっていたことがわかった。彼は中流家庭の中でボヘミアン的な客人だったのである」(88)。あるいは、エルザとその夫の間には大変親密な感覚を見いだすことはないだろう。彼女の隣の部屋の寝室は彼女の娘たちが占領していた。彼の部屋は居間を下ったところにあった(89)。この夫婦は共通の計画や配慮にきわめて熱心な夫婦であったとは思えない。エルザはかつて「アルベルトの意志を測ることはできないだろう」と書いた(90)。

彼は様々な機会に、結婚という聖なる状態に生じる幸福感に対して、全面的肯定はできない旨を表明した。結婚後三年しか経っていない一九二二年にこの夫婦が日本を訪れている間、彼がひっきりなしにパイプを掃除しているのを見た人が、喫煙の楽しみのために煙草をすっているのか、パイプを掃除してまた詰めるためにそうするのかをたずねた。彼は答えた、「私の目的は喫煙にありますが、結果として詰めることにあるとも言えます。人生もまた、特に結婚は喫煙の様なものです」(91)。彼が一九二〇年代初めに一人の若い婦人に対して強い愛着を覚えていたことを私は事実として知っている。この結婚生活の外の情事は一九二四年に終わった。晩年にもいくつかほかに起こったようである(89)。

一九三三年ナチスによってアインシュタイン夫妻がベルリンに留まれなくなった時、彼らはアメリカへ移住した。彼らはアメリカでニュージャージー州プリンストンに定住した。一九三四年エルザの長女のイルゼは病気による苦痛ののちパリで亡くなった。エルザはこの痛手から決して立直ることはなかった。すぐ後に彼女は重病になり一九三六年心臓病で亡くなった。

一九三九年にマーヤはプリンストンで彼女の兄であるアインシュタインと共に住むようになった。マーヤの夫の引退の年であった一九二二年以来この夫婦は、アインシュタインが彼らのために買ったフィレンツェ郊外のコロンナタの小さな土地に住んでいた。一九三九年ムッソリーニの人種法のためマーヤはイタリアを逃れた。ユダヤ人でなかった彼女の夫はジュネーブの友人のところに移った。第二次世界大戦によってアメリカでの彼女の滞在は長引いた。戦争が終わった後マーヤは彼女の夫と合流する準備を始めた。しかしそうはならなかった。彼女が一九四六年に発作を起こしそれ以降寝たきりになったからである。彼女の病状は悪化し彼女の精神ははっきりしたままであったが結局もはや話すことができなかった。アインシュタインは毎晩夕食の後、彼を大変慕っていた妹の部屋へ行って本を読んで聞かせた。

彼女は一九五一年六月にプリンストンの家で亡くなった。

ミレーヴァの後の人生は不運と落胆の物語である(92)。彼女の最も大きな悲しみは次男のひどい慢性の病気であった(次節参照)。この次男は彼女の死まで彼女と生活をともにした。彼の世話や度重なる入院は大きな財政的重荷となった。彼女は度々アインシュタインが充分に援助してくれないと不平を言った。彼女はピアノのレッスンや数学の家庭教師で幾らかのお金を稼いだ。彼女自身の健康もあまり良くなかった。彼女は硬化症に苦しみ入院を要する何回かの軽い発作を起こした。彼女は晩年人が自分の財産を盗むためにやってくると疑う妄想症患者になった。ヘレン・ドゥーカスが私に語ったところでは彼女の死後、八万スイス・フランがマットレスの下に隠されているのが発見された。

彼女は一九四八年五月個人病院に入院させられた。発作が起こり彼女の左半身は麻痺したのだ。彼女はまだ話すことはできたが混乱状態にあった。息子やリースベト・フルヴィッツらが見舞った。

彼女の悲劇的な人生は一九四八年八月四日に終わった。彼女はチューリヒのノルトハイム墓地に埋められた。ロシアの牧師が葬式を行った。彼女の死の新聞公告(93)はハンス・アルベルト、彼の妻、エドゥアルトらによって署名された。以前の夫アインシュタインの署名はなかった。

結局、ほとんど理解も経験もない他の人たちが彼女のために適当だと考えたようには、ミレーヴァは彼女の人生のどの時点においてもアインシュタインの名声を分かつなんらの要求もしなかったということを、ここで繰り返しておかねばなるまい。

第八節　テ ー テ

アインシュタインの息子たちはミレーヴァの実家を子供時代に何度か訪れた。ミレーヴァの母はエドゥアルトのことをいつも愛称「デーテ Dete」で呼んだ。それは彼女の国の言葉では子供を意味する。長男のハンス・アルベルトはこれを「テーテ Tete」と発音した。この名前は両親やリスデート・フルヴィッツの日記や他の多くの人たちによっても彼が呼ばれ続けた名前であった(94)。

テーテは読むことを早く学び、読んだものを記憶する殆ど恐ろしいまでの才能を持っていた。彼は六歳でハウフ［Wilhelm Hauff 十九世紀初頭のドイツの詩人、童話作家］の童話をすでに読み終わっていた。

一九一五年八月十三日（テーテは五歳だった）リースベト・フルヴィッツは日記に「この小さな子供は大変活発で快活である」と記した(95)。母はすでに父と別れていたが、その母との関係には不満が多々あった。ミレーヴァは一九一六年に友人に書いた。「大変残念なことに子供たちは私のことを理解しておらず、私に対してある種の恨みを持っていることが分かった。それは苦痛ではあるが、彼らの父親が子供たちにこれ以上会わないならば、父親にとっても状況がより良くなるだろうと思う」(96)。

テーテは一九一七年の春チューリヒの学校に入った。九歳になった二年後にはすでにゲーテ、シラーやほかのドイツの古典を読んでいた(97)。

テーテは一九一四年に両親が別居したときまだ四歳になるかならないかであった。アインシュタインは一九一九年の夏、家族を訪問するためにやってきた。それは離婚後行うようになった訪問の最初であった。彼、ミレーヴァと子供たちは、テーテがある期間療養所に滞在しなければならなかったアローザという町へ行った。テーテは子供時代の初期から健康上の問題を抱えており、特に耳の激痛や頭痛に苦しんでいた。

一年後子供たちはベルリンへ出かけた。それは数多くの家庭訪問の最初であった。テーテは父親を偶像視していたが同様に彼自身の側では愛-憎の関係が展開し始めていた。タルブホヴィッチはそれが認知を求めるテーテの強い要求であると見なした(98)。テーテの仲間の学生たちが書いた本の中に次のようなコメントが見いだされる。「タルブホヴィッチ婦人が彼女の本の中で、〝志をもった少年の栄光への渇望〟などと書いているが(98)、そ

アインシュタインとその息子たち，ハンス・アルベルトとエドゥアルト．1920年代半ば．(© Evelym Einstein.)

れは級友たちにとっては馬鹿げていることと思われるに違いない」(99)。

一九二三年から一九二九年の中等学校時代はテーテの人生にとって最良の時期であった。タルブホヴィッチの著作にはこの頃のことについては何も述べていない。彼女によればテーテは自然科学への勉強への傾向を常に持ち続けていた(100)。彼の級友たちによれば、「彼は自然科学の科目に殆ど興味を示さなかった」(101)。

テーテは中等学校時代、散文同様詩もたくさん書いた。これらの書き物の多くは彼の友人たちの書物に収録されている。特に彼は格言を作ることに熱中していた。その多くは学校新聞のために書かれた。一九三一年に最も優れたものの幾つかが『新スイス展望 *Neue Schweizer Rundschau*』に発表された。彼が教育を続けるために中等学校の文学コースを選んだことは自然な成行きだった。幾つかの科目、特に自然科学とギリシャ語は彼を退屈させた。

ここでテーテの書き物についての三人の級友たちの思い出をたどろう。「彼はとりわけ複雑な人間関係の記述に興味をもっていた。彼はドイツ文学について前例がないほどの理解を示していた。彼はドイツ語を大変良くマスターし見事にそれを書くことができた。エドゥアルトは学校時代ユーモアや面白い状況に対するきわだったセンスを備えていた。彼の笑いは彼自身についてでもあったが心温まるものであった(102)。……彼は素晴らしい級友であった……彼はその当時すでにあったに違いないはずの心の病いを示さなかった(103)……われわれはたいていエディーを活発で想像力豊かで工夫に富んで生産的でしばしばユーモラスで才気にあふれていることを知っていた」(104)。

当時テーテは沢山の書物を読み続けていた。彼は当時の現代作家に通じていた。例えばカフカ、ストリンドベリ、モルゲンシュテルン、シュテファン・ゲオルゲそして特にリルケであった。かつて彼はクラスでリルケについて一時間の講義を行った。彼の先生のコメントでは教えられるところが多かったとのことである。彼はまたフロイトの著作も学んだ(105)。

彼は若い頃から彼自身が音楽好きであることを示した。彼はピアノを上手に弾いた。ある級友によれば、「エディーの演奏への情熱は私の記憶に残るものだった。学校にいる時のエディーの印象であった疑い深さ、頼りなさ、皮肉、かすかにぼんやりしている感じなどすべては、彼が演奏している間は全く消え去っていた。彼がピアノに向かうと私には全く別人のように思えた」(106)。彼は現代音楽にも汎く通じていた。一九二八年一月六日号のスイスの批判的な週刊誌『ネーベルシュパルター *Nebelspalter*』に彼はウィーン楽派の無調作品に対してみごとなほど皮肉な詩を書いた。彼はそのようなものを好まなかったのである。

テーテは一九二六年自発的な予備役訓練に参加した。それは土曜日の午後に集まる高等学校の学生のグループであった。さらに彼らは時々キャンプへと行った。テーテは肥っていたが、そのような遠出にも耐えた。彼は祭りの夜には、このような偉業に捧げる皮肉たっぷりの文章を幾つか読んだ。

彼は高等学校最後の試験で二番になった。ドイツ語とラテン語では可能な最も高い点数であった(＊彼の点数の完全なリストは注の107を参照)。全体として彼はギムナジウム時代には大変良くやっていた。友情を暖め、教師たちを満足させ、見込みのある個人的生活様式を展開した。

それから間もなく彼は重度の精神病になった。

それまでの年月では当時起ころうとしていたことの明確な徴候はあらわれていなかった。級友の唯一関連しそうなコメントは、明らかに以前に言及した耳の激痛のためと思われるが、テーテがしばしば耳に綿を詰めていたのに気付いた、というものである(108)。

高等学校を終えた後テーテは父親に会うために再びベルリンを訪れた。それ以後彼は医学を学ぶためにチューリヒ大学に入学し、後には精神医学を専攻することを望んだ。彼はなんとか三つの学期を修め大学祭にも参加し、ここでも、それを機会に書いた詩を発表した。

彼の病気の原因や正確な性質のことは私にはよく分からない。ヘレン・ドゥーカスがかつて私に語ったところでは、アインシュタインはかなり早く精神分裂病の徴候を認めていたという。しかし私はどの時期だったのかは分からない。ある伝記作家は次のように書いた、「エドゥアルトは父親から顔の特徴と音楽の才能を、母親から憂鬱質の傾向を受け継いだ」(109)。テーテ自身が作った一九三一年の格言に彼の運命の予兆を認めるのは痛々しい。「人は運命を愛するのみである。運命を持たず、あるいは他者にとって無であるような運命であることは、最も悪い運命である……」(110)。

高等学校を出て間もなくから障害の徴候は次第にはっきりしてきた。彼は自分の部屋の壁をポルノ写真で埋め尽くし彼の情熱は本から女性へと移った(111)。彼の怒りの発作はとても激しく、チューリヒ近くの精神病院であるブルクヘルツリに入院させられねばならなかった。それ以降大学に出席するときには看護士に付き添われることもあった(112)。

彼は大学に出る努力をしたが、後にそれをあきらめねばならなかった。彼は多くの時間無気力状態にあった。リースベト・フルヴィッツは一九三四年七月一日の日記に、テーテが太るようになり、落ち着きがなくなり、偉人の伝記やわいせつな演劇を読んでいると書いた(113)。彼女は一九三七年六月十三日、彼が不格好になり、殆ど家から出ず、耳の痛みを消すため叫び声をあげる発作を起こしていると書いた。ブルクヘルツリの収容期間が益々長くなった。

同級生たちはその後彼と通りで出会ったことを記している。ある人は彼と話そうとしたがうまくいかなかったことを思いだした。「彼が別の世界に住んでおり、私が話しかけるのが煩わしいと感じていることは明らかだった」。別の人はこう言っている。「彼は空に向かって話しており、私を見ると急いで立ち去った」。ブルクヘルツリに彼を見舞った旧友たちは、テーテがそのような出会いを喜んでいないと感じた(114)。

ブルクヘルツリでの彼の死の二年前に彼に会った人物は次のように書いた(115)。テーテに会ったのは屋外だった。テーテは畑で働いていたのである。彼はかなり太り、大変青白く、殆ど驚くほど父親に似ていた。彼の会話は精神分裂的なものだった。彼は戸外での仕事を好まなかったが、それが彼のために良いことは判っていた(115)。

テーテはミレーヴァの死後ブルクヘルツリで一七年間生き続けた。その間決して母親のことを語らなかった。彼は一九六五年十月二十五日に亡くなりヘンガーベルク墓地に埋められた。

テーテの死の新聞の公告(116)は兄のハンス・アルベルトと義理の姉マーゴットによって署名され、エドゥアルト・アインシュタインが「故アルベルト・アインシュタイン教授の子息」であったと述べられている。私はミレーヴァについての言及がなかったのはひどい話だと思う。

第九節　結　論

アインシュタインは一九三六年プリンストンでのエルザの死のすぐ後で、物理学仲間で友人のマックス・ボルンに次のよう書いた、「私はここに極めてうまく慣れてきました。洞穴のなかの熊のように暮らしています。私の波乱の多い人生の中でかつて味わったどのときよりも多くくつろぎを感じています。この熊のような性質は私のつれあいの死のために益々強くなりました。彼女は（私より）人々により愛着を持っていました」(117)。

彼は一九五二年ETH時代の同級生であった友人のヤーコプ・エーラットに次のように書いた。「私はナチスの時代と二人の妻との生活の双方をうまく生き延びたということで、自分の過去に満足しています」(118)。

アインシュタインの死の一カ月前、特許局時代以来の友人であるミケーレ・ベッソが亡くなった。そのさい彼はその未亡人に次のように書いた。「私が人間としての彼を多く賞賛するのは、彼が女性と平和に長年の間生活してきたのみならず、女性と永久的な調和の中で生きてきたという事実によってです。かなり恥ずかしいことに私はそのような企てに二回も失敗したのですから」(119)。

アインシュタインは彼の結婚について、かならずしも上品にというわけではないが、率直に洞察力を持って書いた。彼は良い夫ではなかったし彼はそれを知っていた。父親としては、まだましだった。どれ程ましだったか、評価は避けるが。というのも、特にリーザルがどうなったかがこれまで明確でないままであるからである。私の考えるところでは、アインシュタインの家族に結び付きの強さが欠けている理由は明らかである。深い持続的な人間関係を作り上げることに建設的になるためには、アインシュタインが決して払おうとしなかった努力が必要である。彼の充分に創造的な力は、完全にそして常に自然科学に向けられた。おそらくは彼自身をさえ犠牲にし、また彼に近づいた人々や彼に近づこうとした人々を犠牲にした。

人間の性質や弱さについての彼の鋭い洞察（私は彼との数多くの話からそれを知っている）は、自分自身の個人に宿る悪魔を自覚するまでになった。彼はかつてこう言った。「私はこの地球上で否定されているものを星々に求めなければならない」。

注

1 A. Pais, *Subtle is the Lord*, Clarendon Press, 1982；以降*SL*と略記。

2 D. Trbuhović, *Im Schatten Albert Einsteins*, 4th edn, Verlag Paul Haupt, Bern and Stuttgart, 1988.

3 *Collected Papers of Albert Einstein*, Vol. 1, ed. J. Stachel *et al.*, Princeton University Press, 1987；以降*CP*と略記。この巻はアインシュタインとマリッチとの間に交された数多くの書簡を載せている。それら書簡の英訳が次の書物にある。J. Renn

and R. Schulmann, *Albert Einstein-Mileva Marić, the love letters*, Princeton University Press, 1992 (以下*R*Sと略記).

4 E. Rübel, *Eduard Einstein*, Verlag Paul Haupt, Bern and Stuttgart, 1986.

5 Pauline Einstein, letter to her mother, 1 August 1886, *CP* Vol. 1, doc. 2, p. 3.

6 Reprinted in *CP* Vol. 1, p. xlviii.

7 A. Einstein, *Helle Zeit*, *dunkle Zeit*, p. 9, ed. C. Seelig, Europa Verlag, Zürich, 1956.

8 成績の完全な形は、C*P*第一巻一六ページにある。

9 アインシュタインの幼少時についてのより詳しいことは、S*L*の第三章を参照。

10 その後のミロシュについては、以下を参照。Professor Zimmermann ; see ref.2, pp. 161,162.

11 ミレーヴァの教育についてのこの説明は次を見よ。ref. 2.

12 Ref. 2, pp. 60, 61.

13 *CP* Vol. 1, doc. 67, 27 July 1900.

14 After 20 October 1897, *CP* Vol. 1, doc. 36, p. 58, RS doc. 1.

15 16 February 1898, *CP* Vol. 1, doc. 39, p. 211. より早い手紙は封筒しかない。同じページ参照。また*R*Sの doc. 2.

16 16 April-8 November 1898, *CP* Vol. 1, doc. 40, p. 213, RS docs. 3-5.

17 13 or 20 March 1899, *CP* Vol. 1, doc. 45, p. 215, RS doc. 6.

18 Early August 1899, *CP* Vol. 1, doc. 50, p. 220, RS doc. 7.

19 10? August 1899, *CP* Vol. 1, doc. 52, p. 225, RS doc. 8.

20 Between 10 August and 10 September 1899, CP Vol. 1, doc. 53, p. 228, RS doc. 9.

21 10 September 1899, *CP* Vol. 1, doc. 54, p. 229 ; 28? September 1899, *ibid*., doc. 57, p. 233, RS docs. 10, 11.

22 10 October 1899, *CP* Vol. 1, doc. 58, p. 237, RS doc. 12.

23 Probably 1900, *CP* Vol. 1, doc. 61, p. 242, RS doc. 13.

24 See, e. g., *CP* Vol. 1, doc. 49.

25 29? July 1900, *CP* Vol. 1, doc. 68, p. 248, RS doc. 14.

26 6 August 1900, *CP* Vol. 1, doc. 70, p. 251, RS doc. 16.
27 9? August 1900, *CP* Vol. 1, doc. 71, p. 252, RS doc. 17.
28 この時期のより詳しい話は次を見よ。*SL*, pp. 45, 46.
29 19 September 1900, *CP* Vol. 1, doc. 76, p. 261, RS doc. 22.
30 3 October 1900, *CP* Vol. 1, doc. 79, p. 266, RS doc. 23.
31 Second half of May? 1901, *CP* Vol. 1, doc. 107, p. 300, RS doc. 33.
32 15 April 1901, *CP* Vol. 1, doc. 101, p. 291 ; also 12 December 1901, *ibid*., doc. 127, p. 322, RS docs. 28, 45.
33 27 March 1901, *CP* Vol. 1, doc. 94, p. 281, RS doc. 25.
34 About 1 September 1900, *CP* Vol. 1, doc. 74, p. 257, RS doc. 20.
35 13? September 1900, *CP* Vol. 1, doc. 75, p. 259, RS doc. 21.
36 31? July 1901, *CP* Vol. 1, doc. 121, p. 313, RS doc. 41.
37 Letter to Helene Savić, November-December 1901, *CP* Vol. 1, doc. 125, p. 319.
38 28 November 1901, *CP* Vol. 1, doc. 126, p. 320, RS doc. 44.
39 14? August 1900, *CP* Vol. 1, doc. 72, p. 254, RS doc. 18.
40 About 1 September *CP* Vol. 1, doc. 74, p. 257, RS doc. 20.
41 10 April 1901, *CP* Vol. 1, doc. 97, p. 286, RS doc. 27.
42 30 April 1901, *CP* Vol. 1, doc. 102, p. 293, RS doc. 29.
43 May 1901, *CP* Vol. 1, doc. 107, p. 300, RS doc. 33.
44 May 1901, *CP* Vol. 1, doc. 108, 301, RS doc. 44.
45 8 July 1901, *CP* Vol. 1, doc. 116, p. 310, RS doc. 39.
46 28 May 1901, *CP* Vol. 1, doc. 111, p. 304, RS doc. 36.
47 4? June 1901, *CP* Vol. 1, doc. 112, p. 306, RS doc. 37.
48 7? July 1901, *CP* Vol. 1, doc. 114, p. 308, RS doc. 38.

49 22 July 1901, *CP* Vol. 1, doc. 119, p. 312, RS doc. 40.
50 12 December 1901, *CP* Vol. 1, doc. 127, p. 322, RS doc. 45.
51 17 December 1901, *CP* Vol. 1, doc. 128, p. 325, RS doc. 46.
52 19 December 1901, *CP* Vol. 1, doc. 130, p. 328, RS doc. 47.
53 28 December 1901, *CP* Vol. 1, doc. 131, p. 329, RS doc. 48.
54 4 February 1902, *CP* Vol. 1, doc. 134, p. 332, RS doc. 49.
55 Pauline Einstein, letter to Pauline Winteler, 20 February 1902, CP Vol. 1, doc. 138, p. 336.
56 Helen Dukas, private communication.
57 Reproduced in ref. 2, p. 80.
58 M. Flückiger, *Albert Einstein in Bern*, p. 133, Paul Haupt, Bern, 1974.
59 A. Einstein, letter to C. Seelig, 5 May 1952, reproduced in C. Seelig, *Albert Einstein*, Europa Verlag, Zürich, 1960.
60 M. Einstein, *Beiträge zur Überlieferung des Chevalier du Cygne und der Enfance Godefroi*, Druck, Erlangen, 1910.
60 *a* 彼女の回想については次を見よ。 E. Roboz Einstein, *Hans Albert Einstein*, Iowa Inst. of Hydraulic Research, University of Iowa, 1991.
61 *New York Times*, 27 July 1973.
62 H. A. Einstein, letter to A. Einstein, written about 1933.
63 H. A. Einstein, letter to C. Seelig, 18 April 1955 ; ETH Bibliothek Zürich, HS304 : 566.
64 19? September 1903, *CP* Vol. 5, doc. 13, RS doc. 54.
65 Ref. 2, p. 58. 66 Ref. 2, p. 87. 67 Ref. 2, p. 90. 68 Ref. 2, p. 97.
69 R. Schulmann, letter to A. Pais, 11 July 1990.
70 A. Joffe, Pamiati Alberta Einsteina, *Uspekhi Fys. Nauk*, 57, 187, 1955.
71 Ref. 2, p. 95. 72 Ref. 2, p. 108. 73 Ref. 2, p. 111. 74 Ref. 2, pp. 108, 115. 75 Ref. 59, p. 203.
76 Ref. 2, p. 111. 77 Ref. 2, pp. 120, 121.

78 Mileva to Helen Savić, 12 March 1913, quoted in ref. 2, p. 122.
79 Ref. 2, p. 126.
80 この移籍話の詳細は次を見よ。 *SL*, Chapter 14, section (a).
81 See *CP*, Vol. 5, currently in preparation.
82 A. Einstein, letter to H. Zangger, 6 December 1917.
83 書類番号 1386/1918 *Bezirksgericht Zürich*, II. *Abteilung*. これはチューリヒの州関係書類にある、七月十二日に交された約定の下書を含んでいる。
84 H. Dukas, private communication.
85 Ref. 2, pp. 180, 182.
86 A. Einstein, letter to C. Seelig, 5 May 1952.
87 Charles Chaplin, *My autobiography*, p. 346, The Bodley Head, London, 1964.
88 P. Frank, *Einstein, his life and times*, p. 124, Knopf, New York, 1953.
89 F. Herneck, *Einstein privat*, Der Morgen, Berlin, 1978.
90 E. Einstein, letter to P. Ehrenfest, 5 April 1932.
91 J. Ishiwara, *Einstein ko en roku*, p. 193, Tokyo-Tosho, Tokyo, 1978.
92 See esp. ref. 2, pp. 195-202.
93 Repr. in ref. 2, p. 198. 94 Ref. 2, p. 125. 95 Ref. 2, p. 132.
96 Letter to Helene Savić, 8 September 1916, reproduced in ref. 2, p. 139.
97 Ref. 4, p. 11. 98 Ref. 2, pp. 147, 148. 99 Ref. 4, p. 23.
100 Ref. 2, p. 147. 101 Ref. 4, p. 23. 102 Ref. 4, p. 36. 103 Ref. 4, p. 53. 104 Ref. 4, p. 61.
105 Ref. 4, pp. 57-60. 106 Ref. 4, p. 95. 107 Ref. 4, p. 78. 108 Ref. 4, p. 57.
109 C. Seelig, *Albert Einstein*, (ref. 59), p. 192.
110 Ref. 4, p. 81. 111 Ref. 2, p. 169, ref. 4, p. 111. 112 Ref. 4, p. 102. 113 Ref. 2, p. 189. 114 Ref. 4, p. 113.

115 'M. W.' in *Brückenbauer*, 19 November 1965.

116 Repr. in Ref. 2, p. 204.

117 A. Einstein, letter to M. Born, undated, probably 1937 ; reproduced in *Einstein-Born Briefwechsel*, p. 177, Nymphenburger, Munich, 1969.

118 A. Einstein, letter to J. Ehrat, 12 May 1952.

119 A. Einstein, letter to V. Besso, 21 March 1955, reproduces in *Einstein-Besso Correspondence 1903-1955*, p. 537, ed. P. Speziali, Hermann, Paris, 1972.

第二章

ボーアとアインシュタインについての考察

場面を整えるためにまず時間的に大きく分かれている三つの話を関連づけよう。

一九二三年、ボーア-アインシュタイン世代の著名な物理学者マックス・ボルンはゲッティンゲン科学アカデミーに手紙を送った。彼はその中でアインシュタインとボーアを外国人会員として指名することを提案した。彼はボーアの推薦の際「現代の理論的実験的研究への彼の影響は他のどの物理学者のものよりも大きい」と書いた(1)。ボルンとアインシュタインとの個人的関係が、ボーアとのものよりも密接であったことに注意しておこう。殆ど同じ頃ハーヴァードのパーシー・ブリッジマンは、ボーアがヨーロッパの殆ど全域にわたって科学の神様として今偶像化されていると知人に書いた(2)。

一九六三年、次世代のメンバーであるハイゼンベルクは、ボーアの追悼文に「二十世紀の物理学や物理学者へのボーアの影響は他のだれよりも強かった。アルベルト・アインシュタインにさえ優ってであった」と書いた(3)。

三つ目の話は私自身とその友人との間で一九八〇年代初めに行ったボーアについての議論に関係する。その友人は私自身の世代の最もよいそして最もよく知られている物理学者であり、ハイゼンベルクよりもう一世代後の人物である。

「あなたはボーアをよく知っていましたね」と彼は言った。

「もちろん」と私は答えた。

「そうならボーアは実際に何を行ったかを言ってみてくれませんか」と彼は尋ねた。

「うん、まず第一に彼は量子論の創始者の一人であった」と私は答えた。

「それは分かってます。でも、その仕事は量子力学によって乗り越えられたでしょう」と彼は答えた。

「もちろん」と私は答え、それから量子力学におけるボーアの役割の説明、特に相補性の導入に進んだ。このことが私の友人にとって明確ではなかったことを私は発見した。

ボーアは実際に何をしたのか。彼自身が自分の主たる寄与と考えている相補性が、最も素晴らしい物理学の教科書のいくつか、例えばディラックの量子力学の教科書、朝永の歴史的方向づけをもった教科書、ファインマンの講義録などで言及されないのはどうしてなのか。この点に関してアインシュタインは実際に何を行ったのか。私の能力の最善を尽くして、このような問題すべてに答えるために、各々ほぼ六〇〇ページの長さの、アインシュタインとボーア両者の二つの伝記を著述した。この短い章で私の見解を要約しよう。それはこれら二人の人間の個人的知的接触に焦点があてられる。

アインシュタインとボーアは、彼らがいなくてはあの二十世紀特有の思考様式である量子物理学の誕生を考えることができない三人の物理学者のうちの二人である。

これらの三人は登場の順では次のようになる。消極的な革命家のマックス・プランク。彼は量子論の発見者であるが、自分の量子法則が現在では古典的とよばれる時代の終わりを意味していることをすぐには理解しなかった。

光の量子、つまり光子の発見者であるアインシュタインは直ちに古典力学がその限界に達したことを理解したが、彼は決してそのような状況と和解できなかった。

そして物質の量子論の創始者のボーアも、自分の理論が聖なる古典的概念を打ち破ったことを直ちに意識したが、古い物理学と新しい物理学の繋がりの追求をすぐに開始し、彼の対応原理においてかなりの程度の成功を収めた。

これら三人の性格はどのように異なるのか。

プランクは多くの意味で伝統的な大学教授で、自分のコースを教え、博士号をもった研究者たちを世に送り出した。

アインシュタインは、まれには一人ではなかったが、大抵は一人で、実際には授業で教えることを好まず、博士号取得者を一人も生み出さなかった。彼は共同研究者はもっていた。私は実際彼と論文の共同執筆をした物理学者を三〇人以上数えあげることができた。にもかかわらず、孤独で考え、一人でいることが彼の最も深い要求であった。

そして、ボーアは常に自分自身の考えを明確にする助けとして、他の物理学者特に若い物理学者を必要とし、常に自分の考えをはっきりさせるための助言者とする一方で、彼らの考えをはっきりさせるための助言を惜しまず、講義をすることもなく、また博士号を求める大学院生をとったわけでもないが、博士号取得後の研究や高度な研究への刺激や指導を常に与えた。

量子論の進展が二つのはっきりと分かれる時期に分割されることを想い起すことは、その後の展開を理解するのに重要である。

最初の時期は一九〇〇年から一九二五年までで、現在では前期量子論の時代として知られており、物理学全体の歴史のなかで極めて異常な年月をカヴァーしている。量子法則や量子規則が発見され、実験によってそれらを真剣に受けとめねばならないことになったが、それらはその時期の物理学がよりどころとする基本的な論理を破っていた。このような異常な事態のもっとも良い例は、一九一三年に始まるボーアの仕事である。それは初めて原子構造を科学的探究の主題とした。この展開がどれほど新しかったかは、アンドレードが記述するように、二十世紀の変わり目の状況を思い起こすことで評価できる。「その当時の平均的な物理学者にとって、原子構造についての推論は火星の上の生命についての推論のようなものであったと言っても過言ではない。それはその種の事を好む人々にとっては興味深いが、確固たる科学的証拠からの支持に大きな期待はもてず、また科学的思想や科学的展開からの支持もなかったのである」(4)。

当時のボーアの活動の最も良い特徴づけは一九四九年に、七十歳だったアインシュタインによって与えられている。「この不安定で矛盾にみちた基礎にもかかわらず、ボーアという人物のユニークな本能と策略によって、スペクトル線の主要な法則が発見されることができたのは私には奇跡と思われた――そして私には今日でさえ奇跡と思われるのである。これは思考の世界において最高度の音楽性の世界である」(5)。明-暗定かならざるなかでの当時の苦闘は、ボーアのスタイルに消しがたいしるしを残した。それをまたアインシュタインが最も良く表現している。「彼は自分の意見を、永遠に手探りする人のように、また決して確固たる真理を保持していることを信じていない人のように述べた」(6)。ボーア自身がよく言っていたように、「あなたが考えている以上に明確に自分自身を表現してはいけない」。

二十世紀の最初の一五年にアインシュタインは何をやったのか。彼の多くの非凡な寄与のうちで、私は主に量子物理学との対比点を強調するために彼の相対論を取り上げる。

一九〇五年に発表された特殊相対論の最初の論文は公理的な構造をもっている、全体の構造は初めての新しい原理の上に打ち立てられた。それは大変完全に書かれているのでそれ以降になすべく残されていたのは、彼の公準からそれ以上の結果を導き出すことだった。その論文のどの一語も後の展開によって変えられる必要はなかった。

アインシュタインは一九一六年新しい重力理論である一般相対論の最初の正しい版を発表した。これは間違いなく二十世紀科学の最も意義深いものである。その論文はまた高度に完成されたものだが、その基本的帰結がすべて直ちに理解されたというわけではなかった。その主な理由は、彼や他の人たちが最初比較的弱い重力場に対する意味しか考えていなかったことである。重力崩壊、ブラック・ホール、宇宙創成期の歴史などの強い重力場に対する結果は、アインシュタインやボーアが亡くなってから大変重要な問題として認められた。それに至る時期には相対論についてのこまかい仕事がなされ、科学的進歩はあったが、それに関わる物理学者の数は極めて限られていた。

比較してみると原子構造についてのボーアの論文は、彼自身の寄与を含めて多くの研究センターで極めて多くの活動をもたらした。この話題は専門的にならないような形にとどめておきたいのだが、にもかかわらず前期量子論の成功を詳述しなければならない。それは単にこれらの成功が、プロの物理学者にさえそれほどよく知られていることではないからである。業績のリストには主量子数、角運動量量子数、磁気量子数などの発見や、それらの選択則、線型シュタルク効果、量子化学に基礎を置いた複合電子の基底状態に関するボーアの業績などを含む。これはパウリが排他原理を導入する際に影響を与え、またウーレンベックやハウトスミットによる電子スピンの発見を導いたことなどを含む。これらすべてのことはボース-アインシュタイン統計やフェルミ統計の発見と同様に前期量子論の時期に属する。振り返ってみるとこれらの多くの発見はそれらがアナロジーに基づいていたために、より一層作り話のようで驚かせるものである。つまり原子軌道は太陽の周りをまわる惑星の運動に似ていたし、スピンは軌道運動しながら回転する惑星に似ていたのである。もっともそれらは実際には間違いであった。その頃前期量子論も大きな欠点を示していたことは疑いがない。もっとも特徴的なところで言えば、水素原子のような最も簡単なスペクトル以外のすべての原子スペクトルを説明することができなかったのである。

少なくともこの研究へのボーアの参加と同様に、あるいはそれ以上に重要なことは、この分野のリーダーとしての彼の出現であった。これは科学における彼の名声の結果のみならず、ほかの人々の仕事を導く才能や要請の結果であった。ゾンマーフェルトは一九二一年彼を「原子物理学のディレクター」と呼んだ。その年はコペンハーゲンの研究所が機能し始めた年だった。そこは最初から、そしてそのあとの二〇年の間、理論物理学の世界的な指導センターとなるのであった。

アインシュタインの名声は一九二一年までに既に神話的な大きさに到達していた。しかし、彼の相対論や人格は、量子物理学で広がったような集団的な活動を刺激することにはならなかった。そのすべては［本章冒頭のように］ボルンが一九二三年に書いたものを説明することになるが、その一部は、ハイゼンベルクが彼の追悼文で書いたことも、さらに一部は私の友人が一九八〇年代に意識していなかったことを説明することになるものである。

一九二五年に至る時期に関しては、ここまでにしよう。この年新しい物理学、新しい論理が量子力学の発見とともに出現した。今はそれ以降に起こったことに移ろう。

私はボーア、アインシュタインを二人とも個人的に知っているという利点を持っている。それは次のような事情であった。第二次世界大戦後私は、故国オランダでの隠れ家からぬけだした時、外国で勉強を続けたいと願っていた。そこでコペンハーゲンのボーアと、当時プリンストン高等研究所にいたパウリに対して特別研究員の応募をした。そしてデンマークからラスク・エールステズの奨学金を獲得し、プリンストンにも受け入れられた。私はまず、コペンハーゲンに行くことを決心した。

私は戦後初の外国からの博士取得後の留学生として一九四六年一月にコペンハーゲンに行き、ボーアに初めて会うことになった。数カ月後、ボーアは私に、何カ月間か毎日一緒に研究をしないかと私に尋ねた。私はうれしさでぞくぞくし、もちろんですと言った。次の朝、私はカールスベルクにある彼の家に行った。ボーアが私に言った最初の言葉は、ボーアが好奇心旺盛なただの素人であることが判っていれば、彼と一緒に仕事をすることに利益があるだろうということだった。このような予期しない言明に反応するために私が知っていた唯一の方法は、信じられないという愛想笑いをすることだけだった。しかし、明らかにボーアは真面目だった。彼は全くの無知という出発点からどのようにしてすべての新しい疑問にアプローチしなければならないかを説明した。ボーアの主たる強さは彼の学識にあるというよりむしろ、恐ろしいほどの直観や洞察にあると言うのがおそらくより当っているだろう。まもなく私は利害にとらわれず楽しげに執拗に真理を探究する彼の精神をつかんだ。それは特に一九四六年の夏の間にチスヴィラの彼のサマーハウスで、彼やその家族と過ごした時だった。その場所で私はとても魅力的で手ごわい女性である彼の夫人マルグレーダやオーガ、ハンス、エーレグ、エルネストらの息子たちとよく知り合うようになった。われわれはそれ以来友人となった。

私は一九四六年夏、プリンストンにいった。先ず知らされたのは、その間にパウリがチューリヒに行ってしまったことであった。ボーアはプリンストン大学二百年祭の会合のため、その月にプリンストンにやってきた。その祭りにわれわれ二人は出席した。そこでボーアが私にこう言う日がやってきたのだ。「さあアインシュタインに挨拶しよう」。こうして私はアインシュタインと初めて会うことになった。彼は、愛想のよい微笑みをうかべながら、かなりかしこまっている若者に挨拶し、手をさし伸ばした。会話は量子論に移った。私はこの二人が議論している間聞き入っていた。詳細なことを憶えてはいないが、最初の印象ははっきり覚えている。彼らは互いに好意をもち、互いに尊敬しあっていた。彼らはかなりの熱情をもって互いに過去のことを話し合った。私は多くの以前の議論からボーアの推論をたどることはできたが、アインシュタインが語っていることを理解できなかった。

それ以後ほどなく、私は高等研究所の玄関でアインシュタインに出会い、ボーアとの彼の議論をたどれなかった旨を話した。そしてもっと理解できるように、いつか彼の研究室をたずねてよいかどうか聞いた。彼は一緒に家に歩いて帰るよう私を誘った。

こうしていつもドイツ語で行われた一連の議論が始まった。それは彼の死の直前まで九年間続いた。私はよく彼の研究室を訪問したり、昼食を食べに家に歩いて帰るお供をした。時には彼の家を訪れた。ほぼ数週間に一度くらいは彼に会っていた。

彼と会ったときはいつも、われわれの会話は政治、爆弾、ユダヤ人の運命、あるいはちょっとした些細なことなどに触れながら広く深い範囲に及んだといってよい。しかし議論は絶えず物理学、特に量子力学の解釈に向けられた。その問題は彼が終生熟慮をやめなかったことであった。彼の意見ははっきりしていて、この問題に関するもっとも普通にもたれている見解が、ことの終りであるはずはないということだった。私はほどなく、ボーアとアインシュタインが一緒にいるのを見た最初の機会に、アインシュタインがボーアと議論していた論点を理解した。もちろん私はアインシュタインの見解についてある程度のことをボーアから既に聞いていた。ただ私はアインシュタインの議論の詳細にじかに直面するようになったのである。

アインシュタインの思考をまず概観するためにわれわれの食前の散歩のひとつの間に起こったことを述べよう。それは一九五〇年頃だったはずだ。ある場所で彼は急に立ち止まって、私のほうを向いて、月は私が見ているときにだけ実際に存在するかどうかたずねた。われわれの会話の性質は特に形而上学的というわけではなかった。むしろわれわれは物理的観測の意味で何を行うことができて、何を知ることができるかということ、つまり量子力学の中心的な認識論的問題を議論していた。われわれは歩き続け、月や「存在すること」という表現の意味について語り続けた。この言葉は無機的な物体を指すのである。われわれはマーサー通り一一二番地に着き、私は昼食前のさよならを言って、高等研究所に戻った。多くの以前の機会でもそうであったようにこの散歩は楽しかったし、たとえ議論が結論を出さずに終わったにせよ、それはそれでよかったと感じた。私はその頃までにはそのことに慣れており、戻っていくときにはまた再び、近代物理学の創造に比類なき多くの寄与をしたこの人物が、なぜ十九世紀的な因果律の考えにこれほど執着し続けるのか疑問に思った。何が妨げになって彼はボーアの相補性を受け入れないのか。

これはボーアとアインシュタイン両者の人格についてコメントしようとすると、自ら触れることになる点である。そこで次に彼らの人となりについて触れ、彼らの様々な出会いについて少し述べて、量子力学の基礎についてのボーア-アインシュタイン論争の本質をたどり結論を導きたい。

私が彼らに会ったとき、ボーアとアインシュタインはそれぞれ六十歳代はじめと、六十歳代終わりであった。私は、これら二人の人物の晩年に二人を個人的にかなり良く知っていた人間のうちの一人（たぶん最後の一人）であるので、二人を比較して見解を求められることが多かったのも不思議ではない。この質問には多少とも不愉快に感じた。そして過去にはあいまいに答える傾向があった。それは単に人々をより良く理解したと思えば思うほど、比較がより表面的で絶望的になる傾向があるからだった。このことは今日でもあてはまる。しかし、認めざるを得ないのは、ボーアとアインシュタインの比較は、物理学者がよくやるAとBのどちらが競争相手として利口かといった、もっと下らない議論よりもはるかに興味深いことである。結局われわれは間違いなく二十世紀科学の二人の指導的人物であった人たちをここで扱っている。それで私は遠慮を排し彼らがどんなタイプの人物であったかを考察しよう。

まず、ボーアとアインシュタインが共にそれに取り憑かれたとは言わないまでも夢中になった物理学。両者は彼らが従事している仕事についてひどく情熱的にそして楽天的によく語ったものだ。両者は途方もない集中力を持っていた。両者は極めて早くプランクの放射法則の発見がもたらす重要性とパラドックスを理解していた。アインシュタインの科学活動の範囲は、若いころにはボーアの範囲より広かった。また両者は若いころには実験をやることに駆り立てられた。この点ではボーアの方がうまくやった。ボーアは科学雑誌に二〇〇本の論文を発表した。アインシュタインは二七〇本だった（両方の数とも概数）。彼らそれぞれの最も重要な論文は単独の名前で発表された。両者は倦むことを知らぬ学者であり、アインシュタインの場合により重大なのだが、時々病気になるような疲労の状態を招いた。両者は共に若い頃には講義をしたが、晩年には教えなかった。上述したようにどちらも自分自身の学位取得希望の学生を持たなかった。どちらも時には自分が誤った科学の路線を歩んだことがあるのを、自他ともに認めるに吝かではなかった。両者はメダル、賞、名誉学位、彼らに降りかかってきた他の栄誉などによって圧し潰されはしなかった。彼らの主たる関心は常に過去の業績よりもむしろもっと判りたいと思うことにあった。

寿命はほとんど共に同じだった。ボーアは七十七歳まで生き、アインシュタインは七十六歳だった、両者は火葬されることを選んだ。比較的若く死んだ彼らの父親はまた同じ年頃で死んだ。ボーアの父は五十六歳、アインシュタインの父は五十五歳で死んだ。アインシュタインは文字通り死ぬ日まで科学的に活動的であった。ボーアは純粋科学の見地からは晩年においてはプレイヤーというより観客だった。

両者はともに宗教を信じていなかった。ボーアは丁度結婚する前の一九一一年にルター派教会を去った。アインシュタインは人間の運命や行動に関与する神の存在を信じないと言った。彼はしばしば話し言葉や書き言葉で神に言及した（「神はサイコロを振らない」）。一九三〇年代に有名な女優エリザベート・ベルクナーが彼に神の存在を信じるかどうか聞いたとき、彼は「宇宙の権威ある秩序を探究し理解しようとして日々驚きに打たれている人物に、そのようなことをたずねない方がよい」と答えた。彼女が「なぜいけないの」と尋ねると、彼は「その人物はこのような質問に直面するとおそらくくじけてしまうからだ」と答えた(7)。このようなイメージはボーアの心には決して起こらなかった。

彼ら二人は明確な情緒的な動揺は示さなかった。アインシュタインの手書きの字はきれいだったが、ボーアのは下手だった。音楽はアインシュタインの人生に深い必然性を持っていたが、ボーアの場合はそうではなかった。二人とも見事なほど穏やかな声を持っていた。二人とも視覚芸術に強くひきつけられた。ふたりとも科学の専門家以外に多くの読者がいた。二人とも外国語をまあまあという程度に習得したが、非常に上手というわけではなかった。各々は英語をはっきりした愛すべき訛りで話した。各々はウィットの精神に富み、ユーモアのセンスがあり、時々冗談を言った。

ボーアは極めてスポーツを好み、若いときにはサッカー、そのあとはテニス、人生のほとんどを通してスキーを楽しんだ。アインシュタインはそのような気晴らしを好まなかった。二人ともヨットが好きだった。アインシュタインは車を所有したり、運転したりすることはなかったが、ボーアはどちらも行った。私の体験からすれば、彼の運転は時々少々乱暴だった。二人とも広範囲に旅行した（アインシュタインは四十代の時だけだった）。アインシュタインは晩年に喫煙することを禁じられたが、二人ともパイプ喫煙者だった（ボーアは若いころには煙草もすっていた）。

家族に関しては二人ともしっかりと結びついた温かい親の家庭で育った。ボーアの場合は、父親が、アインシュタインの場合には母親が主導権を握っていた。ボーアの父親は著名な科学者だった。アインシュタインの父親は打ち続く失敗と闘わなければならなかった中小企業家だった。ボーアは明確に上流階級の環境の出身だった。アインシュタインは中流階級の出身だった。ボーアの二歳年下の弟は（彼の妻について）彼と最も親しい人物だった。アインシュタインは彼の妹（二歳年下の唯一の妹）に勝る親近感を覚えた人物はいなかったといってよいだろう。ニールス・ボーアとマルグレーダの結婚は両者にとって見事な調和、強さ、誠実さの源だった。アインシュタインは二度結婚した（彼は二人の妻より長生きした）。それは彼の言葉によれば、彼は「かなりぶざまにも二度失敗した」企てだった。彼は幾つか不倫の恋愛をした。

ボーア夫妻には六人の子供があった。アインシュタインと最初の妻の間には結婚以前に一人の娘（この娘の後の運命はわかっていない）がおり、結婚後二人の息子がいた。彼はまた、二度目の結婚の結果として二人の義理の娘を持つことになった。ボーアは家庭的な人物で献身的な素晴らしい父親だった。アインシュタインについて私はこの点でははっきりしない。後の手紙では夫婦関係は時々しっくりいかないところがあったことが示されている。二人の息子たちは両親に喜びをもたらしたが、悲劇ももたらした。ボーアの息子の中の四人は輝かしい経歴をもった。同じことはアインシュタインの長男にもあてはまった。しかしボーア夫妻はヨットの事故で長男を失った。末っ子のハーラルはほぼ一歳の時髄膜炎にかかり、早死にした。アインシュタインの次男は精神分裂症になり、（五十五歳で）精神病院で亡くなった。

ボーア夫妻は八人の孫息子と九人の孫娘を持った。アインシュタインは二人の孫息子と義理の娘による一人の孫娘を持った。ボーアが床に座って孫たちと遊んでいる光景は私の楽しい記憶の中にある。

他の人々との個人的関係や態度において、どちらも相手の階級や地位によって変ることはなかった。二人は何かで忙しくない限りあらゆる身分の男性にも女性にも極めて近付き易い存在であった。二人はいつも友好的で礼儀正しく、人間の性質の鋭い観察者であったが、より個人的な議論においては人々について鋭く批判的であることができた。一般的な社会問題について二人は抑圧された人々のために語り、行動した。どちらも個人的にウィンストン・チャーチルやフランクリン・D・ローズヴェルトを含む当時の数多くの著名な指導的政治家に会った。

アインシュタインは一九一四年以来、特に第二次世界大戦後に数多くの政治的方向を持った宣言に署名したり連署したりした。ボーアはそのような事をただ一度一九五〇年の国連への公開書簡で行っただけであった。両者はイスラエルの大義にはそれほど無批判ではなかったが大変共鳴していた。

次に特に興味があるのはこの二人の哲学への態度である。

アインシュタインは哲学に生涯興味を持っていた。アインシュタインほど哲学の書物をよく読んでいないボーアにとって、哲学的にものを考えようとすることは、少年時代から習い性となった。哲学的問題への彼の最初の傾倒は、物理的研究からではなく、経験を伝える手段としての言語の機能についての一般的認識論的考察から生じた。いかにして曖昧さを避けるかということがボーアを苦しめた問題であった。彼は死の直前若い頃の哲学的考察について語った。それらの考察が当時の彼にとってどれほど重要であったかを尋ねられた時彼は「それはある意味では私の人生です」と答えた(8)。

彼はアインシュタインと同じように、晩年には専門的な哲学者にほとんど我慢ができず、それを価値が無いと考えた。彼の言葉では「あらゆる種類の人間がいるが、哲学者と呼ばれる人が相補性の記述の意味することを本当には理解していないと言ってよいと思う……科学者と哲学者の関係は大変奇妙なものである……問題は、科学者と哲学者の間に直接なんらかの理解を期待することが絶望的であるということである」(8)。ボーアの好きな逸話の一つは次の様なものである。専門家と哲学者の違いはなんであるのか。専門家というのはいくばくかのことについてなにほどか知ることから始め、より少いことに対象を絞ってますます多く知ることを続け、無についてすべてを知っている事で終わる人物である。一方哲学者はいくばくかのことについてなにほどかを知る事から始め、より多くのことに対象を拡げて、段々知らなくなり、すべての事について何も知らないことで終わる人物である。

ボーアの著作もアインシュタインの著作も哲学者の影響を示してはいない。

上述のパラグラフでは、両者の共通点が概して相違より勝っていた。私がいう共通点の最後の点はこれまで述べてきたものよりも、よりはっきりとするといってよいだろう。両者は思考においても行動においても単純さに対する深い必要性を持っていた。各々は生涯を通じて少年らしい――子供っぽいというのではなくて少年らしい

――好奇心を持ち活動することを楽しんだ。両者は科学を大変重大に考えたが、彼らにとって科学は究極的にはゲームであった。

しかしながら他の幾つかの点では両者は極端な対立者であった。私は既に他の物理学者との関わりに関して彼らが異なる要求を持っていた事を述べ、量子力学の解釈についての正反対の見解を示した。これに対して私はここでもう一つの極めて重要な違いを付け加えたい。ボーアにとって安らぐ唯一の場所は故国デンマークであった。アインシュタインはどこかの国や国家と同一化することはなかった。彼は自らをジプシーとか渡り鳥とかよく呼んだ。彼は訪問したというよりは、むしろ多くの場所に住んだ。それはドイツ（ウルム、ミュンヘン、ベルリン）、スイス（アーラウ、ベルン、チューリヒ）、ミラノ、プラハ、プリンストンであった。

ここでボーアとアインシュタインの出会いに戻ってみよう。

彼らが初めて会ったのは一九二〇年四月で、ボーアが講演をするためにベルリンにやってきた時であった。アインシュタインは彼の魅力に惹き付けられた。そのすぐ後に彼はボーアに手紙で「ミルクやはちみつが依然として流通しているノイトラリア（デンマーク）からの素晴らしい贈物」に感謝し次のように続けた。「ただ単に存在するだけで私に喜びを与えてくれるような人物と出会う事は一生の中でめったにありません。私は今あなたの偉大な論文を勉強し、そうすることで（その中で特に惹き付けられる場所に出会ったときに）有難いことに眼前に微笑みながら説明しているあなたの若々しい顔をほうふつと思い浮べるのです。私はあなたから多くの事を、特に科学の事柄に関するあなたの態度についても学びました」(9)。ボーアは次のように答えた、「私にとってあなたに会いあなたと話す事は、今までの最も偉大な経験の一つでした。ベルリンへの訪問で私に会ってくださったときに示されたすべての御好意に対して、私がどれほど感謝しているか表現することはできません。私の心を占めていた問題について、あなたの見解を聞くという長く待ち望んでいた機会をもつことが、どれほど多くの刺激であったか想像もつかないでしょう。私は決してわれわれの話を忘れません」(10)。

二人は一九二〇年八月に再び会った。その時アインシュタインはノルウェーへの旅行の帰りにコペンハーゲンに立ち寄ったのである。彼はローレンツに次のように書いた。「クリスティアニア（オスロ）への旅行は本当に素晴らしかった。最も素晴らしかったのはコペンハーゲンでボーアと過ごした時間であった。彼は大変才能のある優れた人物である。有名な物理学者が大抵素晴らしい人物でもあることは物理学にとってよい兆しです」(11)。

次の接触は二人がアインシュタインのノーベル賞受賞の知らせを受けた日に、ボーアがアインシュタインに手紙を書いたことから起こった。「外的な評価はあなたにとってなにものをも意味することはできないでしょう……(でも）私にとってそれは最も大きな名誉であり喜びでした……というのはあなたと同じときに私も考慮されたからです。私はそのことに値したとは思っていませんが、次のように言いたいと思います。すなわちラザフォードやプランクの貢献と同様に、私の研究する専門分野［すなわち放射の量子論］におけるあなたの基本的な貢献が、私がそのような名誉に対して考慮される以前に認められたのはよい兆しだと考えていることです」(12)。アインシュタインはそのころ日本にいた。彼は帰途シンガポールに近いどこかの船上からボーアの手紙に返事を書いた。「私は（あなたの手紙）がノーベル賞と同じくらい私を喜ばせたと誇張なくいうことができます。私はあなたが私より先にノーベル賞を受賞してしまうかもしれなかったというあなたの危惧を特に素敵だと思います。それはほんとうにあなたらしい。原子についてのあなたの新しい研究を私は旅行の間持ってきました。それらの研究はあなたの精神に対する私の好意を一層大きくしました」(13)。

アインシュタインは再び一九二三年七月コペンハーゲンを訪れた。その訪問についてのボーアの後の思い出。「アインシュタインは私より世慣れた人間ではなかった。彼がコペンハーゲンに来たとき、私は鉄道の駅に迎えに行った。われわれは駅から路面電車に乗り、物事についてあまりにも熱心に語りあったので、目的の駅を遥かに乗り過ごした。それでわれわれは降りて戻った。その後また乗り過ごした。私はどの位の数の停留所を乗り越したか思い出せない。しかし、そのときのアインシュタインは本当に夢中だったので、われわれは路面電車で行

1920年6月13日，オスロフィヨルドでのアインシュタイン．彼の左側，ハインリッヒ・ゴルトシュミット教授．彼の右側，ヤーコブ・シェテリヒ氏．（オスロのオトゥ・ヴァラース教授から私への寄贈．）

ったり来たりしていたのだ。彼の興味が懐疑的だったのか、懐疑的でなかったのかわからない。しかし、ともかくわれわれは路面電車で何回も行ったり来たりした。人々がわれわれのことをどのように考えただろうか、それは別の話である」(14)。

晩年になって二人はしばしば会うことはなくなったし、彼らの書簡も数多くあったとはいえない。しかし、アインシュタインはこの後すぐに考察するように、ボーアの人生に特異で重要な役割を演ずることになった。彼らは、知的な敵対者になるように運命づけられていたが、それは決して相互の尊敬や友愛を減ずるものではなかった。アインシュタインが亡くなり、その後ボーアが死を迎える一年前、彼はこう言った。「アインシュタインは信じられないほど優しかった。私はまた、アインシュタインの死後数年たった今、私は依然として彼の微笑を眼前に見ることができる。理解の深い、人間味にあふれた友好的な大変特別な微笑みであった」(14)。

ここで一九二五年以降の時代という最後の話題にはいろう。一九二五年は量子力学が生まれた年である。二人とも一九二五年から二六年にわたる初期の発見には寄与しなかった。しかし、この展開がこれら二人のヒーローに与えた衝撃は深かった。まず、それがアインシュタインに与えたことを記述したい。

この目的のためにまずニュートンの時代に戻らねばならない。ニュートンは光が小さな粒子からなると推測した。ほとんど、同時期の一六九〇年にクリスティアン・ホイヘンスは、光が波から成ることを提案した『光についての論考』を出版した。この二つの理論は明らかに矛盾するものだった。粒子は波ではなく、波は粒子ではないのである。どちらの理論も十九世紀の初めのころまで支持者を得た。やがてヤングとフレネルが、光は波動理論によって初めて理解されうる干渉現象を表すことを実験的に示した。判定は明らかであるように思えた。ホイヘンスの波動像が残り、ニュートンの粒子像が消えていったのである。

若きアインシュタインが光量子仮説を持って登場する一九〇五年までの状況は以上のようであった。光量子仮説によれば、ある環境のもとでは振動数 ν の単色光があたかもエネルギー $h\nu$（h はプランク定数）を持つ相互に独立な粒子、すなわち光子から成立するように振舞う。

アインシュタインの光子が最初は、強い抵抗に出会ったことは大変よく理解できる。例えば一九二四年になってもボーアは光子に対して、長い間忘れられていたそのもう一つの考えを提出した。状況は実際ニュートン-ホイヘンスの論争より比較にならないほど重大であった。かつての論争では単にある一組の概念が他の概念に屈しなければならないだけであった。他方この論争では、時間がたつにつれて明らかになってきたことは、波動像が粒子像を排除する幾つかの現象に対して成功を収めたのみならず、粒子像が波動像を排除する他の現象に対しておなじような成功を主張することができたことである。何が起こりつつあったのだろう。

アインシュタイン自身は、彼の光子が波動論では受けいれられないことを確信する必要はなかった。彼は一九〇九年にすでに次のように書いていた、「私の考えでは理論物理学の発展の次の段階は、波動論と粒子論の一種の融合として解釈されうる光の理論をもたらすことであろうと思われる……波動構造と量子構造は……相互に両立しないものと考えられるべきではない」(15)。

アインシュタインは一九一六年量子論に対するもう一つの基本的な貢献を行った。励起された原子が光子を放出するとき、量子論は光子が放出される時間も方向も予言できないことに気付いたのであった。すなわち量子論は因果律という古典的原理を破ることになるのだった。因果律によれば、孤立系がある時間に十分に記述される状態にあれば、その後の時間でのその振舞いを厳密に予言できるはずである。その時も、またそれ以降もアインシュタインはこの事態にひどく悩んだ。

量子力学以前のアインシュタインの役割についての最後のコメントとして、ルイ・ド・ブロイが一九六三年に書いていることに触れよう。「一九二三年の間に、アインシュタインが一九〇五年に行った発見がすべての物質的粒子に拡張され一般化されるべきであるという考えが突然閃いた」(16)。言い替えれば光のみならず物質もまた粒子-波動の二重のふるまいを示すべきであるということであり、それは後に十分に証明される大胆な考え方であった。

いままでの説明が示すようにアインシュタインは古い量子論の三人の父のうちの一人であるのみならず、波動力学の育成者であった。しかし彼は粒子と波の融合を一九〇九年に予想していたが、それが最終的に一九二五年に到達された後も、その融合を決して受けいれることができなかった。私はしばしばその理由を不思議におもったがよい答はわからない。このことはまさに彼の知的な性質によるのみならず感情的な性質にもよると思われる。他の仕事では柔軟性や大胆さを示しているが、量子力学に関しては彼はこのような頑固さを表す。彼は生涯の終わりの頃でも、量子物理学について多くを一生懸命考えていたと付け加えておきたい。彼は起こっていることを好まないと言っただけではなかった。彼は絶えず別の可能性を求めていた。

アインシュタインはニュートンに匹敵すると考えられる唯一の科学者である。この比較はもっぱら彼が一九二五年以前に行ったことにもとづいている。彼は人生の残りの三〇年の間研究において活動的であったが、もしそのかわりに彼が魚釣りに行ったとしても彼の名声は高くなったとは言えないまでも、消えざるものであったであろう。ハイゼンベルクが一九六三年に書いたこと［本章冒頭］についての私の説明は、ここで立証されていると言えよう。

ボーアは、ハイゼンベルクが不確定性関係を発表したすぐ後の一九二七年秋に量子力学の現場に入ってきた。彼はその時から人生の残りを科学という言語、すなわちコミュニケーションの方法に焦点をあてた。彼はすぐに一九二七年彼のメインテーマすなわち「実験的な器具についてのわれわれの解釈は、本質的に古典的概念に基礎を置く」ことを発表した(17)。

このテーマは非常に簡単に思われるがまた極めて深いものである。詳しく述べてみよう。古典的な領域では秤、温度計、電圧計などによってなされた実験的観測を理論と比較することで理論の妥当性を立証した。いろいろな理論は量子の時代には変更を受けたが、理論の妥当性はやはり秤の均衡した位置目盛、温度計の水銀柱、電圧計の針などを読むことによって立証され続けるということで、このことがボーアの論点であった。現象は新しいものであるかもしれないし、検知の方式は現代化されたかもしれないが、検知器は古典的な物体として扱われるべきである、つまりそれらの読みは古典的術語で記述され続けるのである。

ボーアは、このように作られた状況は特有な性質をもつと説明した(17)。例えば私は電圧計のような検知器の量子力学的性質を求めることはできないのかという疑問を考えよう。答は、もとめることはできる、である。次の質問は、そうすると古典的な物体としての電圧計という限られた記述をあきらめるべきでないのか、そしてむしろそれを量子力学的に扱うべきなのか、となる。答は、あきらめるべきだ、と言わなければならない。しかし私は電圧計の量子的性質を記録するために再び古典的な読みを行うもう一つの装置を必要とする。

もう一つの言葉の問題についてボーアは言う（分かりやすく言い換えてある）。電子は粒子であるのか、それとも波であるのか、という問題は古典的な文脈においては理にかなった問である。そこにおいては研究の対象と検知器の関係が記述を必要としないか制御可能な関係である。しかしながら量子力学においてはその問題は意味を持たない。そこではむしろ、電子（あるいは他の物体）は粒子のようにふるまうのか、波のようにふるまうのか、と尋ねるべきである。この問題は答えることができるが、電子を「人が見る」手段によって実験の配置を記述できるときに限られる。

要約するとボーアが強調するのは、古典的な術語によって観測結果を記述しようとして初めて、粒子と波というそれ自身古典的に定義された二つの術語の二元性が明確にした論理的パラドクスを避けることができるという点であった。波と粒子のふるまいは互いに排除しあう。古典物理学者は、もし二つの記述が相互排反的であるならば、少なくともそのうちの一つは誤りでなければならないというだろう。量子物理学者は、ある物体が粒子としてふるまうか波としてふるまうかは、それを見つめる実験的配置の選択にかかっているというだろう。量子物理学者は粒子と波のふるまいが相互排反的であることを否定しないだろうが、二つのふるまいは対象の性質の十分な理解のために必要である、と主張するだろう。ボーアはこのような新しい状況を記述するために「相補性」という用語を作った。

量子論の性質それ自体から、粒子的ふるまいと波動的ふるまいは、記述に関する相補的かつ排他的な特質とみなさなければならない。古典論は、それらを統合していたところに特徴があった。現象についての相補的な二つの描像が手を携えることによって初めて古典的な記述方式の自然な統一が与えられる。

ボーアは時間の経過と共に観測の言語を改良し精密にして、一九四八年に「現象」という概念の正確な定義へと高めた。

物理的な文献によく見られる語句、例えば「観測による現象への干渉」、「測定による対象への物理的属性の付与」などは「属性」や「測定」と同様に「現象」や「観測」のような言葉の使用を表している。それは通常の用語法や実際的な定義とほとんど両立せず、それゆえ混乱を引き起こしがちである。表現のより適切な方法として「現象」という言葉の使用を、実験全体のことを含みつつ特別な環境のもとで得られる観測全体をもっぱら指すように限定することを強く主張してよい(18)。

「現象」についてのボーアのこの用語法は、今日までほとんどすべての物理学者に採用されてきたものである。しかしながらそれはアインシュタインによっては採用されなかった。彼は死ぬまで観測の詳細とは無関係に現象について語ることができる、より深いレベルの理論を探すべきであると主張し続けた。彼は結局は、量子力学の結果を受け入れたが、それは幾つかの効果的な平均過程より深い理論に応用された結果生じていると信じた。ボーアは相補性の見解をアインシュタインに確信させようと一生懸命そしてしばしば試みた。ボーアは決して成功しなかった。

結論にはいるためにこの節の始めに提出した問題に戻ろう。

ボーアは実際に何をやったのか、彼は物理学の主要な人物であったのみならず、最も重要な二十世紀の哲学者の一人であった。彼はそのような人物として、因果律を経験から導かれない「アプリオリな総合判断」と考えたカントの後継者とみなされなければならぬ。カント自身の言葉によると因果律は「現象が継起的に決定される規則である。この規則を仮定することによってのみ、生じる何らかの経験について語ることが可能になる」。この見解はここでは過去のことと考えねばならない。ボーア以来、何が現象を構成するかの定義は変化をこうむったが、不幸にしてそれは専門的哲学者に十分に浸透したとはまだ言えない。

再びカントによれば、構成的概念は「物自体」の固有の属性である。この見解はアインシュタインによって熱心に主張されたが、量子物理学者たちは放棄した。ボーアの言葉によれば、「われわれの仕事は物事の本質に入り込むことではなくて――その意味はともかく分からない――むしろ、自然の現象について生産的なやり方で語りうる概念を展開させることである」(19)。ボーアの死後、ハイゼンベルクは、ボーアが「物理学者ではなく、もっぱら哲学者」であったと書いた(3)。この判断は、ハイゼンベルクがどれほど大きくボーアの物理学を賞賛していたかを思い起こせば、議論の余地はあるにせよ特に重要である。

私の友人が一九八〇年代に提出した問題はこれできちんと答えられたことになる。

教科書の中に相補性に言及しないものがあるのはなぜか。それが、量子力学的な計算や実験の設定に役立たないからである。しかしながら、ボーアの考察は時々自分のしていることの意味を反省することの好きな科学者たちの間では流通している。

さて量子力学について結着をつけられるのか。私は誰かが科学的論争に結着をつけられると信じるには余りに多くのことを見聞してきた。しかし、量子論に関するボーアの熱意は記しておかねばならない最良のものであるとおもう。

注

1 See W. Schröder, *Nachr. Akad. der Wiss. Göttingen, math.-phys. Klasse*, 1985, p. 85.
2 P. Bridgman, letter to J. C. Slater's father, 4 February 1924 ; copy in the Library of the American Philosophical Society, Philadelphia.
3 W. Heisenberg, *Jahrb. der Bayer. Akad. der Wiss.*, 1963, p. 204.
4 E. N. da C. Andrade, *Proc. Roy. Soc.* A, **244**, p. 437, 1958.
5 A. Einstein in *Albert Einstein, philosopher-scientist*, ed. P. A. Schilpp, Tudor, New York, 1949.
6 A. Einstein, letter to B. Becker, 20 March 1954.
7 E. Bergner, *Bewundert und viel gescholten*, p. 212, Bertelsman, Munich, 1978.
8 N. Bohr, interview by T. S. Kuhn *et al.*, 17 November 1962 ; copy in Niels Bohr Archive, Copenhagen.
9 A. Einstein, letter to N. Bohr, 2 May 1920.
10 N. Bohr, letter to A. Einstein, 2 May 1920.
11 A. Einstein, letter to H. A. Lorentz, 4 August 1920.
12 N. Bohr, letter to A. Einstein, 11 November 1922.
13 A. Einstein, letter to N. Bohr, 11 January 1923.
14 N. Bohr, interview by A. Bohr and L. Rosenfeld, 12 July 1961.

15 A. Einstein, *Phys. Zeitschr.*, **10**, 185, 817, 1909.

16 L. de Broglie, preface to his re-edited Ph. D. thesis, 'Recherches sur la theorie des quanta', p. 4, Masson, Paris, 1963.

17 N. Bohr, *Nature*, **121** (suppl.), 580, 1928.

18 N. Bohr, *Dialectica*, **2**, 312, 1978.

19 N. Bohr, letter to H. P. E. Hansen, 20 July 1955.

第三章

ド・ブロイ、アインシュタイン、物質波概念の誕生

（＊『われわれの知ったルイ・ド・ブロイ』ルイ・ド・ブロイ財団、パリ、一九八八年から許可を得て再録。）

私は個人的にド・ブロイに会う特権を持たなかった。しかしながらある時に彼と手紙のやりとりをした。本書は、量子論の発展の中でのひとりの重要な人物への証言コレクションであるから、ド・ブロイと交換された書簡は、そこに十分な関心をもって記録されるべきものだと考える。

この往復書簡は私がアインシュタインの科学的伝記を書いている途中の一九七八年夏に交わされたものである(1)。何が問題であったかを説明するために、幾つかの日付を思い出すことが必要となる。まず最初はド・ブロイの一九二三年九月十日の通信である。その中には「長い考察と熟慮の後一九〇五年のアインシュタインの（光子の）発見がすべての物質的粒子に拡張することによって一般化されるというアイディアが突然ひらめいた……」(2)。したがって彼はエネルギー E と振動数 ν との間の関係 $E=h\nu$ が、光子のみならず電子に対しても

成立すると提案した(3)。彼は電子に「仮想的な随伴波」を割り当てた。そうしてそれに続く第二論文(九月二十四日)(4)で彼は「われわれのアイディアの実験的な立証を探すべきである」という方向を示した。つまり大きさが電子の波長に比べて小さい隙間を通る電子の流れは「回折現象を示すはずである」。これらの論文は物質に応用された粒子と波の二重性の誕生を記す。彼は一カ月後、第三の短い論文を発表した(5)。それは電磁的放射の状態密度を、光子の位相空間で数える手続きによって初めて導くことを含んでいるので私には特に興味深い。それはサティエンドラ・ナット・ボースがプランクの放射則の導出で独立に同じことを行う一年前であった。

これらの三つの論文はド・ブロイの博士論文になるように拡張された。それは彼が一九二四年十一月二十五日に口頭試問を受けたものである。三週間後アインシュタインはローレンツに次のように書いた(6)。「(モーリス・)ド・ブロイの弟がボーア-ゾンマーフェルトの量子規則を解釈するために大変面白い試みを行った(パリでの学位論文一九二四年)。私はそれがこのような物理学の謎の最悪のものに対する、最初のかすかな光であると思う。また私はこのような構成に賛成する何ものかを見いだした」。このようにしてアインシュタインの対応は早かった。ド・ブロイと私との書簡の主題は、アインシュタインが最初にド・ブロイの仕事をいつ知ったのか、そしてどのように知ったのかであった。

この疑問にはもう少し細かい理由があった。物理学の会合が一九二四年九月二十一日から二十七日までインスブルックで行われた。パウリはこの会合について次のように書いた。「筆者(パウリ)は一九二四年の秋の(この)物理学の会合での議論で、アインシュタインが分子のビームによる干渉や回折現象の追求を提案したことを憶えている」(7)。これはド・ブロイの博士論文の口頭試問の二カ月前のことであった。アインシュタインは『報告 *Comptes Rendus*』のド・ブロイ論文を読んだのであろうか、あるいは物質の波動的性質を独立に理論的に導いたのか。このことはアインシュタインが見いだした「何ものか」のために問題とするに足るので後にもう一度戻ってこよう。私はド・ブロイ教授に質問をすることを決心した。翻訳でここに彼の答を掲げる。

拝啓

私はあなたの大変興味深い手紙を受け取りました。あなたの疑問に答えることを試みましょう。

一　私が一九二三年に『科学アカデミー報告』に発表した三つの報告《ノート》をアインシュタインは知っていたとは思いません。それらの報告《ノート》は後に博士論文で展開したアイディアをスケッチしたものでした。ただアインシュタインは『報告』を購読していたし、フランス語にもたんのうでしたので、彼が私の論文を見た可能性は残ります。

二　私は一九二三年に博士論文の本文を書きました。私はそれを理学博士の獲得のために提出したかったのです。私は「三つ」のタイプコピーを作り、そのうちの一つをランジュヴァン氏に手渡しました。彼がその本文を博士論文として受理できるかどうか決定するためです。ランジュヴァン氏はおそらく私のアイディアの新しさに少しびっくりして、アインシュタインに送るために「二番目」のタイプコピーを私に求めました。アインシュタインが私の仕事を読み終えて、私のアイディアが全く興味深いものに思われると言明したのはその頃でした。それによってランジュヴァンは私の論文を受理することを決心しました……

一九七八年八月九日

私は一九七八年八月十八日にド・ブロイに再び手紙を書き、彼の返事に感謝した。その手紙によって博士論文の口頭試問以前に、アインシュタインがその論文を見ていたことがはっきりしたのである。私は更に次のように書いた。「もう一つ最後の質問をするのを許して下さい。ランジュヴァンがアインシュタインにコピーを送ったのは〝正確にいつか〟思い出していただくことができませんでしょうか」。ド・ブロイの返事は次のようである。

86 歳のド・ブロイの私への手紙のファクシミリ．ド・ブロイの博士論文の出版をめぐる事件を扱っている．(私の個人的コレクション．)

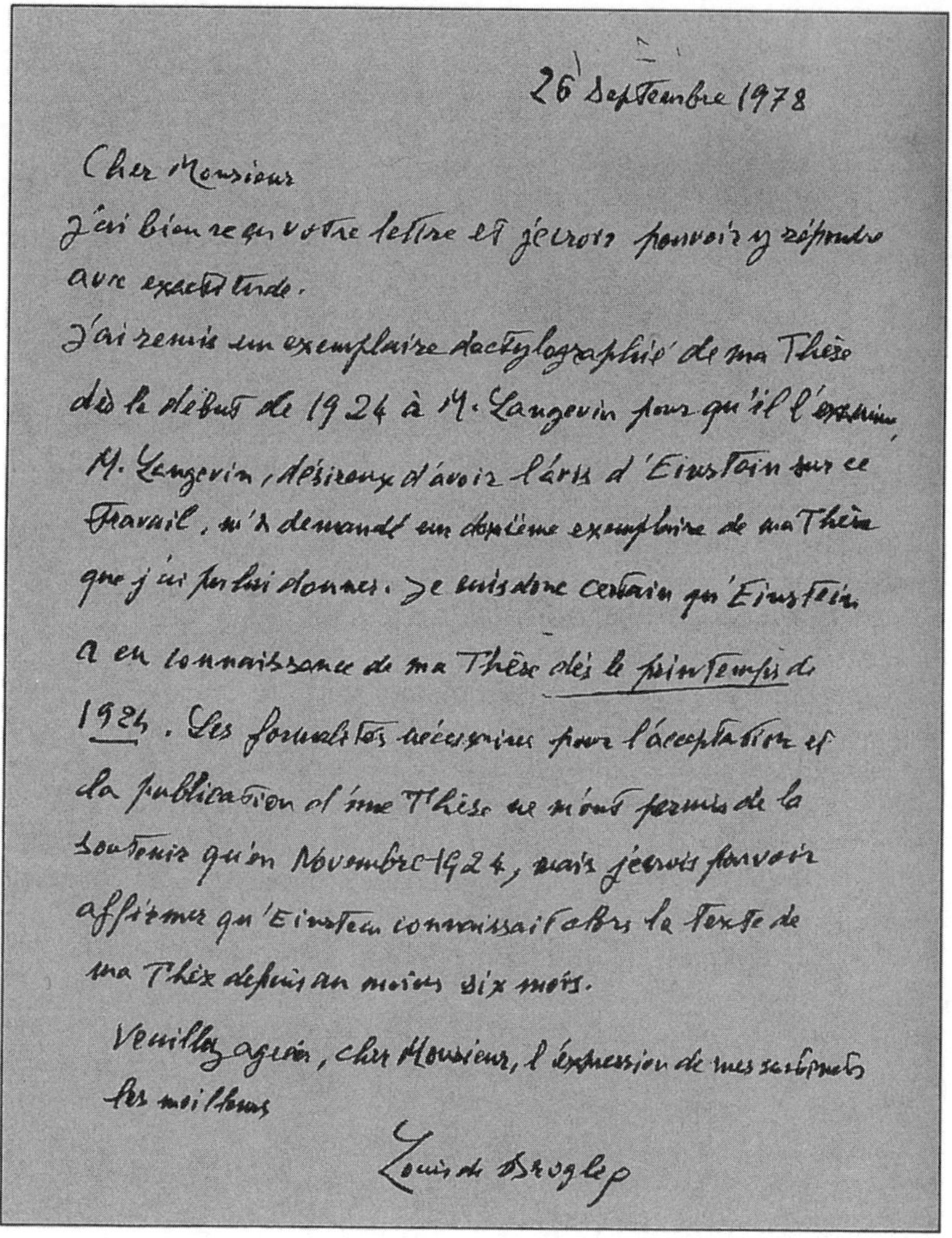

26 Septembre 1978

Cher Monsieur

J'ai bien reçu votre lettre et je crois pouvoir y répondre avec exactitude.

J'ai remis un exemplaire dactylographié de ma Thèse dès le début de 1924 à M. Langevin pour qu'il l'examine. M. Langevin, désireux d'avoir l'avis d'Einstein sur ce travail, m'a demandé un deuxième exemplaire de ma Thèse que j'ai pu lui donner. Je suis donc certain qu'Einstein a eu connaissance de ma Thèse dès le printemps de 1924. Les formalités nécessaires pour l'acceptation et la publication d'une Thèse ne m'ont permis de la soutenir qu'en Novembre 1924, mais je crois pouvoir affirmer qu'Einstein connaissait alors le texte de ma Thèse depuis au moins six mois.

Veuillez agréer, cher Monsieur, l'expression de mes sentiments les meilleurs

Louis de Broglie

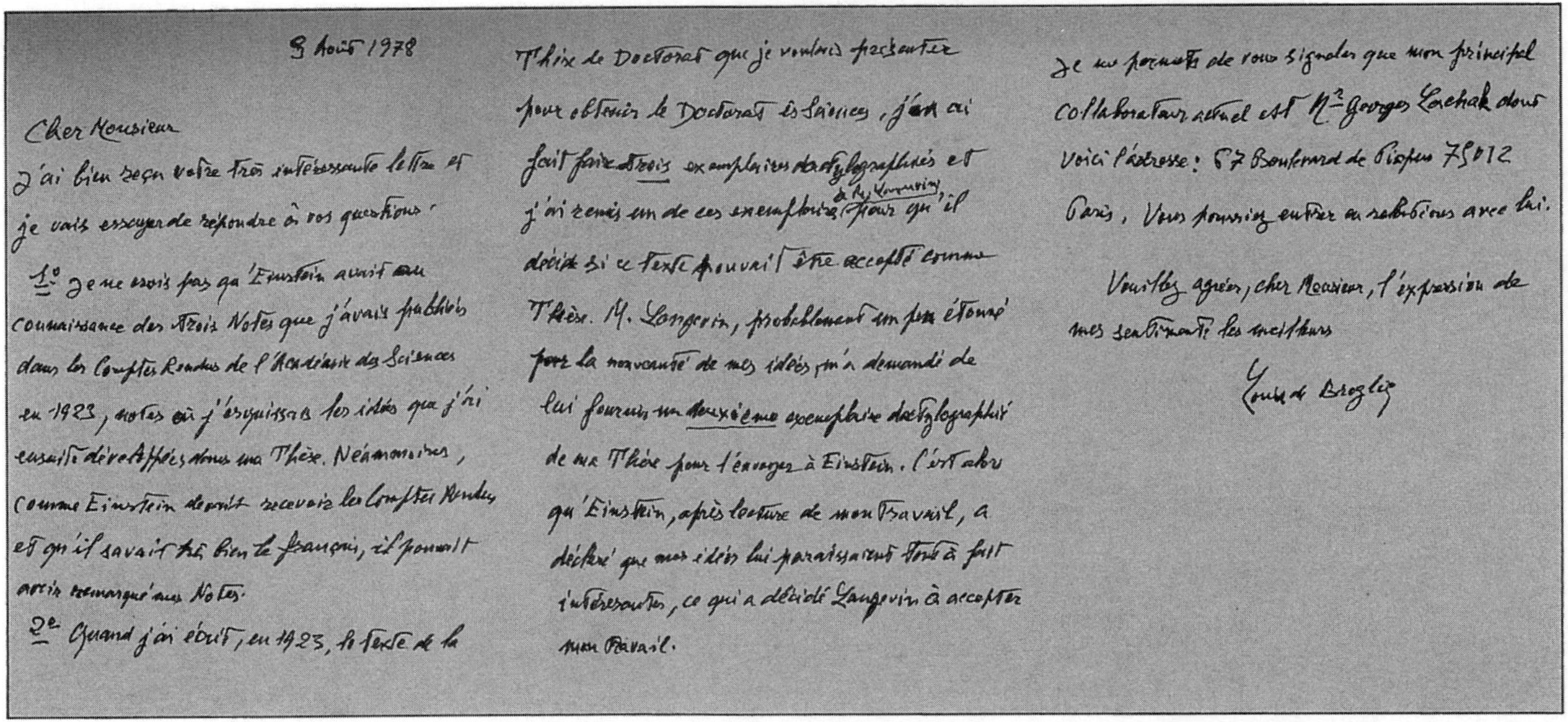

9 Août 1978

Cher Monsieur

J'ai bien reçu votre très intéressante lettre et je vais essayer de répondre à vos questions.

1° Je ne crois pas qu'Einstein avait eu connaissance des trois Notes que j'avais publiées dans les Comptes Rendus de l'Académie des Sciences en 1923, notes où j'esquissais les idées que j'ai ensuite développées dans ma Thèse. Néanmoins, comme Einstein devait recevoir les Comptes Rendus et qu'il savait très bien le français, il pouvait avoir remarqué mes Notes.

2° Quand j'ai écrit, en 1923, le texte de la Thèse de Doctorat que je voulais présenter pour obtenir le Doctorat ès Sciences, j'en ai fait faire trois exemplaires dactylographiés et j'ai remis un de ces exemplaires à M. Langevin pour qu'il décide si ce texte pouvait être accepté comme Thèse. M. Langevin, probablement un peu étonné par la nouveauté de mes idées, m'a demandé de lui fournir un deuxième exemplaire dactylographié de ma Thèse pour l'envoyer à Einstein. C'est alors qu'Einstein, après lecture de mon travail, a déclaré que mes idées lui paraissaient tout à fait intéressantes, ce qui a décidé Langevin à accepter mon travail.

Je me permets de vous signaler que mon principal collaborateur actuel est M. Georges Lochak dont voici l'adresse : 57 Boulevard de Picpus 75012 Paris. Vous pourriez entrer en relations avec lui.

Veuillez agréer, cher Monsieur, l'expression de mes sentiments les meilleurs

Louis de Broglie

12 janvier 1979

Cher Monsieur

J'ai bien reçu votre très intéressante lettre et votre très exact exposé des origines de la Mécanique Ondulatoire. Je suis bien d'accord avec l'exposé que vous faites de l'influence d'Einstein sur le développement de ma pensée au moment de mes premiers travaux. Je vous signale qu'à la page 63, il vaut mieux remplacer "To the French Academy" par "To the French Academy of Sciences", car en France on appelle "Académie française" l'Académie des Lettres. Mais ce n'est là qu'un détail.

Je me permets de vous envoyer ci-joint un exemplaire de mon livre "Nouvelles perspectives en Microphysique" où vous trouverez aux pages 125 et 260 des articles qui pourront vous intéresser.

Je vous adresse également un exemplaire de mon livre "Recherches d'un demi-siècle" qui contient un grand nombre d'intéressants exposés.

Je suis à votre disposition pour vous fournir d'autres renseignements qui pourraient vous être utiles et je vous prie de croire, cher Monsieur, à mes sentiments dévoués

Louis de Broglie

拝啓

私はあなたの手紙を受け取りました。正確にお答えできると思います。私はランジュヴァン氏が私の論文を審査できるように一九二四年始めの頃に、論文のタイプコピーを提出しました。彼はアインシュタインの意見を聞きたくなって、私が造ることができる論文の二番目のコピーを求めました。それ故アインシュタインが、私の論文のことを「一九二四年の春以来」知っていたのは確かであります。論文の受理や発表に必要な形式のために、私は一九二四年十一月まで口頭試問の機会を造れませんでした。しかしそのとき以前に、アインシュタインは少なくとも六カ月前には私の論文の本文を知っていたと断言できると思います。

一九七八年九月二十八日

そこで私はアインシュタインの伝記の第二四章になったものを書くことができた(1)。是認を得るために私はド・ブロイに草稿のコピーを送った。そして次のような返事を受け取った。

前略

私は貴方の大変興味深い手紙と、波動力学の起源についての貴方の極めて正確な記述を受け取りました。私は私の最初の論文の頃の私の考えの発展に、アインシュタインが与えた影響についての貴方の説明に完全に同意します……。

一九七九年一月十二日

結論に入るためにアインシュタインが見出した「何ものか」に戻ろう。アインシュタインはボースの論文に刺激を受け、気体分子の量子的性質について研究して一九二四年の後半の多くを過ごした。三つの論文に集約されたこれらの仕事の最も広く知られた結果は、ボース-アインシュタイン凝縮として知られるようになった現象である。最も重要な結果は、一九二五年一月八日に提出された第二論文(8)に含まれている。それはある任意のエネルギー間隔での分子の数のゆらぎを扱う。この量に対する彼の公式は二つの項から成る(9)。一つはよく知られたポアソン分布である。もう一つは粒子にはなじみのないものだが、彼が放射のエネルギーのゆらぎの研究の頃に以前に出会った項のように見えた。それは実際波動現象のゆらぎの項のように見えた。

ここでアインシュタインは「放射現象を気体に伴わせて気体に対して対応するやり方で(第二項を)解釈することに導かれた……。ここでは単なるアナロジー以上のものが関係しているので、私はこの解釈をもっと押し進める」(8)。それから彼は次のように付け加える。「波動場がどのように物質粒子や物質粒子の系を伴いうるかは、ド・ブロイが大変注目すべき論文の中で展開した」。ド・ブロイの論文に言及する脚注がつけ加えられた(9)。

こうしてアインシュタインはド・ブロイのアイディアの価値をこの論文の出現直前のみならず、直後にも認めたのであった。

この二人の人物の唯一の個人的な出会いは、一九二七年秋にブリュッセルとパリで生まれた。二五年後ド・ブロイは次のように書いた。「アインシュタイン氏の(一九二五年一月の)論文は、その時までほとんど注目されなかった私の仕事への注意を引き起こした。このため私はいつもこのように私にもたらされた貴重な激励に対して、彼に大きな個人的感謝を感じている」(10)。

注

1 A. Pais, *Subtle is the Lord*, Clarendon Press, Oxford, 1982.
2 L. de Broglie, preface to his reedited 1924 Ph. D. thesis, p. 4. Masson, Paris, 1963.
3 L. de Broglie, *C. R. Acad. Sci. Paris*, **177**, 507, 1923.
4 L. de Broglie, *C. R. Acad. Sci. Paris*, **177**, 548, 1923.
5 L. de Broglie, *C. R. Acad. Sci. Paris*, **177**, 630, 1923.
6 A. Einstein, letter to H. A. Lorentz, 16 December 1924.
7 W. Pauli in *Albert Einstein* : *Philosopher-Scientist* (ed. P. A. Schilpp), p. 156. Tudor, New York, 1949.
8 A. Einstein, *Sitz. Ber. Preuss. Ak. Wiss*. 1925, p. 3.
9 より詳しくは次を見よ。A. Pais, *Subtle is the Lord*, Clarendon Press, Oxford, 1982, Chapter 24, section (b).
10 L. de Broglie, *Nouvelles perspectives en microphysique*, p. 233, Albin Michel, Paris, 1956.

第四章

アインシュタイン、ニュートン、そして成功

（＊この章はA・P・フレンチ編『アインシュタイン、生誕百年号』ハーヴァード大学出版会、一九七九年、より許可を得て再録。）

たった一つの言葉でアインシュタインを特徴づけなければならないなら、私は「孤立性 apartness」を選ぶ。これは彼の最も深い感情的要求の一つであった。この言葉は一心に独力でものごとを追求した彼にあてはめることができる。それは特殊相対論から一般相対論へと勝ち進む道においては特に顕著であった。それは伝説とカリスマ性を求める世間の渇望から、彼の大事なプライヴァシーを守るために実際に必要となることでもあった。しかしながら、彼の科学的経歴のすべての中で、孤立性は量子論に関してもっとも際立っていた。これは二つの別々の時期にわたる。彼は一九〇五年から一九二三年まで彼の光量子仮説を重大に考えた、唯一のあるいはほとんど唯一の人物だった。つまり、ある状況のもとでは光はそれがあたかも粒子的構造をもつかのように振る舞うのである。一九二六年から死ぬまでの二番目の時期の間、彼は量子力学に対する深い懐疑的態度を主張する唯一

の、あるいは再びほとんど唯一の人物だった。

しかし、彼は「統計的量子論（すなわち量子力学）を……われわれの時代の最も成功した物理理論」(1)と呼んだ。そうならば彼はなぜそれを確信しなかったのか。彼自身これに「理論物理学の方法について」と題する一九三三年のスペンサー講演で間接的に答えたと思われる。それはたぶん彼の思考方法のもっとも明確でもっとも意義深い表現であると思われる。鍵となるのは、ニュートンや古典力学に対する彼の評価に見つけることができる。

この講演で彼は、「ニュートンは決して絶対空間……絶対静止……等の概念（や）遠隔作用の導入を快く感じていなかった」と述べた。彼はそれから続けて次のような言葉でニュートン理論の成功に言及する。「ニュートン理論の大きな実際的成功によって、ニュートンや十八、十九世紀の物理学者らはこの体系の原理の虚構的な特徴を認識することができなかったといってよいだろう」(「虚構的 fictitious」という言葉を、彼が人間精神の自由な発明の意味で使っていることに注目することは重要である)。そこで彼はニュートンの力学と一般相対論の彼自身の仕事を比べる。「この原理の虚構的な性格は、本質的に異なる基礎を二つ示すことが可能であるという事実によって明らかにされる。その各々がその結果において経験との大きな一致に導くのである」(2)。

さて量子論に戻ろう。彼はスペンサー講演の中で古典力学の成功のみならず量子論の統計的解釈の成功についても述べた。「この概念は論理的に例外とされるべきでなく、重要な成功に導いた」。しかし、彼は次のように付け加えた。「私は依然として、単に事象の出現の確率というものではなく、事象そのものを表す実在のモデルを与える可能性を信じている」(2)。

私は量子力学の基礎に関する、彼との数多くの議論と同様、この講演から次のような印象を得た。彼は古典力学の成功を量子力学の成功と比較する傾向があった。彼の見解ではこれらの二つの理論は成功したが、不完全であるという点で、同等であった。彼は一〇年以上も前から、均一な変位での普遍性を運動一般にいかにして拡張するかというたった一つの問題を考えていた。その結果として一九一六年にあらわれた理論、つまり一般相対論はニュートン理論からのほんのわずかなずれを導いた（大きなずれはずっと後になってからやっと議論された）。同様に彼はそれがどんなに長くかかろうとも、彼自身の「実在のモデル」の探究を行うつもりでいた。また、たぶんほんのすこし修正すれば、量子力学の実際的成功が存続することをも覚悟していた。彼の最も高度の達成である一般相対論の成功自体が、彼の孤立性への付加的な軌跡であったことはもっとも至極である。しかし、この特色が彼の著作全部や生活のやり方を特徴づけることは忘れられるべきではない。

彼は何を望んだのか。量子力学に関する彼の態度に二つの面があったことを理解することは、彼の思考の理解に必要である、そこには相補性への異議において決して屈しない批判者アインシュタインがいた。相補性によれば「物理現象」の概念は、観測の実験条件の詳細を不可避的に含む。そしてもう一方に、空想家アインシュタインがいた。彼はたえず「客観的に実在する」世界モデル、すなわちこれらの条件とは無関係な現象の記述を与える深い層の理論的枠組みを理解しようとした。彼は量子力学がこのような未来の理論の限定された場合として導かれるべきであると信じた。それは丁度「静電気学が電磁場のマックスウェル理論から導かれ、熱力学が統計力学から導かれるのと同様である」。彼は量子力学そのものが「丁度熱力学や統計力学から力学の基礎に到達できないように」この未来の理論の探究に役立つ出発点ではないと信じた(3)。

彼が追求したこのようなヴィジョンは、量子力学誕生よりかなり前の少なくとも一九二〇年に遡ることができる。それは統一場の理論だった。しかし、彼は、その言葉によって、他の人にそれが意味したことや意味していることとは異なることを意味していた。彼はその理論が、古典的な意味で因果的である局所的な場の理論であることを要求した。つまり、それが自然の力を統一すること、物理学の粒子は一般的な場の理論の特殊解として出現すること、量子の要請はこれらの方程式の結果であるべきであることなどを要求したのである。

彼は量子力学に対する彼の孤独な立場を防衛するのに聖者のようでもなく、ユーモアがないわけでもなかった。また、彼は他の人々がそれに対して否定的な反応をすることを気に留めないわけでもなかった。彼はこれらの物事に対して彼の感情すべてを表現しなかったのかも知れない。しかし、それが彼のやり方だった。「私のようなタイプの人間の存在の本質はまさに何を考えるか、どのように考えるかにあるのであって、何をしているかや何に苦しんでいるかにあるのではない」。とにかく彼は「一時的な成功は多くの人々に原理に対する反省よりも自信の力を多く与える」と固く信じていた。

しかし人生が終わりに近づくにつれて、自分のヴィジョンについての疑いが折々彼の心に起こった。彼は五十年代始めのころ私に次のように言った。まとめてみると「微分幾何学が未来の進歩のための枠組みであり続けるのか確信はないが、もしそうならば、私は正しい道の上にいる」。同じような留保はその頃のボルンや生涯の友ミケーレ・ベッソーへの手紙にも見いだせる(4)。

オットー・シュテルンはかつてアインシュタインが彼に言った次のような言明を思い出した。「私は一般相対論に対して行ったよりも一〇〇倍も多く、量子の問題について考えた」(5)。彼はまさに最後まで量子について考え続けた。彼は死の約一カ月前の一九五五年三月に、プリンストンで最後の自伝的スケッチを書いた。その最後の文章は量子論を扱っている。「場の理論が物質と放射の原子論的構造も量子現象の原子論的構造も説明できるかどうか疑わしく思われる。ほとんどの物理学者は量子の問題が他の手段によって原理的に解決されたと信じているので、確信をもって〝ノー〟と答えるであろう。しかしながらたとえそうであるとしても、〝真理を得ようとする努力は真理を確実に所有することよりもずっと貴重である〟というレッシングの慰めの言葉はわれわれと共にある」(6)。

注

1 A. Einstein, in *Albert Einstein*: *philosopher-scientist*, Library of Living Philosophers, 1949; Evanston, p. 1.

2 A. Einstein, *On the method of theoretical physics*, Oxford University Press, 1933; reprinted in *Phil. Sci*. **1**, 162, 1934.

3 A. Einstein, *J. Franklin Inst*. **221**, 313, 1936.

4 A. Einstein, letter to M. Besso, 24 July 1949.

5 R. Jost, letter to A. Pais, 17 August 1977.

6 A. Einstein, in *Helle Zeit*, *Dunkle Zeit*, ed. C. Seelig, Europa Verlag, Zürich, 1956.

第五章

素人のための相対論の短い説明

（＊『American Scientist』一九八八年、第七六号、一五四ページに掲載された私の論文「知識と信仰」からの抜粋。許可を得て再録。）

アインシュタインのブラウン運動の理論、光量子の導入、とりわけ特殊相対論や一般相対論は無機的な自然現象について現代人の思考方法を深く変化させた。実際には「現代人」よりも「現代科学者」という方が良いだろう。事実、彼の貢献を充分に評価するためには、物理学者の思考形式や数学的技術の教育を受けていることが必要である。特殊相対論の場合にはそれほどでもないが、一般相対論の場合にかなり進んだ数学が要るのである。今日生きている人々の中の一〇万人中一人は、彼の相対論が何を意味するのか、ある程度のことが判ると言ったとしても、やや楽天的な推測になろうか。

人間のうちのほんの一握りの人しか、どんな種類のものであれ、科学の進歩を真には把握できない、あるいはそれをなし遂げた人物を理解できない、ということは別段奇妙なことではない。それゆえアインシュタインという名が、大変多くの人々にこれほど知られていることは、それだけ一層注目すべきことであり、重要である。彼は生きているうちに神話的人物の一人となり、依然としてそうであると言っても過言ではない。より変わっていることは、まさに最も難解な業績、つまり一般相対論のゆえに世界的な人物となったことである。こうして相対論の影響を論ずる際には、相互には関わりの薄い二つの問題を提出する必要がある。第一には、相対論は科学的思考にどのように影響したか。もう一つは、彼の名がほとんどすべての文化の中で呪文のようになったのはどうしてか、である。

私は本書のいたるところでこの二番目の質問に答えようとした。（第一一章「アインシュタインと新聞」二一九―二二二ページ参照。）ここでは第一の質問に簡単に答えることを試みよう。

ここで相対論の専門的観点を論ずることは場違いであろうが、その主要概念を簡単に述べておこう。まず、特殊相対論、一般相対論は何を意味しているかである。特殊相対論では、お互いに一様な運動、すなわち等速直線運動をする観測者どうしの経験を比較しようとする。一般相対論では曲線的経路や加速度運動も含めて、可能な相対的運動がすべて考慮される。

まずは、特殊相対論に限定しよう。これは彼が一九〇五年に作りだしたもので、二つの基本的な公準ないし公理に基づいている。（一）物理学の法則は直線上を一定な速度（時間に独立して）つまり等速度運動で互いに運動する任意の二人の観測者に対して同じ形式をとる。（二）任意の観測者は、光が静止物体から放出されたものであれ、等速度運動している物体から放出されたものであれ、その速度、すなわち光速が同じであることを見いだす。どちらの公準も自然の法則が何であるかに関する言明を含んでいないことに注意しよう。これらの公理はむしろもっぱら運動に言及しており、それらの法則がたとえ何であっても応用されると考えられる。これらの公理は物理学の言葉では運動学的であって、力学的ではない公理である。

公準（二）は日常経験とひどく矛盾する。もしプラットフォームに立っている観測者が時速一〇〇キロメートルの速度で走っている列車をみるならば、そして更にその列車の中で時速五キロメートルの速度で列車の前方に歩いている人をみると、この観測者にとって、その人は時速一〇五キロメートルの速度で前方に動いていると考えるだろう。しかし、この動いている人を光の放射で置き換えると、プラットフォームの観測者は列車が静止していようと、運動していようと光速に対して同じ値を見いだすことになるのだ！

ここに相対論の最初の科学的インパクトに出くわす。つまり、日常生活の経験で観測されることは必ずしもすべての経験に拡張して考えられるわけではないのである。特殊相対論はわれわれに、ほとんど光に近い速さで動く物体に拡張するには極度に注意深くあるべきことを教える。一般相対論はある点では恒星のように重い物体に類推を行う際にもまた注意が必要とされることを教えた。（本項目の一部ではないが）量子力学は更に原子のように小さい物体に類推を行う際の注意を要求する。これらは二十世紀の物理学者の教訓話である。

光の普遍的な速度は大変大きい（秒速約三〇万キロメートル）ので観測者が日常経験することではない。そうすると特殊相対論の出現によって、それ以前の日常生活の結論すべては影響を受けないのか。原理的な点からは答えは「受ける」である。例えば、この理論は、列車の例で答えの「時速一〇五キロメートル」が訂正を必要とすることを教える。すなわち、正しい答えは実際に一％の一〇兆分の一だけ小さいのである。しかし、この変更は考えられないほど小さいので、原理的にというのでない限り実際上はわれわれの先祖の知恵はそのまま、列車や宇宙船に応用され続ける。このことはまた特殊相対論の他の結果にもあてはまる。したがってこの原理的結果はわれわれの先祖にとっては極めて奇怪と受け取られたろうし、その点ではアインシュタインの同時代人の中にもそう受け取った人は少なくなかった。

もう一つの例を挙げよう。互いに静止している観測者AとBが、時計を合わせ、測定の物差しを等しくする。次にBがAから等速度で離れる時、AはBの時計がAの時計よりゆっくり進み、Bの物差し棒がAのものに比べて短くなることを観測する。一方、BもAの道具に関して同じ結論に到達する。再び、実際にこれらの効果は光の速度に匹敵する相対速度に対してのみ観測可能である。

変更に対する一つの最終的なコメントは特殊相対論によってもたらされた。十九世紀に科学者はエネルギーの保存と質量の保存とを二つの別々の厳密な自然法則とみなした。ここではそうではなかった、相対論は質量（m）がエネルギー（E）の一つの形式であることを教える。つまり、$E=mc^2$（cは真空中の光の速さ）である。しかしこの新しい見解は肉の重さを計る肉屋に影響を与えない。またそれは日常生活のどんな点にも影響を与えない――われわれが核エネルギーによる大虐殺をしない限りは。

内容という点での特殊相対論は、前述した二つの公準にもっぱらもとづいている。形式に関しては、壮大な簡略化が四次元の「時-空幾何学」によって、物理学の基礎方程式を表現することで（最初の例では物理学者ヘルマン・ミンコフスキーによって）なし遂げられた。つまり、空間に対して三次元を、時間に対して一次元をあてた。このような大変有用な数学的道具が、上でスケッチしてきたことの範囲を越えて、この理論の内容に影響を与えていないことが強調されるべきである。特に、空間は理論物理学の誕生以来暗黙のうちに仮定されてきたように依然として歪んでいないままである。

アインシュタインは激しい知的格闘の末に、特殊から一般への理論の遷移は、空間の歪みを導入することによってのみ達成されうることを理解した。一般相対論では等速度な運動ではなく、可能な相対運動のすべてが含まれる。公準（一）はこのようなより一般的な状況においても適応されると考えられる。このことは、空間がゆがみ、任意の特定の点での曲率量がその点での物質密度に依存することを要求すると彼は主張した。この事柄の状態は大まかにはトランポリンの上でジャンプしている人間の状態と比べられる。それは人が飛び上がった後は歪んでいないが、着地したときには曲がっている。ニュートン以来、空間、あるいは時-空に関して、われわれは、物体が動き、われわれの運命が展開する、歪まず空虚な舞台と考えてきた。しかしながら一般相対論の出現以来、物体はその重力作用によって、トランポリンの上で飛び上がる人のように、「空間がどのような形にあるか」

を実際に決定することが明らかになった。物体から充分遠くに離れたところでは、空間は歪まずユークリッド的であるが、物体が存在するところではより一般的な（リーマン）幾何学に従う。

またもはや重力は、ニュートンが設定した法則に従わない。しかし、ニュートンの重力理論が誤っているということは間違いであろう。むしろそれは近似なのである。木からのリンゴの落下をみて引き出した（これは本当の話である、リンゴは彼の頭に当たらなかったが）彼の結論は究極的な数学的厳密さをもってではなく、大変高い近似においてリンゴに適用される。アインシュタインがそのことを示す最初の人物であったが、彼の厳密な重力方程式は、重力が弱い極限ではニュートンの結果をすべて再導出する。ニュートンの法則からのずれを見るためには、軽いリンゴと地球の引力よりはるかに強い重力の引力を考える必要がある。もっとも、地球も一般相対論の見地からは重さの軽い物体である。ここでも日常経験から推定するときに注意深くなければならない。

ニュートン理論を越えたアインシュタイン理論の優越性は、太陽に最も近い惑星の運動において最初に明らかになった。つまり、水星は太陽の重力による引力によって極めて強く影響をうけていたのである。一八五九年以来、水星の軌道は小さな不規則性を示すことが知られていた。ニュートンの法則はこの近日点移動が定常的であることを予言したが、実際には少しずつ、（近くの惑星による擾乱の補正後）一〇〇年ごとに約四三秒ずれることが観測された。この効果を摂動の影響のせいにしようとする多くの努力（例えばまだ観測されていないもう一つの小さな惑星を持ち出す）は実りなきことがわかった。それでこの不規則性は、彼の新しい理論の必然的な結果であることを量的に示すことができた一九一五年の終わりまで、依然として手つかずだったのである。その時から彼は、彼が正しくなければならないと自然が語ったことを知った。

これは記念碑的な発見であったが、その学者に対する広範囲な注目を呼び起こしはしなかった。そのような注目はわずか数年後の一九一九年、彼の理論のもう一つの予言、つまり光の屈曲が立証された時に起こった。私は本書の第一一章「アインシュタインと新聞」（第三、四節）で、この年の事件がいかにしてアインシュタインに永続的な世界的名声をもたらしたかを述べることにする。

ここで私の説明を終わる。アインシュタインや相対論についてもっと知りたいって？　彼についての前著伝記『神は老獪にして…』［西島和彦監訳、産業図書、一九八七年］は、もう少しましなガイドとして役立つだろう。

第六章

アインシュタインはいかにしてノーベル賞を獲得したか？

（＊ *American Scientist*, vol. 70, No. 4, July–August, 1982, pp. 358–65 の再録。）

一九二二年十一月十日、電報がベルリンの彼の住居に配達された。それには次のように書かれていた。「ノーベル物理学賞が貴殿に授与された。詳細は手紙によって、（署名）アウリヴィリウス」。同じ日に同じ文面の電報がコペンハーゲンのボーアにも送られたに違いない。その日にはまた、スウェーデン科学アカデミーの事務局長であったクリストファー・アウリヴィリウスがアインシュタインに次のような手紙を書いた。「既に電報で貴殿にお知らせしたように、スウェーデン王立科学アカデミーは、貴殿に昨年度のノーベル物理学賞を授与することを決定した。それは理論物理学における貴殿の研究、そして特に光電効果の法則の発見を考慮してのことであるが、確証された暁には与えられることになるかも知れない貴殿の相対論や重力理論の価値を、考慮することはしていない」(1)。アインシュタインが一九二一年度の賞を授与された同じ日に一九二二年度の賞は「原子の構造と原子から放出される放射の研究における貢献に対して」ボーアに贈られた(2)。

ほとんど正確に三年前の一九一九年十一月六日に、イギリス王立協会と王立天文学協会はロンドンで合同会議を召集し、クロムメリンとエディントンが一九一九年五月二十九日の太陽の皆既食の観測の間に得られた、光の屈曲の証拠を提出した(3)。エディントンはプリンシペ島での観測基地に出発する前に、「この日食観測がはじめて光の重さを示すかも知れない。あるいは、この観測は非ユークリッド幾何学についてのアインシュタインの不気味な理論を確証するかもしれない。あるいは、この観測はまだもっとはるかに思いがけない結果、つまり屈曲がないことを導くかもしれない」(4)。

それは重大な問題だった。「物体は光に遠隔作用をしないか、その作用によって光線を曲げないか。そしてこの作用(caeteris paribus)は最小の距離で最大とならないか?」ニュートン(5)は一七〇四年に彼の『光学』の疑問一でこのように尋ねていた。アインシュタインはまだ空間が歪んでいることを理解していなかった一九一一年にニュートンの疑問に対して答えを計算した。すなわち、遠くの星から来る光は、地球への途上で太陽をかすめる時〇・八七秒の角度だけ曲がる(6)。(彼はこの結果を得た最初の人物ではなかったが、そのことは別の話である。)エディントンは「光の重さ」について書いた時、このようないわゆるニュートン流の値に言及した。アインシュタインは一九一五年に彼の「不気味な理論」、すなわち一般相対論の基礎の上にこの努力を再計算し、今度はニュートン流の値の二倍の一・七四秒の角度という値に到達した(7)。日食観測はこれらの二つの値の決定のために出発した。

一九一九年十一月六日、クロムメリンとエディントンは、観測がアインシュタインの値を確証したと報告した(3)。その機会に王立天文学者のフランク・ダイソン卿は「惑星の注意深い研究の後、私はそれらがアインシュタインの予言を確証していると言う用意がある……光はアインシュタインの重力法則に従って曲げられる」。議長であったJ・J・トムソンは次のように述べた。「これはニュートンの時代以降重力の理論との関連で得られた最も重要な結果である……この結果は人間の思考の最高度の達成である」。一九一九年、めったに誇張を行わないオランダの理論物理学者ローレンツは、ライデンでの教授の後継者であるエーレンフェストに、「日食観測の結果は今まで達成された理論の最も輝かしい検証の一つであり、ノーベル賞への道を開くのに大変適切でも」あったと書いた(8)。こうして大変著名な人物たちが、光の屈曲についての新しい結果の重要性について極めて強い言葉で表現した。

さらに一九一五年アインシュタインは一般相対論を基礎に、惑星の水星の近日点移動の値を予言することができた。それは五〇年以上もの間説明されないままだった小さな効果だった。そして彼の値は観測値と素晴らしい一致をしている。そうするとアウリヴィリウスは何故アインシュタインに、スウェーデン科学アカデミーが特殊相対論も一般相対論もその価値を考慮に入れずに決定を行ったと書かなければならなかったのか。彼が相対論に対してはノーベル賞をもらわなかったのは何故かという疑問がしばしば提出された。

彼が実際どのようにノーベル賞を得たかという問題は、本章でこの賞に彼を推薦する手紙やノーベル物理学賞委員会の討議のリポートなどを基礎に議論することにしたい。このアカデミーの決定は、ほとんど常に物理学共同体によってもっとものことと受け入れられてきた。確かに時には眉（私自身の眉も含む）をつり上げさせることもある。しかし、それは止むを得ない話であるし、現下の問題には不適切でもある。私の唯一の焦点は歴史的興味のある事柄だけである。つまり、指名をした指導的物理学者の科学的判断や、大きな特権をもち大いに責任があるがかなり保守的な集団であるノーベル賞委員会の科学的判断である。この話には英雄も罪人も出てこない。

アインシュタイン――ドイツ人なのかスイス人なのか

彼はアウリヴィリウスの手紙や電報を受け取るとき自宅にいなかった。彼と二番目の妻のエルザは日本への旅の途中であった。彼らの出発の直前、ベルリンの物理学教授のラウエは彼に次のように書いた。「昨日入手した確実な情報によれば、貴方が十二月にヨーロッパにいることを望ましいとするような出来事が、十一月に起こるかも知れない。したがって日本に行くのはよく考えた方がよい」(9)。アインシュタインはともかく出発し、一九二三年三月までベルリンに戻ろうとはしなかった。

それ以前の三年間は彼の人生の中で騒ぎの多い時期だった。一九一九年一月、最初の妻ミレーヴァと離婚した。その時彼はもしノーベル賞が与えられれば、受け取る賞金を彼女に与えると約束していた。一九二三年、彼の一二万一五七二クローネ五四エーレ(約三万二〇〇〇ドル)は実際に彼女に贈られた。一九一九年六月彼は従姉妹のエルザと再婚した。十一月、光の屈曲のニュースに導かれた大衆は、彼をカリスマ的な世界的人物に仕立て上げた。その次の年はつらい年だった。一月に重篤状態にある彼の母親が、愛する息子と人生最後の日々を過ごすためにベルリンにやって来た。そしてそのすぐあとで彼の家で亡くなった。この年の終わり彼の誠実さと業績はともにドイツのいくつかの方面から攻撃を受けた。一九二〇年には、アメリカとイギリスに旅行した。ヴァイマール共和国の不安定な成立に伴って暴力行為が頻発した一九二二年六月、ドイツの外務大臣でユダヤ人、そしてアインシュタインの知己であったヴァルター・ラーテナウが殺された。

彼の生命も狙われているといううわさが流布された。彼が日本に向けて出発したとき、彼は潜在的に危険な状況からしばらくの間離れられることに安堵した。ノーベル賞のニュースは、彼が旅行途上にある間に彼に届いたに違いない。しかし、私はいつどこで彼が知らせを受け取ったか知らない。彼が旅行の間つけていた日記にはこの事件に関する言及を見いだすことはできない。アインシュタイン夫妻は一九二二年十一月十七日から十二月二十九日まで日本に留まった。

その間の十二月十日、スウェーデン駐在のドイツ大使ルードルフ・ナドルニは、アインシュタインの名でノーベル賞を受け取り、その夜ストックホルムで開かれた晩餐会で行ったスピーチで「わが国民のひとりが再び人類のすべてに対して何らかのことをなし遂げることができたわが国民の喜び」を表現した。彼はこれに次のように付け加えた。「長年の間この学者に家と研究する機会を与えたスイスもこの喜びを分かつ希望をもっている」と付け加えた(10)。実際スイスは彼に家以上のものを与えた。一九二二年には彼はスイス市民であった。スイス市民がドイツ大使によって代表されるという事態はいささかこっけいな話である。

彼は一八七九年にヴュルテンベルク王国のウルムに生まれた。そこは一八七一年ドイツとして新しく作られた国家に加わった。したがって彼は生まれはドイツ人であった。彼は一八九六年一月二十八日、当時スイスのアーラウの高等学校の生徒であったが、もはやヴュルテンベルクの市民ではないことを証明する証書を受け取った。彼はそれを申請していたのである。彼はスイス市民になる一九〇一年二月二十一日まで国籍がないままだった。彼は一九一四年四月ベルリンに移った。そこではプロイセン科学アカデミーの保護のもとでの研究の地位を受け入れた。この地位は国家公務員であって、国家公務員になるためにはドイツ国民である必要があることを彼は告げられた。しかし、彼はスイス市民権の保持を主張した。そのあと何が起こったかは必ずしも明確ではないが、彼はスイスのパスポートで日本に旅行したことは確かである。おそらく、ドイツの当局はこの問題を一九一四年の段階ではそれ以上押し進めなかったのだろう。

一九一九年までに彼の市民権はすでに国家の威信の問題となった。その年の間に彼はアカデミーの仲間のメンバーのシュトゥンプフから次のような手紙を受け取った。「貴殿の重力理論の新しい偉大な成功の機会に、心から祝賀を送ります、われわれの心すべてをもって、貴殿を満たしているに違いない喜びを分かち、軍事的政治的崩壊の失意の中で、ドイツ科学がこのような勝利を記すことができた事実を誇りに思います」(11)。

ベルリンの外務省へのナドルニ大使のリポートは一九二二年十二月十二日に急送され、彼が国際関係の問題に良心的に対処したことを示している。彼は、十一月アインシュタインの代理になるようスウェーデン科学アカデミーに求められた。次にスイス大使は、自分の知るところではアインシュタインがスイス市民であるとして説明を求めた。ナドルニは十二月一日に情報を得るためベルリン大学に電報を打った。彼は十二月四日プロイセン・

アカデミーから次のような電報を受け取った。「答え。アインシュタインはドイツ帝国国民である」。外務省は十一月十一日アインシュタインがスイス人であることを彼に告げた。プロイセン・アカデミーは一九二三年一月十三日にベルリンの文部省に、アインシュタインは一九二〇年五月四日国家公務員としての宣誓を行ったこと。そしてドイツ人だけが国家公務員になりうるのであるから、それゆえ彼はドイツ人であると報告した。一月十八日のプロイセン・アカデミーの議事録は、アインシュタインがドイツ市民ではあるが、スイス市民権はそのことによって無効にならないという法律上の見解を引用している。プロイセン・アカデミーはこの法解釈をアインシュタインに知らせた。彼は三月二十四日、プロイセン・アカデミーにベルリンでの地位を得るために市民権の身分に関する条件を変更しなかったことを知らせた。彼は六月十九日自ら外務省参事官ロッテンブルクを訪問した。そして彼がスイスの旅券で旅行したことを告げ、彼の身分を重ねて主張した。アインシュタインが一九二四年二月七日にプロイセン・アカデミーの『会則』に載せるために用意したこの訪問に関する記事は部分的には次のようである。「(ロッテンブルクは) アカデミーへの私の任用は、私がプロイセンの市民権を獲得したことを意味するという確固たる見解を持っていた。というのは逆の見解は『会則』をもとに主張され得ないからである。私はこのような見解に異論はない」(12)。

彼はけっして官僚主義によって脅されていたのではなく、極度に楽しんでいたようである。ともかくこれに先立つ一九二三年四月六日、彼の義理の娘イルゼはストックホルムのノーベル財団に手紙を書き、メダルや賞状がベルリンの彼の許に送られることができれば彼が感謝すること、それに加えて、もし、これが外交上のルートを通してなされることになるなら「彼はスイス市民であるがゆえにスイス大使館が考慮されるべきである」と述べた(13)。駐独スウェーデン大使のラメル男爵が、アインシュタインを自宅に訪問し、彼にメダルを手渡すことでスイス市民としての身分も持ち続けた。(彼は、一九四〇年十月一日アメリカ市民として宣誓を行った。ただ残りの生涯を通じて、スイス市民としての身分も持ち続けた。)

手続き

ノーベル物理学賞授与のためのスウェーデン王立科学アカデミー（以後アカデミーと呼ぶ）の手続きは以下のようである。アカデミーが発送した推薦依頼に対する回答は、メンバーから選ばれた五人のノーベル賞委員会（以後委員会と呼ぶ）に手渡される。委員会は提案や推薦理由書などを検討し、その検討過程の議事録を作成し、アカデミーへの推薦の投票を多数決で決定する。推薦は、推薦のポイントを要約し委員会の決定の理由を記したリポート（以後リポートと呼ぶ）の形式で送られる。この推薦はまず委員会の決定に同意する必要のないアカデミーの物理部門で投票される。その後物理学者だけではなく、アカデミー全員の投票が行われる。この最終的な決定の選挙もアカデミー全体のそれに先行する議論も記録されない。アカデミーの決定は物理部門の推薦に同意する必要はない。例えば、一九〇八年には委員会はためらいながらであったが、全員がマックス・プランクを黒体放射の研究に対して推薦した。物理部門の投票もプランクを支持した。しかし、アカデミー全体ではカラー写真術の研究でガブリエル・リップマンを選んだ。

プランクの場合は、ナーゲルによって詳細に最近議論されたが(14)、初期の頃の量子論が多くの問題点を抱えていたことと関係していた。彼は一九〇〇年、熱平衡での電磁放射のスペクトルエネルギー密度の正しい定式を提出したのみならず、この定式を正当化する試みの中で初期の形の量子論をも発見した。一九〇八年までにプランクのエネルギー分布は実験と極めて良く一致することが明らかであった。だが、彼のものは最終的理論に到る過渡的な定式化であった。詳細には立ち入らないが、当時は「古い」量子論の時代であったことだけを指摘しておく。この理論は第一原理の理論ではなくて、むしろ極めてもっともらしい推論の集合であったのである。一九〇八年のリポートで委員会の長だったオングストレームは次のような見解を表明したが、それは全く正当であった。「放射問題の理論的扱いは未だ終わっていない問題であり、この問題を解く新しい努力が必要でもあり、絶えず試みられてもいる」。

この見解は量子力学が発見される一九二五年まで続いた。しかし一九一八年までには量子のアイディアは基礎的でうまくいくことが明白だった。光電効果に対するアインシュタインの公式と同じように、黒体放射のプランクの定式は実験と美しいほど一致することが見いだされていた。また、発展する比熱の量子論も存在した。そしてリュードベリ定数に対するボーアの定式も存在した。

プランクに対する推薦はストックホルムに到着し続けた。その中にはアインシュタインによる物理学賞への最初の推薦も含まれていた(15)。一九一九年の早くに、委員会はプランクを認める機が熟したことを決定した。その年の終わり、アカデミーはそれに従って投票した。

二十世紀初めのアカデミーの主要な苦境のいくつかは、プランクの場合を判断するのにかかった長い時間によってよく示される。まだ確固とした導出が必要だが、明らかに極めて重要なひとつの定式化にノーベル賞を与えることができるか。逆に、アインシュタインの場合、特殊相対論や一般相対論に対して賞を与えることができるか。相対論は確かに第一原理に基づいていたが、それらの原理は十分に実験によって支持されてはいなかった——少なくとも賞を付与するのに責任ある人々にはそう思えていた。

推薦と討議

ノーベル物理学賞委員会の記録が示すところでは、アインシュタインは一九一一年と一九一五年を除いて、一九一〇年から一九二二年まで毎年ノーベル賞の推薦を受けた。委員会はしばしば、主要な競争者の確認を容易にするために、推薦された人物を部門に分ける。彼が推薦された各々の年に対して、表1は彼が含まれた部門の名前、その部門の中での他の被推薦者、受賞者、その年の賞獲得に関する動きである。

一九〇九年の化学賞受賞者のヴィルヘルム・オストヴァルトは、一九〇九年十月アインシュタインを一九一〇年度の物理学賞に推薦した(16)。彼はアインシュタインが一九〇一年春にその助手に応募したが失敗した人物で

表 1　アインシュタインが推薦された年のノーベル物理学賞の競争者そして彼に対する推薦の要約

年	アインシュタインが推薦された分類	同じ分類の他の被推薦者	受賞者と分野	コメント
1910	理論的あるいは，数理物理学的性質の研究	グルストランド，プランク，ポアンカレ	ヴァン・デル・ワールス，状態方程式	ポアンカレを支持するキャンペーン
1912	理論物理学	ヘヴィサイド，ローレンツ，マッハ，プランク	ダレーン，燈台やブイの自動調節機	ヴィーンやシェーファーによって提案されローレンツと分かつ
1913	理論物理学	ローレンツ，ネルンスト，プランク	オンネス，低温物理学	ツェッペリン伯爵やライト兄弟が別の部門で推薦される
1914	より思弁的性質の業績，理論物理学	エートヴェッシュ，マッハ，プランク	ラウエ，結晶によるX線回折	
1916	分子物理学	デバイ，クヌーセン，レーマン，ネルンスト		1916年度の物理学賞は授与されなかった
1917	量子仮説に関するプランクの極めて実り豊かな研究に関係する調査	ボーア，デバイ，ネルンスト，プランク，ゾンマーフェルト	バークラ，元素のX線スペクトル	賞は1918年に授与
1918	量子物理学	ボーア，パッシェン，プランク，ゾンマーフェルト	プランク，エネルギー量子の発見	賞は1919年に授与された；ヴィーンとラウエによって提案されたローレンツと賞を分ける
1919	理論物理学	クヌーセン，レーマン，プランク，ペラン，スヴェードベリ，グイ	シュタルク，陰極線のドップラー効果と電場のスペクトル線の分岐	
1920	数理物理学	ボーア，ゾンマーフェルト	ギョーム，温度測定学での正確な測定	
1921	数理物理学	ボーア，ゾンマーフェルト	アインシュタイン，光電効果	賞は1922年に授与された．アダマールはアインシュタインかペランを示唆した．
1922			ボーア，原子構造	

ある。彼はアインシュタインを推薦した最初の人物であり、一九〇九年にそうした唯一の人物だった、彼は一九一二年、一九一三年の賞にも推薦を繰り返した(17)(18)。これら三つの例において彼を動機づけたのはアインシュタインの特殊相対論の業績であった。オストヴァルトは一九〇九年特殊相対論はエネルギー原理の発見以来最も見通しのよい新しい概念であると書いた。彼は一九一一年の二回目の推薦で、特殊相対論が人間を何千年もの拘束から解放することを強調した。彼は一九一二年の三回目の機会に何人かの他の人とは逆に哲学的性質というよりむしろ物理的性質のものであることを強調し、アインシュタインの業績をコペルニクスやダーウィンのそれになぞらえた。

オストヴァルトは一九一二年のアインシュタイン推薦に当たって、物理学者プリングスハイム、シェーファー、ヴィーンらも推薦した。一九一三年の推薦の際にはヴィーンとドイツの医学教授ナウニーンも推薦した。ナウニーンは量子論にも留意しているが、これらの推薦すべては特殊相対論のみに関してであった。プリングスハイムは「私はノーベル賞委員会がこれに匹敵するような重要な業績に対して賞を授与する機会を持つことはめったにないと思う」と書いている(19)。

ヴィーンの二回の推薦は実際にはアインシュタインとローレンツの賞の分割に対してであったし、シェーファーはまたこの分割をアインシュタインひとりへの別案として提案した。ヴィーンは二回目の推薦の手紙で「陰極線やベータ線の新しい実験に関して、私は決定的な力の証明をそれらがもつと考えられない。実験は大変微妙ですべての誤差の源が排除されるかどうか確実ではありえない」と書いた(20)。問題になっているのは自由電子の静止質量 m、エネルギーE、速度 v のアインシュタイン関係の証明であった。

$$E=mc^2/\sqrt{1-v^2/c^2}$$

一九〇八年に早くも幾人かの実験家はこの関係の証明を主張した。しかしヴィーンの手紙が示しているように疑いは依然として残っていた。これらは一九一五年頃まで十分に取り除かれることはなかった。こうして一九一二年の推薦がなされた後になって初めて、特殊相対論の一つの重要な確証が議論の余地なき立場を達成した。スペクトル線の微細構造についてのゾンマーフェルト理論は、本質的にアインシュタイン関係と同じ関係を使うのだが、これも後の一九一六年にやって来た。この時までには一般相対論という画期的な新しい展開が状況を劇的に変えた。エネルギーと質量の同等性 $E = mc^2$ が一九三〇年代まで実験的に確証されなかったことも注目しておく価値がある。

後の推薦指名のより詳細なことに移る前に、それ以前の推薦に対する委員会の反応にまず注目しておこう。一九一〇年のリポートが示すところでは、特殊相対性原理が受け入れられるまでには、更なる実験的確証が必要とされたし、とくにそれがノーベル賞を授与されるまでにはそうだった。リポートによれば、たとえ当該の原理が一九〇五年に提出され「極めて活発な騒ぎを引き起こした」とはいえ、アインシュタインが初めて話題に取り上げられたのが一九一〇年であった理由も、更なる確証が必要だったということになる。委員会がまた注目したのは、ブラウン運動についてのアインシュタインの業績が大いなる承認を獲得したことである。

一九一二年のリポートでの特殊相対論についてのコメントも同じ性質であった。そしてヴィーンやシェーファーらがアインシュタインと共に賞を分かつように提案したローレンツは、アインシュタインより自分の仮説により注意深かったことが注記された。一九一三年のリポートは、たとえ委員会がアインシュタインをコペルニクスやダーウィンになぞらえることにはかなりの疑いを表したとはいえ、特殊相対論は賞に対する重要な候補者になる途上にあるという意味の注意を含んだ。

それ以降の数年の間、避けられない小康状態が存在した。彼は一般相対論との格闘に深く沈潜していた。そして彼はチューリヒの数学者マルセル・グロスマンとの共同で一九一二年から一三年に展開した重力の混成理論で、彼自身を含めてすべての人々を混乱させた。この理論は、すべての時空座標の一般的な変換のもとで共変であることを正しく要請した。この共変性は実際には点粒子の測地線上の運動とマックスウェル方程式のために考えられた。しかしながら彼は一九一五年の初秋の頃まで、重力場の方程式が一般共変性の要請を満たすことができないことを証明したと誤って信じていた。

彼は一九一四年、ナウニーンによって特殊相対論、拡散、重力の業績に対して推薦されたし、理論物理学のいくつかの領域への貢献に対してチウォルソンによって推薦された。一九一四年のリポートは、彼の特殊相対論や他の業績について最終的な判断をするには長い時間がかかるであろうというあいまいな注記を行った。彼が次に推薦された一九一六年の賞に関しては、ヴィーンのエーレンハフトの推薦一通だけであった。エーレンハフトは彼をブラウン運動、特殊相対論、一般相対論の業績に対して提案した。しかしながら、その年のリポートは相対論についての業績がまだ完全ではないと注記した。

一九一七年の推薦とともにゆっくりと機運が高まり始めた。アルトゥーア・ハースは水星の近日点移動についてのアインシュタインの説明を引用して、彼を新しい重力理論に対して推薦した。ヴァールブルクは彼を量子論、相対論、重力の業績に対して推薦した。チューリヒのヴァイスによって書かれた第三回目の、そして最後の手紙は、彼のために今まで書かれた最も詳しい推薦だった。ここに初めてアインシュタイン全体の評価が見いだされる。彼の業績は「未知の征服への努力」を表すのである(21)。この手紙はまずボルツマンの原理に関する統計力学の彼の業績を記し、そのあと特殊相対論の二つの公理、次いで光量子の公準と光電効果、そして比熱の業績を記す。それはアインシュタインの実験的努力に注目することで終っている。つまり、彼とド・ハースは一九一五年に電子の磁気回転効果の比の実験を行っていた。一九一七年のリポートは「有名な理論物理学者アインシュタイン」に言及し、彼の業績を高く評価したが、新しい実験的な障害が提起されて終わっていた。すなわち、一般相対論が予言するスペクトル線の赤方偏移がウィルソン山のC・E・セント・ジョンの測定に現れなかったのである。それゆえアインシュタインの相対論は、たとえ他の点で利点がどれほどあっても、ノーベル賞に値しないと結論された。

一九一八年にヴァールブルクとエーレンハフトは以前の推薦を繰り返した。ヴィーンとラウエは、賞が特殊相対論に対してローレンツとアインシュタインの両者に与えられるべきことを独立に提案した。チューリヒのエドガー・マイヤーはブラウン運動、比熱、重力などのアインシュタインの業績に触れている。ウィーンのシュテファン・マイヤーは相対論の彼の業績を引用して推薦した（今後、相対論とは特殊、一般の両方の相対論を指す）。リポートは前年のものとほとんど同一であった。

ヴァールブルク、ラウエ、エドガー・マイヤーは一九一九年の賞に対しても以前の推薦を繰り返した。プランクは彼がニュートンを越える初めての一歩を踏みだしたという理由で、一般相対論に対して彼を推薦した(22)。そしてスウェーデンの物理化学者のアレーニウスはブラウン運動に対して彼を推薦した。ブラウン運動の実験研究への主要な貢献者であったペラン、スヴェードベリ、グイらも推薦された。リポートは統計的問題を詳細に論じ、アインシュタインの一九〇五年の博士論文の議論を視野に入れた。その論文は臨界乳光についての一九一一年の彼の業績と同様、分子の大きさを扱っている。しかし、このリポートは彼の統計に関する論文が、相対論や量子物理学の彼の業績のように高い価値を得ていないことを記し、「もし彼が他の主要な論文ではなくて統計物理学……に対して賞を受け取る事になればそれは学界にとって奇妙に思えることだろう」と指摘することで終った。赤方偏移問題の明確化と五月二十九日の日食！を待つのが最善であると考えられた。

ヴァールブルクは一九二〇年の賞に対して以前の推薦を繰り返した。ベルリンの解剖学者ヴァルダイヤー＝ハルツとユトレヒトのオルンシュタインは一般相対論に触れた推薦をした。ローレンツ、ユリウス、ゼーマン、オンネスらが署名した一九二〇年一月二十四日付けの手紙は重力理論を強調した。彼があらゆる時代の中で第一級の物理学者であることを訴える手紙は、近日点運動の成功や光の屈曲を強調し、赤方偏移実験が大変微妙でまだ確定した結論が引き出せないことを強調した。

ニールス・ボーア自身も一役買った。彼はブラウン運動、光電効果、比熱理論などの業績に触れながら「何よりも先ず相対論は物理学の研究の展開にとって決定的な意味をもつ進歩である……」と書いている(23)。

アレーニウスの文章が一九二〇年のリポートに付け加えられた。この文章は委員会の求めに応じて一般相対論について準備されたものであった。アレーニウスが記したのは、赤方偏移実験がまだ理論とうまく合わないこと、一九一九年の日食観測の光の屈曲の結果に反対して、様々な側から批判が——その多くは分別のあるものである——なされたことであった。それゆえ、委員会はしばらくの間、相対論は賞の基礎にはなりえないことを結論した。

プランクは一九二一年簡略な力強い表現でアインシュタインの推薦を繰り返した。ハースとヴァールブルクも再度試みた。一般相対論に触れたのは、デレンバッハ（バーデン）、ヤッフェとマルクス（ライプツィヒ）、ヌールトシュトレーム（ヘルシングフォルス）、ウォルコット（ワシントン）、ヴィーナー（ライプツィヒ）らの手紙であった。アダマール（パリ）はアインシュタインかペランのどちらかに賞を授与するよう提案した。アインシュタインはブラウン運動、量子論、相対論の業績に対して、ペランはブラウン運動の実験的研究に対してである。ライマン（ハーヴァード）は数理物理学へのアインシュタインの貢献を挙げた。

ウプサラ大学の理論物理学者ウセーンは光電効果に対してアインシュタインを提案した。

一般相対論に通じていた人物の一人であったエディントンは「アインシュタインはまさにニュートンがそうであったように同時代の人々から抜きんでている」と書いた(24)。この時点で委員会が要請したことは、委員の一人のオルヴァール・グルストランドに相対論についての記事を準備させることと、別のもう一人の委員であるアレーニウスに光電効果について同じことをさせることだった。

一八九四年からウプサラ大学の眼科学教授であったグルストランドは大変高い栄誉を持つ学者であった。彼は一八九〇年に医学校を卒業し光学器械としての眼の研究で世界の指導的な人物になった。一九六〇年に次のようなことが彼について書かれた。「眼科医たちは彼を、ヘルムホルツに次いで、光学系としての人間の眼の数学的理解に、他の誰よりも多く貢献した人物であると考える……彼はこのような研究を行いながら光学像の形成についての多くの広く流布した誤解を発見した。彼は闘士であったので、後の多くの論文をこれらの誤解をなくす試みに捧げた」(25)。グルストランドは一九一〇年と再び一九一一年にノーベル物理学賞に推薦された。一九一一年の物理学委員会——グルストランドは一九一一年から一九二九年まで委員であり、一九二三年から一九二九年まで委員長であった——の当初の意向は、幾何光学の彼の業績に対して賞が与えられるというものだった。しかしながら生理学・医学委員会の方で眼の屈折光学についての彼の業績に対して賞を与えることを考えていることが判明した。グルストランドは物理学における賞を拒否し、委員会は別のリポートを書いて、今度は署名者の中にグルストランドを含めて、受賞候補者にヴィーンを指定した(26)。こうしてグルストランドはノーベル賞を拒否し、そして受賞した唯一の人物となった。

相対性理論に対して極度に批判的なグルストランドのリポートはよいものとは言えなかった。一九二一年のリポートにある要約は「しかしながら物理的手段で測定可能な（特殊相対論の）効果は小さいので、一般的にそれらは実験的誤差の限界以下にある」と述べられている。また一般相対論について、グルストランドは次のような見当違いのコメントを書いている。「アインシュタイン理論がル・ヴェリエの近日点実験（原文のまま）と少なくとも一致させうるかどうかは、追って知らせがあるまでわからないままである」。グルストランドは近日点効果への答えは計算のために選ばれた座標系に依存することを彼が示したと信じるという罠——彼が唯一の人物ではない——に陥っていた。彼はまた次のような意見（もっともだが、それほど有力ではない）を表明した。つまり、この残された効果を確認する試みの前に、以前から知られている純粋な二体のニュートン法則からの他のずれを、一般相対論的な方法を使いながら再評価することが必要であるというのである。彼は一九二一年五月二十五日このような考察についての論文を提出した(27)。その抜刷りが彼のリポートに付け加えられた。それは彼が相対論について出版した最初のものだった。私の推測では、彼は全く違う文脈とはいえ彼の得意の領域、つまり光の屈曲への関心のゆえに一般相対論に困惑するようになったのかも知れない。

光電効果についてのアーレニウスのリポートの主要な点は、第一に量子論に対する賞は一九一八年にプランクに丁度与えられたばかりであること、第二にもし光電効果に対する彼の業績が賞を受けることになれば、むしろ実験者に賞を与えることが望まれることであった。結局物理学に対する賞はこの年には授与されなかった。

一九二二年の賞の被推薦者リストはずっと長くなった。エーレンハフト、アダマール、ラウエ、E・マイヤー、S・マイヤー、ナウニーン、ヌールトシュトレーム、ヴァールブルクらは再びアインシュタインを推薦した。ゾンマーフェルトからの美しい手紙があった。デ・ドンダー（ブリュッセル）、エムデンとヴァーグナー（ミュンヘン）、ランジュヴァン（パリ）、ポウルトン（オクスフォード）らからの手紙もあった。ブリユアンは「もしアインシュタインの名前がノーベル賞受賞者のリストに現れないなら、一般の意見が今から五〇年間にどのようになるかをしばらく考えよ」(28)と書いた。

プランクは一九二一年と二二年の賞をそれぞれアインシュタインとボーアに与えるべきであると提案した。ウセーンは光電効果に対する推薦を繰り返した。

委員会はグルストランドに相対論についての前回以上の報告を、ウセーンには光電効果の報告を求めた。グルストランドは自分の立場を固守した。彼は彼の以前のリポートに向けられたケーニヒスベルクの私講師のエーリヒ・クレッチュマンの批判への反論を発表し(29)、彼の新しい言明にそのリプリントをつけくわえた(30)。ウセーンはアインシュタインの一九〇五年の光量子論文や一九〇九年の黒体放射のエネルギーのゆらぎの業績についての素晴らしい分析を生み出した。

委員会はアインシュタインを一九二一年度の賞に提案した。アカデミーはそれに従って投票した。

これが、アインシュタインが「理論物理学への貢献に対して、特に光電効果の法則の発見に対して」ノーベル賞が与えられたいきさつである。それはまた、アウリヴィリウスが一九二二年十一月十日にアインシュタインの受賞が相対論に基づいていないと書いた理由でもある[1]。

アーレニウスは一九二二年十二月十日の授与式の演説で次のように言った。「(アインシュタインの業績についての) ほとんどの議論は彼の相対論に集中する。これは認識論に関係し、それゆえ、哲学の学界で活発な議論の題目であった。パリの有名な哲学者ベルクソンがこの理論に挑戦する一方、他の哲学者たちがそれを心から喝采したことは秘密ではないであろう」[31]。

ベルクソンの全集は一九七〇年に現れた[32]。編者たちはベルクソンの著作『持続と同時性――アインシュタインの理論について』をそこに含めなかった。アインシュタインはベルクソンを知り、好み、尊敬するようになった。彼はベルクソンの哲学について「神は彼を許す」とよく言ったものである。

グルストランドとクレッチュマンの間の不和は、それ以降の意見交換によって相互の満足のいくように解消された[33]。

アーレニウスは一九二三年三月にアインシュタインに手紙を書いて、スウェーデンへの訪問の計画は十二月まで待つべきでなく、七月に来るべきであることを示した[34]。イェーテボリ市の三百年祭を機会にその市でのスカンディナヴィア科学協会の会合に出席できるからであった。アインシュタインは一般講演の話題の選択を彼に任せたが「貴方の相対論についての講演であれば大変有り難いことは確かである」と言った。アインシュタインは統一場について話すことを好んだのであるが、この指示に同意すると答えた[35]。アインシュタインは七月の大変暑い日に黒いレディンゴート［フロックコート風の服］を着て、イェーテボリの記念ホールで約二〇〇〇人の聴衆を前に、相対性理論の基本概念と問題について講演した[36]。グスタフ五世王も講演に出席し、あとでアインシュタインと愉快なお喋りをした[37]。

プランク定数の再登場

なぜアインシュタインは相対論でノーベル賞を獲得しなかったのか。大まかに言えばアカデミーが彼に名誉を与えるのに大変大きな圧力のもとにあったからだと私は思う。非常にたくさんの推薦の手紙が彼のために送られたことは、何らかのキャンペーンの結果ではなくて、むしろ彼の業績を認める指導的な科学者たちの判断の結果であった。アカデミーは、実験的問題が明らかにされるまで相対論に賞を与えるのを急がなかったことも理解できる。当時の早い時期に、相対論の内容を充分に評価できる人物が、アカデミーのメンバーの中にいなかったことはアカデミーの運の悪さでもあった。光電効果に対して彼に賞を与えるというウセーンの提案はこうした圧力との闘いからの救いとしてあらわれたに違いない。

光電効果はノーベル賞に値するのか。疑いはないか。

レーナルトは一九〇二年に光源として炭素のアークの光を使ってこの効果を研究した(38)。彼は一〇〇〇の程度の因子で光源の強度を変化させて、アーク灯で放射された金属表面から放出される電子のエネルギーが「光の強度に全く関係をもたないこと」を示すという決定的な実験を行った。光の振動数に関する光電子のエネルギーの変化については振動数の増加に従ってエネルギーが増加する。一九〇五年にはそれ以上のことは知られていなかった。

アインシュタインが光電効果に対する次のような「きわめて簡単な描像」を提出したのはこの一九〇五年のことだった(39)。光の量子が一つの電子にそのエネルギーのすべてを与えるというのである。このような量子によるエネルギーの移動は他の光-量子の存在に無関係である。照射された物体の内部から放出される電子は一般にそれが表面に達するまえにエネルギーの損失をこうむる。もし E_{max} がエネルギー損失ゼロの極端な場合の電子のエネルギーであるならば、彼の提出した関係は現代的な表記では

$$E_{max}=h\nu-P \quad (1)$$

νは入射単色放射の振動数、Pは仕事関数、つまり電子が表面から逃げ出すのに必要なエネルギーである。この関係は光の強度に無関係であり、それ故レーナルトの結果を説明する。しかしそれはもっと多くのことを説明する。

（1）式はプランクの定数hの再登場を示している。

アインシュタインがこの式を書く前には、hを含む他の実験的に確証可能な関係のみがあった。すなわち振動数ν、温度Tの黒体放射の単位体積当りのエネルギー密度$\rho(\nu, T)$に対するプランクの式は

$$\rho(\nu, T)=\frac{8\pi h\nu^3}{c^3}(e^{h\nu/kT}-1)^{-1} \qquad (2)$$

kはボルツマン定数、cは光の速度。（2）のプランクの奇妙な正当化はここでは関わる必要はない。彼はこの公式を導くにあたって光が量子あるいは光子でやってくることに気付いていなかったことに注意すれば十分だろう。プランクは実際、ボーアを含む多くの他の指導的物理学者と共に、一九二五年までアインシュタインがそれを初めて導入した一九〇五年以降ずっと光子の考えに反対していた。

アインシュタインが一九〇五年に（1）を書き下した時、一〇年後までは立証されなかった三つの予言を行った。E_{max}がνと共に一次関数的に増加すること、エネルギー振動数曲線の傾きが照射物体の性質に無関係に普遍定数であること、この傾きの値は放射法則から決定されるようにプランク定数であることの三つであった。

こうしてみると光電効果はノーベル賞にまさに値することが明らかである。事実、量子物理学に対してなされた受賞の順序は完璧である。まずプランク、そしてアインシュタイン、それからボーアである。傾向においては保守的な委員会が、アインシュタイン自身革命的だと——私はよい理由だと思う——記した唯一の論文で彼に栄誉を与えたのは歴史の感動的なねじれである。

注

SAS : Royal Swedish Academy of Sciences

1 C. Aurivillius, letter to A. Einstein, 10 November 1922.

2 *Nobel Lectures in Physics, 1922–41*, Elsevier, New York, 1965.

3 Report on the Joint Meeting of the Royal Society and the Royal Astronomical Society, London, 6 November 1919. *Observatory*, **42**, 389–98.

4 A. S. Eddington, *Observatory*, **42**, 119–22, 1919.

5 I. Newton, *Opticks*, 1704.

6 A. Einstein, *Annalen der Physik*, **35**, 898–908, 1911.

7 A. Einstein, *Sitzungsberichte der Preuss. Ak. der Wiss.*, **1915**, pp. 831–39.

8 H. A. Lorentz, letter to P. Ehrenfest, 22 September 1919.

9 M. von Laue, letter to A. Einstein, 18 September 1922.

10 R. Nadolny, in *Les Prix Nobel*, pp. 101–2, Imprimerie Royale, Stockholm, 1923.

11 C. Stumpf, letter to A. Einstein, 22 October 1919.

12 C. Kirsten and H. J. Treder, *Albert Einstein in Berlin*, Vol. 1, Akademie Verlag, Berlin, 1979.

13 I. Einstein, letter to Sederholm, 6 April 1923.

14 B. Nagel, The discussion of the Nobel Prize for Max Planck. In *Science, Technology, and Society in the Time of Alfred Nobel. Nobel Symposium, Karlsoga 1981.* Almquist and Wiksell, Stockholm, 1982.

15 A. Einstein, letter to SAS, undated, 1918.
16 W. Ostwald, letter to SAS, 2 October 1909.
17 W. Ostwald, letter to SAS, 21 December 1911.
18 W. Ostwald, letter to SAS, 30 December 1912.
19 E. Pringsheim, letter to SAS, 12 January 1912.
20 W. Wien, letter to SAS, January 1912.
21 P. Weiss, letter to SAS, 21 January 1917.
22 M. Planck, letter to SAS, 19 January 1919.
23 N. Bohr, letter to SAS, 10 November 1920.
24 A. S. Eddington, letter to SAS, 1 January 1921.
25 M. Herzberger, *Optica Acta* **7**, 237-41, 1960.
26 B. Nagel, pers. comm. 1981.
27 A. Gullstrand, *Ark. for Mat. Astr. och Fys*. **16**(8), 1-15, 1921.
28 M. Brillouin, letter to SAS, 12 November 1921.
29 A. Gullstrand, *Ark. for Mat. Astr. och Fys*., **17**(3), 1-5, 1922.
30 E. Kretschmann, *Ark for Mat. Astr. och Fys*., **17**(2), 1-4, 1922.
31 *Nobel Lectures in Physics, 1901-21*, P. 479. Elsevier, New York, 1967.
32 H. L. Bergson, *Oeuvres*, ed. A. Robinet, Presses Universitaires de France, Paris, 1970.
33 E. Kretschmann, *Ark. for Mat. Astr. och Fys*, **17**(25), 1-4, with an added comment by A. Gullstrand, 1923.
34 S. Arrhenius, letter to A. Einstein, 17 March 1923.
35 A. Einstein, letter to S. Arrhenius, 25 March 1923.
36 A. Einstein, *Grundgedanken und Probleme der Relativitätstheorie*. Imprimerie Royale, Stockholm, 1923.
37 J. A. Hedvall, letter to H. Dukas, 19 November 1971.

38 P. Lenard, *Annalen der Physik*, **8**, 149–98, 1902.
39 A. Einstein, *Annalen der Physik*, **17**, 132–48, 1905.

第七章

ヘレン・ドゥーカスの思い出

（＊一九八二年三月十五日プリンストン高等研究所での追悼式での話。）

よい名前は貴重な油よりも価値があり、死の日は誕生の日よりも重要である。

われわれは彼女をヘレンと呼んだ。アインシュタインは彼女をドゥーカスと呼び、その際ドイツ語の女性冠詞(die)を付けた。彼女の洗礼名はヘレナだった。彼女は一八九六年十月十七日、ドイツのブライスガウのフライブルクに生まれた。彼女の父レオポルト・ドゥーカスは黒い森《シュヴァルツヴァルト》の小さな町ズルツブルグの生まれで、ワイン商人だった。彼はまた、フライブルクの家の裏の政府管理蒸留酒製造所で、有名なシュヴァルツヴァルダー・キルシュヴァッサー（チェリーから造る醸造酒）を作っていた。彼女の母のハンヒェン・ドゥーカス＝リープマンは、アインシュタインの二番目の妻のエルザ・アインシュタインが生まれたのと同じ町のホーエンツォレルンのヘッヒンゲンの出身だった。エルザはヘッヒンゲンの頃からハンヒェンやその地域では「リゼッテおばさん」として知られていたヘレンのおばあさんを知っていた。

ドゥーカス夫妻には七人の子供があった。最初の二人は女、その後の二人は男、その後は年子で、三人の娘がいた。ヘレンはこれらの三人の末娘の最年長だった。彼女はよく自分自身のことを「最も若いうちの一番年寄り」と言っていた。彼女は六歳から十五歳までフライブルクの高等女学校に行った。これが彼女の受けた形式的な教育のすべてであった。彼女の母は一九〇九年「七人の子供の養育に疲れて」肺炎で死んだ。ヘレンの姉のツェリーネは自分が結婚するまで家事のきりもりの責任を持った。結婚後ヘレンにそのお鉢が廻ってきた。彼女はカリキュラムを終えずにホルツマルクト広場の学校をやめねばならなかった。

ヘレンは一九二一年までフライブルクにとどまり、彼女の兄弟姉妹の世話をした。（彼女の父親は一九一九年に死んだ。）そして幼稚園の教諭としての最初の仕事を始めた。その後一年の間ミュンヘンに行き、一九四〇年代のアインシュタインの助手の一人のエルンスト・ガボール・シュトラウスの叔父のラファエル・シュトラウスの家で家政婦になった。（一九四四年にエルンストがヘレンに自己紹介をしたとき、彼女はすぐに彼のブリスBrith, つまり割礼のお祝いの日に彼女がいたことを話した。）それ以後彼女は家族の何人かが居を定めていたベルリンに移った。彼女は数年の間小さな出版社で秘書として働いたが、その会社が業務に行きづまり、彼女は職を失った。

エルザ・アインシュタインが夫の秘書になるのに適した人がいないかヘレンの姉のローザに尋ねたのは丁度この時期の頃、正確には一九二八年四月十一日のことだった。この二人の婦人はユダヤ人の孤児の援助のための組織「ユダヤ孤児援助協会」を通して互いに知っていた。ローザはその幹事でエルザはその名誉総裁だった。この二人は同郷の故に特に親しくなった。ローザはエルザの要請に応えてヘレンを提案した。エルザはそれは素晴らしい考えだと思った。彼女はヘレンに数回会っていた。エルザが署名しなければならない手紙をハーバーラント通りのアインシュタインのアパートにヘレンが持ってやって来た時だった。エルザはヘレンに訪ねてくれるようローザに頼んだ。その同じ日にローザはヘレンを呼んでこのニュースを伝えた。ヘレンの反応は、次のようだった。「あなたは気が狂ってしまったの。そんなこと私は決してできない」。にもかかわらず、ヘレンは次の日エルザを訪問した。エルザはお茶とクッキーで彼女をもてなし、とにかく、やってみるように彼女を説得した。

その次の日、ヘレンはやってきた。その日は十三日の金曜日だった。アインシュタインは心臓病から回復してベッドに横になっていた。エルザはヘレンを寝室に連れて行った。アインシュタインは親しげな微笑みで彼女に挨拶し、手を伸ばして「ここに年老いた子供の死体が横たわっている」と言った。彼はすぐ彼女に、国際連盟の委員会のメンバーとしての彼の義務との関係で、文部省に電話をかけるように求めた。ヘレンは「権威を尊重するドイツの女学生」として成長してきたので、恐る恐るやってみた。すべてはスムーズにいった。「私は初めて〝アインシュタイン〟という名前がどれほど魔法のような効果を持つかを体験した」。次に彼女は手紙をいくつかタイプした。その後アインシュタインは彼女に、自分たちは大変うまくやっていけるだろうと思うと言った。「その後の二七年の間に私は決して尊敬の念を少しも失わなかったし、ある気恥ずかしさも失わなかったけれども、それまで残っていた劣等感はその時私から消えていた」。

時が経つに連れて、アインシュタインは父親的な範囲を決して越えない強い愛情と共に、ヘレンの能力にますます感謝し尊敬するようになった。

私はヘレンの人生の次の大きな事件を述べよう。それはアインシュタイン夫妻、アインシュタインの助手のヴァルター・マイヤーらとのカリフォルニアへの三カ月間の旅行だった（一九三〇年十二月から一九三一年三月）。ヘレンは日記をつけていて、私に読むように渡した。その内容はカリフォルニア旅行にあてられている。それは、残念乍ら、それ以外のところでは全くスケッチ風である。彼女はそれまでで初めてバス付きの部屋を与えられたアントワープのホテルについて書いている。また、ベルゲンラント号の船上で、アインシュタインとピンポンをしたこと、アインシュタインにニューヨーク市の鍵を渡すジミー・ウォーカーについて、警察の警戒線を突破してアインシュタインの手を強く握り、「これで私は安らかに死ぬことができる」と言った年老いた婦人のこと、アインシュタインが涙ぐむ中で、最初にアインシュタインの名を呼び、彼の頭や顔に触れたヘレン・ケラーのこと、ニューヨークのホテルで靴下を繕わなければならないことになって感じた一種の慰め、キューバへの訪問、パサディナのバラのコンクールへの出席、アインシュタインとマイケルソンの歴史的な最初の出会い、アインシュタイン夫妻、マリオン・デイヴィス、ウィリアム・ランドルフ・ハーストらも出席したチャーリー・チャップリンの家での晩餐でチャップリンに会ったこと、ロサンゼルスの劇場で『街の灯』の世界初公開に招待されたことなどである。これらすべては、見事な字体で、大変ウィットに富んで書かれており、彼の行くところのどこでも起こった異常な事件の重要な証人の記事となっている。

アインシュタイン夫妻は、一九三二年十二月に今度はヘレンを伴わず、カリフォルニアへの二度目の旅行として計画されていたものへと出発した。ヒトラーはその次の月に権力を持つようになり、彼らは二度とドイツには戻らなかった。しかし、彼らはベルギーに最後のヨーロッパでの滞在のために戻ってきた。ヘレンはそこで彼らに加わり、一九三三年十月、ヘレン、アインシュタイン夫妻、そしてマイヤーらはアメリカへ船出した。彼らは船がニューヨーク港に入ったので、船を降り、マンハッタンの下町のバッテリー［公園］にランチで案内された。そこでは高等研究所の理事であるエドガー・バムバーガーとハーバート・マースらが待っていて、彼らを車でプリンストンのピーコック・インに連れて行った。数日後、アインシュタイン夫妻とヘレンはライブラリー・プレイス二番地の家に移った。一九三五年の秋に、彼らはマーサー通り一一二番地に移った。すぐその後で、エルザの娘のマーゴットがそこでの彼らに加わった。

エルザが一九三六年に死んだ後、ヘレンは秘書の仕事を続けながら、家事のやりくりをとりしきった。アインシュタインの妹のマーヤは、一九三九年にその家で一緒に住むことになったが、一九四五年からはその家で一九五一年に亡くなるまで寝たきりであった。看護・介護をしたのもヘレンであった。

彼女が一九五〇年代の初めにカール・ゼーリッヒに宛てた手紙から、プリンストンでの彼女の日常的な活動について、彼女自身の説明を知ることができる。アインシュタイン教授の生活の典型的な一日を書き記した後、彼女は「私の取るに足らぬこと meine Wenigkeit」に話を向ける。

（私自身の日々を描くことは）大変難しいし、それはあまり重要ではない。私は大変多くの仕事——あらゆる種類にわたって——を持っているので、それは大変複雑である。私はまた、できるだけ系統的なやり方に固執しようとするが、それは必ずしもやさしくはない。私は八時半頃階下に降りる。家事の手伝いの来る［週に］四日はもう少し遅い。家事手伝いを頼むことはこの国ではそれほど普通ではない。それから私は朝食の後や、少なくとも、コーヒーやお茶などをつくる。アイルランド人のお手伝いさんが来る日には私は朝食の後町に出かけ、まず食べ物を買い、銀行や郵便局へ行き、そのほか必要なことを行う。ときどき遅くなるが、十一時頃戻り、犬に餌をやり、手紙を開封し、その多くはくずかごの中へ——ありがたい Gottlob——捨て、台所へ行き、昼食の用意をする。その間に、もし必要であればすぐに手紙を書く。そうでなければ、家のことを何か行う。昼食の後には、聖なる休息がある——しかし週に三日はまず食器洗いを済ませる。四時からは手紙の口述か前日の手紙の作成か私が個人で行う返事である。時々はお茶を飲みにくる訪問者がある。六時、夕食のために台所に戻る。夜には口述か、手紙のタイプ打ちか、読書か、何か面白そうなものがあれば映画に行くこともある。もちろん、友人の来訪や友人への訪問もある。時々ニューヨークへの遠出があるが、それは苦労するし、まず私の出発準備が大変なので頻繁にはない。通常いよいよという時に何かが起こる。こうした話は、もちろん大まかなところである。これらすべてに加えて私の特別な悩みの種、すなわち電話、ドアベル、物見高い人々、記者たち、狂気じみた人たちなどがくる。電報や速達が来ても、特別扱いにはならない。私がもっとも嫌なのは手紙の収納整理である。特に家にはほとんど収納場所がないからである。玄関のところにさえファイルキャビネットがあり、本は至るところにあふれ、地下には数えきれないほどの竹かごがある。私はしばしばグーテンベルクがいなければ良かったのにと思ったものだ。貴方が想像できるかどうか、心許ないが、私は自分では自分や自分のような人々がどのように日を過ごすのかの統計を作っている人に尋ねられた農夫の妻君のように感じる。彼女は自分の仕事を数え上げる。料理、洗濯、アイロン掛け、牛の乳しぼり、鶏への餌やり、掃除、裁縫、庭仕事など。最後に人はこう聞く。「自由な時間には何をしているか」。彼女はこれに答える。「そういう時は〝お手洗い〟へ行く」。私はと言えば状況はそれほど悪くはないが、多少ともそんな農夫のおかみさんに似たところはあるからだ。

ヘレンによる次の二つの話はマーサー通りで起こる奇妙な出来事の実例として役立つかも知れない。ある日、朝十時頃ドアのベルが鳴った。ヘレンがドアを開けると男がいて、こう言った。「私は裁判官のT…である。アインシュタイン教授に会いたい」。ヘレンがアインシュタインを呼び、彼は玄関まで出て来た。裁判官は彼を見ると、気を失った。彼が気がついた後、彼をタクシーの中へ運び入れねばならなかった。次の朝、この裁判官は非常に後悔している様子で戻ってきた。彼は昨日の訪問で早い時間にもかかわらずすっかり酔っていたと説明した。彼がリユニオン大学のために町にいたというのが理由だった。

もう一つの話は一九三九年のある日に起こった出来事に関係する。ベルが鳴って、ヘレンがドアのところに行った。彼女は良い身なりの男性を見た。彼は「私は世界博覧会、アインシュタイン教授、並びにグランド・キャニオンを見物するためにアメリカまでやってきました」。

ある人の死に当たっては、後に残された人々にとって、十分に愛し十分尽くしてゆくこと以上にその死に対処する良い方法はない。ヘレンも例外ではなかった。彼女は一九五五年四月以降すぐ心新たに精力的に彼の論文や手紙のアーカイヴの設立という大きな仕事に没頭した。ヘレンの死の際、これらのアーカイヴはおよそ五〇〇〇ページの公刊、未公刊の草稿、三〇〇〇ページのノートや旅行の日記、五万二〇〇〇ページの書簡――そのうち二万九〇〇〇ページは科学以外の内容である——などから成る。書簡はアルファベット順と年代順に分けて引き出されカタログ化された。著名な人たち、特にジェラルド・ホールトン、マーティン・クラインらは科学的事柄で援助した。科学については彼女は微笑みながら自分の完全な無知を告白した。それ以外の場合はほとんどすべての仕事は彼女が行った。私の書いたアインシュタインについての（以前の）著作は彼女の業績に対する十分な証明になっているし、物理学の歴史の中で彼女に十分ふさわしい位置を保証するのに役立つと思う。ここでは二つのコメントを付け加えるだけにしよう。

私の判断によれば、アーカイヴに対する彼女のもっとも重要な単独の貢献は、彼女とヤーンケ夫人——ダーヴィト・ヒルベルトにとっての「ドゥーカス」——との書簡の結果であった。一九四三年のヒルベルトの死後、ヒルベルト-アインシュタイン書簡はゲッティンゲンの大学図書館に寄贈された。そしてそれはそこで忘れ去られた。ヘレンの主導によってそれらの手紙はヤーンケ夫人の手で発掘され、プリンストンに送られた。この書簡は一九一五年十一月の決定的な往復書簡を含んでいる。それを知ることなしには一般相対論の歴史を適切に書くことができない。どこで見るべきか、誰にたずねるべきかを知るヘレンの才能は、アーカイヴを極めて本質的に豊かにした。

私の二番目の論点はアーカイヴの内容についてヘレンが驚くほど熟知していたことで、次に述べることはその一つの例証に過ぎないながらそれを示すのに役立つかもしれない。ある点で私はアインシュタインとポアンカレの接触に関心を抱いた。そこで私はヘレンのところへ行って、彼らの間に手紙のやりとりがあったかどうか尋ねた。彼女は即座に「ない」と答えた。この簡明な答えのお陰でかなりの労力が省けた。その後彼女はポアンカレについての手紙のやりとりは、あのスウェーデンの数学者とならばありますと言った。「何という数学者？」と私は聞いた。彼女は「ミッタークレフラー」と答えた。「それらの手紙を見ることはできる？」と私は聞いた。「もちろん」と彼女は答えた、私はその手紙を読み、ポアンカレに対するアインシュタインの感じ方について新しいひらめきを得た。彼女は、私が手紙を彼女に返した時、一九一〇年にベルリンでポアンカレのあの講演があったとコメントした。「どうしてそれについて知っているの？」と訊ねると、「モシュコフスキーによるアインシュタインの伝記の第一章の中にそれがあるからなのよ」と彼女は答えた。私はその本を調べてみた。まさしくその通りだった。

彼女の人生の晩年には死が心から離れなかったと思う。その間、私の著作に関して手助けしていることだけが、彼女を生き長らえさせていると何回も私に言ったものだ。彼女が死の準備をしていたことは確かである。アインシュタインの遺言の項目一三は次のような条項を含んでいる。「保管されているすべての基金や個々の財産をヘブライ大学に贈り移管すること。前述のヘレン・ドゥーカスの書面上の指示により、彼女の生存中の任意の時に」。アルベルト・アインシュタイン財団は一九八二年一月一日からすべての論文、出版物、草稿、その他すべての所有物をヘブライ大学に移管した。

ヘレンの人生は豊かな人生だった。彼女は自分の仕事をきちんと元気よく行った。彼女は精力的にものを読んだ。彼女は信心深くはなかったが、激しいほどユダヤ人的であった。彼女は偉大さと無垢さの間の混乱を引き起こしがちな、私の言う「落ちた英雄症候群」から逃れてはいなかったが、基本的には、内実豊かな女性の特徴であるあのしっかりした現実主義を具えていた。彼女は愛情を与え、そして受け取る能力をそなえていた。彼女は最後まで理性的だった。

私は一九八一年の夏、アインシュタインについての伝記（『神は老獪にして…』）の序文に次のような文を書いた。「ヘレン・ドゥーカスほど私を助けてくれた人はいなかった。彼女はアインシュタインの生活を他の誰よりもよく知っていたし、プリンストンのアインシュタイン・アーカイヴの信頼のおける案内者であった。有り難う、親愛なるヘレン、素晴らしかった」。私は数週間後、校正刷りに次のような文章を付け加えた。「一九八二年二月十日にヘレン・ドゥーカスは亡くなったが、その前に書いた前書きの彼女についての文章はそのまま残すことにした」。

注　ヘレンがアインシュタインのためにどのように働き始めたかの詳細はカール・ゼーリッヒへの手紙に記されている。チューリヒのスイス連邦工科大学図書館、科学史コレクション Hs. 304：118. マーサー通りの生活の日々を記しているゼーリヒへの手紙は同じコレクションの Hs. 304：133.

第八章

『おかしな《コーミッシュ》ファイル』からのいくつかの例

コミカル（ドイツ語 komisch）、形容詞　奇妙な、面白い、変な、違和感のある：ランゲンシャイトの辞書

第一節　前書き

大衆の目にさらされる男性や女性は、見ず知らずの人から数多くのメッセージを受け取るという対価を払わねばならない。それらの内容はお祝いの記事から助力や付加的情報の要請、あるいは思慮深いコメント、狂気のなせる言明、憎悪の表現、脅しまで多彩である。受け取られたものは、いくつかは返事を出し、他のものはすぐに捨てられるか、「気違い crackpot ファイル」のような絵になる名前をもつファイルに保管される。

アインシュタインほど多くの手紙を受け取った人は科学者の中にはいないと言ってよいだろう。どれほど多く

の手紙が届けられたか想像もつかない。残っているものだけで六〇〇以上あり、現在アインシュタイン・アーカイヴにある。（＊それらの手紙から引用する許可はエルサレムのヘブライ大学アインシュタイン・アーカイヴによって与えられた。）アインシュタイン自身はこのコレクションを『おかしな《コーミッシュ》ファイル』と呼んだ。返事のコピーを見いだせるのはごく稀である。

標題直後の引用から明らかなように、ドイツ語の komisch はぴったりとは意味の一致しないいくつかの英語の訳語を持つ。ここでは、これはと思われるものを訳語としてこれらのどれかから取り出すことはしない。読者が以下のような手紙からの抜粋を読めば、これらの形容詞のうち今はこれ、その次はあれがもっともよく合うと考えるだろう。更に「上記のどれもが」手紙の真意を表していないようないくつかの例もあることに気づくことだろう。（＊私はまた「好奇心のファイル」という訳語を見たことがある。それはディケンズの意味で〈komisch〉をとっているので、よい印象を与えるものを持っている。注：『オックスフォード英語辞典』では「好奇心」に対して一六個の独立した定義が見いだせる。）

これらのすべての記録を再録したとしても、それはほとんど意味がないだろう。その多くが重要ではないという点だけからでもそうである。しかしながら冒頭で言及した多様なカテゴリーをもっともよく表すと思える代表的な手紙の一部をここに載せることは、一般大衆にとって少しは役立つかも知れないと思われる。私は編集することを控えた。というのは、もしそれらの手紙が少なくとも興味深いならばそれらは自ら語るべきであると思えるからである。結果として私の提示はホップ・ステップ・ジャンプのような性質を持つように思われる。それは事実まさに私自身がこの資料をさぐった時の印象を反映している。そこで私はこれらの記録を分類することは避け、むしろそれらを受取りの時間的な順序で提出した。結果としての文章は文学的な傑作だとは思わないが、一人の極めて非凡な人間の人生のほとんど知られていない面に焦点をあてるのに役立つと思う。

私は差出人の名を挙げることは控えるのが最善であると考えた。というのは彼らは皆に知られているのではなく、近い親戚にだけ知られている大抵は良い市民（わずかに良くないのもいる）であるからである。私の出典に興味ある人々にとって、それらすべては以前に言及したようにアインシュタイン・アーカイヴにある。私はこの機関のカタログシステムに従って、リール番号を使って資料に言及する、それに続いてフォルダー番号、ドキュメント番号がある。従って（31, 9)816 はリール番号三一、フォルダー番号九、ドキュメント番号八一六を意味する。

第二節　封　筒

ある場合には封筒のみが保存されている (1)。その宛名書きの例：

ブルックリンから：「教授、神の使者、人類のしもべ、最愛なるアルベルト・アインシュタイン」。

マニラから：「プリンストン、生活研究所、アルベルト・アインシュタイン博士」。

ニューヨークのトロイから：「宇宙の主任技術者、アルベルト・アインシュタイン博士」。

スウェーデンから：「超もじゃもじゃ頭の持ち主、アルベルト・アインシュタイン氏殿」。

アフリカのダーバンから：「アルベルト・アインシュタイン教授、衣服の仕立屋の親方」。

差出人の印なし：「アルベルト・アインシュタイン殿、科学者、アメリカのある場所、アメリカのある大学であると思う」。この封筒には郵便局長の付箋がある。：「シカゴ大学ではない、ハーヴァードを試みよ」。明らかにこの郵便は結局その目的地に到着した。

第三節　ベルリン時代の手紙

彼は一九一四年から一九三三年までベルリンで学術的な地位についていた。ヨーロッパやアメリカの新聞が彼の予言の確証に大々的な報道を行い始めた一九一九年に彼の世界的名声は始まった。それは一般相対論の結果で、星の光が太陽を通りすぎるとき曲げられる量の予言であった。その直後から、はるか遠方のものも含め、幅広く手紙が彼の許に届き始めたに違いない。しかし『おかしなファイル』にある最初の手紙はその一〇年後から始まっている。そこにはヘレン・ドゥーカスの介入が見える。彼女は一九二八年から、彼の死まで彼の秘書で、それ以降の時期の『おかしなファイル』をまとめることに尽力した。

私は一九八二年の彼女の死後はじめてこのコレクションに気付いた。従って私には、彼女やアインシュタイン自身とこの種の手紙について議論する機会はなかったのであった。さて、手紙に戻ろう。

初期の手紙は(2)「科学の王位にいる新しい予言者の前に、目に涙を浮かべて跪づき好意を求める」嘆願で始まる。ルーマニアのユダヤ人からドイツの大学での研究を可能にする援助の要請である。アインシュタインは返事を出したに違いない(その手紙は失われている)。というのは少し後同じ人物が「彼の民族の偉大な息子からの手紙をもつことに誇りをおぼえること、偉大なアインシュタインがつまらぬ〝東方ユダヤ人〟のために骨を折ったこと」を書いたからである(3)。私にはこの貧しい仲間がどうなったのか判らない。

次にニュージャージーのクリフトンの人物が、アインシュタインの両親の性生活についての情報(4)を彼に尋ねている。それは「夫と妻が別々のベッドで眠り夫婦の接触が少ないと、その夫婦はより良い精神的肉体的能力をもつ子供を持つ見込みが高くなることを示すことを目的とした研究」のためであった。ニューヨークの聖職者は「アインシュタイン・マーチ」を作曲したことを彼に伝えた(5)。エルサレムの一人物は、多くの聖書の引用で自分の主張を記録づけながら、イェリコの壁が（ヨシュアの時代に）ユダヤ民族の一定のリズミカルな行進から生じる同期的運動の結果として倒壊した可能性があり得るかどうかに関して彼の意見を求めた(6)。
およそ奇妙な手紙がルーマニアの建築家から届いた(7)。

「私はつまらぬ技術者でしかありません……私は貴方に関して好意を持っていますが、貴方を一つの間違いから自由にしたいとひたすら願っています。貴方は大衆の大喝采の結果として自分の人格を過大評価しているように思えます。それはとてつもない誤りです！　現在、世界、特にアメリカ人は一日ごとに誰かを持ち上げるためにプロパガンダや宣伝を必要としているに過ぎないのを知るべきです。賢明な人物として貴方は、貴方自身宣伝者であり、人格を宣伝しているのですからこのことを知るべきです……何故貴方はむしろ沈黙のなかに引っ込み、新しいアイディアについて精神を養わないのか、……高みに達した人物は衰退に苦しまねばなりません。全世界は貴方が受け取っている賛辞から貴方が考えるほど愚鈍ではありません……たぶん多くはありませんがプロパガンダやセンセーションの騒動によって盲目にならず幻惑されない人々が依然として何人かはいます……」。

これはアインシュタインが答えた稀な手紙の一つである。「父親のようなたしなめを有り難うございます。貴方の手紙はへつらい者の場所の隣に栄誉ある場所を得ます」。
ブラジルで生活していたドイツ人は「貴方にそのような悲しい経験を引き起こす人々とは別の種類のドイツ人が依然としている」と思慮深く書いている(8)。ニューヨークから次のような質問がくる、「人が恋におちたり、他の馬鹿な事をやるのは、人が混乱している——あるいはむしろめちゃくちゃな——時間であると考えることは合理的だろうか」(9)。この手紙の隅に彼の手書きの書き込みがある。「恋におちることは決して人間の行う最も馬鹿げたことではない。しかしながら、重力がそれに責任を持つことはできない」。

これで彼がベルリン時代に受け取った『おかしなファイル』の一三〇通の手紙の中からの抜粋を終える。彼は一九三三年十月十七日、妻、ヘレン・ドゥーカス、そして科学の助手を伴ってアメリカに着いた。同じ日に彼はプリンストンに行った。そこは彼の残りの人生の間彼の故郷になることになった。

このファイルの中の手紙のコレクションの多くはそのアメリカ時代に始まっている。

第四節　プリンストン時代の手紙

一九三五年。ニューヨークの人が名刺を送る。「私はそれを貴方に売るのだ」。そして署名し、「秘教的神秘主義者、異常科学者」と続けた(10)。月刊誌『リスニング・イン』から：「われわれは一〇人の著名なアメリカ人を求めている。何が貴方に悪魔を信じさせるか」(11)。チェコスロヴァキアのコシツェのユダヤ人が「不幸にして私がここで嫁がせられない二人の娘のためにパレスチナへの出国証明を得ること」に彼の助力を求める(12)。ネブラスカ州のノーフォーク州立病院で精神病の人からの二つの悲しい手紙がある(13)。（このようなものは晩年にはもっと多くやってきた。それらのものからの引用はしない。）

一九三六年。ニューヨークの婦人から：「第四番目の次元は拡散や集中のことで元の本質へのものの蒸留ではないのか。それは点に戻らなければならない。点が第四番目の次元ではないのか」(14)。皮革業者、工場主、商人からなる組織であるニューヨークの靴クラブ有限会社から：「靴クラブは、有名人によって履きふるされた靴のコレクションが名案であると感じています……それゆえ貴方の古い靴を一足、希望としては右の靴をこちらに送って下さるご親切な心をお持ち下さいませんか。その靴はマッカルピン・ホテルの本部に永遠に保存され展示されます」(15)。

一九三七年。彼の二番目の妻エルザは一九三六年十二月二十日プリンストンで亡くなった。彼の人生に関するすべてのことと同じように、このニュースは世界の新聞に報道された。その結果として彼は、一九三七年のはじめに結婚の申込みを含む二つの極めて変わった手紙を受け取った。両方の手紙は良い文章できれいな手書きである。内容は感動的である。

最初のものはロング・アイランドのアストーリアからのものである(16)。

「私は貴方が奥様を亡くされたことを読みました。私は貴方と同じ信仰をもつ未亡人(です)……もし私たちが互いの日常の道を楽しむことで結びつくことになって、二人が共により幸せになることを貴方に説得できたら、私の存在はどれほどより明るくなることでしょう……私自身としては全力を尽くして貴方の人生を幸せに豊かにし、困難や心配からできるかぎり貴方を守るためにすべてを捧げたいと思います。もし貴方がそうする権利を私に与えてくれさえすれば」。

二番目のもの(ドイツ語)はヴィーンから来た。エルザを個人的に知る未亡人からだった(17)。

「私の最も内部にある秘密の声(それはめったに私を欺かない)は、私が自分の人生を貴方に捧げなければならないと私に告げています……どうぞ全くの虚栄心から私がアインシュタイン「夫人」になる野望を持っていると考えないで下さい……むしろアインシュタイン教授に最も美しい夜の生活を与えることが私の最も深い願望です……私は血のように赤いエナメルを塗った指の爪をもつ類の女性ではありません。多くの人々は私のことを美しく、興味深く、愛想がいいと言ってくれます。しかしながら最も重要なことは私が純粋な心をもち、明るい性格で、感受性豊かな心を持っていることです……私は（貴方に手紙を書くことで）はしたない行いをしていることになるのでしょうが」。

一九四四年にはもう一つこのような趣味のよい手紙がきた(18)。「おかしな」という見出しのもとにこのような手紙がファイルされているのを見ると私の心は痛む。

続けて一九三七年のものから。テキサスの人物が「天体での性」という原稿を送る(19)。彗星は「男性の精子に類似のもの」として見られる。惑星は「偉大な母（太陽）の煮えたつようなかたまりの中に引き入れられ、後には新しい惑星を生み出す出産の爆発を引き起こす」。木星は「彗星のような随行者とともに分離し、木星自身の太陽の家庭を作り上げる」かも知れない。

フィラデルフィア地域の婦人からの感動的な手紙がある(20)。

「宇宙と年代の見地からは、私の人生は多少重要であると思う。しかし、私の人生が影響を与えている夫、息子、その他の人々などの立場からは、私が人間の努力の価値に強い信頼を広げていることが極めて重要である……私の精神的必要性に対して私は貴方の偉大な精神的ともしびから小さな光を捕まえることを望んできた……貴方自身の感覚や体験からでた貴方からの少しの言葉が私にはとてつもない助けになるだろう」。

ああ、そのような言葉が送られた証拠はない。これはほとんど「おかしな」とは呼べない手紙のもう一つの例である。

一九三八年。ヤング・ルビカム社からウェスタン・ユニオンの電報。「われわれのベン・バーニー・ショーで次のような関係で貴方の名前に言及する許可を与えるべく、受取人払いで電報を打って下さいませんか。彼の息子について語るリュー・レーラーは――彼は小さなアインシュタインであり――精神的現象などについて語る」(21)。

ブダペストからの手紙(22)。ある人は「それがどれほど空想的に見えようとも」ストラディヴァリウスがヴァイオリンを作るときに使った物理法則を発見したことを証明するためにアインシュタインとの会見を要望している。

一九三八年の日付をもつものに最も初期の憎悪を表明した手紙があることを私はこのファイルに見つけた(23)。

「われわれは貴方なしでうまくやってゆくことができたのは確かである。貴方はドイツにおけるのと同じようにここでも望まれてはいない。それほど遠くない未来に貴方の民族に関してここでトラブルをおこすのは貴方や貴方のような人物である。私には多くのユダヤ人の友人がいるが、お蔭様で貴方のようなタイプではない。彼らの多くは何も持たずにここにやって来て、自由と幸せを見つけ、あなたと違ってそれに感謝している。彼らのためのこの国を壊すな。彼らはこの国を愛している。

正しい種類のアメリカ・ユダヤ人の一人の崇拝者」。

この手紙はアインシュタインの次のような行動への反応であることがかなり確からしい。つまりスペインの(反フランコ)政府への武器のアメリカ兵器出港禁止を解くという、プリンストンの教授たちのグループのアピールにアインシュタインが署名したことである。このニュースは日刊紙で広く伝えられた(24)。

ブロンクスからの手紙は「私や他の多くの人たちが求めることへの改良や達成の基礎として使えるよう、貴方の成功の秘密を私に教えて下さい」と彼に求めた(25)。

ノース・キャロライナからの手紙：「私はすべての現象を説明する簡単な数学的公式を開発した。私が持っているものは理論ではなく、むしろそれは〝神の法則、すなわち実現〟である」(26)。

ウェスタン・ユニオンからの電報(27)。

「貴方が占星術を迷信であると宣言する声明を出したと理解している。科学者としての貴方の評価の故に、そして正当な科学者は全くの無知である事柄を決して非難しないが故に、貴方はこの問題を完璧に調査したことと思う。どうぞ貴方の調査が必要とした年数と貴方が言明されたような結論に達するのに要した助手の数を教えて欲しい。スター出版社。ニューヨーク一三番街西二二七番地」。

一九三九年。この年から手紙が目立って少なくなる。ここには三項目しかない。

ロサンゼルスから：

「貴方は教会が真理を唱道することを発見したのだから、イエス・キリストへの貴方の人生の完全な屈服を行い、貴方の選択した教会に結びつくことを望む。私はロサンゼルスのイムマニュエル長老派教会で使っている空欄の応募用紙を同封し、貴方が名前を変え、貴方が選択した教会を書き込むことを求める。貴方の決定に関して貴方から便りがある喜びを持つことを信じる」(28)。

彼にキリスト教徒になるように求めるこのような手紙は他の人からもっと多くある。

署名は読めず、差出人の場所は記録されていない。

「どうぞ一年以上にわたって亡命者問題に私が没頭し、その解答を持ったことを助言させてほしい。その考えを忘れることが困難であり、それがうまくいくかいかないかのしっかりした理由を得たいので貴方に手紙を書いている。たぶん貴方の答えがその間にあるだろう。私は現代の一流の精神の持ち主の一人からその答えが戴ければ、それを最終的なものと見なすだろう。

それは最初に聞いたとき大変空想的に響くので、まず貴方に偏らず、先入観をもたないように求めねばならない。しかしながら私の限られた知識でもそれは実際的な基礎の上でうまくいくように思える。

計画とは大西洋上に一〇マイル四方の巨大な〝いかだ〟を建設することである。その上に家を造る。浮力を与える便利な材料は木材である。木々は四角にされ、無駄な空気の場所を除くために人工乾燥され、材木の重量が減らされる。それらはボルトでつながれ互いに組み合わされる。それは水平に層をなして置かれ、ほんの少しの量の材木が水と接触するようになる。この配置は〝いかだ〟に防水効果を与え、燃焼を助ける通風が阻止されるので、防火にもなるだろう。それはまた沈下もしないし防弾にもなっている。

それだけ大きくなれば、〝揺れる〟恐れもない。土が麦、トウモロコシその他の作物を育てるためにそしてまた、家畜類を養うために表面にまかれる。飲料水は海から蒸留される。残ったミネラルは土壌に肥料を与えるために使われる。住民のために水を浄化するには大変大きな区域を必要とするので建物全ての屋根に濃縮タンクを据えつける。これは一石二鳥の目的に役立つだろう、つまり屋根の水が太陽によって蒸発することで部屋が冷やされるのである。

浮上都市は冬には南へ夏には北へ牽引することができるので加熱システムの必要はないだろう。この利点は季節的なビジネスや重い衣服の必然性を取り除くだろう」(29)。

再びウェスタン・ユニオンから：「アインシュタイン教授がダンスを気晴らしにはじめたことを読んで興味を持った。無線受取人払い郵便電報による確証に感謝する。深謝。エドウィン・コックス出版連合。ニューヨーク五番街五二七番地」(30)。

一九四〇年。ロンドンの英国空軍のパイロットから：「この戦争に勝ち、貴方が生まれ故国を再訪できることを望む」(31)。これには「おかしな」ところは何もない。

ニューヨークから。「貴方の服装、あるいはその欠如は、プリンストン大学（＊相変わらずここには誤解が存在する。高等研究所はプリンストン大学の一部ではない。）当局によってこの組織への侮辱と見なされている。それは貴方に、社交的で上品な人々とうまくやっていけない人という烙印を捺している」(32)。

彼は一九四〇年十月一日、アメリカ市民として宣誓を行った。何人かの人がお祝いの手紙を彼に送った。私の最も好きな手紙はこう言っている。「私は賞賛し尊敬できる一人の新しい〝兄弟の〟アメリカ人を得てうれしくて胸が一杯である」(33)。

一九四一年。アインシュタインについての映画の権利に対する要求(34)。「大げさな誇示やほんのわずかな宣伝活動をも取り去ること。私はこのような映画の可能性についてハリウッドの主要映画会社のひとつに〝打診する〟自由を持った。それは素晴らしい是認で受け入れられた」。正にこのような種類のことを彼はファンファーレなしでさえ好まない。返事は存在していない。

一九四三年。「今十六歳になる私の弟は髪を切ることを拒否している。弟は貴方の髪の崇拝者で、おそらくアインシュタインのようになることに駆り立てられて対応している。私は貴方が若者の頃しかるべき時期には髪を切っていたことを請け合ってしまった。貴方がそうしたのかどうか知らせてくれれば、非常に感謝するだろう」(35)。

一九四四年。インドの大王への助力として殿下のために自署のはいった写真を求める(36)。

一九四五年。ニューヨークから老人ホーム入居の申し出(37)。ボンベイから：太陽が熱くない発見をした人物が自分をノーベル物理学賞に推薦する事を要求する(38)。

やがて原子爆弾が広島と長崎に落とされた。

子供が記す：「親愛なる教授。私は貴方の意見を尊重しています。貴方は原子力時代に何をなすべきか、どのようになすべきかをわれわれに教えて下さるはずです」「六歳の子供」と署名(39)。

ニューヨークから：「ここを見てくれ、アインシュタイン博士！　アメリカの本当のキリスト教徒は貴方の傲慢さやヨーロッパ人の考え方に憤っている……貴方は明らかにそれについてほとんど知らない問題には口をつぐんでおくのが良いだろう」(40)。

クリーヴランドから：「アーニー、貴方と私は地球はもはや球体ではなく平たいことを知っている。頭脳より多くの髪の毛のお陰でお前さんは大物になり、あたかも自分がそれにふさわしいかのように感じとるな。……お前さんはきっと観客目当てにどう演技し、お手並を見せるかを知っとるに違いない。おいぼれた頑固爺さん！」(41)。

一九四六年。ニューヨークから：「拝啓。貴方のユダヤ人科学者が貴方の方法や発明をすべて使って、カトリックの人々に対して反感を醸成していることは、世界史全体を通じて最も悪い犯罪である。こうした真相がわかれば、すべてのキリスト教徒は、ユダヤ人を殺すヒトラーの狂気に対して正当な理由を見付けるだろう」(42)。

もう一つニューヨークから：「〝大きなスケール〟での貴方のロシアへの同意の主唱は、貴方のような馬鹿なユダヤ人の輩から期待される典型的な論理である……世界が貴方から望むすべては無である。もう沢山だ。お前の巣へ戻れ、ろくでなし」(43)。

オハイオのアクロンから：「なぜ、世界政府を求めるのか。創造主はそれをわれわれに与えた。われわれが従わなければ死滅するというのが創造主の自然法則のすべてである」(44)。

ドイツから：世界政府を作るという彼の提案に関連して。「そのような政府は精神医学者から構成されるべきである」(45)。

アメリカのどこかから：「貴方は白痴の王子、痴愚の伯爵、クレチン病公爵、愚か者の男爵、馬鹿と愚か者の王様だ」。「ある科学者より」という署名(46)。

また、アメリカから：「エロティックな喜びは、重要な役割――人生で最も重要な役割を演じる。つまり種の再生産のためなのだ。何故それは男同士の関係で重要な役割を演ずるべきではないのか。どうぞ貴方の知恵をこの問題に働かせて欲しい」(47)。

シカゴから：「貴方は教授職を辞めるべきである。貴方が殺人に寄与した無実の何百万のユダヤ人の生命の損失に対する償いとして。プリンストンで道路清掃の仕事につくことによって」(48)。

一九四七年。オンタリオ州イースト・ヨークから：「最も栄誉ある優れた神の息子……私は貴方の足を洗うことを心から名誉に思うだろう」(49)。

ボストンからの葉書：「貴方はいずれ〝空間〟が曲がっていると〝呼ぶ〟ことをやめるだろう」(50)。

ルーマニアから：「私に六足のナイロン・ストッキングを送ってくれたら、私は極めて幸せになるのだが」(51)。

一九四八年。 ニューヨークから：「私には子供がない。私の願いは養子をとることである。そして私にはお金がない。大教授。どうぞ助けて下さい」(52)。

フィラデルフィアから：「私は貴方だけに言わなければならない。私はイエス・キリストの後継者である。どうぞ急ぎなさい」(53)。

東京から：「どうぞ科学者の卵に金言や科学を勉強することの指導を与えて下さい。貴方が私の最善の尊敬を受け取られることを願う」(54)。

一九四九年。 カリフォルニアのパロ・アルトから：「私は現代の神の女性予言者です……しかし、私には今お金が残っていません。私は誰かに耳を傾けさせることができません。私は偉大な人間の精神こそが理解すべき考えを持っている」(55)。

ハンブルクから：「貴方は偉大な科学者であるが、既に老人である。再び若くなりたいですか、教授。私は手術せずにすべての人々を若返らせる方法を提案できる……この事を秘密に扱うことを要求したい。私はすべての人間を若返らせることは好まない。ほんのわずかの人だけである」(56)。

一九五〇年。 デトロイトから。修道女によって送られた「イエス・〝アルベルト〟・アインシュタイン」宛の葉書(57)。

ロンドンから：「私はジョージ・バーナード・ショー氏がシオンの議定書の偽造者であることを貴方に失礼を顧みずお知らせします」(58)。

ニュージャージーのメイプルウッドから：「私は貴方の新理論について（一九五〇年一月九日のリンカーン・バーネットによる）最近の『ライフ』の論文を読んだ。これは〝宇宙の深い下層にある体系がその中であらわれている宇宙法則の唯一の調和的体系〟がたまたま私の財産に属することを貴方に知らせるためである。私の著作権の証明書は一九四六年八月四日の日付をもつ」(59)。

ニューヨークから：「私が貴方の訓練のもとで研究する何らかの方法はあるでしょうか……私は離婚し、私の子供たちが尊敬できるようなひとかどの人物になろうとしているのです」(60)。

ミルウォーキーからの電報。「原子爆弾の対抗手段を発見した」(61)。

一九五〇年の一月二十六日の『デイリー・ニューズ』からの切り抜き。「アインシュタインの新理論。ビリー・ローズのダイヤモンド・ホースシューでの新しいショー」(62)。

ガルミッシュ・パルテンキルヘンから。バイエルンのルートヴィヒ二世王の個人のパイプの売り手を見つける助力への要請(63)。

ワシントンのスポーケンから：「私の十三歳になる頭のよいしゃべる猫は、四番目の次元がなんであるか丁度私に教えてくれたところだ」(64)。

ミズーリ州のカンザス・シティから：「アメリカ国民は共産主義的宥和路線を援助する貴方の厚かましさに我慢ならない……信用できるユダヤ人はほとんどいない……貴方がパレスティナに行くなら、良いことなのだが」(65)。

マサチューセッツ州のケンブリッジから電報で：「私を殺す試みは失敗した。私をとめる手段として私の夫を使うことは卑しいことだ。今度彼は、私が彼を襲ったように思わせる証拠として彼自身の手首を傷つけた。私は

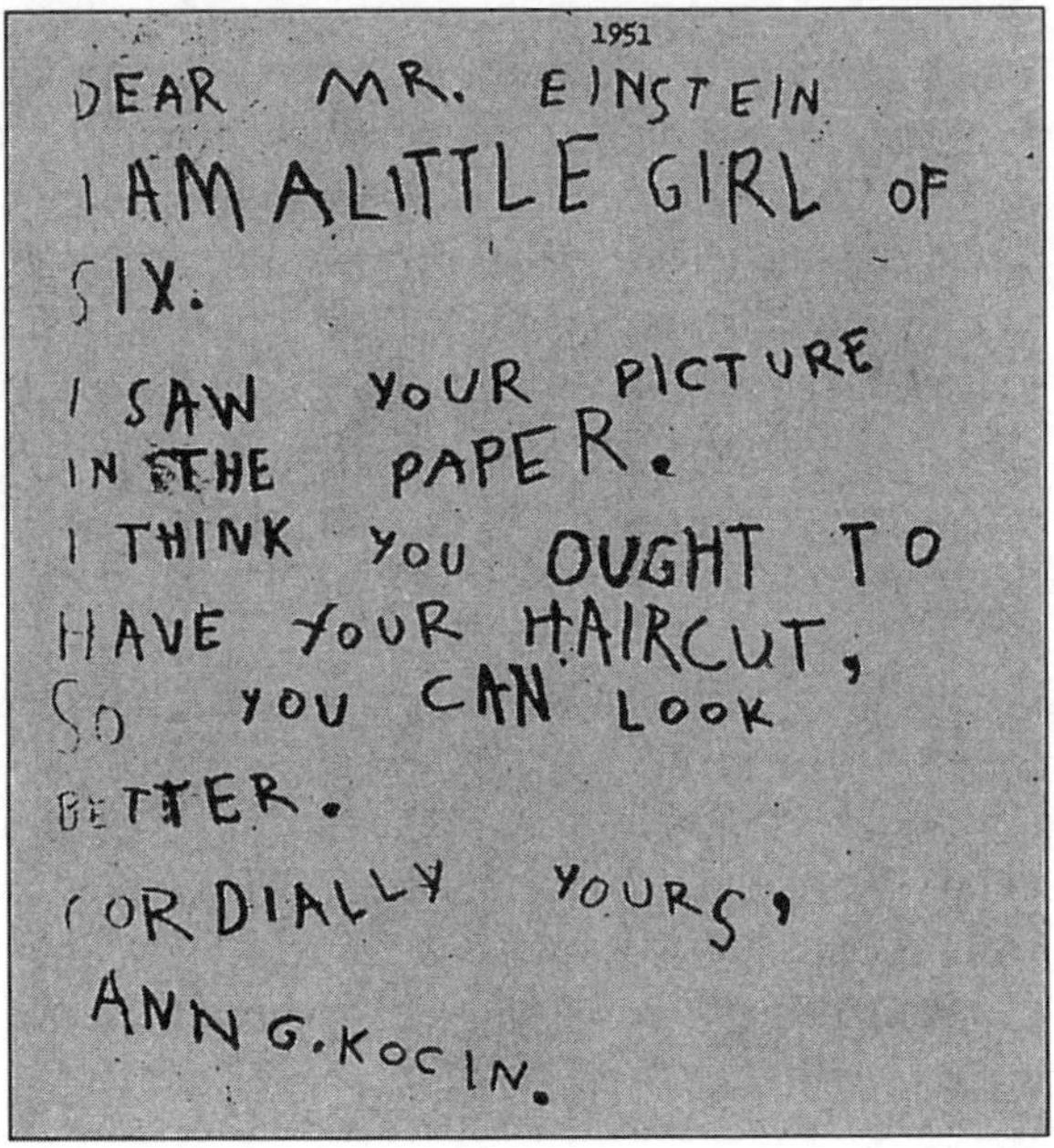
1951
DEAR MR. EINSTEIN
I AM A LITTLE GIRL OF
SIX.
I SAW YOUR PICTURE
IN THE PAPER.
I THINK YOU OUGHT TO
HAVE YOUR HAIRCUT,
SO YOU CAN LOOK
BETTER.
CORDIALLY YOURS,
ANN G. KOCIN.

アルベルト・アインシュタインへの6歳の少女の手紙．彼が髪を切るよう要求している（1951年）．（アルベルト・アインシュタイン・アーカイヴ，エルサレムのヘブライ大学．）

それを卑劣と呼ぶ」(66)。

ブルュッセルから。神の存在の証明(67)。

一九五一年。フィラデルフィアから。「日や週など時間のなにかの単位が過ぎるとき、それはどこへ行くのか」(68)。

投函都市名なし。「もし貴方とオッペンハイマーが一九五二年のアメリカの大統領と副大統領に立候補するなら、私は貴方に投票する」(69)。

オランダのヘールラから。「私は真の反キリスト教徒です」(70)。

投函都市名なし。「私は貴方がこれに感謝すべきだと思った。私の八歳の息子は私に尋ねた。〝アインシュタインは何を研究したの？〟私は答えた。〝宇宙のことだよ〟。息子は答えた。〝他には何もないの？〟」(71)。

ハイファから。「崇高なる兄弟よ。私は科学的神智学者つまりカバラ研究者である。私はすべての神秘への鍵に対する鍵を手にしている」(72)。

チューリッヒから。「生命を延ばすために物理学を勉強する必要があるかどうかどうか教えて下さい」(73)。

一九五二年。テネシー州のスミルナの長老派の牧師。「私は説教を手掛けている。その中に貴方の有名な公式 $E=mc^2$ をキリスト教の真理のアナロジー、象徴、あるいは例示として使いたい……イエス・キリストは〝私は世界の光である〟と言われた。貴方が光に対して c という記号を使ったことは偶然以上のように思える。私は光が C (Christ) であったと願うのみである」(74)。

リオ・デジャネイロから。フランス人が自分の書いた詩のコレクションを送る。「詩神アインシュタイン、宇宙の詩」(75)。

ベルンから。「五〇年以来流行になっている数学的迷信を弱めるために、貴方が大きな冗談を言ったことを二十世紀の愚か者に伝える」(76)。ドイツのキールから。「私は主婦として貴方のように有名な人物がそれほど世話も受けずにいつ歩き回っているのか考えられない……私は未亡人で子供もいないから。主婦の義務はない。このことは（貴方を世話したいという）申し出を行いたい気持ちにさせる。たとえこの事が貴方に合わなくてもこれを悪くとらないで」(77)。

ニュージーランドのオークランドから。「人々のすべての〝種族〟がアダムとイヴから生まれたとお思いですか」(78)。

インディアナのカルヴァートの少年はこう書いた。

「僕は父親とロケットをつくり、火星と金星にいくつもりです。僕たちは貴方にも行って欲しいのです。良い科学者と、ロケットをうまく動かすことのできる人物を必要としているので、貴方に行ってもらいたいのです。

メアリーも行ってもかまわないですか。妹は二歳です。妹はとてもりこうな女の子です。でも食費は自分で払って下さいね、僕たちが払うんだとすると、破産してしまうからね。もし貴方が行くのなら、良い旅を願っていますよ」(79)。

一九五三年。ニューヨークのジャクソン・ハイツから。「地球の起源は解決された。地球は一つしか存在しない」(80)。

オレゴンのポートランドから。「貴方は、墓地から掘り出されて生き返った人がいるかどうか教えてくれませんか。私は人々を死後生き返らせることに関するニューズを追っ掛けるつもりですから」(81)。

投函地不明のものから。「アインシュタインの髪の毛はきめが荒いのか細かいのか、すみませんが教えてください」(82)。

投函地不明のものから。「アルベルト・アインシュタインへ。世界最大のぺてん師、恐喝者、自我中心の白痴、非数学者。われわれがそれについては何も知らないインチキを広めたためにドイツから追われた。〝辞任して〟、パレスティナへ行け。KIKES（ユダヤ人の蔑称）とは何か知っているか」(83)。

メキシコのサンティアゴ・ティアングイステンコから。使用済み切手の要望。「信仰厚きわれわれは楽しみで切手を集めているのではなく、少なくとも次のような人々をわずかなお金で助け出すことができるためにそれを集めるのです。貧困や悲惨のために人間にふさわしくないほど生活条件を下げなければならなくなった何千もの貧しい老人や小さな子供たちです」(84)。

インドのマラバルのパルヴァウィの修道院の女子修道院長。トルチュールの監督者による推薦とともに。「私たちにはチャペルが要ります。チャペルを造るには五〇〇〇ドル必要です。私たちは礎石を据えました。この礎石の上にもう一つの石をまだ置けません。それで私たちは貴方の助力に訴えます。お返しとしては私たちの謙遜な祈り以外に貴方に与えるものは何もありませんが」(85)。

イリノイのグレイト・レイクの病院組合学校の校長から。「最近われわれの大学の学生の無神論的な信念について私は強い関心をもっている……私は貴方のすべての科学的知識に関して貴方が依然として神を信じていることを読んだ……私が思うには（貴方は）科学の世界で少し崇拝されているようだ。もし貴方が何故そしてどうして神を信じるかを人々に教えるならば、人々に強力な影響をあたえるだろう」(86)。

ニュージャージーのプレインフィールドから。「私は二十五歳を過ぎています。私は同じとしごろの若い男性で、私の愛情において貴方が占めている地位に匹敵する人間に出会ってはいません。貴方は一時的でよいですからこの地位に甘んじて戴けませんか」(87)。

ロサンゼルスからの電報。「共産主義は、全面的なよく計画された精神的攻撃によれば三〇日以内に治癒可能な精神病である。成功するにはその攻撃は全く誠実で瞬間的で世界的規模でなければならない」(88)。

またロサンゼルスから。「第三次世界大戦はまだ止めることができる！　貴方はまだ生きている！　人類は〝原子爆弾の発明者〟に反対してまだ狂ったように立ち上がってはいない。だからアインシュタインの原子力世界平和最終提案にとってまだ遅すぎはしない」(89)。アインシュタインは答えた。「あらゆる種類の仕事に忙殺されている私は、貴方のもののようなプロジェクトに自分を関係させることを考えることができない」(90)。

シュトットガルトの男性は彼に詩をいくつか送る(91)。アインシュタインのメモが付されている。「脚韻を踏むだけではまだ詩ではない（ドイツ語）」。

ペンシルヴァニアのドーソンから。「これほど多くの分野で明敏な貴方のような男性が、なぜヴァイオリンを弾きたいと思うのか不思議だった」(92)。

一九五四年。ミシガンのスーセントマリー。「私の知人は自分の家で自分を王様として確立した。彼は妻を召使にした。彼の前提は偉大な男が家事のような卑しい仕事をする必要はないということだった。確かに、彼は自分自身が偉大な哲学者であるという幻想を抱いている。もしかすると彼は本当にそのような哲学者かも知れない。

彼に、貴方が食器洗いで貴方の妻を助けている写真を見せてやりたい。もし貴方が一つ送ってくれることができるなら深く感謝するだろう」(93)。

ニューヨークから。「貴方は（アメリカ）市民として新米である。貴方がいつも貴方の新しい主人を批判するのは礼儀にかなっているだろうか。もしイスラエルが教師の場所であると貴方が思うなら、何故貴方は急いでそこに行かないのか。どうぞ口を閉ざす（つまりアメリカやアメリカ人の悪口を言うのをやめる）か、あるいは貴方の市民権を拒否して、イスラエルにつかえよ」(94)。

イスタンブールから。「天と地を震わせた人、原子力時代の定礎者、アルベルト・アインシュタイン氏、イスラエルの柱」と宛てられた手紙(95)。

チリのサンチアゴから。「私は(水素爆弾に関して)人類の運命に対する貴方の関心について読んだ。長年の研究ののち、わずか数年間で世界における現在の無秩序を排するプロジェクトを完成することに成功したことを貴方に知らせることは幸せである」(96)。

カリフォルニアのサンタモニカから。「貴方が疑いなく答えられる二つの簡単な質問がある。サムソンの強さは彼の髪の毛にあったのか、それとも〝罪〟であったのか。また、昨日という日は正確にはどこへ行ったのか」(97)。

雑誌 *The Reporter* は一九五四年十一月十八日、有名なアインシュタインの鉛管工発言を発表した。「……もし私が再び若者になり、生計をどのようにして立てるか決定しなければならないなら、私は科学者、学者、教師にはなろうとしないだろう。私はむしろ鉛管工か行商人であることを選んで、適度な程度の独立を現在の状況で依然として達成できることを見いだすことを望むだろう……」。

これに対する反応の中にニューヨークのベレ・ハーバーからの次のような手紙があった。「貴方がもう一度自分の道を選べるなら、鉛管工か行商人になりたいと言ったということを新聞で見つけた。幸運にも私は若い頃五セントの靴下をよく売ったものだ。今日、私は卸し売り業をしており、九—一四のサイズでだれにでも合わせることができる伸縮性のある靴下を販売している。それは一ダースにつき七ドルかかる。もし貴方が行商人になることに興味があるのなら、私は喜んで貴方の要望に応じてサンプルをいくつか送る」(98)。

一九五五年。 一九五五年三月二十六日、彼は、誕生日プレゼントを貰ったことに対して、子供たちに感謝して、ニューヨークのファーミングデイル小学校の五年生に次のような手紙を送った。「君たちのプレゼントは、今までよりも将来にもう少し上品になりなさいよ、という大事な教訓と受け取ります。なぜならネクタイやカフスは私にとって遠い記憶の中のものとしてしか存在しないのですから……」(79)。

三週間後の四月十八日午前一時十五分、彼はプリンストン病院で亡くなった。

注

アインシュタイン・アーカイヴへの言及は、(リール番号、フォルダー番号)、ドキュメント番号で与えられる。本訳書一二五ページ参照。

1 These are all in (31, 8).　2 (31, 9) 821.　3 (31, 9) 820.　4 (31, 9) 816.　5 (31, 9) 823.　6 (31, 9) 840.
7 (31, 9) 818.　8 (31, 10) 852.　9 (31, 10) 844.　10 (31, 10) 861.　11 (31, 10) 862.　12 (31, 10) 863.
13 (31, 10) 865, 866.　14 (31, 10) 874, 877.　15 (31, 10) 872.　16 (31, 10) 890.　17 (31, 10) 885.　18 (31, 12) 1012.
19 (31, 11) 898.　20 (31, 11) 907.　21 (31, 11) 910.　22 (31, 11) 916.　23 (31, 11) 927.
24 See e. g. the editorial in the *Brooklyn Tablet*, 14 May 1938.
25 (31, 11) 940.　26 (31, 11) 944.　27 (31, 11) 955.　28 (31, 11) 956.　29 (31, 11) 959.　30 (31, 11) 962.
31 (31, 12) 971.　32 (31, 12) 974.　33 (31, 12) 992.　34 (31, 12) 1001.　35 (31, 12) 1007.　36 (31, 12) 1015.
37 (31, 12) 1018.　38 (31, 12) 1025 ; also (32, 1) 048.　39 (31, 12) 1029.　40 (31, 12) 1032.　41 (31, 12) 1033.
42 (31, 13) 1041.　43 (31, 13) 1047.　44 (31, 13) 1049.　45 (32, 1) 015.　46 (32, 1) 018.　47 (32, 1) 029.
48 (32, 1) 030.　49 (32, 1) 047.　50 (32, 1) 061.　51 (32, 1) 071.　52 (32, 1) 079.　53 (32, 1) 080.

54 (32, 1) 086.　55 (32, 1) 111.　56 (32, 1) 120.　57 (32, 2) 126.　58 (32, 2) 135.　59 (32, 2) 137.

60 (32, 2) 139.　61 (32, 2) 141.　62 (32, 2) 143.　63 (32, 2) 152.　64 (32, 2) 154.　65 (32, 2) 156.

66 (32, 2) 164.　67 (32, 2) 170.　68 (32, 2) 181.　69 (32, 2) 188.　70 (32, 2) 191.　71 (32, 2) 195.

72 (32, 2) 198.　73 (32, 2) 202.　74 (32, 2) 208.　75 (32, 2) 211, 212.　76 (32, 2) 214.　77 (32, 2) 219.

78 (32, 2) 226.

79 一九五二年のこの手紙は『おかしなファイル』にはないが、一九九〇年四月二十三日から五月三日にエルサレムのユダヤ国立大学図書館での展示会「アインシュタイン・アーカイヴからの考察」で出展された。私はここがそれを再録するのに適当な場所だと考えた。

80 (32, 3) 233.　81 (32, 3) 243.　82 (32, 3) 246.　83 (32, 3) 247.　84 (32, 3) 254.　85 (32, 3) 258.

86 (32, 3) 268.　87 (32, 3) 278.　88 (32, 3) 284.　89 (32, 3) 287.　90 (32, 3) 289.　91 (32, 3) 293.

92 (32, 3) 296.　93 (32, 3) 298.　94 (32, 3) 300.　95 (32, 3) 302.　96 (32, 3) 304.　97 (32, 3) 305.

98 (32, 3) 323.

第九章

インドとの関係――タゴールとガンジー

第一節　タゴールとガンジーの紹介

アインシュタインはよく冗談にラビンドラナート・タゴールをラビ（ユダヤ教の師）・タゴールと呼んだ(1)。この二人の人物は第一次世界大戦直後ドイツで初めて出会った。その機会の彼らの議論についてのタゴールの追憶文がある(2)。彼らは一九三〇年七月十四日、ベルリン近郊のカプートのアインシュタインの夏の別荘で再び会った。その場所で彼らは、アメリカでもインドでも出版された哲学的談話会を持った(3)(4)。彼らは三度目――私の知るかぎり最後の機会――に、アインシュタインがニューヨーク市を一週間興奮のうちに訪れた時の一九三〇年十二月十四日に僅かな時間会った(5)。その出会いの記録はない。アインシュタインは乗っている船からタゴールに次のような電報を送った。「貴方の会合について心から貴方にお祝いします。この機会にもまた、国々を結び付ける理想の奉仕においてうまく仕事を行うことがタゴールに与えられますように」。（＊アインシュタイン・アーカイヴにあるコピー。この記録には日付がないので、このメッセージが送られたのがニューヨークでの出会いの前なのか後なのか私にはわからない。またこの電報でどの会合が言及されているのかも不明である。）

アインシュタインとガンジーは面と向かって会うことはなかった。二人の書簡はアインシュタインからガンジーへの一通の手紙と返事の手紙の一通で全部である。しかしながらアインシュタインは以下に示すように必ずしも無批判ではないが、大いなる尊敬の念をもってガンジーの考えにしばしば言及した。

私はこの二人に特に興味をもったので、アインシュタインが個人的に接触したり、書簡を交換したりした多くの有名な人物の中から特にこの二人を選んだ。彼らはアインシュタインの思考へのある程度の親近感がいかに広まっていたかを示す。これら三人の人生の焦点の相違にもかかわらず、つまり一人は科学者、一人は哲学者——芸術家、一人は政治活動家だが、彼らは抑圧された人々への運命についての深い関心を共有していた。それゆえ、アインシュタインの彼らへの反応、彼らからアインシュタインへの反応を書き留めておくのは興味深いように思える。

これらのインドの賢人にあまり詳しくない読者への助けとして次に彼らを簡単に紹介しよう。

ラビンドラナート・タゴールはバラモンの家柄の出身であった。彼は最も古い英印地方であるベンガルのカルカッタに一八六一年五月八日に生まれた。彼は七人の兄弟と三人の姉妹の末っ子だった。彼の父であるマハルシ（大賢人）・デベンドラナート・タゴールはブラーマ・サマージ（神の社会）と呼ばれる宗派の指導者だった。この宗派は古代のヒンドゥーの伝統とキリスト教信仰の教義の融合を試みていた。タゴールはこのグループの中で尊敬される教師になるはずだった。彼がまだ少年の頃彼の母が亡くなった。彼の父の父はインドの王子だった。

彼は音楽、文学、戯曲が日常的に存在している家庭で成長した。彼は学生時代について次のように追想している。「私が学校に生徒として通い始めた時の災難。それは私にはおよそ耐えることができなくなったほどひどく悲惨な生活だった……教師たちはきわめてけだるいやり方で日毎に同じレッスンを繰り返す、生きている蓄音機のようだった。私の精神は教師たちから何物をも受け取ることを拒否した。心の底から私は私の前に置かれたすべてを放棄したようである。そしてその後も、全く共感を持たず若者の繊細な心を全く理解せず、行った過ちに対して罰しようとする教師も何人かいた。愚鈍なこのような教師は、どのように教え、生き生きした精神に教育をどのように分け与えるべきかわかっていない。そして彼らが失敗したために生まれた犠牲を彼らは罰した」(4)。幸運にも彼の父は独自に、あるいは家庭教師と勉強することを彼に許した。

彼は青春の終り頃に「宵の歌」と「朝の歌」を書いた。これはベンガル語での叙情的な詩で、二十歳になる前に出版された。彼はその後すぐ結婚した。

彼が二十三歳の時、彼の父はガンジス川の堤防の家族の土地を管理するために彼を田舎に送った。そこで彼は村の人々と交わり、彼らの日々の生活について書き始めた。

四十歳で彼はカルカッタ地域にシャンティニケタンを設立した。それは「平和の家」を意味し、彼の父が与えた基金で支援されていた。これは東洋文化の全範囲の研究に当てられた学校であった。彼は今や、教えることと彼の学校を軌道に乗せることに従事し、書くことを続け、彼の業績のいくつかを英語に翻訳することを始めた。

彼は一九一二年、外国に行き、イギリスを訪れ、アメリカで一九一二―一三年の冬を過ごした。二つの国で行われた大学の聴衆を前にしての彼の講演は、彼の著作『ザードハナ――生活の実現』に集められた。

やがて彼の著作のいくつかの英訳が現れ始めた。最初はウィリアム・バトラー・イェイツの序文を添えた『ギーターンジャリ（奉納の歌）』、次には、『ベンガル生活の光景』である。これらの出版物がきっかけとなって、彼は「女性的な詩の上品さと男性的な散文の力とを同時に組み合わせた」新しい大家として迎えられた(6)。彼は更に一九一三年までに、若い愛の喜びと苦悩を記す一連の詩を出版した。そして子供のための詩のコレクションも出した。

一九一三年十月『ギーターンジャリ』の読者は次のようにコメントした。「著者自身によって英語に翻訳されたこの詩の小さなコレクションは……驚くほど豊かで真に詩的な印象を与えるので、ここで問題になっている栄誉の場合でさえ、それを授与することを提案するのはいささかも奇異ではない」（ノーベル文学賞）。（＊これらの文章はタゴールの全集の報告に見いだされる、これはスウェーデン・アカデミー・ノーベル賞委員会に提出された。ノーベル賞へのこの推薦文はスウェーデンの作家ペール・アウグスト・ハルストレムによって書かれた。私はこの記録からの引用の許可のためにスウェーデン・アカデミー・アーカイヴに多くを負っている。）更にこのリポートは次のように述べる。「ここで問題となっているのは疑いもなく、ヨーロッパの詩がこの時代に与えねばならないものより注目すべき啓示である……（たぶん）ひとつの賞をもってこの宗教的な詩に栄誉を授けることは意に反することかも知れない。それはあたかもダヴィデの詩篇や聖フランチェスコの歌に対して報いようとするようなものである……（タゴール）は昔日のスカンジナビア吟唱詩人的芸術のインドの大家として認められる。ヨーロッパの吟唱詩人では今のところこのような主張はできない」。

一九一三年十二月、ノーベル賞は「深く気品ある着想に対して、彼の詩的才能が西欧文学に素晴らしいやり方で導入した美と新しさに対して」(6) タゴールに授与された。彼は自分で賞を受け取ることができず、ストックホルムに次のような電報を送った。「私はスウェーデン・アカデミーの理解の広さに心からの感謝を送らせて頂きたい。それは遠かったものを近くし、よそ物を兄弟にした」(6)。彼は賞金を「シャンティニケタン」の維持に使った。

晩年は、数巻の詩、少しの小説、いくつかの戯曲、小話の本などを出版し続けた。彼はまた作曲家になり、何百かのインドの詩に曲をつけ、また当時のインドの一流の画家の一人でもあった。

モハンダース・カラムチャンド・ガンジーは一八六九年ポルバンダールに生まれ、晩年には偉大な魂の持ち主を意味するマハトマと呼ばれるようになった。彼の父は英印政府の高級役人であった。彼の家での教育は彼にアヒムサ、つまりすべての生き物への無傷害の原理を教えた。彼は十三歳で結婚し、四人の息子をもうけた。彼は法律を学ぶためにロンドンに行き、短い間ボンベイ高等裁判所で実務についた。

一八九三年に専門的な仕事のために彼は南アフリカに行きそこで二一年間とどまった。彼はナタールヘファーストクラスの鉄道の個室で旅行している時、一人の白人に出て行くように求められそれに従った。この出来事は彼の人生において一つの分岐点をしるし、結局政治活動を始めるきっかけになった。彼はサテュアグラーハつまり真理の主張に対するキャンペーンを展開し、インド人民の自由を求め、植民地主義、人種差別、暴力などに反対する闘いに身を投じた。抑圧的な法律への非暴力的な不服従という彼の戦術は、新しく革命的であると呼べるだろう。

彼は一九二〇年までにインドの政治の主要な人物となった。彼が頑固に強敵に反対したことによって、何回か長期間投獄されることにもなった。

彼はインド独立の戦いの主要な有力者であった。インドの独立は一九四七年に認められた。彼はその出来事をその目で見ることができたが、長いことではなかった。彼は一九四八年一月三十日にインドの若い狂信者のナトゥラム・ゴドセによって暗殺された。ガンジーの著作の全集は八〇巻以上に及ぶ。彼の考え方はマーティン・ルーサー・キングのように市民の自由を求めた後の闘士たちに刺激を与えた。

第二節　アインシュタインとタゴール

タゴールはアインシュタインについて次のような個人的印象を残した。

「アインシュタインはしばしば孤独な人物であると呼ばれてきた。数学的な見方の世界が、日常生活のあふれんばかりのつまらなさから精神を解放することに役立つ限り、彼は孤独な人物であると思う。彼の場合はいわゆる超越論的唯物論と呼ばれてよいものである。それは形而上学的前線に到達し、自己の絡み合う世界からすっかり離れることができる。私にとって科学も芸術もわれわれの生物学的必要性を越えて究極的な価値を持つ精神的本質の表現である。

アインシュタインは優れた質問者である。われわれは私の〝人間の宗教〟について長い間真摯に語った。彼は私の考えを彼自身の短いコメントによって中断したが、彼の質問によって私は彼自身の思考の傾向をはかることができた」(2)。

アインシュタインとタゴールの最初の会話の主要点に向かおう。(＊注2に記録されているものである。注4にはこれらが彼らの二回目の対話の間になされたと述べられている。私の印象では正しい指示は注2にあると思われる。)

アインシュタイン（以下、Eと略記）「貴方は世界から孤立したものとしての神の存在を信じますか」。

タゴール（以下、Tと略記）「孤立してはいません。人間の無限の人格は宇宙を理解します。人間の人格によって包含できないものは存在しえません。そしてこのことは宇宙の真理が人間の真理であることを証明します」。

E「宇宙の本質に関して二つの異なる考え方があります。（一）人間に依存する統一体としての世界。（二）人間的要素からは独立した実在としての世界」。

T「われわれの宇宙が人間と調和しているとき、われわれは永遠なるものを真理として知り、永遠なるものを美として感じます」。

E「それは宇宙の純粋に人間的な概念です」。

T「そうです。ひとつの永遠なる実体です。われわれはそれを感情や活動を通じて実現しなければなりません。われわれはわれわれの限界を通して個人的な限界を持たない至高の人間を実現しました。科学は個人に限定されないものに関わります。科学は真理の非個人的な人間世界です。宗教はこれらの真理を実現し、それらをわれわれの深い必要性と関連づけ、真理の個人的意識は普遍的意味を得ます。宗教は価値を真理に適用し、われわれは宗教とわれわれ自身の調和を通して真理を善だと知るのです」。

E「そうすると真理や美は人間からは独立ではないのですか」。

T「独立ではありません」。

E「私は美についてはそのような考えに同意しますが、真理に関しては同意しません」。

T「なぜですか、真理は人間によって実現されます」。

E「科学的真理が人間から独立して有効である真理として考えねばならないことを私は証明できません。しかし私はそれを固く信じています。例えば幾何学におけるピュタゴラスの定理は、人間の存在からは独立で近似的に真である何ものかを言明していると思います。とにかくもし人間から独立な〝実在〟が存在するなら、この実在に対する真理も存在する。同じ考え方に立つと、実在の否定は真理の存在の否定をもたらします」。

T「普遍的な存在と一つのものである真理は必然的に人間的でなければなりません。そうでなければ、われわれ個人が真なるものとして理解するすべてのことは、決して真理と呼ぶことはできなくなります。それは少なくとも科学的なものとして記述される真理であり、論理のプロセスによって、言い替えれば、人間的である思考の器官によってしか到達できない真理です……われわれが議論している真理の本質は現象です。すなわち人間精神にとって真であると思えるものであり、それゆえ人間的であり、マーヤーすなわち幻影と呼べるかも知れません」。

E「問題は真理がわれわれの意識から独立か否かというところに始まるのですよ」。

T「われわれが真理と呼ぶものは、実在の主観的な面と客観的な面との間の合理的調和にあるものです。それらの双方は個人を超越した人間に属します」。

E「日常生活においてさえわれわれの使う対象に、人間から独立な実在をあてはめねばならないように感じます。私たちは感覚的経験を合理的に結び付けるためにそうするのです。例えば誰もこの家にいなくても、あのテーブルはそれのある場所に留まっています」。

T「そうです。それは個人の精神の外側に留まります。しかし決して普遍的な精神にではないのです。私が知覚しているテーブルは私の所有する同種の意識によって知覚可能です」。

E「人間を離れた真理の存在に関するわれわれの自然な見解は説明したり、証明したりすることができませんが、それは誰もが——原始人でさえ——欠くことのできない信念です。私たちは真理に人間を超越した客観性を与えます。それは私たちにとって不可欠です。それが何を意味するかを言うことはできませんが、それはわれわれの存在、経験、精神などから独立であるような実在です」。

T「真理の理解には普遍的人間精神と個人に制限された同様の精神の間の永遠の闘いがあります……絶え間ない和解の過程も私たちの科学、哲学、倫理などで実行されています。いずれの場合にせよ、もし人間とは完全に無関係な真理が存在するなら、それは私たちにとって完全に存在しないものです……もし人間精神に対して感覚的なあるいは合理的な関係をもたないなんらかの真理が存在するなら、私たちが人間であり続ける限りそれは無

カプトーでのアインシュタインとタゴール．1930 年 7 月 14 日．（アメリカ物理学協会．エミーリオ・セグレ・ヴィジュアル・アーカイヴ．）

としてあり続けるでしょう」。

E「そうなら私はあなたよりずっと宗教的ですよ」。

T「私の宗教は、私自身という個人的な存在において、個人を超越した人間の和解、つまり普遍的な人間精神の中にある……科学においては私たちは個人的な精神の各人の制約を除外する訓練を経験し、こうして普遍的人間の精神の中にある真理の理解に到達するのです」。

後にタゴールは次のようにこの議論を要約した。「アインシュタインは神が世界から孤立していると私が考えているかどうかを知りたがった。私にとって偉大な精神的人間は必ずしも全体的には計れないが、存在し内からも外からも実現される事実である……人間に固定されている中心軸はたとえ人間に真理が見えない時でも、真理が人間を招くという信仰である。これは普遍的人間から個人への呼掛けであり、われわれを普遍的なものに向かわせるのはこの呼掛けである。動物はそれを聞かないから幸せである。人間は幸せではない。しかし人間は冒険を熱望する。

〝そうならばそれは人間の本質の実現なのか〟とアインシュタインはたずねる。彼は存在の普遍的真理についての私の見解を、抽象的なものとしてではなく、人間の人格性に精神的に関連した実在とみなした。

彼は真理が人間の外にあるという観点を固守していると私は理解できた。しかし私に明らかなことは、事実が人間の理性の中に、人間精神にしか可能でない真理の統一をもっていることである」(2)。

アインシュタインは後に、真理が人間の外にある性質への深い信仰のために「客観的実在性」(7)という用語を発明した。タゴールはこの見解を受け入れることはできなかった。どちらも共にほとんど近代的な物理学者であることはできなかったが、それは全く異なる理由からだった。この問題はまたアインシュタインとボーア(8)の間の対話でも中心的だった。ボーアはわれわれの多くと同じようにアインシュタインの意見を受け入れることができなかった――哲学的な理由ではなく、物理学的な理由で。

アインシュタインとタゴールの二回目の対話（＊この出来事に先だって、タゴールは一九二九年十二月二十二日、インドからアインシュタインに葉書を送った。「私の挨拶は私を完全には知らず、私を好む人物のためです。御多幸を祈ります」(9)。このような葉書を送るきっかけが何であったのか私は知らない）はカプートでもたれ、「出席している友人によって書き留められた」。今度は彼らは因果性の性質についての議論を始めた。この問題について両者は他の一人がなにを目指しているのかに関する理解なしに互いに議論した。私はこれについて何かをここに再録する価値があるとは考えない。他方、彼らの次のテーマである音楽については大変示唆に富む。

T「インドにおける音楽のシステムは……西洋音楽ほどしっかり固定されたものではありません。作曲家はある定まったアウトライン、つまりメロディやリズムの構成を与えます。演奏家はある限度内でそれを変更できます。演奏家はその特殊なメロディの法則を知る人でなければなりません。それから彼は予め決められた規則の中で自分の音楽感覚に対して自然発生的な表現を与えることができます。私たちは作曲家をメロディの上部構造にそって基礎を創造する才能に対して賞賛しますが、演奏家からはメロディの華やかさや装飾の変化をつくる彼自身の手腕を期待するのです。創造において私たちは存在の中心法則に従い、なお、それから逸脱しなければ、私たちは最も充分な自己表現に対して自分の人格の制限の範囲内で十分な自由をもつことができるのです」。

E「それは人々の精神を導くための音楽における強い芸術的伝統があるところで可能であるだけです。ヨーロッパでは音楽は人々の芸術や人々の感覚からあまりにも遠ざかり過ぎて、それ自身の慣習や伝統に関して秘密の芸術のようになりました」。

T「それであなた方はこのように複雑すぎる音楽に完全に従わなければならないのですね。インドでは歌手の自由の度合が彼自身の創造的個性にあります。歌手は、解釈するように与えられるメロディの普遍的規則を、その解釈において創造的に自己主張する能力を備えているとき、作曲家の歌を自分自身の歌として歌うことができるのです」。

E「元の音楽にヴァリエーションをつけることができるほどその音楽の偉大なアイディアを十分に理解するためには、大変高い芸術的水準が必要です。私たちの国ではヴァリエーションは予め指定されることが多いのです」。

T「もし私たちの手法の中で神性の法則に従うことができれば、自己表現の真の自由を持つことができます。手法の原理はそこにありますが、それを真に個人的にする性格はわれわれ自身の創造なのです。私たちの音楽では、自由と定められた規則との二元性があるのです」。

E「歌の言葉もまた自由なのですか。わたしが言いたいのは、歌手が歌っている歌に自由に彼自身の言葉を付け加えられたりできるのですか。」。

T「ベンガルではキルタンと呼ばれる種類の歌があります。それは歌手に挿入句的なコメント、つまり原曲にない句を導入する自由を与えます。これは大きな熱狂を引き起こします。なぜなら聴衆は歌手によって新しく付け加えられる、なんらかの美しい自然発生的な感情によって絶えずスリルを味わうからです」。

E「韻律の形式は大変厳しいものですか」。

T「ええ、確かにそうです。韻律法の制限を越えることはできません。歌手はそのヴァリエーションのすべてにおいて定められたリズムや時間を守らねばならないのです。ヨーロッパの音楽では時間に比較的自由がありますが、メロディについてはそうではないでしょう。しかしインドでは時間の自由はない一方でメロディの自由があります」。

E「インドの音楽は言葉なしに歌うことができますか、歌を言葉なしに理解できるのですか」。

T「はい。意味のない歌詞をもつ歌があるし、音符を運ぶものとしてはたらくことに役立つ音もあります。北インドでは音楽はベンガルでのように言葉や思想の解釈ではなく、独立した芸術です。音楽は大変複雑で微妙でそれ自身メロディの完全な世界です」。

E「それは多声音楽ではないのですか」。

T「楽器はハーモニーのためではなく、時間を守ったり、音量や深さを増すために使われます。西洋の音楽ではメロディはハーモニーを課すことで苦労したのでしょう?」。

E「メロディは時には面倒にまきこまれます。ハーモニーがメロディをすっかりのみこんでしまうことがあるからです」。

T「メロディとハーモニーは絵画における線と色に似ていますね。単純な線の絵はとても美しいし、色を導入すれば線があいまいで無意味にもなります。しかし、色は線との結合こそ、色が線の価値を消したり破壊しない限りは、偉大な絵をつくるのです」。

E「それはみごとな比較です。線は色よりもずっと古いでしょう。貴方の国のメロディは私たちのものより構造においてずっと豊かです。日本の音楽もそうであるように思えますよ」。

T「私たちの精神に対する東洋や西洋の音楽の効果を分析することは難しいです。私は西洋音楽に深く感動させられます。それは偉大であり、構造において広く、構成においては大きい。私たち自身の音楽はその基本的な叙情的な訴えによって私をより深く感動させます。ヨーロッパの音楽の性格は叙事的です。それは広い背景をもち、その構造においてゴシック的です」。

E「そう、そう。その通りですね。貴方はいつ初めてヨーロッパ音楽を聴いたのですか」。

T「十七歳で初めてヨーロッパに行ったときでした。もっとも親しく知るようになる以前にも、家庭でヨーロッパの音楽を聴いていました。私は幼い頃ショパンやその他の音楽を聴きました」。

E「私たちヨーロッパ人が適切に答えられない問題があります。自分たちの音楽にあまりにも慣れてしまっているのでね。私たちの音楽が習俗的な人間感情なのか、それとも基本的な人間感情なのか、協和音や不協和音を感じることは自然なことなのか、あるいは単に受け入れている習俗によるものなのか知りたいのですが」。

T「ともかくピアノは私を深めてくれる。ヴァイオリンにはもっと厳しくなります」。

E「幼いときにヨーロッパ音楽を聴いたことがないインド人へのヨーロッパ音楽の効果を調べてみるといいですね」。

T「一度私はイギリスの音楽家に、あるクラシック音楽を分析して、作品の美に作用する要素が何であるかの説明を求めたことがあります」。

E「難しいのは、東洋のものであれ、西洋のものであれ本当によい音楽は分析することができないことですよ」。

T「そうですね。聴き手に深い影響を与えるものは聴き手自身を超えたものです」。

E「同じような不確実さは、東洋のものであれ、西洋のものであれ、芸術上の経験や反応の基本的なすべてのことに常に当てはまるでしょう。私の前に見えるテーブルの上の赤い花は、貴方と私にとって全く同じものではないはずですね」。

T「しかも、それらの間には和解のプロセスが常に進行しています。個人的な好みが普遍的な基準に次第に近付きますから」(2)。

タゴールとの会談についてのアインシュタインの反応は、フランスの作家で平和主義者のロマン・ロランからの手紙に対して彼が一九三〇年十月十日に送った返事から知ることができる。ロランは一九三一年五月、タゴールの七十歳の誕生日の機会に彼に捧げる著作への寄稿をアインシュタインに求めていた。

「貴方の美しい文章にサインし、短い寄稿を付け加えるのはうれしい。タゴールと私の対談はコミュニケーションにおける困難のためにほとんど成功していなかったし、もちろん公表されるべきではなかった。私の寄稿においては、偉大な知的業績の評判を得る人々は、戦争への奉仕に対して無条件に拒否するという原理に、道徳的支持を与える義務をもつという私の確信に表現を与えたい……」(10)。（＊若者の徴兵や軍事訓練に反対するアピールである一九三〇年十月十二日に発表された声明文の署名者の中にアインシュタイン、タゴール、ロランの名前を見つけることができる(11)。

「美しい文章」とはおそらく一九三一年に出版された『タゴールの金の本』への幾分か誇張のある序文を指すのだろう。この序文の一部はアインシュタイン、ガンジー、ロランなどの署名があり、次のように書かれている。

「彼はわれわれにとって精神、光、調和などの生きている象徴であった。嵐のただ中に舞い上がる偉大で自由な鳥。解き放たれた情熱の海の上にのぼりながら、空気の精が彼の金のハープで弾く永遠の歌。しかし、彼の芸術は人間の悲惨さや苦闘に決して無関心のままではなかった。彼は〝偉大なる番人〟である。

われわれという存在、またわれわれが創造したものすべては、詩と愛の偉大なガンジス川の中にその根や枝をもってきたのであるから」。

この著作へのアインシュタインの寄稿は次のようである。

「貴方は必要性や暗い欲望から噴出する生き物の闘争について理解している。貴方は静かな瞑想や美の製作に救いを求める。貴方はそれらを与えつつ、長い実り多き人生によって人類に貢献した。インドの賢人たちによって主張されてきたように柔らかい精神を広げたのである」(9)。

タゴールは一九三一年五月、アインシュタインに葉書を送り、彼の寄稿に感謝し、「同じ太陽が新しい国で、終ることのない夜明けの輪の中で新たに生まれる」(9) とベンガル語と英語で書いた。

結語。一九三二年にイランの数学者がタゴールにアインシュタインについてどう考えるかとたずねた。「タゴールは、機嫌良く微笑みながら、〝私は彼の数学や科学に立ち入ろうとは思いません。彼は世俗や世俗の浅薄さから身を退いた善良で友好的な人物です。彼は平和や人類の福利に献身的です。彼はそうしたものにほとんど自分の全人生をかけました。彼はアメリカでの演説で戦争の害と平和の利点を強調しました。彼は現代の最も偉大な思想家の一人です。彼は私の考えではけっして自らの人種に狂信的ではありません。彼はすべての人々を等しいものと見なし、十分に人類に尽くそうとしています〟」(12)。

第三節　アインシュタインとガンジー

アインシュタインの著作をざっと見てみると、ガンジーに対する賞賛の表現は一九二九年という早い時期と(13)、一九五四年の遅い時期に見られる。マハトマはタゴールよりもより深い印象をアインシュタインに与えた。以前に言及したこの二人の手紙の交換は一九三一年の秋にあった。アインシュタインが先に書いている。彼が何故そうしたのか、確かな理由は私にも分からない。たかだか、彼がベルリンでガンジーの知り合いであるスンダラム氏に会ったことではなかったか、と推測できるが。スンダラムは、ガンジーがインド憲法改革の円卓会議に出席していたロンドンにアインシュタインの手紙を持って行った。以下はアインシュタインが書いた手紙の内容である。

「貴方は貴方が行ったすべてによって、私たちが暴力に訴えなくても理想を達成できることを示して下さいました。私たちは非暴力的な方法でこそ、あのような暴力主義者に打ち勝つことができるのです。貴方の例は、世界の平和を保証する国際的な援助と協力によって、暴力に基づく闘争に終結をもたらすことを人類に気づかせ、鼓舞してくれます。私の献身と尊敬の念を表わし、貴方に直接お目にかかれればと存じます」(14)。

ガンジーは一九三一年十月十日、ロンドンから返事を書いた。

「スンダラムを通じて貴方の美しい手紙を戴いて大変嬉しく存じます。私が行っている仕事が、貴方の眼から見て好意的に映ることは、私にとって大きな慰めであります。私たちが直接お目にかかれること、またインドの私のアシュラムでもそれが実現することを心から念じております」(9)。

アインシュタイン・アーカイヴに現存するガンジーの他の唯一の言明は、シオニズムについてのドイツ語での日付のないものである。それがアインシュタインに送られた直接の証拠を私は見いださなかった。だが、それは興味深いコメントである。それを以下に英語の翻訳で記す。

「シオニズムはその精神的意味において高貴な願望であるが、ユダヤ人によるパレスティナの再占領をめざすシオニズムは私に訴えかけない。ユダヤ人たちの先祖の国に戻りたいという熱望を私は理解する。ユダヤ人は、この帰還がイギリスやユダヤの武力なしに達成できる限りにおいて、そうしてよいし、また、すべきである。その場合にパレスティナに赴くユダヤ人は、アラブ人との完全な平和と友好の中で生活できるだろう。ユダヤ人の心にある真のシオニズムは、人が努力し、一生をささげるべき目的である。このようなシオニズムは神の住まいである。真のエルサレムは精神的なエルサレムである。そしてその精神的シオニズムは世界のあらゆる所にいるユダヤ人によって実現されうる」。

この節の残りはガンジーの考えに対するアインシュタインのコメントをのせる。

一九三二年。「ガンジーの経済的見解は問題が多いが、彼のサテュアグラーハは大変重要で、ヨーロッパの問題に適用できるだろう」[15]。

一九三五年。彼はガンジーの経済的提案に関しては明確な考えを持っていた。

「私はガンジーを大変尊敬している。しかし、彼のプログラムには二つの弱点がある。無抵抗は苦難と闘う最も知的な方法であるが、それは理想的な状態でのみ実行されうる。それをインドでイギリスに対抗して実行するのはたやすいかも知れないが、今日のドイツにおけるナチスに対しては使うことができないだろう。もう一つガンジーは、近代文明での機械生産を排除しようとしたり、縮小しようとすることでは誤っている。それは定着し受け入れられねばならない」[16]。

一九三九年。彼はガンジーの支持者の一人から手紙を受け取る[17]。それはガンジーの七十歳の誕生日にガンジーに贈られる一巻のエッセイ集に寄稿を求めたものだった。彼は次のような寄稿をした。

「マハトマ・ガンジーの生涯の仕事は、政治の歴史の中で特異である。彼はインドの抑圧された人々の解放の闘争を保証するために、全く新しい人間的な方法を考案し、極めて大きなエネルギーと献身でそれを実行してきた。それが完全に文明化された世界で意識して思考する人々に作用した道徳的影響は、力の野蛮な方法を過大評価する現代にあらわれるかも知れないものよりもはるかにずっと永続的であろう。実例と教育的活動によって人々の道徳的力を目覚めさせ、確立させるこうした政治家の仕事だけが永続的であるからである。

運命がこのように輝かしい同時代人、つまり来るべき世代の手本を与えてくれたことに、われわれすべては幸せを感じ感謝してよい」(18)。

一九五〇年。すでにインドの独立以後の時代である。ネルーがインドの首相であり、ガンジーは殺された。「……私はガンジーやネルーの業績を真の称賛をもって学んできた。アメリカとソ連の闘争に関して中立を守るというインドの強力な政策は、平和問題の超国家的解決を見いだすために、中立国家の側に立った統一的な試みにうまく導くことができた」(19)。

一九五〇年にはまた、「平和の追求」というタイトルで国連が支援した放送で彼は次のように宣言した。「ガンジーは現代の政治上の人物のうちで極めて進んだ見解を持っていたと思う。われわれは彼の精神に沿った形で物事を行うよう努力すべきである。つまり、大儀を求める闘いにおいて暴力を使わないこと、悪と思われる何事にも加担することから身を引くことである」(20)。

一九五一年。手紙におけるアインシュタイン。「暴力を使わない革命は、ガンジーがインドの解放をもたらした方法であった。超国家的基礎の上に世界に平和をもたらすという課題が、ガンジーの方法を大規模に採用することによって初めて解決されるであろうことは私の信念である」(21)。

一九五二年。十一月三日―六日に広島で開催された世界連邦のためのアジア会議への手紙。「〝特別な〟兵器(原子爆弾)の製造に反対することには……ほとんど効果はない。つまり唯一の解決は戦争と戦争の脅威を共になくすことである」。

「現代の最も偉大な政治的天才であるガンジーは取るべき道を示した。彼は、犠牲となる人間がひとたび正しい道を発見すれば彼に何ができるかの証明を与えた。インドの解放のための彼の仕事は、不屈の確信に支えられた人間の意志が、克服できないように見える物質的な力よりもより強大であるという事実への生きた証拠である」(22)。

一九五三年。別の手紙で。「ガンジーの展開が政治的創意と特異な状況との結合において、並外れた知的道徳的力から帰結したことを忘れるべきでない」(23)。

一九五四年。そしてまた別の手紙で。「私は考えていることを率直に表現する。しかしそれは、ガンジーが行うことのできたような民衆的な運動を私ができることを意味しない。お説教するような理性によってだけでは何事も達成できないことをあなた方は確信できる」(24)。

彼は数多くの機会に、多様な人々について、すべて内容のある追悼文を書いている。この節を終えるに当たって、ガンジーの殺害後三週間目の一九四八年二月十一日にワシントンD・C・でもたれたガンジーに対する追悼式のために用意された簡潔だが素晴らしい言葉を引用するのが適切であろう。

「人類のより良い未来に関心がある誰もが、ガンジーの悲劇的な死に深い感動を持っているに違いない。彼は非暴力という彼自身の原理の犠牲となって亡くなった。彼はインドの無秩序と一般的な不安の時期に、個人的な武装保護を拒否したために亡くなった。力の使用はそれ自身悪であり、絶対的正義のために闘う人々によって避けるべきであるというのが彼の動かざる信念だった。

この信念のために彼は自分の全人生を捧げ、心や精神における信念によってひとつの大きな国を解放へと導いた。彼が示したのは、人々の忠誠が単に政治的詐欺やトリックの騙しあいゲームによってではなく、道徳的に気高い生活方法の生きた例によって勝ち取られうるということである。

世界中で示されてきたガンジーへの尊敬の念は、次のような大かたは無意識の認識によっている。つまり道徳的な崩壊の時代において、彼はわれわれが全力で切望しなければならない、政治的領域でのより高い人間関係についての考え方を表現した唯一の政治家であったという認識である。人類の未来は以下のような時に初めて良い方に向かうという困難な試練を学ばねばならない。つまりほかのすべての物事と同じように、世界情勢におけるわれわれの道が、これまでもそうであったように、明ら様な武力による脅しにではなく、正義や法則に基づいている時である」(25)。

注

1 故ヘレン・ドゥーカスの私信による。
2 R. Tagore, in *Asia Magazine*, 31, 139, 1931.
3 *The American Hebrew*, 11 September 1931, p. 351.

4 *The Modern Review*, Calcutta, January 1931, p. 42.

5 第一一章第五節「アインシュタインと新聞」参照。

6 *Les Prix Nobel*, Norstedt and Sons, Stockholm, 1914.

7 A. Einstein, B. Podolski, and N. Rosen, *Phys. Rev*., **47**, 777, 1935.

8 For details see *SL*, Chapter 25, Section (c).

9 Copy in Einstein Archive.

10 O. Nathan and H. Norden, *Einstein on peace*, p. 112, Schocken, New York, 1968.

11 Ref. 10, p. 113.

12 S. D. Tehranir, in the Persian journal *Armaghan*, 1932. Undated copy in the Einstein Archive.

13 See e. g. ref. 10, p. 98.

14 Copy in Einstein Archive, undated.

15 Interview with *The Friend* (the British Quaker Journal), 12 August 1932.

16 Interview with the *Survey Graphic*, August 1935.

17 S. Radhakrishnan, letter to A. Einstein, 12 January 1939.

18 *Birthday Volume to Gandhi*, Allen and Unwin, London, 1939.

19 Ref. 10, p. 525.

20 *NYT*, 19 June 1950.

21 Ref. 10, p. 543.

22 Ref. 10, p. 584.

23 Ref. 10, p. 594.

24 Ref. 10, p. 606.

25 Ref. 10, p. 467.

第一〇章
宗教と哲学におけるアインシュタイン

第一節　屋根の上のヴァイオリン弾き

読者はミュージカル『屋根の上のヴァイオリン弾き』を見たことがあるだろうか。見てなければ、ごらんになることをお薦めする。東ヨーロッパのどこかの小さなユダヤ人コミュニティで生まれた幸福と悲哀の物語である。幕が上がると、ユダヤの老人がヴァイオリンを弾きながら彼の小さな家の屋根に座っているのが見える。

彼はなぜヴァイオリンを弾くのに屋根に座っているのか。私の理解では、彼は天の神にできるだけ近くにいたいからである。それは正統的なユダヤ人が主に対して感じる近さを象徴している。

ユダヤ人と神との関係はいろいろな点で特有だと思われる。彼は神に従わねばならない。もっとも従うに吝《やぶさ》かでないとしても、そうする前に、しばらくの間でも、神と議論をすることは許されていると考えている。

このミュージカルのこの開幕のシーンは、しばしばアインシュタインを思い起こさせる。それは丁度彼が実際にヴァイオリンを弾いたからだけではなく、それ以上に彼が話すときも書くときも神のイメージを特別な方法で呼び覚まそうとするためである。

一八九七年、彼が十八歳の時友人にこう書いた。「骨の折れる仕事も神の本質についての瞑想も、どちらも、この味気ない人生の中で私を導く天使である。それは私を慰め、強め、しかも無慈悲なほど厳しい」(1)。

一九一九年の秋、学生との議論の中で、当時四十歳だった彼は、太陽による光の屈曲が彼の一般相対論の予言と一致することを知らせた電報を彼女に手渡した。その学生は、もし確証が得られなかったら、先生は何とおっしゃったかとたずねた。彼はこう答えた。「そうなれば愛する神のために私は悲しく思う。それでも理論は合っている」(2)。

二年後の、一九二一年五月には、彼はプリンストン大学で講演した。そこにいる間に、もし真であれば――そうでないことがやがて判明した――彼の理論に矛盾する実験結果についてのうわさが彼に届いた。彼はこのうわさを聞いて、コメントした。「神は老獪だが、決して悪意はない」(3)。

一九四二年、六十三歳の時彼は仲間に書いた。「神の切札を調べるのは難しいように思える。しかし、(現在の量子力学は神がそうすると主張しているように)神がサイコロを振り、〝テレパシー的〟手段を使うと考えることは全くできない」(4)。

これらの物語は彼を神の媒介者としてあらわす。神の切札を調べようとし、時々神に議論をしようとしている。

ではこうした話は彼が宗教的であることを示すのだろうか。これから説明するように、答えはイエスでもありノーでもある。この問題に入るために彼が少年時代から宗教に対してどのように対応していたのか見てみよう。

第二節　養育時代

一八七六年八月八日、彼の未来の両親であるヘルマン・アインシュタインとパウリーネ・コッホはドイツの小さな町のシナゴーグで結婚した。一八七九年の三月の晴れた金曜日に、新ドイツ帝国の市民である最初の子供が生まれた。次の日、ヘルマンは彼の息子の誕生を登録しに行った。出生証明書は翻訳で次のように読める。「No. 224. ウルム。一八七九年三月十五日。今日、ウルムのバーンホーフ通り一三五番地に住みユダヤの信仰をもち、個人的に知っている商人ヘルマン・アインシュタインは、下記に署名する登記係の前に出頭し、アルベルトという名前を授けた男の子供が、ウルムの彼の住居で、ユダヤの信仰をもつ彼の妻、パウリーネ・アインシュタイン、旧姓コッホに、一八七九年三月十四日の午前十一時三十分に生まれたと言明した。本状は読まれ、確認され、署名された。ヘルマン・アインシュタイン、登記係ハルトマン」。アルベルトは（もしそれをそうよんで良いのなら）彼の祖父アブラハムにちなんで名付けられた(5)。

「宗教に関して非教義的な、自由な精神が家族の中にただよっていた。両親自身もそのように育てられてきた。宗教的な物事や戒律は議論されなかった」(6)。アルベルトの父はユダヤ的儀式が家では実行されなかった事実を誇りにした(6)。

アルベルトの誕生のすぐ後、家族はバイエルンのミュンヘンに移った。アインシュタインはそこで六歳の時に国民学校 Volksschule に入った。一八八八年十月にはそこからルイトポルト・ギムナージウムに移り、十五歳までその学校にいることになった。

バイエルンの法律では、学校時代のすべての子供が宗教教育を受けなければならない。小学校ではカトリックの指導だけが与えられた。彼は遠い親戚によって家でユダヤ教の初歩を教えられた(7)。彼がギムナージウムに行ったあとはそうした指導が学校で続けられた。彼はこのような反復の結果として十一歳頃に強い宗教的面を経験した。彼の感情は細かな宗教的戒律に一々従うほど熱心なものであった。例えば、彼は豚肉を食べなかった(8)。後のベルリン時代の頃彼は親友に、この時期の間神をたたえていくつかの歌を作り、学校への道すがら心の中で熱心に歌ったと述べた(9)。この幕間の出来事は科学に触れた結果として一年後に急に終わりを迎えた。彼自身、この放棄が彼の後の思考全体にもった影響がどれほど深いかを振り返っている。

「通俗科学書を読んでいくうちに、やがて聖書の話の多くが真実ではありえないと確信した。その結果、国家は若者たちに故意にうそをついてだましているのだという印象とあいまって、徹底した熱狂的な無神論者となってしまった。それは、まさに暗たんたる印象だった。この体験から、私にはあらゆる種類の権威への不信が生じた。それは、その時々の社会的環境の中で働いている信条を疑うという姿勢でもあり、この姿勢は、後に、ものの因果関係をよりよく洞察できるようになって、もとの鋭さを失ってしまったとはいえ、生涯私からなくならなかった。

少年の日の宗教的楽園はこうして失われたが、これは明らかに、私を〝利己的存在〟という足かせ、すなわち願望、希望、原始的な感情に支配されている存在から解放するための最初の試みであった。そこを抜け出ると、大きな世界があった。それは、われわれ人間とは無関係に存在し、大きな永遠の謎のように、われわれの前に立ちはだかるが、少なくとも部分的には、われわれの観察や思考で理解できるものであった。このような世界を考察することが、一つの解放を約束していた。私はやがて、私が評価するようになっていた多くの人々が、この世界に献身的に取り組むことに、内的な自由と安心を見いだしていたのだと気づいた。われわれに与えられた可能性の枠内で、この利己を超えた世界を思考して把握することが、なかば意識的に、なかば無意識的に最高目標として私の念頭に浮かんでいた。同じような見解をもつ人たちは、現在の人であれ過去の人であれ、彼らによって得られた認識とともに、かけがえのない友であった。この楽園への道は、宗教的楽園の道ほど安穏でも魅力的でもなかったが、信頼に足るものであることがわかった。私は、この道を選んだことをけっして悔いなかった」(10)。

彼はバル・ミツヴァー［ユダヤ教で認められる成人］にならなかった。彼は決してヘブライ語をマスターしなかった。彼は五十歳の時、ギムナージウムの宗教の教師で上級教諭ハインリヒ・フリードマンに手紙を書いた。「私はしばしば聖書を読みましたが、その原文が私には手に入らないままだった」(11)。彼の短い宗教的熱中は跡を残さなかった。丁度彼が晩年科学的アイディアにきわめて熱心に磨きをかけることが多かったが、その後それを成果のないものとしてやめたのと似ている。

第三節　アインシュタインの初期の経歴におけるユダヤ教

彼は一九〇五年、当時はベルンのスイス特許局での官吏で、特殊相対論、光量子仮説、ブラウン運動理論などとともに登場した。これら三つの寄与の各々がそれだけで、科学に偉大な貢献をした二十世紀の人物として永遠に彼を定めるのに十分であった。しかしながらそれは、彼がその後の数年間大学の地位を求めるのに体験した困難からもわかるように、すぐには明らかにはならなかった。それに対する理由の複雑さはここで立ち入る必要はない。ただ彼のユダヤ的家柄が与えた影響についてのみ取り上げよう。

一九〇八年彼は、友人に空席の中等学校の職に応募する最善の方法は何かたずねた。「そこへ出掛けて行って、教員や市民として、私が適格であることをわかってもらうために面接してもらえるだろうか。あるいは私は悪い印象を（スイスのドイツ人でないこと、ユダヤ人的な顔つきなど）与えることもあるのではないか。その際に私の科学論文を自薦するとしたら、役に立つだろうか」(12)。彼は応募しなかったはずだし、しても拒否されただろう。

しかしながら、一九〇九年に彼はチューリヒ大学助教授として最初の教授職を得た。教授職へのこの推挙は彼が急に有名になったことを明らかに示している。「今日、アインシュタインはもっとも重要な物理学者の間に位置づけられ、相対性原理以来、アイディアの極めて鋭い構想と追求、スタイルの明確さや正確さをもつ人物としてかなり一般的に認められてきた」(13)。

彼はこの評価に気付いていたに違いない。また、この人事に関する最終的な教授団のリポートの一部にあらわれている次のような感情の幾分かを感じ取っていたかも知れない。（＊もちろん彼がこのリポートを見たことはほとんど有り得ない。）

「数年間の個人的接触に基づいたわれわれの同僚による表現は、教授団全体同様に委員会にとってもそれだけ一層価値があった。というのは、アインシュタイン博士はユダヤ人である一方、学問的な地位の獲得における厚かましさ、恥知らず、小商人根性（＊Zudringlichkeit, Unverschämtheit, Krämerhaftigkeit）のようなあらゆる種類の不愉快な性格の特徴（数多くの場合に必ずしも原因がないというわけではない）はまさにユダヤ人学者につきものだからである。しかしながらまた、ユダヤ人の中にもこのようないやな性格を示さない人々が存在することも確かで、それゆえただ単に彼がたまたまユダヤ人であるという理由で評価しないのは適切ではないと言うべきである。実際、非ユダヤ人の学者の中にも特に〝ユダヤ的〟と普通考えられる性質を、彼らの学問的職業の商業的受入れや利用に関して展開している人々がときに見いだされる。それゆえ委員会も教授団全体も政治的な立場で反ユダヤ主義を採用することが尊厳に適合するとは考えない。同僚のクライナー氏がアインシュタイン博士の性格について与えることができた情報によってわれわれは完全に再確認した」(14)。

このような意見は単に一九〇九年のチューリヒを記述しているのではなく、二十世紀初期における西欧文明を記しているのである。

彼の登用についての一九〇九年五月の無記名の教授団の投票は賛成一〇票、棄権一票だった。

彼の初期の経歴におけるもう一つのエピソードも彼がユダヤ人であることを思い起こさせる。彼は一九一〇年、プラハのカール・フェルディナント大学での正教授の地位に彼を任命する努力が進行中という知らせを受けた。手続きには時間がかかり、彼は一九一〇年の夏仲間に書いた。「私はプラハからの招聘を貰えませんでした。私は教授団によって提案されただけです。政府は私のユダヤ的出自のために提案を受け入れませんでした」(15)。（私はその趣旨の記録を見ていない。）しかしながら彼は一九一一年一月に、公式の招聘を受けた。彼はこの登用の開始の前に、宗教的所属を記録しなければならなかった。「なし」という答えは受け入れられなかった。彼は「モーセ的信仰 Mosaisch」と書いた(16)。

彼はプラハに一九一二年七月までしかとどまらなかった(17)。プラハの新聞は彼の離任を残念がった。ある新聞は次のような面白いコメントを加えた。「ドイツ帝国でのユダヤ人は、裁判官や中尉になることはできないが、ドイツの大学の教授職でユダヤ人は十分に平等な権利を持っている。ドイツでのユダヤ人の正教授の数は現在約二五名である」(18)。数日後、彼はウィーンの新聞のインタヴューでこう言った。「私はプラハでは他の人が推測したような何らかの宗派的な偏見に気付かなかった」(19)。

彼は一九一四年、ベルリンでの地位を受け入れた。その地では本書の他の部分で述べたように反ユダヤ主義が彼につらくあたった(20)。

第四節 「特殊な宗教的感情」

彼は熟年期にしばしば宗教の概念について考え、話し、書いた。彼は少年の頃教会やシナゴーグの正統的信仰から脱したことはすでに見た。彼が一九三六年（五十七歳）に若い女性の手紙に答えて明言したときもそうである。彼女は、科学者は祈るのか、もし祈るのだったら何のために祈るのかをたずねて彼に手紙を書いたのである。彼の答。

「科学者は出来事の過程が祈りによって、つまり超自然的存在に対して提出された願いによって影響されうることを信じる傾向はほとんどないでしょう。

他方、科学に真面目に従事している誰もが、自然の法則が、人間をはるかに超えた精神、つまりその前では、人間は自分の力を過信することなく、謙虚に頭を下げねばならない精神を露わにしているという確信に到達します。こうして科学の先入観は特殊な宗教的感情に導くのです。しかしながらそれは本質的にもっと素朴な人々の宗教性とは異なっています」(21)。

この手紙は彼が宗教的かどうかの私自身の質問に「はいでもあり、いいえでもある」と答えた理由を示している。「はい」は今述べた特別な意味で、「いいえ」は素朴な意味では宗教的でないことである。はいでもあり、いいえでもあるという同じような強調は彼が自分自身を深い宗教的人間と呼んだ一九三〇年の彼の文章にも見いだされる。

「われわれが立入ることのできないなにものかが存在しているという知覚、きわめて深遠な理性やきわめて輝かしい美を感じ取ること（それらはその最も初源的な形でのみわれわれの精神が到達できるものである）。真の宗教性をかたちづくるのはこのような知覚であり、このような感覚である。この意味において、そしてこの意味においてのみ私は深い宗教的人間である。私は自らの創造物を誉めたり、罰したりする神や、人間が自ら経験する種類の意志をもつ神については考えることができない。自分の物理的死を超えて生き延びる個人については考えることができないし、考えたくもない。恐れや馬鹿げたエゴから生まれた弱々しい魂にこのような思考を与えよ。私は、どれほど小さなものであれ、自然の中でそれ自身を明らかにしている理性の一部を理解しようとする献身的な努力に満足するとともに、生命の永遠さの神秘や存在する世界の驚くべき構造を知り、感じ取ることに満足している」(22)(23)。

同じ年に、彼は大変興味深いもう一つの記事を書いた。彼はその中で一般的には宗教的考え、より個別的には教会の形成が、もともと恐怖から起こったと推測した。

「原始的な人間に関して宗教的考えを引き起こすのはとりわけ恐怖である——飢え、野獣、病気、死などの恐怖である。この存在の段階では因果関係の理解が通常ほとんど発達していないので、人間精神はこのような恐ろしい出来事が、ある特別な精神の意志や行動から起るという、多かれ少なかれ類比的な幻想的存在を造り上げる。こうして、行動を起こしたり、犠牲を捧げたりすることでこれらの存在の好意を獲得しようとする。世代から世代へと伝えられる伝統に従って、そのような存在の機嫌をとったり、より良く扱ってもらおうとする。宗教とは惧れに由来すると言いたいのだ。このような宗教は、特定の聖職者階級の形成によって創られたものではないが、それによって重要な程度において安定したものとなった。この階級は、人々と人々が恐れている存在の間の仲介者として自認し、この基礎の上に指導力を打ち立てる。多くの場合、指導者や支配者、上層的特権階級らは、世俗の権威をより確かなものにするために祭儀の機能をその権威と結び付ける。あるいは政治的支配者と聖職者階級とは、かれら自身の利益のために協力する」(24)。

他のところで彼は現代人の生活における宗教の位置付けを大きな文脈でまとめている。

「人間生活の意味、さらにはすべての被造物の生命の意味は何なのか。この質問に対する答を知ることは宗教的であることを意味する。貴方はたずねる。〝そうするとこの問題を持ち出すことは何らかの意味をなすのか〟。私は答える。〝自分自身の生命や他の仲間の被造物の生命を無意味とみなす人は、ただ単に不幸せであるのではなく、ほとんど生命にふさわしくない〟」(25)。

彼の宗教についてのこれらすべてのコメントが一九三〇年代に始まるのは注意しておく価値がある。同じことが科学と宗教の関係についての彼の考察についても当てはまる。なぜこのような深い関心がすべてこの時期から始まるのか私にはわからない。それはナチスの台頭によってもたらされた文明への脅威に関係していたのだろうか。

第五節　科学と宗教

一九三〇年に彼はベルリンの家で科学と神の問題についてインタヴューを受けた(26)。彼に向けられた最初の質問は、アメリカの科学者の会合に際して、科学は神の新しい定義を与えたという新しい考え方が提案されたことについてコメントすることであった。彼の答えは簡単だった。「全く馬鹿げている」。組織宗教がもはや与えることができるとは思えない精神的助力や刺激を、大衆は科学に求めているのではないか、と訊ねられて、彼は答えた。「現代の科学研究の教える精神について語れば、私は科学の領域における細かな推測のすべてが、深い宗教的感覚から起こっていること、このような感覚がなければそれらは実り多きものではないという意見を持っている。私はまた、今日、科学研究に影響力をもつこの種の宗教性は、現代の唯一の創造的宗教活動であると信じる。今日の芸術はほとんど全く宗教的本性をあらわすものと見なすことができない……しかし、科学理論それ自体の内容は人生の個人の指導に対して道徳的基礎は与えない」。

問い「カトリック教会においてもプロテスタント教会においても、特に英語を話す国々において、常に科学への厳しい反対が多かれ少なかれあったけれども、きわめて組織化されたユダヤ教では、宗教的な教育と科学的研究の間の敵対の精神は決して存在しなかったことは注目すべき事実である」。

アインシュタイン「ユダヤ教の歴史の中で科学に対する反対がなかったのは何故かを理解することは全くやさしい。というのはユダヤ教は他のなにものよりも、日常の存在を昇華する方法であるからである。それは人生の個人的見解に影響する教義的ものごとにおいて、狭隘な規律を伴わないからである。実際、それはそのメンバーの一部に——言葉のよく言われる意味において——信仰の行動を要求しない。そしてこの理由でわれわれの宗教観と科学の世界観の間に闘争は存在しなかった」。

彼はいくつかの著作(27)のなかで彼自身のこの種の宗教的感情に「宇宙宗教」という用語をあてはめた。

「まったくそれを持たない人に、特にそれに対応する神の擬人的概念が存在しない時に、この感覚を明らかにするのは大変難しい。

すべての時代の宗教的天才はこの種の宗教的感覚によって際立ってきた。この感覚はドグマも、人間のイメージでとらえられる神も知らない。中心的教義が基礎を置く教会もあり得ない。こうしてこの種の極めて高い宗教的感覚で満たされ、多くの場合同時代人たちの眼には無神論者と映り、また時には聖者として見なされるような人々に私たちが出会えるのは、いつの時代でも異端者の中なのである。このような見方で見てみると、デモクリトゥス、アシジの聖フランチェスコ、スピノーザらのような人々は互いに非常によく似ている。

もし宇宙宗教の感覚が神についての定まった概念や神学をもたらさないなら、ある人から他の人へどのようにそれを伝えることができるのだろうか。私の見解では、この感覚を呼び起こし、それを受け入れる人々の中にそれを保ち続けることは芸術や科学の最も重要な働きである。

こうしてわれわれは通常の関係とは全く異なった宗教と科学の関係に到達する。歴史的にみると、科学と宗教が和解不可能な敵対者であると見なしがちになる。それには大変明らかな理由がある。因果の法則の普遍的作用を確信している人は、出来事の流れに介入する［超自然的］存在という考えを持つことはできない……彼は恐れの宗教を認めないし、同様に社会的道徳的宗教をもほとんど認めない。

それゆえ、なぜ教会が常に科学と闘い、科学への貢献者たちを迫害してきたか、その理由を理解することはたやすい。他方、私は宇宙宗教の感覚が科学研究のためのもっとも強く、もっとも気品ある動機であると主張する……ある同時代人は現代のかかる物質主義的時代において、真面目な科学的研究者こそ唯一の深い宗教的人物であると言った」。

ここに彼の究極的な宗教的意見がある。つまり、科学と宗教は互いに闘争状態にはないし、闘争できないのである。むしろ二つは互いに必要とする。

それは一九三九年五月のプリンストン神学校での彼の講演のメイン・テーマであった。そこから引用する。

「十九世紀やそれ以前の世紀の一部では、知識と信仰の間の和解できない闘争が存在したと広く考えられた。この意見は進んだ精神の持ち主の間にも広まっており、信仰はますます知識によって置き換えられる時代となった。それ自身知識にもとづかない信仰は迷信であった。そしてこのようなものは反対されねばならなかった。

しかしながらこのような考えの弱点は、われわれの行動や判断に対して必要でかつ決定的である確信が、この確固たる科学的方法に沿っただけでは見いだせないことである。

というのは科学的方法は事実が互いにどのように関係し、条件付けられているのかということ以上には他に何も教えないからである。このような客観的知識への努力は人間に可能なものの内で最も高いものに属する。そしてこの地球上での人間のそうした面での達成や英雄的努力を軽視するつもりが私にはないことはお判りのはずだ。しかし何で〝ある〟かの知識は直接、何で〝あるべき〟かには結び付かない。何で〝ある〟かについては、きわめて明らかなそしてほとんど完全な知識をもつことができる。しかしそこから人間の願望の〝目標〟が何であるべきかを引き出すことはできない。科学的知識はある目的の達成に対する強力な道具を与えるが、究極的な目標そのものやそれに到達することへの憧れは別の源から来なければならない……

それゆえここでわれわれの存在の純粋に合理的な概念のもつ限界に直面する……

もし、このような基本的な目的の権能をどこから導き出すのかとたずねられれば、それらは単に理性によっては言明できないし、正当化できないので、次のように答えられるだけである。それらは、個人の行動、願望、判断に作用する強力な伝統として健全な社会に存在する。それらはそこに、つまり生きているものとして、その存在に対する正当化を見いだす必要もなく、ただ存在する。それらは指示によってではなく、啓示によって、強力な個性の持ち主の媒介によって生じる。それらを正当化しようと試みてはならない、むしろその本質を簡単、明瞭に感じとることを試みなければならない」。

彼は、後に宗教と科学は完全に和解可能であるという彼の深い確信に関して、次のような明確な考えを付け加えた。

「科学と衝突することがあり得るとすれば、それは宗教的伝統の神話的あるいはかなり象徴的な内容である。このことは、このような概念の宗教的蓄積が科学の領域に属する問題についてドグマ的に定めた言明を含む場合にはいつも起こる。こうして、それらが実際、必ずしも宗教的目的の追求に必要でない問題から生ずる時、このような衝突を避けることは真の宗教の保存にとって大変重要である」(28)。

私は彼の科学と宗教についての意見への探索を次の数行で終えたい。それは私がこの問題についての彼の最も細かく、最も分かりやすいものと考える論文からの引用で、偶然だが学術的雑誌に発表された唯一のものである(29)。その出典はニューヨークで一九四〇年にもたれたユダヤ神学校での科学、哲学、宗教の会議に書かれた通信である。引用する。

「宗教とは何かをたずねる代わりに、わたしは宗教的であるという印象を私に与えるような人々の心を何が特徴付けるかをたずねることを選ぶ。宗教的に開かれた人々は、その人の能力の最善を尽くして、彼の自己中心的な欲望の鎖から自らを解放し、その深い超人間的価値ゆえに彼が固守する思想、感覚、願望に身を捧げているように思える。私には、重要なことはこの超個人的な内容の力とその強い力をもつ意義に関する確信の深さであると思われる。このことは何らかの試みがその内容と神的な存在とを結び付けるためになされるかどうかとは無関係である。というのはそうでなければブッダやスピノーザを宗教的人物として数えることができないだろうからである。従って、宗教的人物は、合理的基礎を必要としない、またそうすることもできないような超個人的目的や目標の意義や崇高さについて、疑いをもたないという意味で信心深い人物である……

科学は真理や理解を求める願望に満たされた人々によって初めて作られる。しかしながらこの感覚の源は宗教の領域から出て来る。また存在の世界に対して有効な規則が合理的である、すなわち理性に理解可能であるという可能性への信仰もこれに属する。私はそのような深い信仰をもたない本物の科学者を考えることができない」。

そしてそれから、著者の見解では彼はかつて書いた最も良い言葉の一つで自分の見解をまとめる。そして著者もそれに心から同意する。

「宗教なき科学は跛行的《レイム》であり、科学なき宗教は盲目《ブラインド》である」。

第六節　アインシュタインは哲学者だったのか

一九四九年に出版された自伝的スケッチの中で六十七歳の彼は次のように書いた。同時に科学者にあまりにも強く何らかの一つの認識論的体系に固執する危険を警告しながら「認識論なき科学は――それが少なくとも考えられる限りにおいて――粗野で混乱している」。

「彼（科学者）は体系的な認識論者には無節操な日和見主義者の好例に思われるに違いない。彼は知覚の行為とは独立な世界を記述することを求めるという点では実在論者としてあらわれる。そして概念や理論を人間精神の自由な発明（経験的に与えられたものから論理的に導けない）とみなす点では観念論者である。彼が感覚経験の間の関係の論理的表現を概念や理論が与えるという範囲でのみそれらが正当化されると考える点では実証主義者としてあらわれる。また論理的単純さの見地を研究に不可欠で効果的な道具と考える点でプラトン主義者、ピュタゴラス主義者としてあらわれさえする」[30]。

このような言明は彼が哲学について十分に考えていたことを示すものと考えてよい。しかし、彼が哲学者ベネデット・クローチェにその五年前に書いたものを見てみよう。「私は哲学や理性そのものが人間にとって、予見可能な未来のためのガイドであるとは考えない。しかしながら、それらは、選ばれた人に対して常にそうであったように、最も美しい聖地のままあり続けるであろう」[31]。そして一九二〇年代のある時に言ったことも見ておこう。「哲学のすべてはまるで蜂蜜で書かれているのではないのか。それを考えるときには素晴らしく見えるがもう一度見直すとそれはすべて駄目になっている。塊だけが残る」(32)。

私は、実際彼自身についての次のような言葉を思い浮かべれば、彼の哲学への態度について、以上のような様々に分類できるコメントから、簡単で整合的な判断を導き出すことを試みるべきではないと思う。「六十七歳の今日の人間は決して五十歳、三十歳、二十歳の人物と同じではない。どんな思い出もあるがままの今日の存在によってそれゆえ欺瞞的見地によってゆがめられる」(33)。もしそれにもかかわらず、彼と哲学との関係について私の見解を述べることで議論が許されるとすれば、それは彼と私がしばしば哲学的問題を議論したということが言い訳になるかも知れない。そうした議論は何らかの価値があるかもしれない直接的印象をいくつか私に与えた。しかしながら、学問的意味での私の哲学の知識は、大変限られたものであることは述べておくべきであろう。言われたことは皆、私なりには価値のあることである。

先ず、哲学とは何であるか。『ブリタニカ百科事典』によれば、それはその意味と範囲において異なる学者、異なる時代の用法によってかなり変化してきた用語である。『オクスフォード英語辞典』は九つの異なる定義を挙げている。八番目に次のものがある。「宇宙の一般的枠組みに関係する概念の特別な体系」。この定義によってアインシュタインはとりわけ哲学者であると考えねばならない。また「自然哲学」の用語は十九世紀にかなり深く入るまで、今科学と呼ばれるものに対して使われていたことにも注目しよう。今日においても彼を科学者というより自然哲学者と呼ぶのがより適切かもしれない。

しかし彼はこの用語の専門的な意味で哲学者だったのか。この疑問に対する答えは事実の問題であるとともに趣味の問題でもある。私は彼はどう逆立ちしようと哲学者ではないと言えると思っているので、逆の見解に反対して辛抱強く議論するつもりはない。哲学への彼の関心は本物であり、哲学への彼の影響が深いのも少なからず確かであった。しかし、彼は自分自身を哲学者とは考えなかった。彼の最善の仕事は何らかの伝統的な哲学体系によって影響されなかったのも確かである。私は哲学者による次のような判断にまったく同意する。「アインシュタインは物理学者であって哲学者ではない。しかし、彼の疑問のナイーヴな直接性は哲学的である」(34)。

第七節　哲学的著作との付き合い

アインシュタインが十歳の頃から十五歳になる頃まで、赤貧の医学生マックス・タルムードは毎週木曜日の夜アインシュタイン家を訪れ、夕食を食べた。タルムードはこの幼い少年に科学の通俗書やイマニュエル・カントの著作を紹介した。二人は科学や哲学を議論しながらよく数時間を過ごした。タルムードの回想。（＊タルムードがタルマイの名で発表した著作からの引用。名前の変更は彼がアメリカへ移った後なされた。）「この頃のすべての時期に私は、彼が軽い文学を読むのを見たことがなかった。また彼が同じ年齢の他の少年たちとつきあっているのを見たこともなかった」(35)。

私は、一九二二年七月にフランス哲学会でなされた議論でなされたカント(36)についてのアインシュタインのコメントを挿入する。

「私は私の（相対性）理論がカントの思想、すなわちその思想が私にそうあると思えるものに一致しているとは思わない。カント哲学の中で最も重要なことに思えるのは、それが科学の構成のためにアプリオリ概念について語ることである。現在、二つの逆の見解がある。すなわち、ある概念がわれわれの意識に先だって予め存在しているというカントのアプリオリズムと、ポアンカレの規約主義である。科学の構築のためには任意の概念が必要であるという点では両者は同意する。しかしこれらの概念がアプリオリに与えられるのか任意の約束であるのか私には言うことができない……カントの哲学に関して私はすべての哲学者が彼自身のカントをもっていると思う」[37]。

筆は初期の頃に戻る。一九〇二年から一九〇九年まで彼は特許局の役人として働きながらベルンにいる。彼は一九〇三年、二人の友人と共に「アカデミー・オリンピア」の定礎者であり少ないメンバーとして厳粛に構成した。彼らは共に夕食を食べ、通常素晴らしい時を過ごし、プラトンからチャールズ・ディケンズまで哲学、物理学、文学をよく論じたものだった。彼らはスピノーザの『エティカ』、デイヴィド・ヒュームの『人性論』、ジョン・スチュアート・ミルの論理体系、リヒャルト・アヴェナリウスの純粋経験批判などを学んだ。彼らはまた入念に、著名な数学者であり哲学者であるアンリ・ポアンカレの『科学と仮説』も読んだ。アカデミーのメンバーの一人のモーリス・ソロヴィンは「(この) 著作はわれわれに深い印象を与え、終わりまで数週間の間息もつかせなかった」と書いた[38]。

こうして哲学者の著作に親しんだからといって、ア

論理学者クルト・ゲーデルとアインシュタイン，1950 年代初期．プリンストン，スプリングデイル・ロード．(著者の個人コレクション.)

インシュタインは純粋に哲学的と呼びうるような論文を書こうとはしなかった。だが晩年には他の人の哲学的寄与についてコメントを発表するようになった。

ガリレオ・ガリレイの『天文対話』の新しいドイツ語訳への彼の序文から(39)、彼がプラトンを読んでいたことがわかる。「彼の著作で使われた対話の形式はある面ではプラトンという輝かしい例に依っているのかも知れない」。彼はローマの詩人のルクレティウスの『自然について』の新しい独訳にも序論を書いた(40)。彼はバートランド・ラッセルについての著作の中で認識論へのコメントを寄稿した(41)。彼は認識論の著作について二つの書評を発表した(42)(43)。それらの一つに歯切れよく書いた。「この著作は認識論が何を望み、なしうるか、特にそれが何を望まず、何をなし得ないかの問題に答を与える」(42)。彼はまた相対性の哲学についてのメイエルソンの著作の批判も発表した。その中でこうコメントした。「(相対性理論)を、古い物理学の思考様式とは違った新しい様式であると考えないように用心しなければならない……相対論は決してそのような要求をしなかった」(44)。彼の哲学的興味はプランク(45)、フランク(46)、ハーヴァート・サミュエル子爵(47)らの著作への序論にも明らかである。

マッハの死の後の追悼文で、彼はマッハの知的な展開が彼を哲学者にしなかったことを付け加えながら、マッハの物理学について賛美の用語で書いた(48)。数年後彼は自分自身をより強調して表現した。「マッハはすぐれた力学者であっただけに、より一層哀れな哲学者でもあった Autant Mach fut un bon méchanicien, autant il fut un déplorable philosophe」(37)。

第八節　物理学と哲学——相対性理論

上で言及したフランス哲学会の一九二二年の会合には物理学者、数学者、アンリ・ベルクソン、レオン・ブルンスヴィック、エドワール・ルロア、エミル・メイエルソンらの哲学者が出席した。主題の特殊相対論と一般相対論（＊特殊相対論は互いに直線上を一定の速度で動いている二人の観測者の観測に関係する。一般相対論は任意の速度に対して同じことをいう）の議論の中で、ベルクソンはアインシュタインの仕事に対する賞賛を表明した。「私は（相対性理論の中に）新しい物理学のみならず、ある点で新しい思考方法をみます」(49)。

実際そうである。運動の相対性は古代以来、アリストテレスからニュートン、ゴットフリート・ライプニッツ、エルンスト・マッハまで哲学者の心を占めてきた。カントは同時性の相対性の問題を提出した(34)。一九〇五年に現れた特殊相対論はそれ以前には決して見られなかった問題を解決した。測定棒の長さ、遠く離れた事件の同時性のような基本的概念が今やその客観的意味を失った。（＊詳細については第五章「素人のための相対論の短い説明」参照。より多くの情報については文献50参照。）「離れた事件の同時性のようなものは存在しない」というのはアインシュタインの言葉である(51)。

こうして一九〇五年に発表された特殊相対性理論は物理学そのものの中に最初の、きわめて新しい思考方法をもたらしたが、専門的な哲学者も注目しなければならなかったし、実際そうした。それは例えば一九二二年になってもこの問題についてのベルクソンの小著のように、大変多くの混乱を引き起こした(52)。ベルリンでの女学生が、かつて相対性理論の哲学の話題について行く困難についてアインシュタインに不平をもらした時、彼は答えた。「不思議ではない。彼らは物理学について知らなければ知らないほど、より多く哲学する。哲学者は科学について知られるべく存在しているすべてを知るのが常である。哲学は実体を欠いたものである die Philosophie ist substanzlos」(53)。彼が一九二一年六月にロンドンで行った相対論についての講演のリポートの中に、つぎのものがある。「彼(アインシュタイン)は新しい原理が革命的であるという考えに反対した。……それは何ら特別なものはなく、また意図的に哲学的たらんとしたところもない」(54)。

別のサークルでは降霊術者たちが「四次元」に魅惑された。たとえそれが何を記すものであれ、新しい物理的概念ではなくてむしろ重要な新しい数学的道具であった。相対論はしばしば日常用語で俗化された。もっとも相対性原理、つまり真空中での光の速度が物理的に達成できる最大速度であるという原理を次のような機智に富んだリメリック(五行俗謡)で日常用語に表現した例もある。

「ワイト島［英南部の島］出身の若い婦人がいた。
彼女は光よりも早く旅行した。
ある日彼女は出かけて行った。
反対の方向へ。
そして前の夜に戻った」。

彼が「満足だが、かなり体にガタがきた zufrieden aber ziemlich kaputt」(55)と友人に書いたのは、彼が特殊相対論を発表して丁度一〇年後の一九一五年のことだった。彼の人生で最も緊張に富み、力をふりしぼった仕事の時期の後、いかにして特殊相対論を一般相対論に拡張すべきかを発見した。この、彼の経歴の最高の達成が彼を世界的に有名にすることになった。(＊彼の名声の起源については第一一章「アインシュタインと新聞」、第三、四節で議論した。)

一般相対論は哲学的世界像と同じく物理学的世界像にも深い意味を持っている。空間はもはや平坦ではなく、曲がっているし、重力の力は空間の曲率の量を定めた。言い換えれば、重力はわれわれの住む世界の幾何学の中に統合されるようになった。もはや空間そのものの理論的描像ではなく、空間と物質（重力の座）を一緒にした抽象を考えることができる唯一のことである。（＊更なる詳細については再び第五章「素人のための相対論の短い説明」参照。より多くの情報については注56参照。）

これらの問題に取り組むために必要な数学的技術は、彼の言葉によれば、「本当に複雑だった」(57)。一般相対論の物理的内容が、彼の人生の時期あるいは彼の死後の何年かの間、十分にはまだ推測されてはいなかったという点は強調されるべきである。一九一五年以来、一般相対論の理解がかなり改善されたことは確かであり、この理論への信頼が増え、この理論の妥当性への確固たる制限には出会わなかった。もっとも、今日でも一般相対論の豊かな内容を完全に理解したと言う人はいないだろう。

この理論が持ち出した哲学的問題への答もまた今日十分に手にしていない。私の知識の及ぶ限りでは、この問題についての哲学的著作は全く限られており、それは疑いもなく多くは関係する数学が大変難しいからである。ここでは一般相対論が彼自身の経験主義についての見解に鋭い影響を与えたことだけを述べておこう。（＊幾何学と経験についての一九二一年の彼の文章も参照(58)。）

「私はこの重力の理論から他のことも学んだ。かつてこれほど包括的な経験事実のあつまりがこのように複雑な式の構築に導いたことはなかった。理論は経験によってテストされうるが、しかし経験から理論の構築に至る道はない。重力場の式にみられるような複雑な式は、式を完全にあるいは（少なくとも）ほとんど完全に決定する論理的に単純な数学的条件の発見によってのみ見いだされうる。ひとたびそのような十分強い形式的条件を持てば、理論の構築のためにはほんのわずかの事実の知識しか必要ではない」(59)。

彼は晩年の間、論理的に単純な数学に頼ることが増した（私に言わせれば、行き過ぎなほど）。それで彼がずっと良くなったとは私は思えない。ここで私の念頭にあるのは、彼が統一場理論としてより良く知られている「全体的場」と名付けたものへの三〇年間にわたる失敗の探求のことである。彼の意志のこのような努力が未来の物理学に対して何らかの関連があるかどうかきわめて疑わしい。

彼のアイディアは次のようなものだった。彼が一般相対論を完成したとき、重力とは別の唯一知られている物理的力は電磁気力だった。彼の理論は重力によって空間と時間の構造を統一したので、この統一は電磁気力を含めるように拡張されるべきではないのか。

彼は勇敢にもこの目標を達成する、より包括的な世界幾何学を見つけようと出発した。彼は決してそれに到達しなかった。ここではこれ以上の詳細に立ち入る必要はない。（＊統一場理論を発見する彼の試みの完全な概観については注60参照。）

彼は既に二十二歳の若者の時代に、このような晩年の孤独な探求に彼を引き入れることになる感情について表現していた。「感覚の直接的な経験に対して全く無関係にそのものが現れる複雑な現象の統一的様相を認めることは素晴らしい感覚です」(61)。しかし彼は七十一歳で、経験的事実の役割に関して上で概観したような彼の立場への疑問を表明するだけの勇気があった。

「懐疑論者はこう言うだろう。〝（統一場理論を記述する）式のこの体系は、論理的な観点からは合理的であるとしても、そのことで、それが自然に対応していることを証明していないということも確かではあるまいか〟。あなた方は正しい。親愛なる懐疑論者よ。経験だけが真理について決定できる」(62)。

第九節　物理学と哲学――量子論

彼は時々物理理論には二種類あると主張した(63)。彼が言うには、殆どの理論は構成的である。比較的簡単な命題によって複雑な現象を解釈するものである。第二には原理の理論がある。「その出発点は仮説的な成分ではなく、現象についての経験的に観測された一般的性質である。相対性理論は原理の理論である」(63)。彼が最も愛着を感じたのはこの種の理論である。

量子論は一九〇〇年にプランクの開拓者的寄与で始まった。それに続く二五年の間、この理論は原理の理論でもなければ、構成的理論でもなかった。事実それはそもそも理論ではなかった。むしろその時期には、一組の公理のもつ意味合いについての体系的研究によるのではなく、原理を欠いているが面白そうなアド・ホックな規則を発明したり適用したりすることで進められていた。

その物理学を行うスタイルはおよそ彼の好むところではなかった。彼は、その時期を思い起こして晩年にこう書いた。「それは地面が下の地面から引っ張られたかのようで、造ることができたであろうどこにも確固たる基盤が見られないようであった」(64)。にもかかわらず、彼は、量子論が極めて科学的に重要な展開を記したことを理解したまさに最初の人々の一人だった。彼は偉大な物理学者だったので、量子物理学への最も基本的な寄与の幾つかを大変早い時期に行った。彼は一九〇五年ある条件のもとで光がとびとびの量子つまり光子から出来上がっているように振る舞うことを示した。一九〇六年には固体の量子論のための基礎を置いた。

量子論は一九二五年量子力学と呼べる原理の理論になって、ようやくその「大地」に到達した。彼は後になってこの理論を「われわれの時代の最も成功した物理理論」と呼んだ(65)。しかし、彼は量子力学を量子の問題への最終的答えとしては決して受け入れなかった。そうすると、彼にとって量子力学はきわめて成功したと評価するのには十分でなかったのか。そうである。十分ではなかった。私が本書の他のところで説明しているように（＊第四章「アインシュタイン、ニュートン、そして成功」参照）、彼にとって理論の成功は認められるべきではあるが、必ずしもそれを信じる十分条件を成していなかった。彼はかつて友人に書いた。「一時的な成功は多くの人々に対して原理への考察よりも確信の大きな力を与える」(66)。

彼は自分の反対をあらわすためにたぶん最もよく知られた標語を使った。「神はサイコロを振らない」（私は彼がこの言葉を使うのを何回も聴いたことがある）である。ときに彼の主張は、以前にも引用した語句のように、より強烈なものになった。「神のトランプを調べることは難しい。しかし、神がサイコロを振り、〝テレパシー的〟手段を利用する（現在の量子論が神はそうすると主張しているように）などということは片時たりと信じることはできない」(67)。しかしながら、このような見解に接して、彼が量子の問題への活発な関心を放棄したという印象をもつとすればそれは違う。全く逆である。彼の人生のまさに終わりまで彼は、彼が量子力学の弱点であると考えることを避ける方法について考え続けていた。

彼はサイコロを振らない神という表現で何を意味したのか。

私は簡単な例を使えばうまく説明できると考える。二つの粒子の衝突を考えよう。量子力学以前のいわゆる古典的理論は、粒子の初めの位置と速度が与えられれば、任意の後の時間の任意の個々の衝突に対してその位置や速度を予言することができる。量子力学はそうではないと言う。彼の親友の物理学者マックス・ボルンの言葉：

「〝衝突の後の状態は何であるか〟ではなくて、〝与えられた衝突の結果がどのように確からしいか〟という疑問への答が与えられる……ここに決定論の問題全体が生じる。量子力学の見地からは個々の場合に衝突の結果を因果的に決定する量は存在しない……粒子の運動は確率法則に従う」(68)。

言い換えれば、確率――サイコロを振る理論でどう勝目が出るか、という問題でお馴染みの概念――は最も基本的な物理的記述の主要な部分になった。物理学における確率の全く新しい使用であった。

それは大きな概念的新しさであった。それは物理の原理の新しい数学的定式化を必要としたのみならず、今相補性の名前で通用する新しい論理、あるいはお望みなら新しい哲学を必要とした。(＊相補性の内容は第二章「ボーアとアインシュタインについての考察」でより詳しく説明されている。)それは物理的現象が実験的観測をなす際に使われた実験的配置を詳しく記しさえすれば定義されることを特に意味する。

「神はサイコロを振らない」は、彼が古典的決定論や古典的因果律の放棄を決してうのみにできないこと、また物理的知識は、その知識がいかに獲得されるか、あるいは実験がどのように設定されるかを詳述することには依存しないことなどを言明する彼の辛辣な方法であった。彼は自分の非合意の見解を次のようにきわめてはっきりと表現した。「物理学は観測されていることとは別に（強調は引用者）考えられるような実在を把握する試みである」(69)。彼が客観的実在論(＊ボリス・ポドルスキー、ネイサン・ローゼンとの彼の共著論文により詳しく述べられた(70))と命名するこの立場は明らかに相補性と和解不可能である。

哲学についての『オックスフォード英語辞典』の九つの定義の五番目(第六節ですでに言及した)は次のようである。「(形而上学的哲学) 究極的実在やものごとのきわめて一般的な原因や原理、を扱う知識や研究の分野(現在では最も普通の意味)」。

量子力学についての彼の意見は、物理学者のものというよりは形而上学的哲学者の意見でもある。彼はある形而上学的哲学者について次のように書いたとき、自分自身についても考えていたことは十分有り得る。

「スピノーザは現代から二〇〇年前に生きていたけれども、彼が取り組まねばならなかった精神的状況は奇しくもわれわれ自身の時代と似ている。というのは、彼がすべての現象の因果的依存性を深く確信していたからである。自然現象の因果的関係の知識を達成する努力を伴う成功が、まだ依然として控え目であった時代にである」(71)。

近代物理学の構築に考えられないほど多くの寄与をしたこのような人物がなぜ、決定論と因果律の十九世紀的見解に固執し続けるのか、しばしば私は不思議に思った。しかし、彼は決して満足できる答を与えることができなかった。相補性概念に関しては、決して狂信的ではないが、何人かの物理学者たちにとって、今でも論争すべきものと考えられている。しかしながら彼のような見解は静かに消え去っていくようになると私は思う。

第一〇節　結び――アインシュタインの哲学

最近亡くなった友人の物理学者リチャード・ファインマンは、科学者を探検家として、哲学者を旅行者として分類した。「旅行者はきちんとしたものは何でも見つけることを好み、探検家は見いだすがままに自然をとらえる」(72)。アインシュタインは、量子力学についての彼の晩年の見解を例外にすれば、探検家であった。彼のどの論文も専門的な意味で哲学を扱っていないことは既に注意を促した。しかしながらそれらの論文の中のあちこちに哲学的考察を見いだせる。私はそれらから彼の哲学と呼んでもよいものを抽出することを試みた。

科学と哲学について。「私は常に哲学に興味を持っているが、二次的な方法によっているだけである。科学への私の興味は常に主に原理の問題に限られた。これは私の活動や拘泥を理解するのにもっとも役立つ」(73)。

発見について。「発見は、たとえ最終的産物が論理的形式に結び付けられるとしても、論理的思考によっては影響されない」(74)。

科学観について。「予定調和（＊彼が特に好んだライプニッツの表現）に注目したい願望は……宗教的な人間や恋愛中の人間のそれに似た感情の状態である」(75)。

また、科学的態度について。「科学者は、アンリ・ポアンカレが理解の喜びと呼んだものに報酬を見いだすのであって、彼の発見が導く応用の可能性にではない」(76)。

科学の単純さについて。「私の見解では正しい道が存在し……それを見つけるのはわれわれの能力の中にある。今日までの経験が正当化するところでは、自然の中には数学的単純さの考えが現実化されていることを確実に感じさせられる」(77)。

科学的真理について。「概念や命題は、感覚経験との関連を通してのみ〝意味〟ないし〝内容〟を獲得する。意味や内容と感覚経験の関係は純粋に直観的で、それ自身論理的性質を持たない。この関係ないし直観的結合がおこなわれうる確実さの度合が、科学的〝真理〟と空虚な幻想を区別する、それが全てである。概念の体系は、構文法の規則と共に人間の創造であり、それは概念体系の構造を構成する。概念体系は論理的には全く任意であるが、それらは感覚経験の全体性とのできる限り確かな（直観的な）そして完全な調整を目指すという目的によって規制される。次にそれらがその論理的に独立な要素（基本概念や公理）すなわち無定義概念や無導出（公準化された）命題をできる限り含まないことを目指す」。

「もし、ある論理体系の中で、ある命題が受け入れられた論理規則に従って演繹されるならば、この命題は正しい。ある体系は経験の全体性に対してその調整の可能性の確実性と完全性に従って真理の内容を持つ。正しい命題はそれが属する体系の真理内容からその〝真理〟を借り受ける」(78)。

科学の目的について。「物理理論は次の二つの願望を持つ。

一、全ての現象やそれらの関係をできるかぎり多く拡張すること（完全性）。

二、できるだけ少ない論理的に独立な概念とそれらの間に任意に仮定されたできるだけ少ない関係を基礎にしてこれを達成すること（基本法則、公理）。私はこれを〝論理的一貫性〟の目的と呼ぶ。私はこの二番目の要求をありのままに、正直に定式化できる。つまり、われわれは自然がどのようであるか（そしてどのように自然のプロセスが進むか）知りたいのみならず、もし可能ならば、なぜ自然がいまのようにあって、その他ではない（強調はアインシュタインによる）のかを知るという、いくぶんユートピア的で思い上がってみえる目標に到達することを望みたい。この領域には科学者の最も高い満足がある」(79)。

自由意志について。「正直にいって、私は人々が人間の自由意志について語るとき何を意味しているのか理解できない。例えば、私は何かほかのことを望むという感覚をもつ。しかし、これが自由とどのような関係にあるか私はまったく理解することができない。私はパイプに火をつけようと思い、そうするのを感じる。しかしこの事を自由の考えとどのように結びつけることができるのか。パイプに火をつけるという意志の行為の背後に何があるのか。別の意志行為があるのか。ショーペンハウアーはかつてこう言った。〝人間は自分が望むことを行うことができる。しかし、人間は望むことを欲しないことができる〟」(80)。

思うに、ニュートンの死後二〇〇年〔一九二七年〕を機会に、アインシュタイン自身がニュートンについて書いたことを、アインシュタインにあてはめるのがこの節にふさわしい結論になるだろう。

「彼は運命によって世界の知的展開での転換点に位置づけられる」(81)。

注

1 A. Einstein, letter to Rosa Winteler, 3 June 1897.
2 I. Rosenthal-Schneider, *Reality and scientific truth*, p. 74, Wayne State University Press, Detroit, 1980.
3 このエピソードの詳細は次を参照せよ：*SL*, pp. 113-14.
4 A. Einstein, letter to C. Lanczos, 21 March 1942.
5 ヘレン・ドゥーカスの私信
6 Maja Einstein, 'Albert Einstein, Beitrag für sein Lebensbild', p. 12, manuscript, copy in Einstein Archive.
7 Ref. 6, pp. 11-12.
8 Ref. 6, p. 13.
9 C. Seelig, *Albert Einstein*, p. 15, Europa Verlag, Zürich, 1960.
10 A. Einstein, in *Albert Einstein, Philosopher-Scientist*, p. 5, Tudor, New York, 1949.
11 A. Einstein, letter to H. Friedmann, 18 March 1929.
12 A. Einstein, letter to M. Grossmann, 2 January 1908.

13 Ref. 9, p. 166.

14 C. Stoll, letter to H. Ernst, 4 March 1909.

15 A. Einstein, letter to J. Laub, summer 1910, undated.

16 Ph. Frank, *Albert Einstein, sein Leben und seine Zeit*, p. 137, Vieweg, Braunschweig, 1979.

17 プラーハ時代の詳細は次を参照せよ：*SL*, Chapter 11.

18 *Prager Tageblatt*, 30 July 1912.

19 *Neue Freie Presse*, 5 August 1912.

20 「アインシュタインと新聞」の章参照。

21 この少女（名前は不詳）の手紙の日付は一九三六年一月十九日，またアインシュタインの返信の日付は同年二月二十四日であり，次の中に採録されている。*Weltwoche*, 19 August 1981, p. 37.

22 *Forum*, **84**, 193, 1930.

23 同じ内容で言語表現を改めたものが次にある：A. Einstein, *Ideas and opinions*, p. 8, Crown Publishers, New York, 1982.

24 *NYT*, 9 November 1930. Reproduced in ref. 23, p. 36. ここで使われたテクストは，次のエッセイと内容上は同じで，言葉遣いが異る：'Cosmic Religion', in A. Einstein, *Cosmic Religion, with other opinions*, p. 43, Covici-Friede, New York, 1931.

25 A. Einstein, *Mein Weltbild*, Querido Publishers, Amsterdam, 1934 ; reproduced in ref. 23, p. 11.

26 *Forum*, **83**, 373, 1930.

27 Reproduced in ref. 23, p. 41 ; also in A. Einstein, *Out of my later years*, p, 21, Citadel Press, Secaucus, New Jersey, 1977.

28 *The Christian Register*, June 1948 ; reproduced in ref. 23, p. 49.

29 A. Einstein, *Nature*, **146**, 605, 1940 ; reproduced in ref. 23, p. 44.

30 Ref. 10, p. 684.

31 A. Einstein, letter to B. Croce, 7 June 1944.

32 Ref. 2, p. 90.

33 Ref. 10, p. 3.

34 C. F. von Weizäcker, in P. Aichelburg and R. Sexl, *Albert Einstein*, p. 159, Vieweg, Braunschweig, 1979.

35 M. Talmud, *The relativity theory simplified and the formative years of its inventor*, pp. 164–5, Falcon Press, New York, 1932.

36 *Nature*, **112**, 253, 1923.

37 *Bull. Soc. Fran. Philosophie*, **22**, 91, 1922.

38 M. Solovine, ed., *Albert Einstein, letters à Maurice Solovine*, p. Ⅷ, Gauthier-Villars, Paris, 1956. This book gives the best available description of the *Akademie*, and the best record of what the members read together.

39 A. Einstein, foreword to Galileo's *Dialogue*, transl. S. Drake, University of California Press, Berkeley, 1967.

40 A. Einstein, introduction to *Lukrez, Von der Natur*, transl. H. Diels, Weidmann, berlin, 1924.

41 A. Einstein, in *The philosophy of Bertrand Russell*, p. 277, ed. P. A. Schilpp, Tudor, New York, 1949.

42 A. Einstein, *Naturw.*, 18, 536, 1930.

43 A. Einstein, *Deutsche Literaturzeitung*, Heft1, p. 20, 1924.

44 A. Einstein, *Rev. Phil. de la France*, **105**, 161, 1928.

45 A. Einstein, Prologue to M. Planck, *Where is science going?* Norton, New York, 1932.

46 Ph. Frank, *Relativity, a richer truth*, Beacon Press, Boston, 1950.

47 Viscount Samuel, *Essay in physics*, Blackwell, Oxford, 1951.

48 A. Einstein, *Phys. Zeitschr.*, **17**, 101, 1916.

49 Ref. 37, p. 102.

50 *SL*, chapters 6 and 7.

51 Ref. 10, p. 61.

52 H. Bergson, *Durée et simultanité : à propos de la théorie d'Einstein*, Alcan, Paris, 1922.

53 E. Salaman, *Encounter*, **52**, (4), p. 18, April 1979.

54 *Nature*, **107**, 504, 1921.

55 A. Einstein, letter to M. Besso, 10 December 1915.

56 *SL*, chapters 9–15.

57 Ref. 10, p. 79.

58 A. Einstein, *Geometrie und Erfahrung*, Springer, Berlin, 1921.

59 Ref. 10, p. 89.

60 *SL*, chapter 17.

61 A. Einstein, letter to M. Grossmann, 14 April 1901.

62 A. Einstein, *Scientific American*, April 1950, p. 17.

63 See e. g. *The Times* of London, 28 November 1919.

64 Ref. 10, p. 45.

65 Ref. 10, p. 81.

66 A. Einstein, letter to M. Besso, 24 July 1949.

67 A. Einstein, letter to C. Lanczos, 21 March 1942.

68 M. Born, *Zeitschr. für Phys.*, **37**, 863, 1926.

69 Ref. 10, p. 81.

70 A. Einstein, B. Podolsky, and N. Rosen, *Phys. Rev.*, **47**, 777, 1935.

71 A. Einstein, introduction to R. Kayser, *Spinoza, portrait of a cultural hero*, p. xi, Philosophical Library, New York, 1946.

72 See the chapter 'The explorers and the tourists', in J. Gleick, *Genius : the life and science of Richard Feynman*, Simon and Schuster, New York, 1992.

73 A. Einstein, letter to M. Solovine, 30 October 1924 ; ref. 38, p. 48.

74 A. Einstein, 'Autobiographische Skizze', in *Helle Zeit, dunkle Zeit*, ed. C. Seelig, Europa Verlag, Zürich, 1956.

75 A. Einstein, *Ansprachen in der Deutschen physikalischen Gesellschaft*, p. 29, Müller, Karlsruhe, 1918.

76 Ref. 45, p. 211.

77 A. Einstein, *On the method of theoretical physics*, Oxford University Press, 1933.

78 Ref. 10, p. 13.

79 A. Einstein, in *Festschrift für Professor A. Stodola*, p. 126, ed. E. Honegger, Orel Füssli Verlag, Zürich, 1929.

80 Ref. 45, p. 201.

81 A. Einstein, *Isaac Newton*, Smithsonian Report, p. 201, 1927, U. S. Government Printing Office, 1928.

ヤーコプ・エプシュタインによるアインシュタインの彫像.
1933年.（フルトン・ドイツコレクション有限会社.）

第一一章
アインシュタインと新聞

第一節　序　論

私はアインシュタインの死後ほぼ四〇年に、この文章を書いているが、現代文化の神話的人物としての彼の役割は今でも消えずに続いている。彼を中心にすえる記事は依然として新聞に現れる。彼は演劇やオペラの主人公であり、広告においては幾分かウィットに富み、幾分か人間くさく描かれる。私は最近、様々なラジオ番組のみならず、アメリカ、イギリス、ドイツ、フランス、オランダ、日本などのテレビ局のインタヴューを受け、アインシュタインについての番組造りの相談を求められてきた。

あらゆる時代を通じて最高の科学のいくつかの創造者であるアインシュタインではあるが、彼が大衆的人物であり、そうであり続ける限りにおいて、メディアが創り出したものであることは明らかである。それゆえ新聞に掲載された彼の記事をたどることは興味があるし、この章はそのことに当てられるであろう。この目的のために、私は次のような資料を利用した。『ニューヨーク・タイムズ』のマイクロフィルム、ボストン大学のアインシュタイン・アーカイヴからの切抜き——そこではロバート・シュールマンとアン・レハールの助力をえた——、エルサレムのユダヤ国立・大学図書館のアインシュタイン・アーカイヴからの切抜き——ここではゼーヴ・ローゼンクランツが助けてくれた——、シュタインミュラー夫人が見つけてくれたドイツの新聞記事のコピー、そして様々な小さな資料。手を貸してくれた全ての人々には感謝のほかはない。

以下に掲げるアインシュタインの新聞記事はそのすべてではない。十分面白いと思われ、役立ちそうな記事のみを選んだ。また、私の手許の切抜きのコレクションは厖大なものだが、それでも網羅的ではありえない。更に英語、ドイツ語、フランス語などの記事しか使わなかった。というのはそれらだけが私に簡単に読める言語だからである。

アインシュタインはその業績が世界の新聞で広くリポートされた第二番目の科学者である。第一番目は、一八九五年になってX線として知られるようになった発見を発表したヴィルヘルム・コンラート・レントゲンであった。一八九六年だけでこの仕事に関して五〇冊以上の著作やパンフレット、一〇〇〇以上の新聞記事があらわれた(1)。新聞における科学の規則的なリポートはまさにわずか一〇〇年前に始まったことを憶えておこう。

もちろんレントゲンの名や仕事はよく記憶されているが、もうずっと以前から新聞で科学ライターが取り上げるお決まりの記事の一部ではなくなっている。アインシュタインが未だに登場し続けていることは事実、ユニークな現象であり、彼の名前を知っている人々の中でほんのわずかしか彼の科学的意味の背景を知らないことを考えると、いっそう特異である。一般大衆によって理解された彼の魔術的な名声の最初の例として、アインシュタインが語ったヴィーンの大きなコンサートホールでの一九二一年の会合の際の証人のリポートから引用する。

「人々はもはや何を理解しているかは問題ではなく、奇跡が起こっている場所のすぐ近くにいることが問題であるという奇妙な興奮状態にあった」(2)。奇妙だが意味深い名声の定義が、とりわけ彼にぴったり当てはまる。つまり彼はよく知られていることで有名な人物である。

彼の周りに集まってくる大衆への彼自身の対応の一例として、簡単に入手できる彼の素晴らしい小エッセイ「インタヴューワーたち」に注意を向けておきたい(3)。

彼の神話的な役割の初めは一九一九年十一月に遡る。しかしながら、ここでは一九〇二年にさかのぼり得る日付のものから、一九五五年の彼の死の記事までの、新聞紙上での彼を追うことにしよう。それ以降の年次も扱うがごく簡単に済ませたい。

始める前にEinsteinという名が広く知られるようになったので、一般名詞として使われていることに触れておこう。例えば、ワシントンD・C・でオフィスをもつ、国際発展のための科学と技術の掲示板(Board on Science and Technology for International Development)はEINSTEIN、つまりElectronic Information Node for Scientific and Technological Exchange, Inquiry, and Networking(科学技術交流設問ネットワーク化のための電子情報中心点)に発展している。これは一九九三年のおわりまでに完成することが望まれる電子メールと掲示板である。

第二節　一九〇二―一九年

一　ベルン

一九〇二年二月五日にベルンの新聞(4)に次のような広告(もちろんドイツ語)が現れた。

「学生や生徒に数学や物理学の完璧な個人教授をいたします。当方は（チューリヒの）スイス連邦工業高等学校の教師資格の保持者アルベルト・アインシュタイン。場所はゲレヒティッヒ街三二番地、二階。試用期間は料金無料」。

彼は家からの少額の仕送りを他の資金で補う必要があった。一月には娘のリーザルが生まれていた（私生児）。彼はベルンの特許局での雇用を得る予定でそこに移っていた。その地位は来る六月まで確実にはならなかった。

この広告にはいくつかの興味ある点がある。というのは著者の知る限り、これは彼の名前が新聞に現れた最初の機会であるし、彼が印刷物で自分自身を広告した唯一の機会でもあるからだ。当時彼の名が新聞に現れる他の理由はない。彼は記憶に価しない論文をすこし発表してはいたが、まだ実際に科学界では知られていなかった。

やがて、私たちが彼の絶対的な驚くべき創造的爆発を目撃することになる一九〇五年という「奇跡の年」がやってきた。光量子仮説（＊これによればある条件のもとで光は光量子あるいは光子と呼ばれる粒子の流れとして振舞う）が導入され、ブラウン運動が解釈され（＊「典型的にはミリメーターの一〇〇〇分の一の大きさの半径をもつ」液体の中に懸濁している粒子の不規則な運動）、分子の大きさを決定する新しい方法が提出された（彼の博士号取得論文）、そして特殊相対性理論が提出された（＊相対性理論は相対的に運動している二人の観測者の観測の間の関係に言及する。特殊相対論はこの運動が直線的で一定の速度をもつ限定された場合を扱う）。

これらの理論的発見のどれかたった一つでも、彼を科学の歴史のなかで著名で永続的な地位を保証するのに十分であったであろう。しかし、見出しはともかく $E=mc^2$ がすでにだれでも見られるように印刷されて既にそこにあったにもかかわらず、私の知るところでは、これらの寄与のどれ一つも新聞でのちょっとした言及さえも引き起こさなかった（＊世界の様々な部分における相対性理論の初期の受容のことについては注5参照）。

また大学の地位を提供しようという直接的申し出もすぐには入ってこなかった。（彼の地位の唯一の変化は一九〇六年に特許局で技術専門職三級から二級に昇進したことだった。）彼の妹マーヤは、一九〇五年の彼の二つの相対論論文の出現のはじめの頃は、科学者共同体から冷淡な沈黙によって迎えられたことを回想している(6)。

この孤立状態はしかしながら長くは続かなかった。一九〇六年から若き物理学者たちが相対論について、その著者と議論するためにベルンにやって来始めた。一九〇八年頃から科学界における彼の名声は急速に高くなった。それはまた彼がベルン大学に私講師（＊正教授ではなく、教える権利を与えられた無給の地位。唯一の報酬は各々のコースの出席者が払うわずかな料金だった）として認められた年でもあった。

二　チューリヒ

助教授としての彼の初めての教授団の地位は、彼がチューリヒ大学で働き始めた一九〇九年十月に始まる。彼の任命のニュースはチューリヒ(7)とベルン(8)の新聞で報道された。それらは彼の活動について見つけ得る最初期の新聞報道である。

彼の学問的経歴は今軌道にのった。彼は一九〇九年にはまた最初の名誉博士号を授与された。一九一二年には彼は初めて相対論に対してノーベル賞に推薦された（彼は他の研究(9)で一九二二年にその賞を授与された）。

三　プラハ

一九一一年、彼、彼の妻ミレーヴァ、二人の息子はボヘミア王国の古代の首都で、その後オーストリア・ハンガリー帝国の一部になったプラハに移動した。当時プラハは約五〇万人の人口を持ち、そのうち約五分の一はドイツ人だった。帝国の布告によって、一九一〇年十二月十六日の日付をもつ教育大臣から皇帝への提案に従って、彼はドイツ系のカール・フェルディナント大学に最初の正教授の任命を受けた。一九一一年一月、プラハのドイツ語の新聞は彼が間もなくプラハにやってくると報じた(10)。それらの新聞の一つ『ボヘミア』は更に次のように書いた。「アインシュタイン教授はまだ若い科学者であるが、既に理論物理学の学界では指導的な人物である。彼とプランク（＊マックス・プランクは相対論(6)について論文（重要なもの）をアインシュタイン以後最初に発表した人物であった）は、時間が物理科学に第四番目の次元として導入される相対性理論の定礎者である」(10)。一週間後、ある新聞は「われわれの大学は、若いが既に専門的集団の中で大変評価されている学者を獲得した」と書いた(11)。五月には新聞は相対性原理について教授アインシュタイン博士による夜の講演会がドイツ自然科学者医師協会で行われることを報じた(12)。

四　チューリヒ

彼は一九一一年四月から一九一二年七月の終わり頃までプラハに留まった（＊プラハ時代についてより詳しくは注13参照）。彼の離任の七カ月前、ベルン(14)とフランクフルト(15)の新聞は、チューリヒでの彼の正教授の任用を報じていた。今度はスイス連邦工業高等学校（ＥＴＨ）であった。七月にはプラハの新聞が遺憾の意をあらわした。「オーストリアは今科学の分野における重大な、償い得ないとさえ言える損失を受ける。アルベルト・アインシュタインがプラハのドイツ系大学を去ろうとしている。……彼は科学者たちをわれわれの祖国にひきつけたが、それは教育大臣の輝かしい行動の成果だった」(16)。そこにはドイツとの興味深い比較が続く。「ドイツ帝国においては、ユダヤ人は裁判官や中尉にはなり得ない。しかしドイツの大学での地位ではユダヤ人は十分に平等な権利を受ける。ドイツでのユダヤ人正教授の数は現在では約二五人である」。外国の科学者を魅きつけることについては、「誰が豊かで支援が行き届いた研究所や実験所から、ちっぽけで、貧しく、絶えず物ごいしているオーストリアの研究所へ来るだろうか」(16)。

彼は数日後ヴィーンの新聞のインタヴューで次のように言った。「私はプラハに不満足の理由は持たなかったと強調しなければならない。私はチューリヒの地位では僅かな給料しか貰えなかったのでプラハにやってきた。……チューリヒは湖のそばにあり、山が近いという利点を持つ。そのことはもちろん一家の父親にとっては魅力的である。……プラハでは私は他の人が推測するような宗教的な偏見に出会わなかった」(17)。

一九一二年一月にETH本部はマリー・キュリーのような有名な学者仲間からの推薦状を添えて、連邦内務省に一〇年間の任命に対する推薦状を送った。キュリーは「彼に最も高い希望を持ち、彼に未来の先頭に立つ理論家の一人をみるという栄誉を受ける権利があるだろう」と書いた。彼は一九一二年秋に科学的経歴の次のステップをとり始めた。しかしそれはプラハの場合と同じように再び短いものになることになった。

五　ベルリン

一九一三年春、ドイツのきわめて著名な年長の二人の物理学者マックス・プランクとヴァルター・ネルンストは、ベルリンに移ることに関心があるか、アインシュタインに打診する目的でチューリヒにやってきた。いろいろな地位の組合せが彼に提示された。つまり、まずプロイセン・アカデミー会員、これには特別給与が半分はプロイセン政府から、半分は外部の援助で維持される基金でアカデミーの物理・数学部門から支払われる。次にベルリン大学教授。教える権利はあるが義務はない。そして設立されるはずの物理学研究所の所長などであった。この新しい研究所は、カイザー・ヴィルヘルム協会の援助のもとにあることになった。この協会は一九一一年に、個人の資産からの基金の助けによって基礎研究を支えるために設立された組織である。(この組織は一九一七年にその活動を開始した。)

彼はベルリンからの誘いにすぐに、積極的に反応した。この時代の書簡から考えて、この申し出への彼の関心の主な理由は極めて明らかである。彼はその時もその後も、より若い仲間や学生と物理学の問題を議論することは、考えることを嫌いはしなかったが、しかし、彼は授業で教えることには嫌気がさしていた。彼が望むすべては、ETHで授与された学位論文のカタログが示すところでは、彼は実験物理学の四つの論文にすべて副査（＊ETHの論文の受理は主査と副査両方の形式的是認を必要とした。彼はカール・レンガー、ハンス・レンカー、エルザ・フレンケル、オーギュスト・ピカールらの論文に対して副査の役割をつとめた）をつとめたが、理論物理学における学位候補学生を引き受けなかった。

アインシュタインの反応に意を強くして、プランク、ネルンストやその他二人の年長の同僚たちは、形式的な請願書に署名するために集まった。それは会員への提案を支持する言明で一九一三年六月十二日にアカデミーに提出された(18)。七月三日に物理・数学部門はこの提案に投票した。結果は賛成二一票、反対一票だった(19)。数多くの調整がなされるべく残っていた。しかし彼はすでに一九一三年七月に友人に、一九一四年春までにベルリンに行くつもりであると書いた(20)。

新聞は彼の差し迫った動きをかぎつけた。一九一三年八月、主要なベルリンの新聞はこう報じた。「チューリヒからの電信で聞くところでは、アルベルト・アインシュタイン博士はベルリンへの招待を受け入れた。……わずか三十四歳のアインシュタイン博士は若いにもかかわらず、すでに国際的な名声をもつ学者である。彼は数理物理学の新しい方向の定礎者であり、二十四歳（実際は二十六歳、引用者）の若さで〝相対性原理〟（原文のまま）による新しい基礎をおいた。アインシュタイン教授、彼の論文は彼の見解への反対者からも賞賛を得た……」(21)。一九一四年一月、同じ新聞は、彼がプロイセン科学アカデミーの正規メンバーに選ばれ、承認されたと報じた。「アインシュタイン教授は一九一四年四月一日にベルリンへ移るだろう。アカデミーの俸給会員として彼の研究と学問計画に没頭するためである」(22)。アカデミーへの彼の選出は皇帝ヴィルヘルムII世によって認められた。

彼は一九一四年四月にベルリンに移った。同じ月に彼は生涯で最初の依頼を受けた。つまり、当時、名声においてロンドンの『タイムズ』に匹敵するドイツの主要新聞の『フォス新聞』の編集者から、読者のために彼の研究領域について何か書くようにという依頼である。（ナチスが勢力をもった時、その新聞は休止するように強制された(23)。）彼は相対論についてよい文章を書いた(24)。三年後彼は同じ新聞で物理学者-哲学者のエルンスト・マッハを扱う記事についてインタヴューに応じ、それは平和主義者の友人フリードリッヒ・アードラーによる意見を聞くために彼に送られた。アードラーは当時オーストリアの首相カール・フォン・シュトゥルクを射殺したため獄中にいた（＊アードラーは死刑を宣告されたが、一九一八年に恩赦を受けた）。シュトゥルクは以前、教育大臣としてアインシュタインをプラハに呼び寄せていた(25)。

彼がベルリンに着いた頃までには、彼は特殊相対論に関する一九〇五年の結果を、後に一般相対論と呼ばれるようになるものに拡張する試みで既に数年間を費やしていた。彼は特殊な場合には（上で述べたように）直線的で時間によって変化しない二人の観測者の相対運動のみを考えていた。一般相対論の目的は二人の観測者の観測を一般的に制限のない相対運動に関係づけることであった。

彼は一九一四年にはまだ一般相対論の適切な定式化には成功していなかった。しかしながら、この頃までには、このはるかに大胆な新しい企てに比べれば、初期の特殊相対論は子供の遊びのようなものであることを既に知っていた。彼は一九一四年に一般相対論が物理的世界像を深く変えることを知った。彼は、宇宙は中等学校で学んだ種類の幾何学によってはもはや記述できない物理法則に従うことを知った。彼はまた以前の見解とは逆に光は一般に直線に沿って伝播しないこと、そしてこのような「光の屈曲」は太陽の食の間に最もよく観測されることも知った。（これらの話題についての詳細は次節。）

一九一四年七月二日、彼がベルリンのアカデミーでの新メンバーとしての就任演説をした時、彼はその新しい理論構造の身分を概略描写するためにこの機会を使った。『フォス新聞』は一週間前にこのイベントを報じ(26)、その後、彼の演説の要旨を報告した(27)。私の知るところでは、それは相対論についての彼の新しいアイディアが世界の新聞に現れた最初の機会だった。まだここでは使われていない「一般相対論」という用語は、彼のアカデミーへの別の演説が報じられた十一月の新聞記事にはじめて現れた(28)。（＊同じ新聞は以前、ドイツ物理学会で行われた彼の量子物理学についての講演についても書いた(29)）。

彼が就任演説を終えた後、プランクが立ち上がって、丁寧な言葉ではあったが彼の新しい研究を全く信じていないことを述べた。プランクは終わりに一九一四年八月二十一日の日食観測のために計画された探検隊が、アインシュタインの予言した光の屈曲について情報を与えてくれるのではという期待を述べた。同じ期待は「日食と相対論」と題した『フォス新聞』の分かりやすい記事でも述べられた(30)。しかしながら、その日食は結果を生み出さなかった。

やがて、四月一日に第一次世界大戦が始まった。彼の戦時体験は次のようにきわめて簡潔にまとめ上げることができる。つまり、それは彼が病気でかなり苦しみ、しかも創造的出力を続けた時期であったのである。

上述のように二十世紀の一〇年代において、彼は既に新聞においてもちょっとした有名人として扱われ始めたが、それはドイツ語の新聞だけだった。世界的な新聞が注目しはじめたのは一九一九年十一月になってからだった。どのようにであろうか。

そこに行く前に私はまず家庭人としての彼について少し触れるべきであろう（＊私は第一章「アルベルト・アインシュタインの陰で」でこの問題を詳しく扱っている）。

彼は一九〇三年、チューリヒでの勉学の頃からの同級生ミレーヴァ・マリッチと結婚した。彼らには二人の息子がいた。ハンス・アルベルト（一九〇四年生まれ）とエドゥアルト（一九一〇年生まれ）である。結婚は次第に不幸なものになり、ベルリンに家族が到着したのち別居という結果になった。ミレーヴァと二人の息子たちはチューリヒに戻った。

ベルリンにいる間、彼は三歳年上のいとこエルザと親しくなった。彼女は結婚したことがあって、イルゼ（一八九七年生まれ）、マーゴット（一八九九年生まれ）という二人の娘をもっていた。彼がベルリンに落ちつく時までには、彼女は離婚して、もとの名のアインシュタインを名乗っていた。彼は一九一九年にミレーヴァと離婚し、数カ月後エルザと再婚した。

驚いたことに、ベルリンの新聞でのアインシュタインの項目の探索は、一九一三年に遡る日付をもつエルザ・アインシュタインの記事に行き当たった[31]。それはドイツの詩について彼女が行った公開講演で、芳しくない評価を示すものだった。彼女の講演は、かなりハスキーな声で、完全なドイツ風ではないし、十分な教養の成果というのでもなかったと報じられている。彼女の講演は確かな裏付けに欠けていた。彼女は「典型的なドイツの詩の正しい解釈者ではほとんどなく、……聴衆は称賛と花を贈らなかった」と報じられた。

第三節　一九一九年十一月　アインシュタインは世界的人物となる

（＊この節では私のアインシュタインの伝記で書いた幾つかの点を繰り返すことにならざるを得ない[32]。）

一九一九年十一月七日のロンドンの『タイムズ』は次のような見出しで始まる記事を載せた。

「科学における革命。
宇宙の新理論。覆されたニュートン的思考。

昨日の午後、王立協会で行われた王立協会と天文学会の合同会議で、五月二十九日の皆既日食のイギリス観測隊によって得られた結果が議論された。

基礎的な物理学の問題の対抗理論がテストにかけられるという期待によって、最大級の関心が科学界に沸き起こっていた。そして大多数の天文学者や物理学者が出席した。観測は有名な物理学者アインシュタインの予言を決定的に立証するものであることが一般に受け入れられた。王立協会会長はそれが、惑星の冥王星の予言された存在の発見以来もっとも注目すべき科学的事件であると述べた」。（＊冥王星の発見は一八四六年、様々な理論的分析がその存在と軌道を予言していた後のことだった。）

この力強い言明の科学的背景を示しておく必要があろう。アインシュタインは長年の努力の後、最終的に一般相対論に到達し、一九一五年十一月に発表した。今でも二十世紀物理学の最高点の一つと考えられるこの新しい理論は、ニュートンの古典力学の理論を一般化し、ニュートン力学とは異なるある予言に導く。ここでの目的のためには新しい結果のほんの一つを取り出すだけで十分である。古い理論によれば、太陽の端をかすめる遠い星からの光は、約〇・八五秒弧の量だけ曲げられる（ニュートン自身にはよらない結果）(33)。一方一般相対論はニュートン的値の二倍の一・七秒弧を予言した。この二倍の値の差は、古い伝統のある巨人を、若く出現した巨人と闘わせた。それゆえ、実験的な決定は思想の歴史の重大なドラマの瞬間を形づくった。

観測が皆既日食の間になされることが、光の小さな屈曲を感知する決定実験の条件だった。つまり日食は、はるかに遠くの星の微小な屈曲光に圧倒的にまさる太陽の直接の強い光が、月によって隠されるチャンスなのである。さらにロンドンの『タイムズ』の「（一九一九年）五月二十九日の皆既日食の結果」への言及がある。それは、アインシュタインの予言が実際正しいものらしいことを強く示す結果だった。

さらに『タイムズ』の記事を下にたどると、二番目の見出しに次のものがある。

「〃ひずんだ〃空間
アインシュタインがやって来る前には、きわめてしばしば暗黙に、空間が本のページのように平坦であると思われてきた。しかしながら、一般相対論は太陽のようなたいへん重い物体の近くでは、空間はむしろ球の表面のように事実曲がっていることを意味した。（＊本のページと球の比較は二次元の「空間」に言及している。われわれが住んでいる世界である実際の三次元の場合は、視覚化するのが難しいが、数学的に定式化するのはかなり易しい。）ニュートン理論に比べて新しい理論で光の屈曲の異なる予言を説明するのはこの空間のゆがみである」。

次の日の一九一九年十一月八日、ロンドンの『タイムズ』は「科学における革命、アインシュタイン対ニュートン」の見出しの記事で報道を続けた。その中で報じられたのは、「この問題は昨日の下院の会談での活発な話

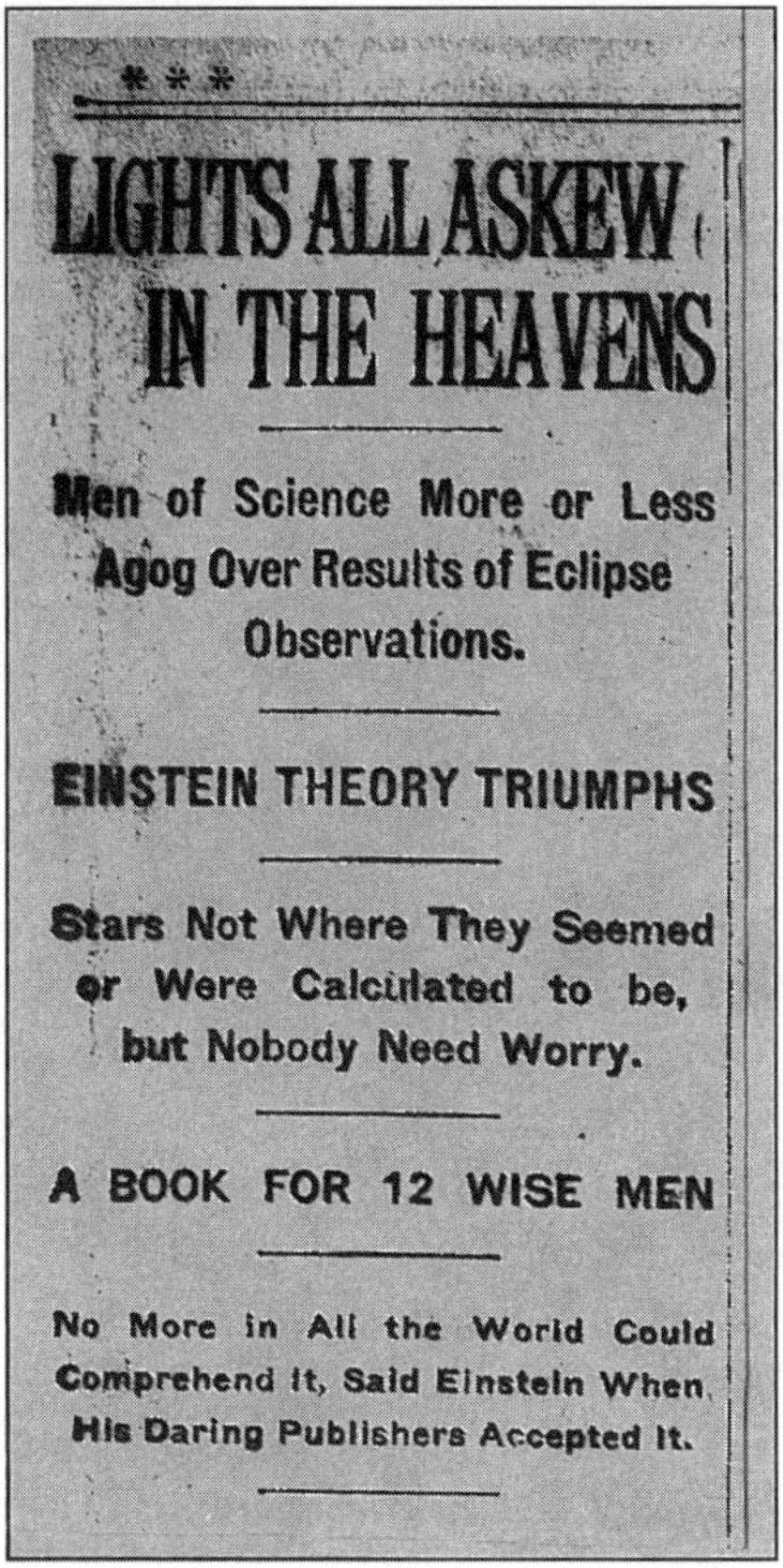
***
LIGHTS ALL ASKEW IN THE HEAVENS
Men of Science More or Less Agog Over Results of Eclipse Observations.
EINSTEIN THEORY TRIUMPHS
Stars Not Where They Seemed or Were Calculated to be, but Nobody Need Worry.
A BOOK FOR 12 WISE MEN
No More in All the World Could Comprehend It, Said Einstein When His Daring Publishers Accepted It.

新聞記事「光は天空においてすべて歪んでいる」. 1919 年 11 月 10 日.（©ニューヨーク・タイムズ社, 1919 年. 許可を得て再掲.）

題であった。王立協会会員、下院議員でケンブリッジ大学のジョーゼフ・ラーモア卿は、ニュートンが打ち負かされつまりはケンブリッジが〝負けた〟のかどうかに関しての問い合わせに攻めたてられたと述べた」。十一月九日にこの問題は初めてオランダの新聞で議論された(34)。ドイツの新聞はそれを十一月二十三日に取り上げた(35)。

すべての内で最も重要なのは『ニューヨーク・タイムズ』で起こったことである。この新聞の貴重な索引の巻では、一九一九年十一月までは彼について言及がない。一方その時から彼の死までその欄に彼の名が現れない年は一回もなかった。

それは次のように見出しが幾つもついた記事で十一月九日に始まった。「光は天空においてすべてゆがんでいる／科学者たちは多かれ少なかれ日食観測の結果に興奮している／アインシュタイン理論が勝利する／星はそれがあると思えたり、計算されたりした場所に存在しないが、悩む必要はない／一二人の賢明な人間たちのための著作／勇敢な出版社がその出版を受け入れた時、世界中で十二人以上はそれを理解できないとアインシュタインは言った」。十一月十一日に再び。「このニュースは明らかにショッキングであり、かけ算の九九表においてさえ確実な信頼性への不安がおこるであろう」。十一月十六日、「これらの紳士たちは偉大な天文学者であるかも知れないが、彼らは嘆かわしい論理学者である。批判的な素人は、空間がどこかで終わりになる（＊以前に行ったアナロジーによれば、球の表面はその中やその上に限界がないけれども、有限である）と主張する科学者は、ではその先には何があるか言わなければならないと既に反対していた」。

同じ十一月十六日、コロンビア大学の天体力学教授チャールズ・プアは『ニューヨーク・タイムズ』紙のインタヴューで次のように述べた。「過去数年間の間、全世界は精神的にも物理的にも不安定な状態にあった。この不安定の物理的状態、つまり戦争、ストライキ、ボルシェヴィキの勃興などは、実際世界的規模で起こっている何らかの基本的な深い乱れの、目に見えるものであるといってよいかも知れない……不安定というこの同じ精神が科学にも侵入した……」。その月の『ニューヨーク・タイムズ』から引用できる相対論についての項目は他にもいくつかある(36)。

第四節　何がアインシュタインの大衆アピールの原因となったか

これらの様々な新聞報道は、彼が実際に一夜のうちに英雄的人物になったことを明らかにするだけではなく、なぜそのようなことが起こったのか、なぜ彼のそのような受け取られ方が今日まで持続したのかに関する大きな手掛かりを含む。その問題について考察をいくつか行おう。

まず第一に、チャールズ・プアの言明はいま述べた事件をそれが起こった文脈で位置づける。アインシュタインの出現のドラマは、丁度一年前の第一次世界大戦の終結に続く疲弊と混沌によって高められた。この戦争によって何百万もの人が亡くなり、諸帝国は崩壊し、人類は不安定な状態にあった。丁度このような頃、新しい人物が宇宙の新しい秩序のメッセージを持って、突如出現する。

第二に言語の役割がある。たとえ、彼の仕事の内容を実際に把握した人、あるいは把握している人が大変わずかであったとしても、にもかかわらずその内容は日常言語の表現に大変よく適している。「歪んだ空間」という表現を考えよう。誰でも〝空間〟が何を意味するか知っているし、誰もが歪みとは何であるか知っている。しかし、誰もが歪んだ空間の意味を理解しない。同時に、これらの言葉は、大変親しみ深いので、極度に難解な情報を知ったという感覚を読者にもたらす。「星がそのあると思われる所にはない」に関しても同様である。たとえその内容が神秘を持つとしても、これもまたたやすくコミュニケーションされる語句なのである。このすべての新しさをつくった人物が普遍的にアピールするのは、理解できなくても神秘に近づけるからなのではないか。星

"People slowly accustomed themselves to the idea that the physical states of space itself were the final physical reality."
Professor Albert Einstein

「人々は，空間そのものの物理的状態が最終的な物理的実在であるという考えにゆっくりと慣れてきた.」
アルベルト・アインシュタイン教授

リア・アーヴィンの絵.（© 1929，1957. ニューヨーカー・マガジン社.）

が絶えず人間の夢や神話の中にあったことや、天空の異常が昔は変事の前触れと考えられていたことをこれに付け加えてもよい……。

彼の大衆アピールの原因についてのこうした見解は特に、表明された彼自身の意見によっても強化される。それは私が知るかぎりたった一度で一九二一年のオランダの新聞でのインタヴューにある(37)。

「一言も理解できない私の理論について、あちこちの大衆がかくも興奮する様は、私に馬鹿げた印象を与えるが、私はそれを観察して面白く、また興味深いと思う。それは彼らにアピールする理解できないことの神秘性であることは確かである……それは彼らを印象付け、神秘的なものの彩りやアピール力を持つ……そして人は熱狂的になり、興奮する（強調は引用者）」。

神秘性についての人々のこだわりは決して衰えなかった。例えば一九二八年に『ニューヨーク・タイムズ』は次のように書いた。「読者にこれとこれとこれは理解しようとしないほうがよいと警告する必要がないような相対論についての説明は稀である」(38)。

彼の容貌が彼の大衆アピールに大いに関係があったと考える人もいるが、私はそうは思わない。彼がまことに写真写りがよいことは確かであるが、それは晩年になってからである。ブームが始まる一九二〇年代の写真は、かなりブルジョワ的な服装で、親しげな顔付きの、おなかの出た紳士のように写っている。これは明かにブルジョワを体現した彼の二番目の妻（＊彼女を個人的に知っている――私は知らなかったが――何人かの人が言ったように、そしてまた写真から明らかなように）の影響であろう。

これは彼の伝説の誕生についての私の意見を結論づける。以下のことすべては彼の科学的、哲学的、政治的問題についての彼の発言を含めた、このテーマについてのヴァリエーションである。

アインシュタインが講義をしている 1930 年の風刺画.
(ウルシュタイン写真サーヴィス.)

第五節　一九二〇年代初め

一　スタイルの変化

一九一九年に彼は四〇歳であり、人生の中間地点を丁度過ぎていた。それまで彼の精神はほとんど特異なほど物理学に集中してきた。彼はそのとき創造的努力の頂点に到達していた。それ以降の年月でも物理学は、彼にとって最優先の重要性をもち続けていたにしても、しかし丁度上で扱ったブームの頃から彼が書こうとするものの主題にはっきりした広がりが見られるようになる。物理学への集中が消失してしまったのである。一九二五年までの彼は影響力のある業績を生み続けた。それ以後、それは全く終ったわけではないが、彼の貢献が影響をもたないことがはっきりするようになった。

このような緩みとでも呼べることには二つの主要な理由がある。第一に、アインシュタインのような人でさえ、それ以前の二〇年間の間に研究してきた創造的度合いを維持することができなかったことである。第二に、彼が多く自ら望むところに反して世間から注目を浴びることについて、対価を支払わねばならなかったことである。時代の要請やエネルギーは多様な方向からやって来たことだろう。このようなものを要約するだけでもこの節の目的を越えているだろう(39)。ここでは彼が新聞での扱われ方の中に、どのようにこれらの変化が反映されているのかをたどってみることだけを行いたい。

二　一度賢人になるといつも賢人

はじめに、彼の意見がこの頃からあらゆる種類の問題に求められ始めたことに注目しよう。最初の例は『デイリー・メイル』のベルリンの通信者のインタヴューだった。この通信者は、アインシュタインが他の惑星に人が住んでいると思うか、見解が聞きたいと訊ねた。ニュース報告によれば、「アインシュタイン教授は火星や他の惑星に人が住んでいると信じている」(40)。私にはどうも信じがたいが、新聞によればそういうことになる。

この新聞社が求めた彼の言明の例をもう少し続けよう。それはすべて一九二〇年代のもので、すべてベルリンでなされた。

一九二七年。「アインシュタイン教授は死刑の廃止を好んでいない……彼は社会がそれ自身社会に害をなすことが立証された個人を取り除くべきでない理由を理解できなかった。彼は、社会が終身刑を人に宣告することは、死刑を宣告する権利と同様の権利を持つことを付け加えた」(41)。

一九二九年。「(四月七日)日曜のボストンでの講演で、オコネル枢機卿はアインシュタイン博士の相対論に反対して、〝神や神の創造〟について普遍的な疑いを生み、無神論の恐ろしい亡霊をおおい隠す〝ようなあいまいな推測〟に警告した」。彼はコメントを求められて、「オコネル枢機卿はそう主張することで自らをおとしめ、興味を失わせた」と答えた(42)。

また、一九二九年、ベルリンでのアメリカ人によるインタヴュー。「著名な夫に対するアインシュタイン夫人の態度は、ませた子供を溺愛する親のようであった……彼の家はほとんど彼の個性をあらわしていなかった」。アインシュタイン夫人は「彼は扱うのが恐ろしいほど難しい」と言った。

彼は人生における成功の最善の公式を何と考えたか。「Aを成功とすれば、その公式は$A=X+Y+Z$であるというべきである。Xは仕事、Yは遊びである」。「そしてZは何か」。「口を閉じたままでいることである」(43)。

三　解説的な著作

一九一九年以後、解説的な新聞記事を求める要請は増大するばかりだった。それは一九一九年十一月二十八日のロンドンの『タイムズ』のゲスト記事に始まっている(44)。彼は「科学者の間に存在する、かつての国際関係における悔やまれるべき仲たがいの後、……喜びと感謝でこの機会を（受け入れた）」。彼は、大変好んでいた皮肉な言い方の一つで、彼の最近の仕事の明解な説明を終えた。「今日ドイツでは私はドイツの科学者と呼ばれ、イギリスではスイスのユダヤ人として表現される。（＊アインシュタインは一九〇一年にスイス市民になった。一九二〇年頃までには彼の市民権の法的な政治問題は複雑になった。）もし私が嫌われ者と見なされるようになれば、この記述は逆転され、私はドイツ人にとってはスイスのユダヤ人、イギリスにとってはドイツの科学者になるだろう！」。

四　声明文への署名

彼が著名人となった一九一九年以降、彼は自分の名前を政治的問題や他の問題に貸すことをしばしば求められた。政治的宣言の起草者の中に彼の名が見られるこの時期の最初の例は、一九二〇年十二月に始まる。それはベーラ・クーンによって指導されたハンガリーの短命な「ソヴィエト共和国」（一九一九年三―四月）を組織することに参加した、拘留中の政治指導者の扱いに関係していた。その崩壊後、右翼の急進派が政権を獲り、容赦なくクーン体制の多くの指導者を処刑した。このことによってかなりの数のヨーロッパの政治家や知識人たちが、新聞に発表された「政治犯に死刑宣告なし」を求める共同宣言を発表した(45)。署名した人々の中にアインシュタイン、バーナード・ショー、H・G・ウェルズ、ロマン・ロラン、フロイトらの名が見える(46)。前述したように、これは彼が政治的宣言に参加した一九二〇年以降の最初の機会だった。以後益々この種のことが増えていった。

五　アインシュタインへの反ユダヤ主義的反応

彼は一九一九年十二月、友人に「反ユダヤ主義はここでは強く、政治的反応は暴力的である」(47)と書いた。原因はよく知られている。ドイツはその軍事的敗北の身代りを必要とした。ポーランドやロシアでの悪運から逃れるためにドイツに逃げてきた何万ものユダヤ人によって、この感情は更にあおられた。

この時期、彼自身が反ユダヤ主義表明の格好の目標になった。まず、名声が一般的な憎悪をひき起した。次いで、強力なドイツの政治右翼にとって大変違和感のある、彼の平和主義的、超国家主義的運動の主張のためである(48)。

このような感情の最初の公の表明は、一九二〇年二月十二日に起こったようである。彼がベルリン大学で行った一般向け講演の間に妨害が生じた。新聞は「反ユダヤ主義的騒動の行き過ぎ」について語った(49)。新聞の言明において(50)、彼は、その趣旨が反ユダヤ主義に解釈されうるけれども、明白にはそうではないある敵意が彼に向けられたと考えた。この出来事は来るべきより悪いことへの前兆でしかなかった。

「純粋科学護持のためのドイツ自然研究者の活動団体 Arbeitsgemeinschaft deutscher Naturforscher zur Erhaltung reiner Wissenschaft」によるアインシュタインへの個人的攻撃はもっと深刻だった。この新たに作られた組織は一九二〇年八月二十四日、相対論と、その創立者の言い立てる意味のないプロパガンダを批判する目的で、ベルリン最大のコンサート・ホールで会をもった。（＊この組織は後に反アインシュタイン論文の集大成を出版した(51)。）アインシュタイン自身も出席した。彼は数日後、日刊紙に(52)「私の答」と題するかなり詳細な反論を発表した。その中で彼は考察した。「真理の探求とは別の動機が、この企ての基礎にあると信じる十分な理由がある。（もし、私が自由な国際的意見をもつユダヤ人ではなく、かぎ十字をもつにせよもたないにせよ、ドイツ国民であったとしたら、こんなことは……）」。幾人かの著名な仲間が署名したその新聞の別の手紙はその発表論文集について鋭く抗議した(53)。

全体として彼自身のものは余りよく書かれていない。彼は軽蔑する価値さえない何人かの人物を鋭く攻撃した。(二週間後彼は、自分の記事が愚かだったと友人に認めた(54)。)

外国の新聞はこのばかさわぎに注目した(55)。彼がドイツを去るかも知れないといううわさはベルリンの新聞で明確に否定された(*同じ組織による一九二〇年九月二日に開かれた第二回の会合はほとんど大衆の注意を引かなかった)。

第六節　アメリカ、イギリスへの最初の旅行

彼は一九二一年四月三日から五月三十日まではじめてアメリカを訪れた。同行したのは、二番目の妻エルザ、世界シオニスト組織の代表者ハイイム・ワイツマン(後にイスラエル初代大統領)らであった。彼らの第一の目的はシオニスト運動に対する財政援助を得ることだった。彼は計画されているヘブライ大学(一九二五年に開学した)のための基金を集めることができた。そして彼は科学組織への訪問をも意図した。パレスティナで戦ってきたユダヤ人の米国在郷軍人会は、一行が蒸気船ロッテルダム号から降りたとき、彼らに会うためにホーボーケン[ニューヨークに相対する港市]に行進することを計画していた(56)。

私はイスラエルの外交官アッバ・エバンが次のような話をするのを聞いたことがある。ロッテルダム号が港に近づいた時、水先船が何人かの記者を乗せて近づいてきた。記者たちは習慣となっているように、船が港に操船される間、著名な旅行者にインタヴューしたのである。その一人は、ワイツマンに、航海中にアインシュタインと議論したかどうかたずねた。ワイツマンの答えは、立て続けに何時間もアインシュタインは相対性理論の諸原理の説明を試みたこと、アインシュタインが実際にそれらの原理を理解していたことをワイツマンは確信するようになったことであった。

アインシュタインは到着時、「一群のカメラマンにおずおずと向かいあった。彼は片手に光るブライアのパイプを握り、もう一方の手に貴重なヴァイオリンをかかえていた」。彼ら一行は何千もの仲間のユダヤ人の歓迎ののち、車でホテル・コモドアに向かった。「側道は手を振る何千もの人が途切れもせず、街中へ列をなしていた」(57)。彼自身の印象。「ユダヤ人、ユダヤ人、ユダヤ人以外には誰もいない。一生のうちでユダヤ人の集団を見たのははじめてだった」(37)。

彼のアメリカ旅行は講演をはさんだ勝利の行進だった。彼とワイツマンは四月八日ニューヨーク市の名誉市民権を受け取った(58)。彼らは十一日に、シオニズムの運動でのかれらの仕事に対してメトロポリタンオペラハウスで表彰された(59)。アインシュタインは十五日にコロンビア大学で相対論についての三つの講演の最初を行った(60)。この旅行の間に彼は全ての講義をドイツ語で行った。彼は四月十八日ニューヨーク市立大学での四つの講演の最初を行った。

彼は四月二十五日、全米科学アカデミーの代表団とともにハーディング大統領をホワイト・ハウスに訪問した。ハーディングは「微笑みながら、彼もまた相対論のアイディアの理解ができなかったと告白した」(61)。エルザによれば、「ハーディング大統領とアインシュタイン教授が会った時互いに話すことができないので会合はパントマイムであった。大統領はドイツ語もフランス語も話さないし、私の夫は英語をしゃべらない。この短い出会いは友好的な握手と二人の写真撮影だった」(62)。翌日彼は、アカデミーで演説し、「科学者の活動の分野では再統一されてほしい」という希望を表明した(63)。このコメントは第一次大戦の終結後三年経っても依然として消え去らない両陣営の間のわだかまりに関係していた。

彼は五月二日、三回の講演のためにシカゴに到着した。五月九日にはプリンストン大学から名誉学位を受け取った。ヒベン学長はドイツ語で挨拶し、彼を「科学の新しいコロンブス」と呼んだ(64)。

五月十七日アインシュタインとワイツマンはボストンに到着し、鉄道の駅で大群集に出会った(65)。次の日、ハーヴァードのロウウェル学長やコックス知事にも招待された[66]。五月二十五日、彼らはクリーヴランドに到着し、鉄道駅で押し寄せる群集から保護されねばならなかった[67]。

五月三十日、アインシュタイン夫妻はイギリスへと航海した。出発に当っての声明で、アインシュタインは「私が常にアメリカの科学者に対して感じていた尊敬と賞賛は、彼らとの個人的接触によって大いに増した」と言った[68]。

六月八日、彼はリヴァプールに着いた。それから彼はマンチェスターに移り、そこで講演し、また別の名誉学位を受け取った。六月九日にはロイド・ジョージ首相やカンタベリー大僧正に会った[69]。

六月十三日、彼はロンドンのキングズ・カレッジで大聴衆の前で話した。彼はホールデン卿に紹介され、彼の家に滞在した。ホールデンは「アインシュタインが（今朝）家を出てウェストミンスター寺院のニュートンの墓に見入るのをみて感動した」と語った。そして次のような言葉でアインシュタインを特徴づけた。

「もし可能ならば自分自身を目立たなくしようという願望によって却って際だってしまう人物、しかも天才の誤りなき力によって駆り立てられた人物。その力はそれを所有した個人に一瞬の間でも休むことを許さないのである」[70]。

アインシュタインがベルリンに戻ってすぐ、『ニューヨーク・タイムズ』は小さな会合について報告した。そこでは、とりわけエーベルト大統領が出席しており、その間にアインシュタインはアメリカが激しいほど反ドイツであること、しかしその心情に変化が起こっている兆しもあったことを報告した。彼の話では、イギリスでは、政治家や学者はドイツと新たな友好関係をもたらすことを考えていた[71]。

何日か後、次のような多くの見出しを持つ記事[72]が現れた。「アインシュタインはここでは婦人が支配していると言う／科学者はアメリカの男性が女性の愛玩犬であることを見いだしたと言う／人々はとてつもなく退屈している」。これはオランダの新聞『新ロッテルダム新聞』の記者の七月四日のインタヴューの間接的な記事である。その中でアインシュタインは次のように言ったと引用された。「アメリカにおける私に対する過度な熱狂は、典型的にアメリカ的であると思える。そしてもし私がそれを正しく把握しているなら、理由はアメリカ人がそれほど退屈しているからである。われわれがそうであるよりもずっとである……アメリカ国民はそれゆえ熱狂できる何かが与えられると喜ぶ。そしてその時には彼らはとてつもなく激しくそれを行う……私はプリンストンは素晴らしいと思う。まだ吸われていないパイプである。若くて新鮮である……」。『ニューヨーク・タイムズ』がすぐ後ですこし怒ったような社説を掲載したのは驚くべきことでない(73)。

しかしながら、やがて、アインシュタインは更にベルリンの新聞からインタヴューを受けた(74)。その中で彼は、「私はその新聞を読んで恐ろしくなった……アメリカを思い出すとき私の心のほとんどを満たしているのは、私が仲間や政府の人々や個人的な人物から受けた暖かい心からの歓迎に対する感謝の気持ちである」。

ドイツの新聞に関しては、多くの新聞は彼の旅行を誇り高く記録したが、意地の悪いコメントもあった。「アインシュタインの旅行全体は巨大なこけおどしであった……人間生活のさしせまった問題に関して人間の苦しみを和らげるために何もしなかった人間が、精神の世界で王室の一員として受け入れられた……重要な科学者たちは相対性理論が誤りであるとして攻撃している」(75)。

第七節　フランスへの旅行

ベルリンの社会での彼の役割は、彼に対して惹き起こされる強く矛盾する反応によって記される。彼は一方においてもっとも著名な代表者であると体制によって主張される。彼は他方、上で記した事件が示すようにずうずうしいユダヤ人としてけなされる。このような二つの傾向は、彼が初めて一九二二年三月から四月にパリに行ったときに特に明らかであった。それは仏独関係が依然としてひどく緊張を保っていた頃だった。コレージュ・ド・フランスの教授で著名なフランスの物理学者ポール・ランジュヴァンが整えたアインシュタイン訪問の目的は、物理学、数学、哲学の同僚たちと彼の仕事について議論することだった。

アインシュタインの到着以前にフランスの新聞は、彼の訪問を伝えるいくつかの項目を既に掲載していた。彼がパリに着いた翌朝、ランジュヴァンはそれらのひとつに書いた。「フランスは……紳士淑女にふさわしいやり方で彼を受け入れる」(76)。天文学者のノルマンは「フランスのすべての知識人がアインシュタインに向けている熱狂的な好奇心は巨大である」(77)と書いた。前日、彼が列車から降りて来るときに彼を捕まえようと「パリの全ての新聞はもっとも熱心な記者を送った」(78)。しかしながら、ランジュバンが彼を何とか連れ去ったので、彼らの試みは不成功に終った。「アインシュタインの慎み深さは、彼がパリに滞在しているところに友人が現れることを禁じるまでに進んだ」(78)。彼は滞在の間をずっと通してできる限り新聞を避け、ずっと政治的性質をもつ公式の言明を控えた。

彼の訪問の主な出来事は、コレージュ・ド・フランスの大講堂で行われた四つの講義であった。その各々のあとには議論があった。「彼が講義をしている間、教授たちの名誉ある防護が、招かれざる人々から彼を守った。集った群集が特に多勢で、国家主義的なデモを恐れた人もいた第一回目の会議の日、前首相（そして優れた数学者）のポール・パンルヴェは個人的に入口のドアに立って、招待状をチェックした」(79)。後にアインシュタインは、作家が二人の仲間の学生とともに彼が話すのを聞くために、まず、壁をよじ登ってそれからりんごの木に上ったことを知らせる手紙を受け取った(79a)。「アインシュタインはフランス語で話し、原稿を使わなかった。彼は言葉を見つけることができない時、ランジュヴァンの方を向いた。ランジュヴァンは彼の隣に座り、ささやき声で要望通りの助けを与えた」(80)。

この会合はベルリンの通信者によって記されたように大成功だった。「彼の友好的な様子や彼の微笑みはすべての心を勝ち取った……聴衆は、著名人、上流階級の人々、学問熱心な若者などの混成であった」(79)。

アインシュタインは町の至るところにいた。新聞をざっと読むと、彼についての詩や、彼の風刺漫画が見られる。「全ての新聞は彼の映像を載せ、彼を扱った文献全体は増大し、科学や俗物根性はこの謙虚な科学者をほめたたえる……彼は偉大な流行の人になり、学者、政治家、芸術家、警官、タクシー運転手、スリも、アインシュタインがいつ講演するかを知っている。パリ全体が彼について全てを知り、彼について知っている以上のことを語る」(79)。

しかしながら、すべてが平和的というわけではなかった。彼はアカデミー・デ・シアンスの会合に出席すると思われていたが、彼は不愉快な出来事があるかも知れないと警告されていたので、その権威ある団体への出席をキャンセルする決心をした。新聞の報道では(81)、計画されていた訪問の夜には、アカデミー総裁は近くの図書館に雲隠れし、三〇人のメンバーはアインシュタインの到着の際会合を終わり、メンバーの一人の将軍が「私の良心はドイツが国際連盟に認められない限り（これは一九二六年まで起きなかった）、〃ドイツ人Boche〃を受け入れることはできない」(81)と述べることになっていた。この事件によって『ニューヨーク・タイムズ』は社説を書いた。「彼の講演を聞くことを拒否するとは子供じみており、そのことによって嘲笑や憐れみ以外の何物も得られることはないだろう。そしてフランス人もそれは好まないはずだ」(82)。

他のところでフランスのコラムニストはこう書いた。「私をいらいらさせ、動揺させるのは、ドイツ人が虚栄心や俗物根性は正当的な憎しみや合法的な怒りを圧倒すると考える言い訳を持つことである。アインシュタインの場合に私をいらだたせるのは、彼が俗物的な愚かさに対してあまりにもうまく選ばれたと言える使節であることだ」(83)。

この訪問への彼自身の反応は全くプラスである。あるインタヴュー(84)で彼はドイツ科学の代表者としてきたことにこだわらなかったこと、科学上の関係を改善する方向への良い意図は欠けていなかったこと、しかしこのことには、両陣営の強い感情的先入観を放棄することが必要であろうということなどを強調した。ドイツの側の敵対意識もまた存続し続けていたことは、例えばドイツとフランスの科学者の間のより密接な協同を主張するために彼が感じた必要性から理解できる。この見解は彼がドイツの平和主義者たちによって開催された一九二二年のベルリンでの会合で表明したものである(84a)。

第八節　東洋訪問

一　ラーテナウの暗殺

ドイツでの政治的殺りくの最も盛んな時期は第一次大戦直後に始まった。一九一九年に、カール・リープクネヒトやローザ・ルクセンブルクらの共産主義の指導者たちが政府の軍隊によって処刑された。一九二一年、穏健なカトリック政治家マティーアス・エルツベルガーが殺害された。彼は第一次世界大戦の終わり頃将軍たちが退陣した後、休戦に署名した。一九二二年一月二十四日、外務大臣で賢明な文化的ユダヤ人のヴァルター・ラーテナウが仕事への途中で暗殺された。

この機会にアインシュタインは、その後の人生でよく作ることになる多くの敏感で雄弁な追悼記事の最初のものを新聞に書いた(85)。「ラーテナウに対する私の気持ちは、ヨーロッパの現在の暗い時期に彼が私に与えた希望と慰めに対する喜ばしい称賛と感謝であったし、今もそれは変らない」。彼はラーテナウがテーブルを囲んで友人と話をしているのに居合せたときに感じた特別の喜びについて語った。彼は何十年も後、彼が最も好んでいたラーテナウの言明のひとつを私に話してくれたことがあった（そしてそれは公表された）。「ユダヤ人が自分は今楽しみのために狩猟に行くところであると言う時、彼は嘘をついている」(86)。

彼は更にラーテナウの追悼文に次のように書いた。「人が理想の国に住んでいる時、理想論者になるのに訓練はいらない。しかしながら彼はたとえ地球に住み、数少ない人々とその雰囲気を知っていたとしても、彼は理想論者であった……憎悪、思い違い、忘恩がそれほどまで進むことができるとは予想しなかった」(85)。彼はまたほぼ同じ頃ドイツの不安定の主な原因を正しく診断した。「ここにいる誰もがこの国に置かれた（ヴェルサイユ条約が課した）財政的義務が、彼らの現在の数字では実現されえないことを知っている」(87)。

九月、ドイツ自然科学者医師協会は百年祭を祝うことになった。彼は相対論について講演を行うようその会に招待されていた。八月の新聞は次のような「当惑させる情報」を伝えた。アインシュタインは数カ月間海外に行くことになるので、招待を辞退する(88)。「彼がこのような突然の決断をしたのは、すでにラーテナウを殺害した殺人者組織によって抹殺されることになっている犠牲者のリストに、彼の名もあったことを知らされた時であった……友人や崇拝者たちは彼の帰国をやめさせたり、少なくとも遅らせたりするためには何でも行う」。

一九二二年十月八日、アインシュタイン夫妻は五カ月間の海外旅行に出掛けた。「ラーテナウの死後、私はドイツからの長い不在の機会を大変歓迎した。それは一時的に増大する危険を私から取り去ってくれた」(89)。彼らは一九二三年二月にベルリンに戻ってきた。その年の終わり、ミュンヘンのビアホール一揆の失敗で初めてアードルフ・ヒトラーという名前が広く注目されるようになった……

一九二二年の日付をもつ注目に値する全く異なる事件がある。十一月に『ニューヨーク・タイムズ』は次のように報じた。「ロシア共産党はアインシュタインの理論を〝反革命的思想に支持を与え、本質において反動的で〟、また〝腐敗するブルジョア階級の産物〟であると非難した」(90)。

二　中国訪問

アインシュタイン一家の海外旅行は、コロンボ、シンガポール、香港、上海などへの短い訪問で始まった。『シンガポール・デイリー』は約二〇〇人のゲストが出席したパーティを報じた(91)。「ユダヤ共同体の指導的人物とシンガポールの僧正（を含めて）すべての共同体や宗派の人々が代表となった……このドイツの学者との議論……アインシュタイン夫人は英語を大変うまく話す」。彼は短い演説をした。その中で彼は「われわれの種族のもっとも素晴らしい伝統の一つである知的な大志（謹聴）」について語った。

中国の新聞は、一九二二年十一月十日、その日の彼の上海への到着を報じ、地元のユダヤ人たちが歓迎式典を計画していることを述べた。「博士」は彼らに感謝したが、休息が必要であるといって、辞退した(92)。次の日新聞が述べたのは彼がもともと数日間滞在する計画であったが、日本での義務のため彼は上海のヘイシャン・ドックからその日の朝に出発するであろうということだった。読者はまた彼が二五年以上前にエール大学（原文のまま）を卒業したこと、彼がヨーロッパ、アメリカ、アジアの学者によって崇拝されていることを知らされた(93)。（中国の新聞についてのこの情報に対して北京の Ge Ge 教授に負っている。彼によれば、アインシュタインは日本からの帰途一九二二年の十二月三十一日から一九二三年一月二日まで再び上海を訪れた。）

三　日本での五週間

アインシュタイン夫妻は一九二二年十一月十一日、午後三時に神戸についた(93)。日本での五週間の滞在の最もよい描写は、東京のドイツ大使からベルリンの外務省に送られた報告に見いだされる(94)。「新聞はアインシュタインの話で一杯だった……彼が駅に着いた時、警察が危険な押し合いに対処できないほどの大群集であった……アインシュタインは謙遜で、友好的で、素朴であり続けた……観菊会で注目の中心は皇后や摂政皇太子ではなく、すべてはアインシュタインに向けられた」。（＊日本の新聞の報告は注95に引用されている。）

このような祝宴に参加することとは別に、彼はまた日本滞在中に講演を行った。これらのうちで最も有名なものは京都で行ったもので、彼はいかにして特殊相対論に到達したかを説明した。（＊この講演はドイツ語で行われた。出席していた人の一人が翻訳し、それは日本語で出版された(96)。そしてそれが今度は英語に翻訳された(97)。）

彼が日本への途上にあるとき、彼がノーベル賞を受賞したことを伝える電報がベルリンに到着した。

四　ノーベル賞と新聞

今日、ノーベル賞受賞の知らせは世界の新聞の一面のニュースを飾る。しかし当時は必ずしもそうではなかった。『ニューヨーク・タイムズ』での彼のノーベル賞の最初の知らせを見つけるためには、一九二二年十一月十日付の第四面を開けねばならない。その二段目の中程に全文で次のような項目を見いだす。

「アインシュタインに対してノーベル賞。ノーベル賞委員会は一九二一年度の物理学賞（＊この賞の授与は一年間延期されていた）をアルベルト・アインシュタインに授与した。彼は相対性理論で知られる。また、一九二二年の同賞はコペンハーゲンのニールス・ボーア教授に授与された」。

それは、世界が二十世紀の最も著名な二人の物理学者の栄誉について知らされた控え目なやり方だった。彼は極東にいたので、彼はその年のノーベル賞授与式のためにストックホルムに行くことができなかった。ボーアは出席した。その機会にこの二人の人物（この二人はベルリンで一九二〇年に会っていた）はお互いに敬意を示し、愛情のこもった手紙を交換した。（＊アインシュタインの賞の詳細な説明には、注98参照。ボーアについては注99参照。）

（すでに見たように）一九一九年のアルベルトとミレーヴァの離婚の取り決めの中で、賞が授与されたら、彼がノーベル賞の賞金を彼女に与えることが明記されていた。一九二三年に賞金合計全体が（その当時のお金で三万二〇〇〇ドル）実際に彼女に送られた。（＊ヘレン・ドゥーカスによる私信。）

第九節　聖地訪問

一　パレスティナの一二日間

アインシュタイン夫妻は日本からの帰途、一九二三年二月二日にパレスティナに到着した。彼らはパレスティナ・シオニスト行政府によってエルサレムのレメル・スクールで歓迎された。「学校に続く道は旗を持った生徒で両側が行列になっていた……アインシュタイン教授が学校に入ったとき、外側に集まっていた群衆を押し戻すものは存在しなかった。外の門は壊され、群衆は中庭になだれ込み、中の門を打ち破ろうとした。それをしっかりと三、四人のがっしりした守衛が摑んでいた」(100)。彼は「ユダヤ・ルネサンスの旗を高く掲げた」(100)。彼は返答の中で「私はこれを私の生涯の最も偉大な日と考える……これは偉大な時代、つまりユダヤ人の魂の解放の時代である……われわれの国でなされてきたことが永続的なことであると認識した」(100)。彼は、二月八日、テル・アヴィヴの新しい市の最初の名誉市民に命名された。

彼はスコプス山のホールで講演を行った。これはまだ正式には開かれていないヘブライ大学の仮の部屋で行われた最初の科学の講演であった。シオニスト行政府の大統領は彼を紹介する際に、「二〇〇〇年もの間貴方を待っていた演壇に登って下さい」(100)と言った。アインシュタインはヘブライ語（彼がマスターしなかった言語(101)）での初めの数語を語った後、フランス語で相対論について話し始めた。彼は話の後、パレスティナのイギリス高等弁務官から感謝された。「(アインシュタインが）ヘブライ大学の敷地に立ったとき、彼の先祖の国に対する尊敬がいかに深いかが感じられた」(100)。

アインシュタインのヘブライ大学との関わりは短い期間だけに終った。彼は一九二四年、その物理学科の科学論文の最初のコレクションを編集した。彼は一九二五年、大学の理事会の委員を受け入れた。しかしながら、一九二七年に『ニューヨーク・タイムズ』が報じたところでは、「ジューダ・マグネス博士（学長）は、アインシュタイン教授と大学の理事会の間の争いについて語る声明を公表すると報じられている。この声明は更にもはやアインシュタイン教授が大学の理事会のメンバーではないと述べた」(102)。アインシュタインは実際、マグネスの統率に鋭く批判的だった。

アインシュタインはまた、ハイファのハダール・ハカルメルの「テクニオン（工業大学）」を訪問した。そこで彼は中庭に二つの椰子の木を植えた。それらは今もそこに花を咲かせている。彼が帰郷した後、テクニオンの新たに形成されたドイツ委員会委員長を受け入れた。こうして世界のあらゆる所にあるテクニオン・フレンズ・グループの最初の長になった(103)。

二　シオニズムに対するアインシュタインの最初の公のコメント

彼はユダヤ人として生まれたが、ユダヤ人として育てられたのではなかった(104)。しかしながら、彼は成長するにつれて、もっぱら当時西欧文化に広がっていた反ユダヤ主義によってであったとはいえ、ユダヤ人であることを自覚せざるを得なかった。それは激しくはなかったが、その後隠微な形をとった。事実、彼は二十九歳の若者として一度スイスでの地位を得るために考えていた個人的訪問に関して友人に書いた。「私はどうも悪い印象を与えるのではないか、スイスのドイツ人ではないし、ユダヤ人的風貌などで」(105)。

当時の考え方の最もよい例は彼の任用に関するチューリヒ大学の教授団の最終報告（一九〇九年）に見られる。この言明はそのメンバーの一人であるクライナー教授による教授団への極めて好意的な宣言のあとに続く。

「数年間の個人的接触に基づいたわれわれの同僚クライナーによるこれらの表現は、教授団全体同様に委員会にとってもそれだけ一層価値があった。というのはアインシュタイン博士がユダヤ人であり、学問的な地位の獲得における厚かましさ、恥知らず、小商人根性（＊Zudringlichkeit, Unverschämtheit, Krämerhaftigkeit）のようなあらゆる種類の不愉快な性格の特徴（数多くの場合に必ずしも原因がないというわけではない）がまさにユダヤ人学者につきものだからである。しかしながらまた、ユダヤ人の中にもこのようないやな性格を示さない人々が存在することも確かで、それゆえただ単に彼がたまたまユダヤ人であるという理由で評価しないのは適切ではないと言うべきである。実際、非ユダヤ人の学者の中にも特に〝ユダヤ的〟と普通考えられる性質を、彼らの学問的職業の商業的受入れや利用に関して展開している人々がときに見いだされる。それゆえ委員会も教授団全体も〝反ユダヤ主義〟を原理として旗印にすること（＊den "Antisemitismus" als Prinzip auf ihre Fahne zu schreiben）が尊厳に適合するとは考えない。同僚のクライナー氏がアインシュタイン博士の性格について与えることができた情報によってわれわれは完全に再確認した」(106)。

アインシュタインがその生涯の間にこのリポートをみたことがあるかどうかは疑わしい。

ともかく、ユダヤ人の運命へのアインシュタインの積極的な関心は、第一次世界大戦終了の直後までは起こらなかった。その頃、彼は文字通り助けを求めて彼の家のドアをノックしに来た、ポーランドやロシアからのユダヤ避難民の運命の直接の証拠を受け取っていたのであった。彼はその頃苛酷な運命を逃れてきたそのような人々に対して、憎悪をもっていたドイツの反応に激怒するようになった。更に彼は、「私が大変多くの（ユダヤ人の）友人に見られる誇りを失った同調主義の傾向や屈従しようとする努力にいやな思いをしていた……これらのことや同じようなことがユダヤ人国家的感情を私の中に呼び起こした」(107)。

アインシュタインのシオニズムとの最初の接触はこのような同じ第一次大戦後に始まる。他の誰よりもアインシュタインの覚醒に寄与した一人の人物はクルト・ブルーメンフェルトであった。彼は一九一〇年から一九一四年までその頃ベルリンにあった世界シオニスト組織執行部の事務局長であり、一九二四年から一九三三年まではドイツ・シオニスト連合の総裁であった。ベン・グリオンは彼をシオニスト運動の中で最も偉大な道徳的革命家と呼んだ。以前述べたアメリカ訪問でワイツマンと交流するようアインシュタインに説得したのがブルーメンフェルトであった。彼はそうしてから、ワイツマンに手紙を書き、アインシュタインにシオニスト組織に加入するよう説得するいかなる企ても行わないように促した(108)。実際、アインシュタインはその組織に決して加わらなかったのである。アインシュタインへのブルーメンフェルトの影響は、アインシュタインが死の一カ月足らず前にブルーメンフェルトに書いた感動的な手紙にもっともよく見られるかも知れない。「遅くなりましたが私のユダヤ人としての魂を私に自覚させてくれたことに対して私は貴方に感謝します」(109)。

シオニズムについてのアインシュタインの新聞での最初のコメントは、パレスティナ訪問から生まれた直接の経験によって惹き起こされた。上述のように彼はそこにいる間「われわれの国」という語句を使った。彼は（それまで）どの国に対してもそのようには自分自身を表現しなかった。彼は同じような言葉をシオニズムについて新聞での最も早い通信の中で使った。彼は一九二五年三月、ヘブライ大学の開学の機会に「われわれの大学の使命」と題した短い文章(110)を書いた。その中で彼は次のように言った。

「エルサレムのスコプス山のヘブライ大学の開学は、まさに誇りでわれわれを満たすのみならず、重大な考察へとわれわれを駆り立てる事件である。

この国のわれわれの国民の労働者階級の精神的方向や教育に関して、特別な責務がこの大学に展開される。パレスティナにおいて、ヨーロッパの町と同じような生活を送ったり、ヨーロッパのブルジョアの基準や概念をもった市民という、もう一つの国民を作ることがわれわれの目的ではない。われわれの目的はまず第一に労働者の国民を作り上げ、ユダヤ人の村を作ることであり、文化の宝がわれわれの労働者階級に接近可能になることが望まれる。特に、周知のようにユダヤ人は、あらゆる状況において教育を至上のものと位置づけるからである。それゆえ教育は、パレスティナのわれわれの国民が展開する生活の形式の個々の必要に役立つために、ユニークなものを造り上げるよう大学においても発展させられる」。

彼はまたその年にシオニズム問題について一般的なもう一つの文章(111)を発表した。以下に引用する。

「ニーチェはユダヤ民族の特異性の一つが〝不運の微妙な利用〟をいかに実現するかを彼らが知っていることにあると述べた……(ユダヤ人は)自らが代表する人間としての価値の自覚を、おろかな傲慢さなしに取り戻す(べきである)。シオニズムは彼ら自身が貧弱ではないことを自覚させ、勇敢になるように助ける……シオニズムはパレスティナにユダヤの精神的生活の中心を作る途上にある。このために、ひとは永遠にその指導者たちに感謝すべきである。この道徳的な故国(強調は引用者)の存在は、まだ死滅に値しなかった他の人々にも活力のプラスをうまく与えると思う。シオニズムという明らかな国家主義的運動が、最終的な分析において人類全体に対して重要な利点をもつことを私は主張できると思う」。

シオニズムの道徳的精神的価値のこのような強調は、彼の残りの人生に対する彼の見解であり続けることになった。この問題にはのちにもう一度戻りたい。ここでは一年後のヴィーンへの訪問の際、彼がオーストリアのユダヤ人に対してパレスティナの建国を支持するように訴えたことだけを注意しておく(112)。

三　スペインでの三週間を経由して帰国

さて、一九二三年の初めに戻って、世界旅行の最後の地であるスペイン訪問に関して彼を追ってみよう。ほとんど四〇〇ページ近くの大変読みやすい本がもっぱら夫妻のスペイン経験にあてられた事実から推定すれば、この旅行の各々の時期についてすでに述べたことよりどれほど多くを語ることができるかがわかる(113)。彼らはスペインに一九二三年二月二十二日に到着した(114)。彼らはまずバルセロナを訪れ、それからマドリッドに行き、そこからトレドやエル・エスコリアルに遠出をし、プラド美術館で時間を過ごし、国王や皇太后の謁見を許された(115)。彼はマドリッドでも王立精密科学アカデミーでフランス語で三つの講義を行った(116)。マドリッドからベルリンの外務省へのリポートは「新聞は日々、彼の行いについてコラムの長さの記事をのせ、……写真家は絶えず変わる背景の中で彼の写真をとり、……風刺画家たちは彼の印象的な頭髪を描写することで腕をためした」(117)。スペインの新聞はこの訪問を大々的に報道した(118)。

アインシュタイン夫妻は帰郷の途中サラゴサをも訪問した。彼らは三月十五日頃スペインを発ってベルリンに向かった(119)。

第一〇節　南アメリカ旅行

彼は一九二五年彼の最後の長旅にでかけた。今度は南アメリカだった。

彼は三月二十四日、ブエノス・アイレスに着いた。彼はそこの大学で二つの講演を行うことになっていた(120)。そこから彼は、ウルグアイに進み、モンテヴィデオで一週間を過ごし、フランス語で三つの講演を行った。モンテヴィデオのドイツ大使館は次のように報告した。「彼は一週間にわたる滞在の間、町の話題であり、新聞のテーマだった……共和国の大統領に迎えられ……彼は素朴で愛想のいい振舞いで素晴らしい印象を残した」(121)。彼はウルグアイを去った後、リオ・デ・ジャネイロで一週間を過ごし、再び講演を行った。大使館から外務省へ。「ブラジルの新聞はアインシュタインの滞在に関して数多くの記事を捧げた。（＊南アメリカの新聞の報告は注122に引用されている。）……彼はリオでもまた彼の控え目な振舞いによって人間的な共感を得た」(121)。彼はこの旅行の間、スペイン語で出される科学研究の論文を準備した(123)。

彼は六月五日、ドイツに戻った(124)。アメリカへの三回の後の旅行を別にすれば、これは彼の人生の最後の大きな航海であった。

第一一節　政治的かかわり――ドイツでの年月

一　第一次世界大戦の間

上の節で、アインシュタインは、その名声ある地位のゆえに、政治的性格をもつ声明文に署名を求められる機会が増大したことを注意した。ひとつの例として政治犯の死刑判決を非難する宣言を第五節の四で挙げた。次に彼のドイツでの年月（一九一四―三三年）の間の政治的関わりに関して、詳細で体系的な記事に移ろう。

彼の科学的生産力は第一次世界大戦の深刻な苦難の影響を受けなかった。実際、この年月は彼の全経歴の中でも最も創造力のあった時期の中に数えられる。一九一四年から一六年の時期はまた、彼の生涯で知的に最も精力的な時期でもあった。それは彼が一般相対論という科学への最も重要な寄与を完成させた時期であった。

この戦争の時期の間、彼は一冊の書物と計五〇編の論文を書いた。彼は一九一七年に重病になり、それ以後の数年間の間肉体的に弱っていたのだから、これは一層驚くべき生産量である。

このように精力的な活動をしている間も、彼のまわりの世界に展開する悲劇的な出来事への真の深い関心は彼の心から消えはしなかった（彼が戦争の時期にベルリンに居たことを思い起こそう）。逆に一九一四年から一八年の時期に、急進的平和主義者で強い道徳的確信を持った人物としてアインシュタインは公衆の前に出現した。彼は自分の意見が人気を得ようとそうでなかろうと、それを公に表すことをためらわなかった。彼が自分の世界的名声を使ったことがあるとすれば、それは道徳的政治的問題について語り合うフォーラムを作ることであった。

第三節で述べたように彼の世界的名声の時代は、第一次世界大戦の終わった後の一九一九年に始まった。これは彼の活動が何故その戦争の間にほとんど新聞で報道されなかったのかということの二つの理由のうちの一つである。もう一つの理由は、この時期の彼の政治的言明はドイツでは余り人気がなく、他のところではまだ知られていなかったことである。しかしながら、彼の言明は大変興味深いので、彼をもっぱら新聞の目を通して見られたものとして記述する私の目的から離れ、以下の数ページでは別の資料に頼ろう。（＊その最善のものは注125である。これは一九一四年から彼の死までの政治的コメントを扱っている。）

彼が政治的声明に署名した最初の機会は一九一四年の終わりであった。その機会は一九一四年十月十一日に発表された「文化世界への声明」なるものへの応答という形であった。この声明文は、その六つの主要点の最初の言葉である「それは本当ではない Es ist nicht wahr」として引用されることが多い。その署名者たちは、

「〃われわれの敵がドイツのクリーンな立場を汚そうとして用いる嘘や中傷に抗議し、彼らの声を声高に上げる〃。この声明は、ベルギーの中立の理不盡な侵害の責任、ベルギーで行われた残虐行為の責任、特にベルギーのルーヴァン市で起ったとされる略奪の責任、そして国際法に対する違反の責任などを否定することに

繋る。われわれの敵は、自らをヨーロッパ文明の擁護者と呼ぶ権利を持たない。というのは、〝彼らはロシア人やセルビア人と同盟を組び、白人に対してモンゴル人や黒人を解放したからである〟」。

実際、ある著名な歴史家はドイツの蛮行を次のように書いた。

「ベルギーにおけるドイツ軍の野蛮な振る舞いは、否定できなかった……ベルギーの抵抗は彼らを激怒させた……彼らは人質を取り、反対者を見つけた時には彼らを処刑した……ドイツ人は、街中で狙撃されたことや、ルーヴァンがフランス義勇兵で一杯であるということを信じて多数の市民を殺し、町に火を放った。大学の有名な古い図書館は完全に破壊された」(126)。

この宣言は署名者の数にちなんで「九三人の声明」としても知られている。つまり一七人の芸術家、一五人の科学者、一二人の神学者、九人の詩人、七人の法律教授、七人の歴史家、七人の医学教授、五人の作家、四人の哲学者、四人の言語学者、三人の作曲家、二人の政治家、一人の劇場監督者である。有名な科学者は自分の名前を貸した。エミール・フィッシャー、フェーリクス・クライン、ネルンスト、オストヴァルト、プランク、レントゲンなどである。

この文書は同盟圏に苦々しく広範で永続的な怒りを引き起こした。戦争の一年後、フランスの首相ジョルジュ・クレマンソーはこれをフランス上院への演説で取り上げた。そしてそれを「いわゆる知識人、そう、真の知識人であるはずの人々の恥知らずのあの声明、それを私はドイツの最大の罪、われわれが知っている他の全ての行為よりももっと悪い罪と考える声明」と呼んだ(127)。

アインシュタインは同じ年にこのような怒りの反応について、次のように言わねばならなかった。「私は全くこの憤慨を理解する。それは、声明そのものやその勇しい擁護者たちとほとんど同じとは言わないまでも、私にとって漫画のようなところがある。一群の人々が集団的な妄想に苦しんでいるとき、これらの人々にあらゆる影響を与えないようにすべきである。しかし才能や見識のある人々は、彼ら自身が病気でなければ憎悪や熱狂によって長く支配されることはない……」(128)。このエピソードを漫画的と呼んだこのような反応は、彼の生涯を通じて権威を誇張する感覚をもつ人々に対する彼の典型的な反応であった。アインシュタイン自身がたまたま苦い顔で話してくれた物語によればこれがすでに子供時代に始まっていたらしい。学校で教師はかつて彼に、この少年が彼のクラスにいなければ、もっと幸せなのにと言った。アインシュタインは自分は何も間違ったことをしていないと答えた。教師は「それは本当だ。しかしおまえは後ろの列のそこににやにやしながら座っている。そのことは教師が自分のクラスに求めようとする尊敬の感覚を破壊している」(129)。

一九一四年十月に戻ろう。九三人の宣言の発表後数日以内に「ヨーロッパ人への声明」と題したこれに反駁する文書が作られた。それは有名な平和主義者でベルリン大学生理学教授のゲオルク・フリードリヒ・ニコライが起草した。アインシュタインはその作成に参加した(130)。

この声明は世界共通の文化の必要性を強調した、

「しかし、このような感情が期待されてきた人々——主に科学者や芸術家だが——は、彼らがあたかも国際関係の存続の更なる欲求を放棄したかのようにほとんど一人残らず対応した。彼らは憎悪の精神で語り、平和を求めて発言することをしなかった……

われわれはヨーロッパの統一への信念をここに表明するものである。それは多くの人がわかちもっていると信じられる信念である。われわれの信念のこのような公の肯定が、このような統一へと力強く成長していく助けとなることを願う、この方向の第一段階は力を合わせてヨーロッパ文化を真に喜ぶすべての人々のためにある」(131)。

この声明はベルリン大学の教授団のメンバーの間で回覧された。数多くのメンバーが共鳴したが、あえて署名したのは四名だけだった。すなわち、ニコライ、アインシュタイン、天文学者のヴィルヘルム・ユーリウス・フエルスター、オットー・ビュック(*彼については、一九二〇年代にアルゼンチンで新聞の通信員だったことしか判っていない(132))。

自他ともに許す平和主義者フェルスターが例の声明「Es ist nichi wahr」の署名者の一人でもあったことは注目すべきである! 第一次大戦後、この声明に名前を貸した何人かが、自分に圧力がかけられたことを書いて言い訳とした。ある人は、大急ぎで発表することが大事であって、特別な内容があるわけではないから気にしないように、という趣旨の電報が来たので、承諾しただけだ、と述べた(133)。

一九一四年十一月、「新祖国連合」が作られた。その目的は、併合なしに平和の早い達成を促進し、未来の戦争を不可能にする戦後の超国家的組織を設立することであった。アインシュタインはこの連合の設立者の一人に数えられた。彼は時折その会合で話した。この組織は初めから、あからさまな妨害に苦しんだ。一九一六年二月にはそれ以降の活動を停止させられた。しかしながらそれは内密に存在し続け、一九一八年に公けに復活した(134)。同じ年の日付けのある一通の書簡がある。ベルリン所轄の参謀長からベルリン市の警察署長に宛てたもので、平和主義者の活動に注意深い目を注ぐ必要性を助言している。この手紙に添付された既知の平和主義者の名前のリストがあり、アインシュタインは自分の名が挙げられるという名誉を担った(135)。

この戦争中のアインシュタインの政治に関して注目すべき最後の点は、フランスの作家で平和主義者のロマン・ロランとの文通である。ロランは当時スイスに住んでいた。ロランは一九一四年九―十月に『ジュネーヴ・ジャーナル』に一連の論文を発表していた。それは一九一五年に『戦争を越えて』という書物にまとめられた。彼はこの中でフランスやドイツに対して、真理と人間性を敬うよう要求した。ロランは日記の中に次のように書いた。「アインシュタインはイギリスへの共感がないにもかかわらず、依然として、イギリスがむしろドイツに勝つことを望んだ。イギリスなら世界の残りをいかに生かすかをより良く知っているだろうと考えたのか」(136)。

この戦争の間、ドイツの体制に対するアインシュタインの関係はあいまいであった。彼は平和主義者を自認しており、部外者だった。ただ彼はドイツ科学の行政に関わる責務に関しては部内者だった。彼は良心的にそれらを実行し、それらのいくつかは喜んで行った。彼は新設のプロイセン科学アカデミーのメンバーとして、しばしばその機関誌に論考を発表し、一般の会合と同様、物理学部門の会合にも真面目に出席し、しばしばその委員会で働き、その機関誌に提出された疑わしい投稿原稿のレフェリーを務めた(137)。一九一六年五月五日、彼はプランクの後を継いでドイツ物理学会の会長になった。その時から、ゾンマーフェルトが引き継ぐ一九一八年五月三十一日までの間、彼はこの学会の一八の会合を主宰し、多くの機会にそこで講演した。一九一六年十二月三十日、彼は連邦の機関である国立物理工学研究所の評議員に帝国の命令で指名され、実験プログラムの選択について委員会の審議に参加した(138)。彼はこの地位をドイツを去るまで保持した。彼は一九一七年に物理学のためのカイザー・ヴィルヘルム物理学研究所の所長としての義務を果たし始めた。これはおおよそ行政的地位で、この研究所の最初の仕事は様々な大学の物理学研究に対する援助金を統括することだった。

二十世紀の精密科学のいくつかの創造者、活動的な平和主義者、多忙な行政官などこの戦争の間のアインシュタインの活動は驚くべき範囲に広がっている。彼はこの時期を通して深い関心と深淵な無関心との絶えまない特徴的な混合状態を示した。それはおそらくスイスの友だちに書いたものによってもっともよく示されるだろう。

「現在の狂気のゴタゴタの中で、馬鹿げた大衆が夢中になっているすべての物事から意識的に無関心になることで、私は快適さを感じ始める。なぜ人は精神病院の中で奉仕職員のメンバーとして満足して生きることができないのか。結局、精神病者は、人の住む建物をその人たちのためのものであると見なすのと同じように、人から見なされる。ある程度までは、人は自分で制度を選択をすることができる。もっともそれらの建物の違いは若い頃に思っているよりも小さいけれども」(139)。

二　ヴァイマール共和国

一九一八年十一月十一日、西欧列強とドイツの間で停戦が合意された。二日前にカイザー・ヴィルヘルムII世が退位し、一九一九年一般にはその設立の会合があった場所にちなんで、ヴァイマール共和国として知られるドイツの共和国の設立が宣言された。

アインシュタインは情熱的にこれらの展開を受け入れ、ベルリン大学学生に対して注目される見解を表した。

「われわれの共通の目標は民主主義、すなわち人民の支配である。それは個人が二つのことを聖なるものと考える時にのみ達成できる。第一にたとえ大多数が自身の個人的望みや判断と合わない時でも、人民の意志へ積極的に従属しようとすることである……第二にすべての真の民主主義者は、右翼の古い階級による専制が左翼の新しい階級による専制に置き変わらないように監視しなければならない」(140)。

一九一九年という年はアインシュタインの人生にとって大きな変化の時だった。彼は一月から六月までチューリヒ大学で講義を行った。彼は二月に最初の妻と離婚した。六月に彼は再婚した（第二章第五節）。私は既に彼を世界の舞台に主要な公的人物として押し上げた十一月の出来事を語った（第三、四章）。

彼の政治的活動がめざましく増加をみせるのもこの年である。彼は四月には、自らの主導権で戦争犯罪を調査する計画を進める六人のドイツの知識人たちの委員会に加わった。しばらく後で、彼はその委員会が得たことがらについて書いた。「ドイツ軍がひどく間違ったことを行い、ドイツに反対する好ましからざる憎悪が正当化されるという確信が次第にここで広まっている」(141)。

彼は六月にはロマン・ロランの起草した国際アピールに署名した一〇〇人以上の知識人の中の一人だった。その中には次のような箇所が見られる。「世界のいたるところで起った知性のほとんど完全な放棄や、野放図な力への自発的な隷属が生み出した不幸を指摘しよう……心は誰の召し使いでもない。心の召し使いであるのはわれわれである。われわれはほかに主人を持たない……われわれは人々について何も知らない。われわれはユニークで普遍的な人民を知っている」(142)。

アインシュタインは一九二〇年の間、私が知る限り公の政治的コメントをしなかった。それ以外にはこの年に初めて彼の最初の新聞インタヴューが、彼の科学的業績以外の問題について現れた(40)。不愉快なこともいくつか起こった。彼の講義の間に行われる反ユダヤ的妨害、相対論に反対する大衆の会合（第五章第五節）、そして最後だが重要な「カップ一揆」（＊これはヴォルフガンク・カップが指導して不成功に終った試みであった。これはヴァイマール共和国を打倒するためで（第一次世界大戦の間の参謀総長の）エーリヒ・ルーデンドルフや軍隊の部隊が援助した）。

さてここから先は再び彼をほとんどもっぱら新聞記事を通してたどることにしたい。

彼は一九二一年、アメリカの通信員に対して政治的問題について最初のインタヴューを行った。彼はその中の一部で次のように言った。「科学は戦争の恐ろしい効果に苦しんでいる。しかし、第一に考慮さるべきは人間性である……文化、商業、工業における国際主義が回復するまでは、平和はありえないし、戦争の傷をいやすことはできない……私が確信をもった平和主義者であること、私が世界は十分過ぎるほど戦争を行ったと思っていると言っていることを省かないでほしい」(143)。数年後彼は別のインタヴューで次のように言った。「私の平和主義は本能的な感覚である。私の態度は知的な理論の結果ではなくて、あらゆる種類の残酷さや憎悪に対する深い反感によって引き起こされる」(144)。

三　国際連盟

一九二〇年に設立されたこの組織は、その設立者の気高い気概に沿っては生き延びなかった。それは特にヒトラーのヴェルサイユ条約破棄やイタリアのエチオピア征服などを阻止できなかったことで、信用を失っていた。国際連盟は第二次世界大戦の間に活動を中止した。それは一九四六年に国際連合に置き変わった。

アインシュタインは一九二二年、国際連盟の知的協力委員会(後に知的協力の国際委員会)のメンバーに招待され、直ちに受け入れた。このニュースはドイツの新聞で報道された(145)。彼はドイツを代表しているはずであったし、ドイツは国家としてまだ国際連盟のメンバーではなかった(一九二六年に加盟)。彼は以前より一層ドイツへの憎悪にさらされた。

一九二三年一月、フランスはドイツのルール地方を再び占領した。この目的はドイツにその戦争の賠償金を支払うようドイツに圧力をかけることだった。この行動はドイツ貨幣の完全な崩壊を早めた。アインシュタインは激怒し、国際連盟はその職務の実行に際して強さも善意も持たないと宣言して、委員会に辞任を伝える手紙を書いた。「私は確信をもった平和主義者として、国際連盟とのすべての関係を断ち切ることを余儀なくされると感じる」(146)。

彼は一九二四年、翻心してまた参加した。彼が仲間の委員会のメンバーに書いたように、彼は明確な思考より、幻滅というその時の気分に影響されていた(147)。彼は一九二七年『ベルリン日刊新聞』のインタヴューで、国際連盟についての彼の判断を詳細に表現した。「世界平和の大きな問題に関しては国際連盟が多くの人にとって強い失望であったこと、更にあらゆる地域の人々が、勇気と善意をもって行動することを国際連盟が果たさなかったと感じたことは否定できない。しかし、よき意志を持った人々が、国際関係の領域の中で秩序回復へのこの最初の試みを支持すべきであると私は感じる」。

彼は一九二四年七月に初めて知的協力委員会の会合に参加した。それはパリで開かれ、フランスの哲学者アンリ・ベルクソンが長を務め、アインシュタインに歓迎の言葉を述べた(148)。出席していた他の物理学者のメンバーはマリー・キュリー、ローレンツ、カリフォルニア工科大学（Caltech）のロバート・ミリカンらであった。アインシュタインはドイツの新聞にこの体験を報告した。「私は客観的であろうとする正直な望みを見て幸せだった……私はまたドイツの国際連盟への加盟の問題を議論する機会をもった」(149)。

彼は一九二六年、新聞に対して、彼にとってはおよそ普通ではない性質の記事を書いた(150)。それは純粋に行政的事柄を扱っていた。その目的は彼がメンバーだったこの委員会の働きについて、一般大衆に知らせることであった。そこにはその委員会の七つの部門の性質が記されている。教育の助けによって国家間の理解の改善の問題を扱う総務：大学間の国際関係：科学的物事：法律的問題：文学、特に重要な著作の翻訳の問題：芸術：新聞である。

彼は一九二四年、一九二五年、一九二六年、一九二七年、一九三〇年のそれぞれ七月の委員会の会合に出席した。一九二八年、二九年の欠席は、一九二八年初めの過労によってもたらされた一時的な健康上の不調が原因である。心臓の肥大と診断された。彼は四カ月の間、床に臥せねばならなかった。彼は十分に回復したが、ほとんど一年の間弱ったままだった。「時々、……彼は何ものにも邪魔されずに研究することができたので、入院生活を楽しんでいるように見えた」(151)。

一九三〇年の会合は彼が参加した最後だった。彼が一九三二年七月の会合の招待を受け取ったとき、彼は自分が委員会で役に立つ仕事をする人物であったとは思わないと付け加えながら、彼の職務の期限が一九三一年に切れたと考えられると答えた(152)。

数年後に彼は次のように知的協力委員会のことを記した。「それはその著名な構成員にもかかわらず、私が加わった最も効果のない企てでした」(152)。

今議論した年月の間、世界の出来事に対するアインシュタインの見解がしばしば外国の新聞で求められた。アメリカの新聞の一九二五年のインタヴューから二つの例を挙げる。一つはロカルノ条約(*ロカルノで一九二五年十月十六日に署名されたベルギー、イギリス、フランス、ドイツ、イタリアの間の一連の合意。これはライン川東岸の非武装地帯の保証と国境の保証を含んでいた)について。

「ロカルノ条約はヨーロッパの責任ある政府のサークルが超国家的基礎の上に立って、ヨーロッパ組織の必要性を今確信していることの証明である。この条約は伝統的な偏見や戦争を生み出す怨念が、このような段階をあえて取ることを政府に許すほど、人々において弱まったことを明らかにする」(153)。

極東とロシアについて。

「極東の人々はつつましやかな生活水準の可能性を奪われるべきでない……日本は今、安全弁のない大きなヤカンのようである。日本は、住民が存在し、発展するのを可能にするのに十分な土地を持っていない。この状況は、とにかく恐ろしい闘いをさけるつもりならば、改善されねばならない。

ロシアに関しては、ロシアはその経済条件において現在の政府形態のもとでほとんど進歩を遂げなかったし、建設的性質を示すものをほどんど持たない。工業生産は減少した。しかし、ロシアの未来に関して、すべての物事と同じように予言するのは愚かであると同様に困難である」(154)。

ついでにソヴィエト連邦に対する彼の態度についてもう少し述べておくのもよいだろう。彼は一九二三年に「新しいロシアのドイツ後援協会」の設立の呼びかけに署名した人々の一人であった(155)。彼はこの組織の中央委員会のメンバーとして自らこれに参加した、この呼びかけの一部にはこうある。「数年間の間、ロシアにおいて経済的知的展開が進歩している……(それについて)ドイツ国民の大多数はほとんど気付いていない」。この協会の目的(一九三三年に解散した)は本質的に文化的なものだった。つまり、ドイツ人にロシアの経済的、技術的、科学的、芸術的発展を知らせる援助をすることだった。当然のことながら、協会の活動はドイツの警察に監視された(156)。

アインシュタインはロシアの一九一七年十月革命の目的に積極的に反応したが、共産党の戦術や策略については留保をもっていた。彼は数年後次のようにそれを述べた。「私はレーニンの中に見出される、自分の強さの全てを捧げ、社会正義の実現に自分個人を犠牲にする人間的要素をほめたたえる。しかし私は彼のやり方が適切であるとは思わない」(157)。そして思想家としてのレーニンについて、「ロシアの外側では、レーニンとエンゲルスは当然ながら科学的思想家として評価されてはいないし、誰もかれらに反論することに関心を示さない。同じことはまたロシアの内部でもあてはまるはずだが、そこでは人はあえてそう言える自由をもたない」(158)。

アインシュタインはロシアを訪れたことはなかったが、その指導者たちとは文通をいくつか行った。彼は一九三六年に、当時人民代表者会議議長のヴヤチェスレフ・モロトフに手紙を書き、ソヴィエト連邦での一時的な地位を求めた彼の共同研究者の一人の計画を、実現するよう取り計ってほしいと依頼した(159)。この勲章をもつ小柄な人物はこの善良な教授の依頼に応えたに違いない。というのは、すぐ後でアインシュタインは再びモロトフに彼の助力に対して感謝するために手紙を書いたからである[160]。一九四七年アインシュタインはスターリンに、ブダペストのスウェーデン下級外交官のラウール・ヴァレンベリイの事件を弁護するように手紙を書いた。ヴァレンベリイは彼の部下とともにスウェーデン公使館の保護の下で、二万人のハンガリー人をなんとか亡命させ、一九四五年にソヴィエト軍の手に落ちた後、消息を絶ったのである。「私は年老いたユダヤ人として貴方にラウール・ヴァレンベリイを見つけ出し、彼の国に戻すよう訴える……彼は自分自身の生命の危険を冒して、何千もの私の不幸なユダヤ民族を救うために働いたのである」[161]。返答には、部下の言うには、ヴァレンベリイの捜索が不成功に終ったと公式に表明してよいということが書かれていた[162]。

四 その他

さて一九二〇年代の終わりに移るにつれて、アインシュタインの創造的才能はそのピークを過ぎた。彼の最後の主要な発見は一九二五年の日付を持ち、いわゆるボース=アインシュタイン凝縮を扱っている[163]。確かに、彼は依然として生き続けなければならなかったその後の三〇年間の間、決して研究から身を退いたわけではなかった。そしてその中には優れたものもないではなかったが、そのすべてを偉大と呼ぶことはできない。

彼の科学的業績の性格のこのような変化とともに、彼の著作での変化に気づかされる。彼が一九一五年終わりに一般相対論の定式化で彼の究極的高みに達した後、この変化は最初はゆっくりと始まった。一九一六年から一九二〇年まで、当時亡くなった科学者の彼の初期の追悼文が見られる。これらの人物描写は彼の鋭い人間把握を示し、それによってその人物自身の人物像の構築に寄与している。彼はまたケプラー、ニュートン、マクスウェルらの過去の偉大な人物についての記念出版物への寄稿にも当然値する人であった[164]。

これらの変化のどれも、世界の新聞がアインシュタインに向けた注目を減らす働きはしなかった。もしあるとすれば、逆のことが真実である。彼の個人的生活での出来事は報道するに値すると考えられた。また、アインシュタインは、インタヴューであらゆる種類の問題について発言するのを率先して行っていたかのようにさえ思える。二、三の例を挙げる。すべて一九二〇年代終わりである。

彼の個人生活について。「ある晩アインシュタインは寝る前に入浴したが、一時間過ぎても彼は現れなかった。彼の妻が心配して浴室のドアを開けてみた。彼は浴槽に横たわり、深く思考に沈んでおり、夢から覚めたように思考を中断されたのであった。〝ああ、そうか。私は机に座っていると思っていた〟」[165]。

うわの空の教授について。「アインシュタインはパリでベルリン行きの列車に乗る時、荷物を置き忘れてきた」[166]。

健康状態について（一九二八年）。「アインシュタインは心臓の肥大で苦しんでいる」[167]。

次に彼があらゆることで、インタヴューされた話題の例。

直接の引用。「なぜ、人々は偉大な人々を国籍別で語るのか。偉大な人間は単に人間であって、（そのような）観点から考慮されるべきではない……彼らが育った環境が考慮されるべきでもない……」[168]。

死刑について。「アインシュタイン教授は死刑の廃止に好意をもっていない……彼は社会がなぜ、社会にとって害があると証明された個人を取り除くべきではないということが彼には理解できなかった。彼は人に終身刑を宣告する権利について、死刑を宣告するのと同じように、その権利を社会が持つことを付け加えた」[169]。

五　軍事的平和――なんじら武器をもつべからず

彼は、一九二八年に始まり、ヒトラーが権力を握った一九三三年に一時的に終わるのだが、個人的な戦争反対の声高な支持者だった。彼の平和主義はより急進的になり、もはや以前のように文化的問題に限定されなかった。むしろ彼は今普遍的な非軍備と武器携帯の無条件拒否という原理を支持する意見を述べた。しかしながら彼は、フランスの同僚に書いたように、「患者は治療がなんらかの助けになるずっと以前に亡くなっていたであろうから」、土着のアフリカ民族にこの主張をあえて唱えようとはしなかった(170)。

こうして徹底的となった彼の立場の初期の表現は、手紙や、彼が署名した声明の中に含まれた(171)。しかしながらこれらは新聞で取り上げられなかった。このことは私が知る限りでは、一九三〇年にやっと注目され始めた。彼自身の名での特別な通信である最初の言明は次のような文章を含む。

「列強全ての追求する巨大軍備維持の政治が、人間にとってきわめて有害であると証明されたことは、広く認識されている。更に現状において国家は一方的な軍縮を採用することで実際の危険を冒そうとはしない。ということを付け加えておきたい。もし、これがそうでなかったら、少なくとも今不適当に軍備したり、全く軍備をもたないような国々は、きわめて危険で不安定な状態に置かれることになろう。しかしながらこれは事実ではない」(172)。

彼は数カ月後先見の明ある言明を行った声明に共同署名した。

「国家全体が危険な状態にある!
貴方がたは、科学が止むことなく改良している破壊手段を利用した新しい戦争の意味を知っているか。
貴方がたは、武器、通信所、食糧貯蔵庫のみならず、すべての重要な工業センターが攻撃目標となるので、戦争は未来において誰にももはや有益ではないことを知っているか。これは産業の全面的破壊をもたらすだろう」(173)。

それはまさに第一歩であった。次に人間の武器所持に特に反対を表明した彼の言明に移ろう。

一九三〇年。「公的に強化される軍備や戦争奉仕に対する激怒の感覚について私は個人的にも公にも秘密にしなかった。私は利用可能なすべての手段によって個人のこのような野蛮な奴隷化に反対して闘うことを良心の義務と見なす」(174)。

また、一九三〇年。「空想にふけるのではなく、現実を考え、思う真の平和主義者は、無駄な言葉をあきらめ、自分の運動にしっかりした価値のある何ものかを達成させることを恐れることなく試みるべきである……彼らの政府によって囚われることを恐れる臆病な人に対して、私は言う。〝貴方は投獄を恐れる必要はない。というのも、もし貴方が平和の時代に、われわれは闘うつもりはない、われわれは国際的な問題を解決するために別の方法を必要とする、と宣言して世界の人口のわずか二％でも獲得できれば、この二％で十分であるだろう。というのは世界に彼らを収容するだけの刑務所がないからである！〟」(175)。

一九三一年のインタヴュー。「政治的信条の告白から始めたい。国は人のために作られるのであって、人が国のために作られているのではない。これは科学についても同様に正しい。これらは、人間自身がもっとも高い人間の価値であると考える人々が昔から提言してきたことの定式化である。もしこれらが特に規格化や定型化の著しい今日においても、忘れられる危険にないならば、更めてここで繰り返さなくともよいかもしれない。私は国の最も重要な使命は個人を守ることであり、個人が創造的個性を展開することを可能にすることであると思う。

国はわれわれの召使である。われわれが国の奴隷であるべきではない。国がわれわれに軍務を強いる時、国はこのような原理を破っている。特にこのような任務の目的と効果は、他の国の人々を殺し、彼らの自由を侵害することだからである。実際われわれは国のために、人間の自由な展開に役立つような犠牲だけを払うべきである。

国家主義は、現在このように過度な高みにまで成長して、私の見解では強制的な徴兵制度、遠回しに言えば、国民軍と密接に関係している。市民の軍務を要求するどの国家も、その軍事的有用性に対する心理的な基盤を置くために、市民の間に国家主義の精神を育てねばならない。その国は学校の生徒に対して、まさしく宗教を利用してなされるように、この野蛮な力の道具を偶像化しなければならない。

私の考えるところでは、強制的な軍務の導入は、白人の道徳的崩壊に対する主要な原因であり、われわれの文明の存続のみならず、われわれの存在そのものを深刻に脅かすものである」(176)。

一九三二年のインタヴュー。「アインシュタイン教授は戦争放棄の過程の最も必要で実際的な段階として、戦争参加の個人的拒否の重要性に何度も何度も繰り返し戻ってきた。〝なぜならそうすることによって非常にわずかな人でも大変大きな感銘を与えることができるからである。それほど多くの人は必要でない。ただ確固とした決意をもつ人々が僅かでもいればよいのだ〟。個人的拒否という形での反戦十字軍という考え方こそ彼の中心的なメッセージである。〝軍縮会議には何も期待することはない。個人の参戦拒否が広く実現されれば、人の心はもっと急進的な方法に向かうだろう〟。

困難な問題があるのは疑いがないが、人はもはや殺人者になるのを強制されないという事実によって与えられるに違いない大きな道徳的感銘は、それらの問題にまさる。〝殺人者になることは何ものよりも恐ろしい〟」(177)。

さて、軍縮に関する政府や国家の役割についての彼の言明のいくつかに移ろう。

「政府は戦争機械の経済的利益にあまりにも依存し過ぎているので、近い将来に戦争放棄への決定的段階を望むことはできない。人が国際的規模で組織化されるようになり、軍務や戦争奉仕につくことを全体として拒否するときにはじめて、重大な進歩が達成されうると信じる。世界の人々は、どの政府も、伝統的な道徳性から見れば重罪であるような活動に、市民が従事することを期待することは正当ではないという点を、理解するよう図られなければならない」(178)。

「なぜ人や国家は、生存を懸念しなければならない世界に住むべきなのか。答は、彼らが自ら低劣で一時的な利点を求める方向を追求し、そうした利己的な目的よりも社会全体の福祉や繁栄を優先させようとはしないからである」(179)。

「話されたことであれ、書かれたことであれ、政治的物事についての意見の自由や批判を制限したり、圧迫したりする国は崩壊することになる。そのような制限を許す市民は、その政治的劣等性を立証し、それによってさらに制限や圧迫を許すからである」(180)。

アインシュタインは早くから表現の自由を力説していた。アメリカで『西部戦線異常なし』という平和主義映画を見た（＊実際はハリウッドで彼のために特別上映が行われた）後、彼はドイツでは上映が禁止されたことについてコメントした。「この映画に対する弾圧は、世界全体が注目する中で、われわれの政府が外交的な敗北をみたことを示す。その検閲によってわれわれの政府は町の暴徒の声に屈服していることを証明し、政策を転換することがどうしても必要とされねばならないほどの大きな弱点を示す」(181)。

彼の関心が、科学の社会への影響の考察に導かれたのはごく自然であった。一九三一年二月、「戦争の時代に、応用科学は人間を互いに破滅させる手段を次々に与える。平和の時代に科学は、われわれの生活から余裕を奪い、不安定にした。科学は、成さねばならない多くの単調な仕事から解放する代わりに、人間を機械の奴隷にした。人々はほとんど喜びなく、わずかな収入を失うことに絶えずおびえながら、長く疲れる時間を働く」(182)。

彼は、戦争反対者の国際会議へのメッセージ（一九三一年八月）で、世界の科学者たちに戦争の新しい道具の製造の研究への協力を拒否するようにアピールした(183)。

一九三一年九月。「過去一世紀における人間の発明的才能は、われわれの制度が技術の進歩についていける限りにおいてのみ、生活を楽に幸せにしたと言ってよいだろう。実際のところ、これらの苦労して獲得した達成は、われわれの世代の管理においては、幼児の振り回す鉄砲と同じように危険である。素晴らしい生産手段の所有は欠乏や飢饉を生み出し、自由を生み出さなかったのである」(184)。

一九三二年一月。「ヨーロッパ・アメリカ文明の基礎はひどく動揺してきた。それをおびやかす暗く摑みがたい力に直面して、われわれすべては困惑や恐れの感覚にさいなまれた。われわれは消費物資においても生産手段においても、以前のどんな世代よりも豊かであるが、大多数の人間はひどい欠乏に悩み続けている。生産や消費はますます減少し、公の機関への信頼はますます下がった。至るところで経済組織全体が治癒不可能なほど病んでいるかのように思える……知性が、悪の克服のために欠けているのではなくて、公共の福祉の奉仕における人間の責任ある献身が欠けているのである」(185)。私はこのような文章を引用する時、六〇年前ではなく、今日の声を聞いているかのようである……

一九二八年から三二年の彼の平和主義についての本節を終えるに際して、私は平和運動についての彼の評価に注目する。

まず、一九三一年夏に行われた戦争反対者インターナショナルの会合に彼が送ったメッセージである(186)。

「あなた方は戦争を終わらせるのに最も確かな運動を代表している。あなた方が賢明かつ勇敢に行動すれば、あなた方は、あらゆる人間の努力の中でも最も偉大なものに携わる人々の集団となるだろう。戦争の危険が過ぎ去ったと考える人は愚者の楽園に生きている。われわれは今、第一次世界大戦がもたらしたものよりもっと強力で、もっと危険な軍国主義に直面している。これは諸政府が達成したものなのである……あなた方は、国民が軍縮を自分たちの手にし、彼らが戦争や戦争の準備に参加しないよう説き伏せなければならない。あなた方はすべての国の労働者に、生命を危うくするような戦争を利する道具となるのを拒否することで連帯するよう要求しなければならない。

いまは猶予している時ではない。あなたは戦争賛成か反対かのどちらかである。もし、あなたが戦争賛成ならば、前進し、科学、財政、工業、宗教、労働を督励し、武器生産のために彼らすべての力を結集し、出来るかぎり致命的な兵器を製造させるがよい。もし、あなたが戦争に反対なら、あらゆる人をその能力の限界まで戦争に抵抗するようにしむけよう。私はこの重大で最終的な決定をすることを、これらの文章を読んでいる全ての人に求める。

……私は〝アインシュタイン戦争抵抗者基金〟の設立を正式に認めた」。

そして最後にアメリカの新聞への二つの寄稿。

「平和運動一般は、平和なときには多数の人々を引き付けるのに十分劇的とは言えない。しかしながら、徴兵に反対する闘いは、当然われわれの敵に直接の挑戦を行って闘争するが故に劇的な衝撃力をもつであろう。

もし、平和な時代に、平和組織のメンバーが投獄の危険を冒して権力に抵抗することによって犠牲を払おうとしないのであれば、彼らは、最も筋金入りの確信をもった人物だけしか抵抗を期待できない戦時には、必ずや失敗するであろう」(187)。

「戦争に反対するには、合法的な方法と革命的な方法の二つの方法がある。合法的な方法は、少数者のための特権としてではなく、万人のための権利として、別の形での義務の遂行という形をとる。革命的見解では、妥協のない抵抗の形となる。平和時には軍国主義的権力の破壊を目指し、戦時には国の軍事資源の破壊を目指す……どちらの方法も価値がある……ある状況では前者、ある状況では後者が正当化される」(188)。

第一二節　様々なこと　一九二八―三二年

一　統一場理論

一九二八年十一月四日、『ニューヨーク・タイムズ』は「偉大な発見の岐路に立つアインシュタイン。邪魔しないでほしい」の見出しで話を伝えた。そして十一月十四日、「アインシュタインは新しい仕事について口が重い。〝産まれない卵をかぞえる〟ことはないだろう」が続いた。これらの話は、彼が新しい理論についての著作を用意していることを誤って伝えたので、アインシュタイン自身がこれらの噂の直接の源であった可能性はない。彼は実際に、統一場理論での新しい試みである、いわゆる遠隔平行説を扱う短い論文の作製に従事していた。彼は、一九二九年一月十一日に、新聞に対する簡単な声明を発表し、「この研究の目的は統一的な視点で重力と電磁場の法則を書くことである」と言明し、前日に提出した六ページの論文に言及した(189)。ある新聞の記者はアインシュタインの言明に対して次のような不朽の文章を付け加えた。「一年に半ページの割合で書かれたこの仕事の長さは、（一九一五年十一月二十五日の）相対論の元の論文が三ページしか満たしていないことを考えると並外れていると考えられる」(190)。「アインシュタインは理論への大騒ぎに驚いている。一週間に一〇〇人のジャーナリストを断わる」と新聞は一週間後に報じ、彼がこのように知れ渡ることを全く好まなかったことを付け加えた。しかしアインシュタインの名は魔法だった。その後すぐ彼は著名なイギリスの科学者アーサー・スタンリー・エディントンから手紙を貰った。「ロンドンの大きなデパートの一つ（セルフリッジズ）でその窓にあなたの論文（六ページが一つづつ横に並べて）が貼り出され、通りがかりの人がそれを読み通すことができるようになっています。面白いでしょう。大群集がそれを読むために集まっています!」(191)。『ニューヨーク・タイムズ』の一九二九年二月三日の日曜版の「特集」欄は、アインシュタインによる相対論の初期の諸論を全ページに亘って載せ、遠隔平行への見解で締め括っている。この幾何学では平行四辺形は閉じないと教えられた読者は疑いもなく面喰ったにちがいない。一般の騒ぎが大きくなったので、彼はしばらくの間、身を隠した[192]。

ここで問題としている期間を通じて、彼の遠隔平行論は革新的科学への彼の主要な試みになった。彼は一九三一年、賢明にも、この一連の思考をあきらめた。それは失敗だった。彼の素晴らしい科学的創造性の時期は事実上終わりを告げた。二〇年以上の最も高度な達成の後では、何も恥じることはなかった。科学以外の物事についての公の言明や新聞のインタヴューの一層の増加が、科学への集中の低下の結果だったのか原因だったのか。私は確信をもってこの問題に答えられないが、それは結果であったと信じたい。同時に、科学よりもっと一般的な問題についての彼の見解の表現はより広い聴衆に、（特にドイツ語で）言語を扱う彼の偉大な能力を明らかにするのに役だつかも知れない。ただこのことを私は彼の科学的才能の前に置くつもりはない。

二　五十歳の誕生日

彼は一九二九年三月十三日、五十歳に到達した。彼を讃える儀式やお祝いを避けるため、彼は十一日にベルリンを去った。「彼の妻と娘だけが彼と静かに日々を過ごすだろう」[193]。

ベルリンの彼の家に送られたお祝いの多くの手紙の中に、当時ニューヨークに住んでいたマックス・タルマイのものがあった。タルマイは十歳だったアインシュタインに科学の通俗書やカントを紹介した最初の人物だった。アインシュタインは彼の好意に答えて、原語で『ニューヨーク・タイムズ』の紙面に全文で掲載されたドイツ語の詩をタルマイに送った[194]。私は、アインシュタインがウィットに富んだ三文詩人であることの格好の一例としてここにそれを再録する。（彼は生涯の間かなりの数のこの手の詩を書いた。）

「誰もが今日私に最もよい面だけを見せる。そしてあちこちから愛ある人々が感動して私に手紙を書き、美食家が考えるすべてを私に送った。年老いた人間にとってまだ問題になりうることすべては、私の日々を美しくするために甘い調べとともに近づく。無数の乞食たちでさえ、そのマドリガルを私に捧げる。それゆえ私は誇り高い鷲のように意気揚々としているのを感じる。いま一日は終わりを迎える。私は賛辞も述べる。君たちは全てをよくやった。そして愛する太陽は笑っている」。

ベルリン市は誕生プレゼントとして彼に近くの郊外の家を贈ろうとした。家は見つけられたが、アインシュタイン夫人がそれを見に行ってみると所有者が空け渡したくないことがわかった。次に、カプートの近くの村の小さな土地が選ばれた。しかしながら、国家主義政党の代表が反対したとき、市政府はこの決定を遅らせた。アインシュタインはこの土地を自分で買い、その所有地に家を建てることで問題を解決した。彼はその前にベルリン市の市長に次のように書いた。「計画された誕生プレゼントに対する努力が人生の残りの時間に比べてあまりにも長くかかったので、私はこの事件をきっぱりと葬り去るようにお願いしたい」。彼は一九五四年に更に書いた。「事件全体は全く愉快である。私はベルリン市の努力の失敗に刺激を受けて、その土地を獲得した。まったく意図しなかったわけではない誤ちの喜劇だった。この土地はナチスによって撤収された。敗戦以来それは聖なるロシアに受け継がれた。ロシアはある時丁重な敬意をもってそれを私に返そうとかすかな努力をした。しかしながら、それ以後すぐ、聖なるロシアは心を変え、もはや一瞥もなされなかった」[195]。

三　一九三〇年、ベルリン：二つの演説、一つのインタヴュー

六月の『ニューヨーク・タイムズ』の見出し。ベルリンのクロル・オペラで「アインシュタインが語り、四〇〇〇人が当惑」[196]。これは、世界列強会議での演説で、彼は統一場理論の（失敗した）試みの一つを記述する

ことで締め括ったものだった。

八月。アインシュタインは第七回ドイツラジオ博覧会で開会演説を行う。「ラジオ放送は諸国家を統合する代わりになるユニークな働きをもつ。ラジオは互いの友情の感覚を強めるのに使うことができる、もっともそれはたやすく不信や妬みに変わるが」(197)。

九月。カプートの家でのアメリカ人記者によるインタヴュー(198)。彼はその家で書斎にミケランジェロやショーペンハウアーの写真を掛けていた。「人は仕事をしている間、大きな美的喜びを感じる……知的な喜びは美的な喜びに密接に関係している……美的科学的創造に関して、私はショーペンハウアーとともに、その最も強い動機が、日々の生活のつまらなさや単調さから逃れ、われわれ自身の創造のイメージで一杯の世界に避難しようとする願望であると考える」。

彼はまたアメリカの雑誌が「普通の人間なら目の眩むような量で、題材は何でもよいので論稿を書いてほしい」と申し出たと語った。彼はこの申し出を無礼のきわみと見なし、科学者としてではなく、プロのボクサーか映画スターとして扱われることに対する不満を友人に語った。

四　アインシュタイン、ショーについて語る、ショー、アインシュタインについて語る

一九三〇年十月二十七日の夜、アインシュタインは、東欧ユダヤ人の振興と経済福祉のイギリス合同委員会が主催したロンドンのサヴォイ・ホテルでの晩餐において、演説に出掛けた。ジョージ・バーナード・ショーも同様に同じ聴衆の前で演説することになっていた。二人の話は世界中に放送される予定だった。アインシュタインがヴィクトリア駅に到着した時、記者はショーについてどう考えているかを尋ねた。彼の答え、「私は美術の鑑定家ではない。私は多くの幸せな時間を与えてくれたことに対して、ショー氏に感謝しなければならないことを知るだけである。彼のユーモアのおかげで、人々は人生やそれに関わる問題について自由に考えるようになっ

アインシュタイン，ロスチャイルド卿，ジョージ・バーナード・ショー．1930年10月27日，サヴォイホテルの晩餐にて．（ユナイティッド・プレス・インターナショナルの許可を得て．）

ニューヨークのメトロポリタン・オペラでのアインシュタインとソプラノ歌手マリア・イェリッツァら．1930年12月14日．（南ドイツ紙社の写真サーヴィス．）

た」[199]。

アインシュタインは夜の談話の終わりで次のように言った[200]。「眼前にバーナード・ショー氏やH・G・ウェルズ氏を見てとても嬉しいです。というのはお二人の人生についての考え方に、私は特別な共感を持っているからです」。それを受けてショーが立ち上がり、アインシュタインについての称賛を高める輝かしいスピーチを行った。「ロンドンでは偉大な人間も二束三文に扱われることがあります……しかしながら、帝国などではなく、宇宙を創り上げ、しかもその手がたった一人の人間の血によっても汚れていないような偉大な人間がこの世に実際におられるのですね……私はいかなる宗派の信仰にも同意しませんが、宇宙の信仰に加入することはできます」。こうしてショーはかなりゆったりした話を次のような言葉で締めくくる。「閣下、淑女紳士の皆さん、私は最も偉大な友人のアインシュタイン教授のためにグラスを上げます」。それに対してアインシュタインは答える。「私は忘れがたい言葉に対して貴方に個人的に感謝します。貴方は私の人生を大変な重荷にしている神話的な私と同名の人のために演説してくださいました」[201]。

彼がいくつかの観光を行ったこの旅行での新聞の報道によれば、彼は「国会の開会の光景を子供のような喜びで凝視し、その平凡な集まりの傍聴人の中に自分がいることに感激し、ロンドンの社会的名士たちの前で青ざめ、社会的な厚意に全く無関心に、だぶだぶのズボンで歩き回りながら、家の庭にいるとき最も幸せな人物であり、新聞のカメラよりも物理の問題に直面してより幸せである」人物であると観察された[202]。

五　アメリカ西部への最初の旅行

一九三〇年十二月二日、アインシュタイン夫妻はベルゲンラント号に乗って、パナマ運河経由でアメリカ西海岸への旅に出た。彼はカリフォルニアのパサディナのカリフォルニア工科大学（Caltech）の客員教授に招かれていた。彼は船内に無線電話機があることを聞いて、「私はジャーナリストたちが海のまん中で私に電話をかけて、私が前日どのように寝たかをたずねないよう願いたい」と宣言した(203)。

この旅の道すがら、夫妻はベルゲンラント号をそこでの一時的な居所にして、ニューヨーク市で十二月十日から十五日までを過ごした。彼は到着後、船上で一五分間のインタヴューに応じた。ある記者によれば「アインシュタインは逃れるためには高いお金を支払う人物のように見えた……アインシュタイン夫人は英語を流暢に話す。〝預金通帳？　ああ！　彼は預金通帳について何も知りません。私が預金通帳を扱わねばならないのです〟」(204)。

アインシュタインは今まで、多くの人々の注目の的になることに慣れていた。しかし、その彼にとってさえ、それ以後の日々は異常に興奮したものであったに違いない。彼は『ニューヨーク・タイムズ』の編集者たちと昼食をとり、それからハヌカー［ユダヤ暦 Kislev の月の二十五日から八日間行われる祭り］を祝うマディスン・スクウェア・ガーデンの大集会で演説した。そしてシティ・ホールでの式に出席した。そこではニューヨークの今をときめく市長ジミー・ウォーカーがアインシュタインにニューヨーク市の鍵を手渡した(205)。彼は十二月十四日、タゴールを訪問した。タゴールには以前にベルリンで会っていた。そしてメトロポリタン・オペラハウスのコンサートに出席し、アルトゥーロ・トスカニーニやフリッツ・クライスラーらに会った(206)。

十二月十五日、リッツ・カールトン・ホテルでは新歴史協会の集りで、軍事的平和主義の問題について演説した。その日の遅く、彼はパナマ運河経由での西部への旅に戻った。ニューヨークの新聞への最後のメッセージの中で彼は述べた。「私は新しい精神的心的豊かさの感覚をもってニューヨークを去ろうとしている」(207)。

六　アインシュタインとロックフェラー

十二月十四日、アインシュタインは五四通り西一〇のジョン・デヴィソン・ロックフェラーの家も訪ねた。少し後で発表されたこの出来事の新聞報道から(208)。

「アインシュタイン教授は（ロックフェラーの）教育財団によって設定された厳格な規制が、時には才能のある人間を窒息させると論じた。〝過度の形式主義はミイラの包帯のように精神を縛る！〟と教授は叫んだ。他方、ロックフェラーは、財団の基金を、価値のない目的や役に立たない個人に与えることから注意深く守る必要性を指摘した。ロックフェラーは現代世界の偉大な精神の持ち主に対して自分の立場を固持し、いろいろな財団が運営されるこのシステムを極力擁護した。

〝私は直観に私の信頼を置く〟とアインシュタインが言った。

〝私は組織に私の信頼を置く〟とロックフェラーが答えた。

アインシュタインは並みでない才能をもった人々のために弁じた。ロックフェラーは可能な最大多数の最大善を擁護した。アインシュタインは独裁的であり、ロックフェラーは民主主義的であった。

どちらも誠実だった。お互いが相手を確信させることなく、誠実さで説得しあった」。

七 アインシュタインとチャップリン

アインシュタインはサン・ディエゴに到着し、ラジオで語った。「あなた方は生活の喜びと仕事の喜びを調和良く結び付けた生活様式を持っている。それに加えて、あなた方の存在そのものに浸み渡っている大望の精神があり、日々の仕事を、遊んでいる幸せな子供のようにこなしているように思える」。同じ新聞の報道で(209)、彼が一度パジャマだけでベルゲンラント号の食堂に入っていったことがまた注目された。

彼らの船がサン・ディエゴに係留した時から。

「カリフォルニアの人たちがアインシュタインを迎えた歓迎の騒ぎは、幾分かはショー・ビジネスで、幾分かは英雄崇拝で、幾分かは真の愛情であった。青と白のミディブラウスで着飾った子供たちのグループが彼の名を呼び、花束を彼の手に渡し、二つの楽団が歓迎の音楽を演奏した……著名なユーモア家のウィル・ロジャーズは、この余興全体を次のように記した。彼はアインシュタインが一九三一年三月にベルリンへ戻ったすぐ後で、こう言ったのである。〝ラジオ、晩餐のテーブル、週刊誌などはきっと変わるに違いない。彼はここに休息と隠遁のためにやってきた。彼は皆と食べ、皆と話し、カメラの中にフィルムが入っている人々みんなのためにポーズを取り、すべての昼食、すべての晩餐、すべての映画の開幕、すべての結婚、そして離婚の三分の二に出席した。事実彼はそれほど懸命に努めたので、誰も彼の理論が何であるのかたずねる勇気を持たなかった〟」(210)。

次にアインシュタインのパサディナ滞在中での、近くのハリウッド映画界との関わりを語りたい。このエピソードについての情報のどれもが、新聞記事からきたものではなく、むしろアインシュタイン夫妻にこの旅行の間付き添い、一九二八年から彼の死まで彼の忠実な秘書だった友人故ヘレン・ドゥーカスからきている。本節の主目的から脱線する理由は、単にこれらの逸話が大変面白いからである。

ある日アインシュタイン夫妻とヘレンは映画上映に招待された。その映画を見ている途中で、映画は突然止まり、場内は明るくなり、一人の婦人がアインシュタインの方に向かって通路を下って来た。彼女は彼に次のように言った。「私の名前はメアリー・ピックフォード（その当時の大変有名な映画スター）です。あなたのお邪魔をしてすみません。私はどうしても貴方と握手したいのです」。アインシュタインはそれなりに丁寧な返答を返した。ピックフォード嬢は去り、劇場はまた暗くなった。そのときアインシュタインは妻の方を向いてたずねた。「メアリー・ピックフォードって誰だい」。

別の日、ハリウッド撮影所の代表者が訪問して、誰か大スターに会いたくはないかたずねた。アインシュタインは丁寧に、誰も特に思い付かないと答えたが、アインシュタイン夫人が夫はチャールズ・スペンサー（チャーリー）・チャップリンの映画の大変なファンであると伝えた。訪問者はチャップリンに連絡すると答えた。チャップリンはすぐ後で電話をかけてきて、アインシュタインとその連れをある夜の晩餐に招待した。チャップリンは彼らを迎えに車をよこした。それでアインシュタイン、彼の妻、ヘレンが、チャップリンと彼の女友だちポーレット・ゴダードとの晩餐に臨むことになった。またそこには新聞界の有力者のウィリアム・ランドルフ・ハーストと彼の長年の愛人のマリオン・デイヴィスが加わっていた。

その夜チャップリンはアインシュタイン夫妻とヘレンを彼の新しい映画『街の灯』の世界初日興行に招待した。彼らは受け入れた。一九三一年一月三十日、チャップリンが個人的に彼らを迎えにやってきた。彼らがロサンゼルスのロサンゼルス劇場に近づくと、アインシュタインは近くでサーチライトが空を照らすのを見て驚き、彼らが劇場の正面に止まったときに叫び始めた大群集を見て驚いた。アインシュタインはチャップリンに向かってたずねた。「これらすべてにどういう意味があるのでしょう」。「別に何も」とチャップリンは答えた。

カリフォルニアを去るときアインシュタインは新聞に言った。「私に対してアメリカは視野の広い関心をもつ新しい世界として自らを見せてくれた。それはヨーロッパが個人主義の世界であるように、共通の友愛と協力の世界である。そこでは誰もが自分自身で効果的に熱中できる領域を見いだす」(211)。一九三一年三月の終わりにアインシュタイン夫妻はベルリンに戻った。

八　アメリカ黒人（＊American Negroes 当時彼らはこう呼ばれていた）の運命

有色人種の進歩のための国家協会の機関誌 *The Crisis* の一九三二年二月号はアインシュタインの寄稿を載せている。

「少数者――特に彼らの個々人が肉体的相違のゆえに認識されるとき――は、彼らが混じって暮らさなければばならない多数者によって、劣等者として扱われることは普遍的な事実であるようである。しかしながらこのような運命の悲劇的な部分は、経済的社会的関係においてこれらの少数者がほとんど必然的に被ることになる不利益にあるのみならず、そのような扱いにあった人たちの多くが、多数者の示唆的な影響の故にそうした偏見に満ちた評価におとなしく従い、彼ら自身のような人々を劣等者と見なすようになるという事実にもある。

この不運についての二番目のより重要な観点は、少数者の間のより緊密な団結と意識的な教育的啓蒙によってこれに対処することができるというところにある。その際少数者の魂の解放が達成されるであろう。この方向でのアメリカ黒人の決死の努力はすべての認識と援助に値する」。

九　物理学と物理学者について

「世界は人間の意識とは独立に存在するか」という問題に対して、彼は「物理学的観点から考えた世界は人間の意識からは独立に存在する」と答えた(212)。

一九三一年十月、彼はベルリン・プラネタリウムに集まった聴衆に対する講演の中で、物理学者は一般に人間の快適さを増そうとか技術的進歩を助けようとかの望みによってではなく、単に彼らが宇宙の本性のより良い理解を見出そうとする動機で駆り立てられるのだと述べた。「私は少年の頃、技師になろうと思ったが、〝大変多くのことがすでに発明されてきた。私は何故なお、この種のことに献身すべきなのか〟と自問した」(213)。

一〇　記者会見でのアインシュタイン――一つの例

彼は、一九三二年五月二十二日、ジュネーヴに出発した。そこでは多数の平和主義者が軍縮会議の機会に集まることになっていた。彼らは記者会見の場をもち、そこでアインシュタインも語った。

「もしそう言うことの意味がそれほど悲劇的でないなら、軍縮会議で使われる方法は馬鹿げているとしか呼べないと私は言いたい。人は戦争状態の規則を定式化することで、戦争を起り難くすることはできない。人は調停によって国際紛争を解決するため無条件の決心で始めなくてはならない」。

アインシュタインが当時どのような印象を人々に与えていたか、その描像は、ジュネーヴに彼がやってきたときの新聞記者の記述から得られる(214)。

「アインシュタインがジュネーヴに着いたというニューズが広がった時、新聞記者は皆、会議場を去った。代議員の何人かさえ、偉大な人間を見ることは細菌学のような空虚な議論を聞くよりは価値があると決心した。

彼はこの平和会議に公的な立場を持たなかった。彼は何らかの権力の代議員ではなかった。彼は派遣された新聞記者でさえなかった。しかも誰も彼がそこにいる権利を疑わなかった。一人のバルカンの代議員を除いて誰も彼がそこにいる至上な権利を議論しなかった。

〝誰が彼を呼んだのか〟とその男はたずねた。〝彼は何を代表しているのか。あのユダヤ人は誰を代表しているのか〟。

バルカンの代議員はいらだっていた。アメリカの通信員は手に持っていた新聞でこの愚か者の口をふさいだ。

平和パレスの広い階段を登ってくる白髪の大柄な人物が、敬意を払うための距離をとって彼に従う何百人もの人を従えているのはちょっとした見物《みもの》だった。新聞記者は長年インタヴューを行いながら、国王や女王に対してさえ持つと思われる親しみをアインシュタインに対しては控えていた。

彼ら皆は彼の二、三段後ろでとどまり、静かに並んだ。彼が振り向き、微笑んで、後で彼らに話すと言った。若い記者は、アインシュタインが吸っていた葉巻に再び火をつけようと、ライターを求められたときほとんど気を失うほどだった。

彼は会議室に入った。その時に論文を読んでいた航空機委員会の技術者は一瞬話を中断し、やがて再開した。しかしながら、その短い一秒は、もし皆が行っていること全てを止めて、彼に拍手したとしても示されないほど顕著な形で、その人物が発散する偉大さを認める証しとなった。皆の目はアインシュタインに向けられた。彼がいるところに世界があった……

少し後にアインシュタインは新聞記者の席に現れた。そして再び新聞記者たちは尊敬すべき距離で脇に立った。彼らは彼をもみくちゃにしなかったし、彼に向かって叫ばなかったし、彼を質問攻めにしなかった。それは記者たちがジュネーヴに来て以来初めて味わった真のセンセーションだった」。

第一三節　アインシュタイン、最終的かつ永遠にヨーロッパを去る

一　ナチズムの台頭

彼はカリフォルニアへの旅の出発のすぐ前に、フィリップ・フランクに言った。「ドイツの現在の不安定な状況は一〇年間くらいは続くだろうと思う。それからはアメリカにいるのが良いだろう」(215)。しかしながら、彼が次のように日記に書いたのはその僅か一年後だった。「今日、私のベルリンの地位を本質的にあきらめることを決心した」(216)。彼は当時カリフォルニア工科大学での二回目の滞在への途上で船上にいた。

彼の急な決定の理由はアードルフ・ヒトラーに率いられた国家社会主義ドイツ労働者党すなわちナチスの台頭

だった。ヒトラーはバイエルン政府の転覆を目指した一九二三年十一月八日から九日の失敗した試み（いわゆる軍の部隊によって支持されたミュンヘンでのビア・ホール一揆）によって世界の注目をまず得た。ヒトラーは当時、不満を持った国家主義的煽動家であると考えられた。

ヒトラーの党はその後国会で一二議席を持つまでにゆっくり成長した。しかしながら一九三〇年九月の選挙でこの党は、その数を一〇七に増加させる驚異的な進展をみせた。比べてみると、この選挙の機会に共産党は七〇議席しか獲得しなかった。共産党は、愚かにも、社会主義者と戦うのに彼らのはるかに重大な敵対者と同じほどのエネルギーを浪費した。他方、ヒトラーはドイツ国民の憤慨や激怒にいかにアピールするかを知っていたが、結果として彼はこの国家をその過程の中で崩壊に導いた。

アインシュタインは一九三二年七月十七日、ドイツの社会主義や共産主義の党へのアピールに共同署名した。このアピールは、ドイツの「ファシストになる恐ろしい危険」から救うために力を合わせることを呼びかけた(217)。しかしその警告はあまりに遅すぎた。七月三十一日の新しい選挙はナチスに二三〇の議席を与えた。それは国会で最大の陣営だった。

ヒトラーは一九三三年一月三十日ドイツの首相としての権力を握った。アインシュタインはその少し後の三月に再びパサディナにいたとき、インタヴューで「私は自宅に戻らないつもりである」と言明した(218)。

ドイツの政治的展開のこのような簡単なスケッチは、アインシュタインのカリフォルニア工科大学での二度目の滞在の一九三一年十二月から一九三二年三月の時期をはるかに越える年月に互ることになった。これらの年月の間のアインシュタインの重要な出会いに戻ろう。

二　カリフォルニア工科大学への二度目の訪問

アインシュタイン夫妻は一九三一年十二月から再びアメリカにおり、またカリフォルニア工科大学で殆どの時間を過ごしていた。一九三二年二月にアーブラハム・フレクスナーがニュージャージーのプリンストンの高等研究所（以下、研究所と呼ぶ）という新しい研究センターのために、カリフォルニア工科大学の教授団のメンバーと議論する目的でパサディナにやって来た。その機会にフレクスナーはアインシュタインに紹介された。この二人は研究所の計画を一般的な言葉で話した。彼らが再びオクスフォードで一九三二年春に会った時、フレクスナーはアインシュタイン自身が研究所に加わるのに興味を持っているかどうかをたずねた。アインシュタインは行くことに熱意を持っていると答えた。制度上の協定作業がすぐに開始され、その間アインシュタインは年俸三〇〇〇ドルを要求した。「彼はたずねた。〝もっと少なくてもやっていけるだろうか〞」(219)。彼の任命は一九三二年十月に認められた(220)。彼の年俸は一万五〇〇〇ドルに設定された。

三　アインシュタインとフロイト

一九三二年の夏、アインシュタインとジークムント・フロイトは書簡を交換した。それは『なぜ、戦争？』という小冊子で発表され、しばしば再刊された(221)。

最初に書いたのはアインシュタインで、次のようにフロイトに説明して、彼の手紙（一九三二年七月三十日）を始めた。つまり、彼が国際連盟によって、自分の選択した問題を議論したい相手を誰か選ぶよう求められて、フロイトを選んだこと、そして彼は「戦争の不幸から人々を救う方法が存在するか」という問題を取り上げたことである。彼はフロイトが「人間衝動についての深い知識故にこの問題に光をあてる」のにもっとも適していると信じた。アインシュタインは続けて、彼の意見では進むべき道は、全ての国が紛争をおさめるように要求され、全ての国が法律的にその決定に拘束されるような超国家的組織の創設であることを述べた。このような国際的な安全保障制度は、諸国家の野放図な行動の自由を無条件に拒否することを要求する。真剣に考えられた努力の最近の失敗は強力な心理的な力、つまり、戦争の勝利の結果生じる指導者の権力への渇望や、例えば産業指導者による経済的利益獲得のチャンスなどによって惹き起こされたと彼は続けた。

アインシュタインはそのあと「これらの小さな権力グループがいかにして大多数の大衆を自分たちの意志に従わせることができるか」という問題を提出した。何故なら、そのようなグループは学校、新聞、そしてしばしば宗教的組織を制御すると彼は信じていたからである。しかし、それではまだ完全な答えにはなりえないと彼は書いた。実際、これらの制御が大衆の敵意や自己犠牲の意志をいかにして生み出すことができるか？　この答えは人間の中に嫌悪や破壊への欲求が生きているゆえにのみ存在しうると彼は考えた。「それは全ての最も深い問題であるように思える」。

これによってアインシュタインはフロイトに彼の主要な疑問を提出した。「人間が〝憎悪と破壊の精神異常〟に抵抗して成長するように人間の心的な発展を導く可能性はあるのか」。

アインシュタインは次のように終えた。「もし貴方が新しい考えに照らして世界の平和の問題を提出することができるなら、きわめて有用であります」。

アインシュタインの手紙よりも五倍も長いフロイトの九月の手紙は、始めに彼がアインシュタインに同意を述べ、彼自身の平和主義を再確認し、手紙の長さを釈明した。それは「一般的に知られ認められていることをまるで新しいことかのように書く」必要に迫られてのことだった。

フロイトは主題にもどり、敵を殺すことは衝動的な傾向 triebhafte Neigung であることを述べた。もともと動物界では利害の闘争は力によって決定される。

正義は個々人が恒久的に維持してきた共同体の力であるとフロイトは続ける。もともと正義は野蛮な力で、今日でも力なしに行うことはできない。

フロイトはアインシュタインに彼の心理学理論の基本的な特徴を思い起こさせることに進んだ。つまり、人は二つの衝動によって生きている。一つはエロティックでセクシャルで統合的なもの、もう一つは攻撃的で破壊し殺すものである。それゆえ、攻撃をやめさせる努力は成功の見込みを持たない（強調は引用者）。このことによってフロイトは彼自身の注目すべき問題を置くことになった。われわれはなぜ、戦争にそれほど強く反発するのか、あなたも私も多くの他の人も。なぜわれわれは戦争を生活の多くの痛ましい必然性の一つと考えないか。フロイトによれば、すべての人が生きる権利を持つことが答えでなくてはならない。しかしながら、彼は「他国を無慈悲に絶滅しようとしている国家が存在する限り、相手の国は戦争に備えるべきである」と述べた。

フロイトは最後に文化の役割に目を向ける。特に「原始的な衝動を抑制し、攻撃的傾向を内面化し始めた知性の強化……たぶん文化の影響や未来の戦争の結果への正当な恐怖の影響が、予見可能な未来に戦争の行使を終らせるかも知れないということはユートピア的希望ではない」。

フロイトは「私の考察が貴方を失望させたのではないか」という詫びの言葉で終えた。

私は、アインシュタインの生前には、フロイトへの手紙やフロイトからのこのような手紙をまだ読んでいなかった。もし読んでいたら、私は必ずやアインシュタインに対してフロイトという人物やフロイトの業績についてどう思うかたずねたことだろう。しかしながら、フロイトの業績についてはは少しコメントをつけることができる。アインシュタインは一九二八年、ノーベル医学生理学賞へのフロイトの推薦に共同署名することを二度拒んだ[222]。アインシュタインは一九四九年にフロイトについてこんなふうに知人に書いた。「この年老いた人は……鋭い見方を持っていた。自分自身の考えへのしばしば誇張された信念以外には、幻想にくらまされることはない人だった」[223]。最終的に、アインシュタインの義理の娘マーゴットは、彼女自身がフロイトの著作に大変興味をもっていたので、一度父アルベルトに、一緒にフロイトの著作のいくつかを読むことを提案したと私にかつて語ったことがある。彼らは始めたが、すぐにアインシュタインは興味を失った……

四　一九三二年十二月、アインシュタインはドイツを永遠に離れる

一九三二年九月、彼はベルリンの文化省にプリンストン高等研究所での将来の地位に関して手紙を書いた(224)。彼のもともとの計画は、プリンストン（＊高等研究所は一年の全期間開いていたが、形式的には九月終わりからクリスマスまでと一月終わりから四月始めまで活動している）で一年の五カ月を過ごし、残りの時間をベルリンで過ごすというものだった。しかし結局はそうならなかった。

一九三二年十二月十日にアインシュタイン夫妻は再びカリフォルニアを目指して蒸気船オークランド号に乗船してブレーマーハーフェンを去った。この滞在はその頃はまだ単に一回の訪問として計画された。しかし、アインシュタイン夫妻は今度は三〇個の荷物をはこんだ。三カ月の不在に対してはすこし多すぎた。彼らが国会におけるナチスの見せ物のような恐ろしい勝利のあと数カ月経って出発したことに注意しよう。アインシュタインは何が起こりそうなのかの予感を持っていたといってよい。ともかく、ヘレン・ドゥーカスによれば、アインシュタインは旅に先立ってカプートの家を閉めたとき、妻に向かって言った。「振り返ってごらん、お前は二度とこれを見ることはないだろう」。

船に乗る前の週の間、彼は相対論についてベルリン・フィルハーモニーで講演した(225)。それはドイツでの彼の最後の公的な出現だった。一九三三年一月三十日、彼がパサディナにいる間に、ヒトラーは権力を握った。二七六ページで既に言及したようにアインシュタインは一九三三年三月、ドイツに戻るつもりはないことを公に述べた。この決定は彼がドイツの新しい政治体制のことを聞いた時になされたはずはない。というのは彼は二月二日に彼の給料の決定に関してベルリンのアカデミーの事務局にパサディナから手紙を送ったからである(226)。

五　一九三三年三月二十八日から十月七日：最後のヨーロッパ滞在、ベルギーとイギリス

アインシュタインはヨーロッパで義務があったし、プリンストンへの引っ越しのための調整をする必要があっ

たので、ヨーロッパに戻らねばならなかった。もちろん、今となっては、プリンストンが彼の唯一の故郷になることになった。

帰路彼はニューヨークに立ち寄った。そこで三月十五日に、ヘブライ大学のアメリカ友好協会とユダヤ電報局の主催のもとでの彼を讃える晩餐会に出席した。一〇〇〇人近くの人が出席した。この出来事の報告が奇妙なのは、まず第一に「ニューヨークのドイツ総領事オットー・クレップ博士がドイツ大使の代理として出席していた」ためであり、第二にアインシュタインがドイツの外に永遠に留まるのかどうか尋ねられた時、「私は定まった意志をもっていない。それはすべて状況にかかっている」と答えたためである(227)。

家族や友人はアインシュタイン夫妻を助けて、ベルギー海岸のレ・コク・シュル・メールのヴィラ・サヴォワヤールに一時的なヨーロッパの滞在場所を見つけた。蒸気船ベルゲンラント号は彼らをアントワープに連れていった。彼らはそこに三月二十八日に上陸した。アインシュタインは船上でアカデミーを辞任する旨をベルリンへの手紙にすでに書いていた(228)。

ナチスの反アインシュタイン・キャンペーンはアインシュタインがまだ公海にいる間に既に始まっていた。三月二十日の『ニューヨーク・タイムズ』は「最近のドイツの歴史における最も完全な襲撃の一つは、SA(＊突撃隊 Sturmabteilung、軍類似のナチスの組織)はアインシュタインのカプートの家に踏み込み、申し立てによって共産主義者がそこに隠したとされる武器を捜索した」時に実行された。『ニューヨーク・タイムズ』によれば、彼らが見つけたものはパン切ナイフ一本だった。

ドイツの新聞によれば、彼はベルゲンラント号にいる間また、ドイツ国籍を放棄する方法についての情報を要求する手紙を、ブリュッセルのドイツ大使館へ準備していた。彼はアカデミーの指名の結果として自動的にドイツ国籍を受け取っていたのである。四月二日、これらの新聞はまず、一昨日、政治警察が「ユダヤ人教授アインシュタイン」(229)の銀行口座を差止め、次いでアカデミーの新聞部門が発表した声明を報じた。

「プロイセン科学アカデミーはアメリカやフランスでのアルベルト・アインシュタインの中傷的なキャンペーンへの参加の新聞報道を憤りながら注目してきた。アカデミーはすぐに彼から釈明を求めた。やがて、アインシュタインは現在の状況のもとではプロイセン国家にこれ以上奉仕することはできないという理由でアカデミーからの辞任を説明した。

プロイセン科学アカデミーは彼の扇動的な行動に苦痛を感じた。というのはアカデミーは彼のこの行動がプロイセン国家と極めて緊密に関係していると考えるからである……この理由でアカデミーはアインシュタインの追放を後悔する理由をもたない」(228)。

数日後の四月五日、彼はアカデミーに手紙を書き、次のように公言した。すなわち、自分は扇動的な活動に決して参加しなかったこと、自分が新聞に述べたことは、全ての個人に等しい権利が存在せず、言論の自由も存在しないような国に住むことを望まないということ、自分はドイツの現状が精神的な病にあると宣言したこと、などであった(230)。

アインシュタインとこの支配民族との接触はそこで終った。

彼がベルギーにいる間、いくつかの国での大学の地位の申し出が彼に届きはじめた。ハイイム・ワイツマンは彼にエルサレムに来るように求めた。アインシュタインは、彼がヘブライ大学の行政にきわめて批判的であったために、きっぱりとそれを拒絶した。彼はライデンやオクスフォード、マドリッドやパリから誘いを受けた。フランス国会の公の議事録雑誌は、メンバーの一人の著名な数学者エミール・ボレルの講演を報じた(231)。ボレルはコレージュ・ド・フランスやアンリ・ポアンカレ研究所でのアインシュタイン講演を仲間に思い出させた。つまり、パリ大学の名誉学位のアインシュタインの受理の後の「言語に尽くせぬ大歓迎」についてである。「フランス国会で見いだされるのは同じような満場一致であると私は確信する（applaudissement unanime 満場一致の拍手喝采）」。そして、アインシュタインにコレージュ・ド・フランスの教授職を与えるという政府の提案は満場一致で採択された。必ずしも全てのフランス人が等しく熱心であったのではない。ある人は次のように新聞に書いた。「コレージュ・ド・フランスは、迫害されると信じ、さっぱりわけのわからない科学をくどくど話すこのようなすべてのユダヤ人を保護入院させるためにつくられたのではなかった……アインシュタイン教授はボルシェヴィキで軍事的な共産主義者である」(232)。

一九三三年四月八日文部省の手紙がアインシュタインに送られ、「フランスの歴史的前例に従って」彼が申し出を受け入れるかどうか知らせるよう尋ねた(232)。アインシュタインは一応受理した。五月にアインシュタインは答えた。「コレージュ・ド・フランスへの指名は私を喜びと感謝で満たします。この指名は、それが、今ヨーロッパ文化を脅かす重大な危機から、それを救う精神を望む限り多く表現しているゆえに、一層評価されます」(232)。

同じ頃、マドリードの社会主義国務大臣から、彼のために「員外教授職」をつくるという申し出が来た（＊スペイン関係については、注233参照）。更に、スペイン政府は、相対論物理学のためのアインシュタイン研究所を設立する事に同意した。それは彼が名目上のみ所長であり、彼自身が任命する亡命科学者によって指導されることになる。アインシュタイン・アーカイヴには、スペインの文相への、一九三三年四月（日付けはなし）のアインシュタインの手紙の草稿がある。その中で彼は、「個人的に貴方の国の科学的生活に参加できる機会を持つ特別の喜び」を表現する。

新聞のコメントは様々であった。自由主義の新聞は、アインシュタインがユダヤ人であるのでプラスの評価を与えた。保守的な新聞は、彼の待遇と、何人かの保守的なカトリック科学者の待遇との対照を苦々しく強調した。

一九三三年四月十七日、レ・コクから、同僚のパンルヴェに送った手紙の中で、彼はフランスの申し出に対する感謝を表明したが、結局はそれを辞退した。

「コレージュ・ド・フランスでの地位を私に与えるという寛大な案は、少なくとも主にあなたのアイディアであると私は考えています。それゆえ私はこの件が公に終わる前に、貴方に感謝と喜びを表すよう気持ちが動きました。この案の意味は個人としての私をはるかに越えたものです。むしろそれはこのような時代に寛容と自由の古い伝統へ忠実でありつづけるフランスの権威やフランス国家の証しです。この時代にはヨーロッパ文化のそうした極めて貴重な遺産は、そうした最高の原理を支える柱と以前には見なされていた国々で深刻に脅かされています。私の時間が今後長い間ふさがっていることで混乱しているので、私は当分の間パリではたらくことが出来ないと思います。その時まで、貴方の指導力の重要さや、貴方やそれを行動にうつしてくれたすべての人々に対する私の感謝は変わらぬままです。私は感謝と末長い愛によって、貴方に心からの挨拶を送ります」。

私はスペインからの申し出を正式に辞退したアインシュタインの手紙を見つけることができなかった。

やがて、彼の家族はベルリンの自宅での彼の論文類を救うことができた。それらは外交用郵袋で、フランス外務省に送られた。ベルリンの家の家具は船積みのために準備された（そしてやがて、無事にプリンストンに着いた）。彼はブリュッセル、チューリヒ、オクスフォード、グラスゴーに旅行した。彼の二人の義理の娘とヘレン・ドゥーカスもレ・コクのアインシュタインに加わった。彼らの所帯は、彼らの安全を見守ることになったベルギー政府派遣の二人の警護官を加えて完全にそろった。アインシュタイン殺害の計画のうわさが広がっていた。

ヴィーンの記者はこのようなヴィラ・サヴォワヤールの状況を記した(234)。「この家の主人は訪問者、記者、写真家などには顔を見せないままだった。彼は毎日、研究論文にかかりっきりだった。（＊彼はレ・コクにいる間、二つの短い科学論文を完成した。）彼は自分の運命に無念さや辛さを示さなかった……彼はナチスにとっては国籍剥奪人物一四号だった……彼は自分の生命に対するナチスの脅威に影響されていない。彼は生命に関心がないとさえ思える」。彼は議論が政治状況に向けられるときだけ注意を向ける。「私はこの近代の野蛮に対する文明世界全体の受動的な反応を理解することができない。世界はヒトラーが戦争を目指していることがわからないのか」。

アメリカの新聞に発表された(235)同じインタヴューの別の部分から。

「私は、ナチスの統率がすぐに必ず崩壊することを意味するように思える一つの事実に確信をもって頼っている。それは私の考えるナチズムの敵対者の強さや力ではなくて、ナチス自身の愚かさにある……

包囲状態の存在は国を治めるのに最悪の痴愚を可能にすると言われてきた。これは真理ではない。いくらかの知性なしには武力に側面を防御された独裁者でさえ、彼の支配を漫然と維持することはできない。ヒトラーとその取り巻きは近代的な条件のもとでの独裁に要求される最小限の知的能力をさえ欠いている……

私は確信を持った民主主義者である。私はいくつかの大変丁重な招待を受けたけれども、ロシアに行かないのはこの理由のためである。モスクワへの私の旅は、明らかにソヴィエトの支配者自身の政治目的の利益のために利用されるであろう。今、私はファシズムのみならずボルシェヴィキの敵対者でもある。私はあらゆる独裁に反対する」。

アインシュタインがナチスの侵攻を予見していたのなら、彼の平和主義についてはどうなったのか。以下は彼がベルギーの平和主義者に書いたものである(236)。

「私が貴方に言うことは、大いに貴方を驚かせるでしょう。私たちはごく最近までヨーロッパで、個人的な戦争反対が軍国主義に効果的な攻撃を構成することを仮定することができました。今日、私たちは全く異なる状況に直面しています。ヨーロッパの心臓部に、あらゆる可能な手段によって明らかに戦争へと押し進めようとする権力国家ドイツが存在します。これは、特にベルギー、フランスなどのラテン諸国に、それらの国が完全に軍事力に依存するようになったほど重大な危険をもたらしました。ベルギーに関しては、このような小さな国はその軍事力を乱用する気遣いは全くありません。むしろ、このような国は軍事力をまさにその存在を必死に守るために必要としているのです。ベルギーが現在のドイツによって占領されることを想像してみましょう！　状況は一九一四年当時よりもはるかに悪いでしょうし、その頃でさえ十分に悪かったのです。したがって私は貴方に率直に言わなければなりません。もし私がベルギー人だったら、私は現状では兵役を拒否すべきでないと。むしろ、私はそれがヨーロッパ文明を救うことに役立つことを信じて、喜んで徴兵に応じるべきでしょう。

このことは私がこれまで賛成してきた原理を放棄することを意味しません。私は、兵役の拒否がもう一度人間の進歩の運動に役立つ効果的な方法となる時代が遠からず来るという希望だけは持っていますから」。

レ・コクは彼の安全のためにはドイツ国境に余りにも近かったので、彼は九月九日に永遠にヨーロッパ大陸を去り、イギリスに向かった。彼は、ウィンストン・チャーチルやロイド・ジョージらの訪問によって中断されたとはいえ、この国で静かな数週間を過ごした後、十月三日ロンドンで、ナチスの台頭以来の最初の主要な公的機会に登場した。彼は、「完璧とは言えない話言葉の英語を静かに読みながら」(237)、ドイツの亡命科学者への援助に五〇〇万ドルを集める助けのために、ロイヤル・アルバート・ホール（出席者一万人）での大衆集会で講演した。このホールは、彼を暗殺する陰謀があるとの情報を受けたスコットランド・ヤードによって厳重に警備された。他の演者には物理学者のジェイムズ・ジーンズやアーネスト（今は男爵）・ラザフォードらがいた。以下はアインシュタインが話したことの一部である。

「あなた方、そしてイギリス国民全体は、あなた方の国が何世紀もの間誇り高く持してきた寛容と正義の伝統に忠実なままであったことを示した。

人々の活発な道徳的力の有効性を認めてよいのは、まさに今日どこでも体験するような経済的困窮の時代においてである。ヨーロッパが政治的経済的に統合された未来のある時に、判断を与える歴史家が、当時この大陸の自由と名誉が西ヨーロッパの国々によって保たれていたと言うことができるように望みたい。また、過酷な時代にそれらの徳が憎悪と圧政の力に抵抗してしっかりと存続していたことも望もう。そしてそれらの徳が知識や発明におけるあらゆる進歩をもたらしたものを防衛することに成功したことも望もう。それは自尊心をもつ個人がそれなしでは人生に生きる価値を見いださない個人の自由なのである。

長い間市民として私を数えてきたある国の行いについて批判するのは私の仕事ではありえない。行動することがこれほど必要な時にその政治を評価しようとすることは無益であるだろう。今日での決定的な問題は、どのようにして人類や人類の文化的遺産を救うことができるのか、どのようにしてヨーロッパをこれ以上の不幸から守りうるか、である、

現在の世界の危機やそれがもたらした苦しみや困窮は、今日はっきり予測できる危険な動乱に大いに責任があることは疑い得ない。このような時代には不満が憎悪を生み、憎悪が暴力行為、革命、戦争にさえ導く。こうして、困窮や悪がどのように新しい困窮や悪を生み出すかがわかる。

二〇年前にそうであったように再び、指導的な政治家は恐ろしいほどの責任に直面している。手遅れにならない前に、彼らがヨーロッパのためにある種の国際条約や国際協定を考案するのを望むしかない。それらの意味は完全に明らかであり、全ての国は戦争の如き冒険の試みを全く無益なものと見るようになるだろう。しかしながら、政治家の仕事は、彼らが国民の誠実で確固たる意志に裏づけられてのみ成功することができる……

最近私の心に浮かんだアイディアに表現を与えたい。私はいなかで孤独のうちに生活していた時、静かな生活の単調さがどのように創造的精神を刺激するかに注目した。現代社会の中にさえ、孤立の生活をおくり、大きな肉体的知的努力を必要としないある職業がある。灯台や灯台船の仕事のような職業が思い浮かぶ。科学的問題、特に数学的哲学的性質の問題を考えたい若者を、そのような職業に就かせることは可能ではないのだろうか。このような意志をもつ少数の若い人々は、彼らの人生のもっとも生産的な時期の間でさえ、任意の長さの時間の間、妨害されずに科学的性質の問題に献身する機会をほとんど持たない。たとえ若い人々がある限られた期間、幸運にも奨学金を得られたとしても、彼らはできるだけはやく定まった成果を出すように圧力を受ける。このような圧力は純粋科学の学生には有害でしかない。事実、生計を立てる実際的職業に入る若い科学者は、もしその職業が彼の科学的仕事に十分な時間とエネルギーを与えられると仮定すれば、奨学金で勉強するよりずっとより良い地位にある」。

この演説はアインシュタインのヨーロッパ告別の辞であった。

彼の妻、助手、ヘレン・ドゥーカスらは既にウェストモアランド号の船上にあった。彼は一九三三年十月七日、サウサンプトンで彼らに合流した。

彼ら四人は観光用のヴィザをもってアメリカでのあたらしい生活に向かった。

第一四節　アメリカ到着

一　歓　迎

一九三三年十月十七日、アインシュタインとその一行はニューヨークに着いた。彼らはそこで検疫の際にプリンストン高等研究所の二人の理事の面会を受けた。彼らは研究所の初代所長のフレクスナーの手紙をアインシュタインに手渡した。それは部分的には以下のようであった。

「この国にも無責任なナチスの組織的な協力団体が存在することは疑いがない。私は地元の役所や……ワシントンの中央政府と協議した。彼らは皆次のような助言を私に与えた。アメリカでの貴方の安全は、沈黙と公の集会への出席を控えることにかかっている。貴方や貴方の夫人はプリンストンできわめて歓迎されるだろうが、結局貴方の安全は貴方の出方にかかっている」(238)。

私はこの決定をもたらした助言がワシントンから来たのか、自身ユダヤ人であるフレクスナー氏から来たのかに関して少し疑問があるのを告白しなければならない。迫害から起こった東から西へのユダヤ人の移動が、「西に住む」ユダヤ人の間に不安を呼び起こしたことは、二十世紀初期のユダヤ人の歴史の中の悲しい出来事である。東から来た人々が西に住む人々とその受け入れ国との関係を妨害しないだろうかというのである。

アメリカの愛国的な婦人たちのグループは、アインシュタインのヨーロッパからの最終的な出発の前でさえ、彼らが共産主義者と呼ぶ人物にヴィザを認めることに反対して国務省に抗議した。アインシュタインの反応は辛辣でウィットに富むものだった。

「私はこれまで女性によってこれほど無愛想に拒否されたことはなかった。少なくとも一度にこれほど多くの女性によって！

これら用心深い公徳心溢れる婦人たちの何と正しいことか！　昔々クレタ島のミノタウロスが美味なギリシャの少女を食べたのと同じような食欲と好みによって、非情な資本主義者をむさぼる人物に、自分の配偶者との容赦なき戦争を除いて、あらゆる戦争を拒否するような、邪まな人物に何故門戸を開くのか。

それゆえ汝らは、慎重で忠実な婦人たちの声によく耳を傾けよ。かの強力なローマのカピトリヌス神殿はかつてその国の忠実ながちょうの鳴き声によって救われたことを思い起こせ」(239)。

アインシュタインが一九三三年七月七日に『ニューヨーク・タイムズ』とロンドンの『タイムズ』の双方に送った手紙が示すように攻撃は続いた。

「私は〝より良いアメリカ同盟〟の出版した回覧誌を一部うけとった。それには、私が第三（共産主義）インターナショナルと関係していることを示すと称する私の写真を載せていた。

私は第三インターナショナルと一切何の関係もないし、ロシアには行ったことがない。

更に私の写真であると称される写真が私に似ていないことは明らかである。この写真はおそらく政治的動機に動かされた作意的な捏造であろう」。

アインシュタインの反応よりはるかに重要なのはアメリカの当局の反応であった。二つの資料を採録する。最初のものは一九三三年一月三十日、ニュージャージー州の議会によって採用された決議である。それはアインシュタインの高等研究所への任命が認められて数カ月後であり、彼の市民権付与のずっと前だった。

「ニュージャージー州に位置する高等研究の新しい研究所が有名な科学者アルベルト・アインシュタイン教授をその教授団の一員になるように招待したという声明がなされたゆえに、そして、

前記のアルベルト・アインシュタイン教授が招待を受諾する旨が更に宣言されたゆえに、そして、

アインシュタイン教授の顕著な科学的能力は普遍的に認められ、賞賛されているゆえに、そして、

前記のアインシュタイン教授のニュージャージーの学術研究所の教授団への加入は、ニュージャージー州やその州民にとって名誉をもたらすゆえに、そして、

ニュージャージーの州議会のメンバーであるわれわれは、前記アインシュタイン教授が科学界に占めた高い著名な地位を認識し、かつ州の中のわれわれの研究所の研究者メンバーを受け入れたことでわれわれの州に与えられた名誉も認識しているゆえに、さてそれゆえ、

以下決議する、ニュージャージー州の行政が行うべきこと、それはこの文書によって、前記の著名なアインシュタイン教授を、彼の科学活動の新しい場面のためにニュージャージー州に歓迎すること、そして、

更に決議する、近い将来にアルベルト・アインシュタイン教授が州議会のメンバーを相手に講演されるようその招待を拡充すべきであること、そして、

更に決議する、この決議書の写しは前記のアルベルト・アインシュタイン教授とニュージャージーの新しい高等学術研究所に送付されるべきであること」。

一九三四年三月二十八日の第七三議会、第二部会にみられる二番目の資料は以下のようである。

下院において

一九三四年三月二十八日

ケネイ氏は次のような合同決議を導入した。これは移民、帰化委員会に提出され、印刷されるよう命ぜられた。

合同決議

アルベルト・アインシュタインに市民権を認めること。

アルベルト・アインシュタイン教授は学者であり、天才であるとして科学界が受け入れたゆえに、そして、

人道主義者としての彼の活動は、数多くの彼の友人の尊敬を得、彼を高く位置づけたゆえに、そして、

彼は多くの機会に、アメリカの熱愛者であり、その憲法の賛美者であることを公に宣言したゆえに、そして、

アメリカは世界において、〝自由と真の文明の避難所〟として知られているゆえに、

それゆえ、以下のように、

一　アルベルト・アインシュタインがこの文書によって、

二　無条件に、アメリカ市民の資格と特権を承認されることが、

三　召集されたアメリカ合衆国議会の

四　上院、下院によって議決される。

この両院合同決議が採択される二カ月前、彼はローズヴェルト大統領から、ホワイトハウスに、彼とその夫人を招待する手紙を受け取った。彼ら夫婦はフランクリン・ルームで一夜を過ごした。

何人かの狭い心の持ち主は、アメリカでの彼の滞住に反対すべきだと考えた。しかし、アメリカは公式に、彼に丁重な歓待の扱いを行った。アインシュタインのカリスマ性は衰えていなかった。

二 プリンストンに落ち着く

彼がニューヨークに到着した一九三三年十月十七日に戻る。検疫期間を過ぎた後、一行は特別な引き船でバッテリー公園まで連れて行かれた。そこから、直接、プリンストンまで車で行き、プリンストン・インに部屋をとった。数日後、アインシュタイン夫妻とヘレン・ドゥーカスはライブラリー・プレイス二番地の借家に移った。そこに彼らは一九三五年までとどまった。アインシュタインはその年にメアリー・マーデンからマーサー・ストリート一一二番地に家を買った。彼はその代金を現金で払った。その年の秋に彼らは引越した。

アインシュタインは家を買うためにどのように資金を調達したのか。彼は到着した時は文無しではなかった。しかし、彼のベルリンの銀行口座が差し押さえられていたことを思い起こそう。ヘレン・ドゥーカスはこっそりとどのようにそのお金が調達されたか教えてくれた。すべての関係者が亡くなった今、私は沈黙を守るという約束から解放されたと考える。

状況は次のように進んだ。ベルリン時代からの彼の友人であり、自身ニューヨークに住む亡命者であった経済学者オットー・ネイサンは、アインシュタインが手書きの草稿のひとつを売って、必要なドルを手に入れることを勧めていた。アインシュタインは同意した。ニューヨークのモーガン図書館の職員に接触した。彼らは買い手として行動する以上の熱意を示した。これが一九一二年の日付をもつ相対論の重要な草稿が現在この素晴らしい図書館の蔵書に存在している理由である。

マーサー通りの家が彼の終の棲家となることになった。一九三九年、ムッソリーニの人種法のために彼の妹のマーヤはフィレンツェの郊外の小さな家を去らねばならなかった。その家はアインシュタインがマーヤとその夫のパウル・ヴィンテラーのために買ったものだった。マーヤはプリンストンで彼女の兄と住むようになった。パウル（非ユダヤ人）はジュネーヴに移った。

死がアメリカ移住の初期を襲った。一九三四年に、義理の姉娘のイルゼ・アインシュタインが苦痛に悩む病気の後パリで亡くなった。その後、イルゼの妹のマーゴットがプリンストンで家族に加わった。

一九三五年五月、彼、妻、マーゴットは再入国の入国ヴィザを得るためにバーミューダに渡航した。これはアインシュタインのアメリカ外への最後の旅行であった。

一九三六年に妻エルザは重病になった。多くは（ヘレン・ドゥーカスが信じたところでは）長女イルゼの死の後に起こったショックの結果であった。彼女は心臓病でその年の十二月二十日に亡くなった。

一九三七年に彼の長男のハンス・アルベルトはオランダ―アメリカ定期船ヴェーンダムでニューヨークに着いた。アルベルトは息子を埠頭まで迎えにいった。彼の息子は「チューリヒの建築技師で、今回がアメリカへの最初の訪問であると言った。アメリカを彼の一生の居所にするかどうかの決定を懸案にしていたので、彼の妻と二人の息子はヨーロッパに残っていた」。アルベルトはインタヴューを拒んだ。「結局、私生活は私的な生活である」(240)。

ハンス・アルベルトは死の年に新聞のインタヴューの中で父親について語った。「おそらく父がかつてあきらめた唯一の計画が私であったであろう。父は私にアドヴァイスを与えようと試みたが、私があまりにも頑固なため、それが時間の浪費であることを父はやがて理解した」(241)。

アインシュタインはアメリカに着いてすぐベルギーのエリザベート女王に最初の頃のプリンストンの印象を述べた。「岡の上に小さなヒナゲシが咲く古風で儀式ばった村」(242)。一年半後彼はまた女王に書いた。「私は全く希望のない科学的問題に閉じ込もっております。私は、それ以来より一層、年老いた人間として、ここの社会から疎遠になったままです」(243)。

小さくて質素なプリンストンはヴァイマール期のベルリンのように、大きく、活動的で、強情ではなかった。彼のように強い内的生活をもつ人間でさえ、新しい環境に自らを適応させねばならなかった。彼はそうした。それも大変うまく。より平和で新しい生活を彼は好みはじめた。家には音楽があった。彼は旧友を見いだし、新しい友人を作った。カーネギー湖で彼が購入した小さな帆船に彼の姿を見つけることができた。この船はヘレン・ドゥーカスによって「ティネフ Tinnef」(「安上りの」のイディッシュ語)と命名されていた。その名前がついてまわった。彼は車を持たなかったし、運転を習うこともなかった。ニューヨークや他の市へ時々遠出した。ロングアイランドの海岸やアディロンダック山脈への休暇があった。

一九三六年に彼は市民権の書類を提出した。彼、マーゴット、ドゥーカスらは一九四〇年六月二十二日、あの素晴らしいフィリップ・フォアマン判事によってアメリカ市民として宣誓するためにトレントンの州庁舎に行った。(私はこの判事を懐かしく思い出す。彼は私にも市民権を与えた。)アインシュタインはこの儀式の終った後、アメリカ移民帰化局をスポンサーとする放送に出演した。それは「私はアメリカ人」というシリーズの一つだった。以下は彼が話したことの一部である。

「私は、アメリカで個人やその創造力の発展が可能であり、それが私にとって人生における最も価値ある利点であると感じています。幾つかの国では人は政治的な権利や自由な知的発展の機会を持てません。しかし、ほとんどのアメリカ人にはそのような状況は耐えがたいことでしょう……私は、アメリカに来て以来アメリカ人について私が見たものから、彼らが全体主義的なシステムのもとでは。気質においても伝統においても、適合しないと推察しています。彼らの多くは人生がそのような状況のもとでは生きるに値しないと考えると思います。こうして彼らにとってこれらの自由が保たれ、保護されていることに留意するのがより一層重要なのです……

右から，マイヤー・ヴァイスガル——イスラエルのワイツマン研究所の有名な基金寄付者，ヘレン・ドゥーカス，アブラハム・パイス，ヴァイスガル夫人．1940 年代終わりのマーサー通りの居間で．(私の個人的なコレクション．)

知識人たちはしばしば聴衆を印象づける能力を欠いています。著名なアメリカの政治家の中で、ウッドロウ・ウィルソンはおそらく知識人のもっとも明白な実例の一人でしょう。しかし、このウィルソンでさえ人間を扱う技術をマスターしたとは思えません。一見した所、彼の偉大な寄与、つまり国際連盟は失敗したように思えます。国際連盟が彼の同時代人たちによって無力にされ、彼自身の故国によって拒否されたにもかかわらず、依然としてウィルソンの仕事がいつか、より効果的な形であらわれることに疑いはありません。その時になってやっと、この偉大な考案者の才能が十分に認められるでしょう……

アメリカは、民主主義が単に健全な憲法に基づく政府形態であるのみならず、事実、偉大な伝統である道徳的強さの伝統に結びついた生活方法であることを証明するだろうと思います。昔より以上に今日、人間という種族の運命は人間の道徳的強さにかかっているのです」(244)。

アインシュタインが到着した頃、高等研究所はまだ自前の建物を持っていなかった。彼や他の教授団はプリンストン大学の「古い」ファイン・ホール(今の東洋研究客員研究所)に場所を与えられた。彼らは一九三九年以降、研究所が新しく立てたフルド・ホールに移った。彼の唯一の公的義務は教授団の会合に出席することだった。彼はこれを一九四四年の六十五歳の引退の時まで履行し、一九五〇年の始めまではなおそれを続けた。これらの間中、科学上の議論をしたいものは誰でもたやすく彼に近づくことができた。

もう一度故ヘレン・ドゥーカスによる彼の逸話を引いてこの節を終わろう。

彼のための大規模な歓迎会での高官の演説の最中に、この栄誉あるゲストはペンを取り出し、何もかも忘れたように、プログラムの裏側に式を書きなぐり始めた。演説は大げさな美辞麗句で終わった。誰もが立ち上がり、拍手をしながら彼の方を見た。ヘレンは立ち上がって下さいと彼の耳にささやいた。そこで彼はそうした。喝采が自分に向けられているのを知らず、ヘレンが聴衆の祝っている人物が彼自身であるとあわてて告げるまで、彼もまた手を叩いていた。

三　政治的な意見、一九三三―一九三五年：平和主義再考

彼は一九三三年から一九四五年の間は、それ以前や第二次大戦後よりも政治的問題に関しての発言が少なかった。このかなりの穏やかさの理由は明らかである。彼は初めの頃まだアメリカ市民ではなかったのである。戦争に突入した時、それに勝つことが唯一の問題であった。一九三三年から戦後まで、彼は世界の軍備撤廃や良心的徴兵拒否を主張することから後退した。

彼が一九二八年ころに兵役の拒否を主張し始めたとき、彼はすぐに、患者が治療の前に死なないように用心すべきことに気付いた。このことは、抑圧されたアフリカ民族（二五七ページ参照）に対して妥当であると言ってよいだろう。ヒトラーが権力を握った後、少なくとも当面の間、ヨーロッパ諸国に関して彼は同じ立場をとってきた。もはや戦争への抵抗を薦めず、西欧諸国の再軍備を主張するという彼の意見の変化は、頑強な平和主義のサークルの間で驚きと鋭い批判を呼び起こしてきた。

彼はアメリカに着いた後も自分の立場を固守した。彼は一九三五年彼の立場をしっかりと明確に表明した(245)。

「私は人類を超国家的な組織というゴールに少しでも近づける可能性があると考えられるどんな手だてにも好意を寄せる。数年前までは勇気ある自己犠牲を払う個人が武器を持つことを拒否することは、このような手だての一つで〝あった〟。しかしながら、今ではそれを、少なくともヨーロッパ諸国にたいしては、行動のコースとして推奨することはできない。同じ種類の民主主義政府が大国に存在する限り、そしてそれらの国のどれもが未来における計画を軍事攻撃の政策に基礎づけない限り、かなりの数の市民の側が兵役拒否を

すれば、これらの国の政府を、国家間の闘いを国際的な調停で解決する方向に向かわせることができたのである。更に、兵役の拒否は、本当の平和主義への世論を引き出し、徴兵制度が非倫理的非道徳的である点を明らかにする可能性があったのである。このような文脈では兵役の拒否は建設的政治を作り上げたのだ。

しかしながら、今日いくつかの強力な国家が、市民に自立した政治的立場を採用できないようにしていることを悟らなければならない。これらの国々は、すべてに浸透する軍事組織や誤った情報の流布によって、彼らの市民たちを誤った方向に導くことに成功した。御用化した新聞、中央集権化されたラジオ放送、攻撃的な外交政策を支持する教育体系などの手段を使ってである。これらの国々では、兵役の拒否は、そのような態度をとろうとする勇気ある人々にとって、殉教や死を意味する。他方、市民の政治的権利を依然として尊ぶ国々での兵役の拒否は、侵略に抵抗する文明世界の健全な部分の能力を弱める可能性がある。それゆえ、今日知性ある人々は兵役を拒否する方策を支持すべきではない。少なくとも特に危険になっているヨーロッパにおいてはそうすべきではない。現状のもとでは、私は受動的な抵抗がたとえ極めて英雄的なやりかたで実行されても、建設的な政策であるとは考えない。最終的な目標は不変のままであるけれども、時代によってはほかの手段を必要とする。

これらは現在の政治的文脈で、確信をもつ平和主義者といえども、以前のより平和な時代とは異なったやり方で自分の信念を促進する途を探さねばならない理由である。このような平和主義者は、その危険な政治が暴力と略奪にもとづいているこれらの国々の一部における成功の機会を出来るだけ最小にするために、平和な国々の間でのより緊密な協同のために働かなくてはならない、特に、私は可能ならば、フランスやロシアを含めてアメリカと大英帝国の間の熟慮された持続的な協力関係について考えている」。

第一五節　一九三三年から一九三九年：世間の注目の中でのアインシュタインの最初のアメリカでの日々

アインシュタインはプリンストンに落ち着いた後、もちろんいち早く彼の好む物理学研究に戻った。この点で彼が何を行ったかについて報告することはこの節の目的ではないが、これらの努力に関する一般的なコメントはふさわしい話題だろう。

この節で議論される年月の間、彼の研究は三つの方向に向かっていった。第一に、慣習的に一般相対論と呼んでもよいものの更なる精緻化があった。（＊専門家のために：彼は重力レンズ、重力場での粒子の運動の問題について研究した。）彼はこの理論を一九一六年に定式化し、一九一九年（第三章）に彼を世界的に有名にした。この理論の精緻化は、（二五五ページで私がすでに注意したように）それ以前の彼の主要な発見ほどには基本的に新しいものではなかったけれども、優れたもので記憶されるべきものであった。第二に彼は統一場の夢を追求し続けた。この仕事は忘れがたいものである。第三に、この時期に「EPR論文」が現れた。これはネイサン・ローゼン、ボリス・ポドルスキーとの共同で、量子力学の基礎を扱っている。この論文をこの主題に関する基本的な貢献と考えている物理学者も数多くいる。私はその一人ではないが。

彼が一九三三年以降一度だけアメリカを離れたことはここに思い起こしておいてもよい。それは一九三五年のことで、彼や彼の家族が再入国の際に入国ヴィザを得るためにバーミューダに渡航した時である。

さて、主要な話題に戻って、一九三三年から一九三九年の初めの新聞によって彼をたどることにする。ただユダヤ人問題についての彼のコメントは後のために残しておこう。彼の活動が、インタヴューのみならず、晩餐後のスピーチ、ラジオ放送、開会演説など、この頃には一層社会に向けられるようになったことがわかるだろう。

一九三三年。十二月十八日、彼はアルフレート・ノーベル生誕百年祭を記念するニューヨークでの晩餐で語った。

「私たちは、今日ここに、ノーベル財団の高潔な創始者に謝意を表すために集まっております。彼の（ノーベルの）動機を理解しようとすることが、それを最も効果的に達成しうると思います。何がこの人物の内面で、このようにユニークな遺志を決定させるように起こったと考えればよいのでしょうか。

この問題への答えは、経済力の獲得が、生産的才能や創造的業績にほとんど基づいていないという事実に見いだせるかも知れないと思うのです。発明の才と組織力は互いに異なる才能から導かれ、めったに、一人の人物の中では結びつきません。ショーペンハウアーは、意志と知性を相互に敵対的なものと考える点で誤ってはいなかったのです。

恐らく、ノーベルは本来は創造的精神の持ち主だったのでしょう。組織化に対する彼の才能は、支配力の獲得へと彼を運命づけたのでしょうが、実際に彼の関心があったのは、創造的精神の展開と豊かな人格の育成でした。個人的知的自由の愛は、必然的に平和の問題への情熱的な専心に導きます。というのは、個人の自由にとって、戦争や軍国主義以上に大きな脅威はないからです。

ノーベルの主な創造的業績が、最も邪悪で破壊的と自ら考えたまさにその力の開発に利する結果となったことは、彼を大いに苦しませる原因となったと言ってよいでしょう。したがって私たちは彼の遺言を、生涯の仕事の成果によって自分の人格の苦しい矛盾の解決を自分の側で確実にする英雄的な努力として、見るべきであります。そのときこの遺言は最も気高い自己解放の行為になります。

私たちを今日悩ませる焦眉の社会的経済的問題の解決を見つける助けになるのは、ノーベルのような人物です。そのような人々にとって、経済的達成は〝人間の〟価値の展開に役立つ道具にしかすぎないのです」(246)。

一九三四年。 三月。「現在のアメリカの文化的理想は、知識ではなくて、成就の欲望や能力全体である」。彼は、全体として、それを善だと考える。人はそのやり方では、過度の安定を求めない(247)。

四月。はじめて数学を知ったことについて。「それは、最高の創造者の啓示であると思えた。そして、私は決してそれを忘れないだろう」(248)。

宗教について。「組織宗教は、もし、それが反自由主義の上げ潮に反対して、宗教を信じる人々の善意やエネルギーを動かすことに献身するならば、前の戦争で失った尊敬のいく分かを回復するかも知れない」(249)。

十二月に彼はピッツバーグのアメリカ科学振興協会の冬の部会で語った。新聞記事から。「原子力エネルギーの希望はアインシュタインによって釘をさされた。巨大な力を解放する努力は実りなきものと呼ばれた……それは数羽しか鳥がいない国で、暗闇に鳥を射つようなものである」(250)。

一九三五年。 一九三五年春のいくつかのアメリカのキャンパスの反戦デモの機会に、彼は次のような声明を発した。

「アメリカの若い学生たちが、今日の最も重要な問題である平和の維持に、これほど熱心に専心するのは見込みあるしるしである。真面目な善意の態度をとることは、この目標への第一の不可欠な段階である。同じく不可欠な第二の段階は、この目標が達成される手段の明確な認識である。

平和について、素晴らしい心情や美辞麗句で表現するだけで満足してはいけない。あなた方は、大変重要な実際的仕事としてこの問題に取りかかるべきであり、この問題をきわめて明確に理解していると考えられ、どんな方法をその解決に向けて採用すべきか知っている組織には、どこにでも支持を与えるべきである」(251)。

彼は、その年にニューヨークで数多くの晩餐後のスピーチを行った。

彼は、マイモニデスの生誕八百年記念式典で語った(252)。彼の原稿から(253)。

「その人生と業績が七〇〇年以上も昔にある人物を追慕するために、調和の精神で互いに集まった人の光景には崇高なものがある。この感覚は、熱狂や闘争が、普通以上に、合理的思考や均整のとれた正義を隠そうとする時代には、より一層はっきりと強調される。日常生活のざわめきの中で、われわれの見解は、欲望や熱狂によって曇らされるようになり、理性や正義の声はほとんど万人の万人に対する闘いの砂嵐の中で聞こえない。しかし、遠く過ぎ去った往時の大騒ぎは、ずっと以前に沈静化し、同時代人やこうして後の世代に対しても決定的で、実りある影響を及ぼしたわずかな人々の記憶以上のものは、それについてほとんど残っていない。このような人物がマイモニデスである。

かつて、古代チュートンの野蛮人たちが、ヨーロッパの古代文化を破壊した時、新しくより素晴らしい文化的生命が二つの源泉から流れ始めた。それらは、とにかく全体的な破壊で一緒に埋められるのを逃れた。ユダヤ教の聖書とギリシャ哲学・芸術だった。これら二つの互いに大変異なる源泉の結合は、われわれの現在の文化的新時代の初めをしるし、この結合から、直接にしろ間接にしろ、現在の生活の真の価値を作り上げるすべてが湧き出た。

マイモニデスは、その著作や人間的努力によって、この結合をもたらすことを助け、こうして後の展開のための道を敷いた強い個性の持ち主の一人であった。

この感謝あふれる思い出の時間が、われわれの文化の宝を保ち、このような辛い闘いで得た愛や評価をわれわれの中で強めるのに役立つことを祈る。そして現在の邪悪な力や野蛮主義からこれらの宝を守る闘いは日々続かざるをえない。

アインシュタインはまた（ドイツ語で（＊彼がこの時期の他の機会にどのような言語を使ったのか私は知らない））統一ユダヤ人アピールの晩餐(254)や舞台監督マックス・ラインハルトを讃える晩餐(255)で語った。もう一つの演説、これはドイツ亡命者のためのアメリカ・キリスト教協会が組織した晩餐での演説であり、イタリアのエチオピア侵攻後数週間のことだった。これは全米ラジオネットワークによって放送された(256)。アインシュタインの草稿から(257)。

「過去数年の間、中央ヨーロッパにこのような危険な要素を与えた文化破壊のプロセスは、真面目に人類の福祉に関心を持つどんな人にも警告を与えるに違いない。国際的組織の設立や国家間の責任の意味も、この病に対抗して連合行動を組み上げるのに十分なほど進歩しなかったので、それらを脅かす危険から文化的価値を守るために二つの異なる方向への努力がなされている。

それらの努力の第一の最も重要なものは、ヨーロッパで最近の展開に直接影響を受けなかった国々が、国際連盟の枠組みの中で連帯する試みであるに違いない。このような連帯はその目的として平和の普遍的防衛と軍事的安全保障の確立をもつべきである。二番目の努力はドイツから移住することを強いられてきた個人を助けることである。それは、彼らの生命が危険にさらされているか、彼らの生計が奪いさられたからである。これらの人々の状況は、世界中の経済危機やほとんど全ての国における高度の失業のために特に危機的である。これはしばしば外国人の雇用を禁止する規制に導いた。

ドイツ・ファシズムが私のユダヤの兄弟たちへの攻撃において特に暴力的であったことはよく知られている。われわれはここに宗教的共同体を構成するグループの迫害の光景を見る。この迫害のために言い立てられた理窟は、ドイツで〝アーリア的〟民族を純化させたいという欲望である。当然の事としてこのような〝アーリア〟民族は存在しない。この虚構はユダヤ人の迫害と略奪を正当化するためだけに発明された。

全ての国のユダヤ人は、できる限り、貧困にあえぐ彼らの兄弟たちを援助し、非ユダヤ人のファシズム犠牲者をも助けた。しかし、ユダヤ共同体の団結力は、ナチスのテロによるこれらすべての犠牲者を助けるには十分とは言えなかった。こうして非ユダヤ人の移民、すなわち、部分的にユダヤの血筋をひく人々、自由主義者、社会主義者、平和主義者たちの非常事態は、しばしばユダヤ人の亡命者の事態よりもはるかに深刻である。彼らはそれ以前の政治活動やナチの規則に従うことの拒否のゆえに危険にさらされていたのである。

ファシズムのこのような犠牲者を助けることは人類愛の行為を構成する。これは重要な文化的価値を守る試みであり、少なからず、かなり政治的に意味のある行為である……これらの犠牲者の状況が更に悪化するのを許せば、人間の連帯を信じているすべての人にとって大きな打撃であるのみならず、力や圧制を信じるやからを勇気づけるであろう……」。

アインシュタインの一九三五年の新聞における最も劇的な関与は、カール・フォン・オシエツキー事件に関係した(258)ものである。

オシエツキーはベルリンの平和主義政治雑誌である『世界の舞台 Die Weltbuhne』の編集長であった。一九二九年三月十二日、ドイツの民間航空のための研究や開発の多くが、極秘に軍事目的に向けられていることを暴露した記事がコラムに現れた。記事の筆者とオシエツキーとは反逆罪で告発され、懲役一八カ月を言い渡された。彼は一九三二年に恩赦を受けた。ナチスが権力を握った直後の一九三三年二月には、彼は強制収容所に送られた。

アインシュタインはその時、アメリカのノーベル平和賞受賞者ジェイン・アダムズに、オシエツキーを平和賞に推薦するように言った。それは実現することになった。この努力には、多くの有名なヨーロッパの知識人が加わった。関係者すべての大いなる配慮にもかかわらず、このニュースは新聞に漏れ出た。五月と六月にニューヨークの日刊紙のいくつかがこの話を伝えた。これらの記事全てにアインシュタインの名が挙げられた(259)。

一九三五年十月二十七日、アインシュタイン自身は直接オスロのノーベル賞委員会にオシエツキーを「行動と苦労によって他の生存中の誰よりも(この賞に)相応しい人物」であると推薦する手紙を書いた。このような授賞は「高度に平和問題の解決に適合する歴史的行為」であろうと彼は続けた。

以下はこの真に悲劇的な話がどのように続き、終ったかである。一九三六年一月、チェコスロヴァキア、イギリス、フランス、オランダ、ノルウェー、スウェーデン、スイスの国会議員の五〇〇名以上のメンバーがオシエツキーを平和賞に推薦する要請に署名した。オシエツキーは一九三六年五月まで強制収容所に留まった。それから重い結核で囚人病院に移された。ゲーリングは一九三六年の秋、もしノーベル平和賞が彼に授与されたならば、それを拒否する宣言と交換に彼に自由を与えると言った。オシエツキーは拒否した。彼は一九三六年十一月に、一九三五年度の平和賞を与えられた。ヒトラーは一九三七年一月三十日、今後ドイツ人は、あらゆる種類のノーベル賞の受賞が許されないと宣言した。にもかかわらず、ノーベル賞委員会は、ドイツ人に一九三八年化学賞、一九三九年医学賞を授与した。両方の賞が拒否された。オシエツキーは囚人病院に留まり、一九三八年五月、結核で亡くなった。アインシュタインは彼の死後、雄弁で深く感動させる短い追悼文を書いた(260)。

一九三六年。二月。電磁気現象の領域で十九世紀イギリスの最も偉大な実験物理学者マイケル・ファラデーの教授職にある有名なイギリスの物理学者ウィリアム・ブラッグ卿はロンドンで、光電衝撃を生み出すろうそくに点火した。このろうそくは、海を越えて運ばれ、ロックフェラー・センターの新しい建物にあるニューヨーク科学技術博物館に献呈されるために使われた。

アインシュタインはニューヨークでの開館で語った。「多く（の人々）は自らにゆだねられる世界で異邦人のように生活している……原始的人間が文明的人間にまさるひとつの利点が存在する。つまり、彼は使っている原始的道具を理解しているのである。彼は自分の弓や矢、カヌーさえも造ることができる。どのくらいの文明化的人間が、消費のために使っているものの性質や起源をある程度はっきりわかっているだろうか。彼らはその多くを当然のこととして考えているのである」(261)。

三月。ゲームで遊ぶことについて。「私はゲームで遊ばない……そのための時間がない。私は仕事を終えたあとでは、精神の働きを必要とするものを何も欲しない」。（私はこれらのコメントを読んで嬉しい。これは多くの科学者にとってそうであるに違いないように、大変正確に私自身の心情を表している。）彼は少年の頃、一度か二度チェスをしたことがあった。しかし決して気晴らしのためにブリッジにふけらなかった。彼はモノポリーについて聞いたことがなかった。そのゲームが彼に説明されたとき、彼は含み笑いをして言った。「とてもアメリカ的なゲームですね」(262)。

もう一つ。三月。彼はニューヨークでの晩餐で、「平和、文学、人間性の分野での奉仕」に対するアインシュタイン賞基金が授けたメダルを手渡した。この新聞報告はタキシードを着ている彼の珍しい写真を載せている(263)！　十月。アメリカでの高等教育の三百年祭の祝賀の機会に、オールバニのニューヨーク州立大学から名誉学位を受け取った後、彼は「教育について」の演説を行った(264)。以下は一部(265)。

「空間や時間とは別に、教育的物事に常に関係してきたか、関係するであろう問題について（私はお話したい）。私はこの試みでは権威であることを主張することはできない。特にあらゆる時代の知的で善意ある人々が教育的問題を扱い、これらの問題について明確に自分の見解を確固として繰り返し表明してきたからには。私は、教育学の領域の半ば素人として、個人的な経験や確信しか基礎のない意見を詳述する勇気をどこから得ることができるであろうか。もしこれが真に学問的事柄であるなら、おそらくこう考えた上で沈黙するのが至当だろう。

しかしながら、現実に働く人間の事柄に関してであれば、事情は異なっている。ここでは真なる知識だけでは十分ではない。それどころかこの知識は、もしそれが失われるべきでないならば、持続的にやむことなき努力によって更新され続けなければならない。それは砂漠のただ中にあって、変化する砂による埋没に絶えず脅かされている大理石の彫像に似ている。尽力する手は、大理石が永続的に太陽の中で輝き続けるために絶えず働いていなければならない。私の手もこのような尽力の手のささやかな一つに属するであろう。

学校は常に伝統という財産をある世代から次の世代に受け渡す最も重要な手段であった。このことは今日、往時よりもより高い程度で当てはまる。というのは経済生活の近代的な発展によって、伝統や教育の担い手としての家族が弱められたからである。それゆえ人間社会の存続と健康は、これまでよりはるかに高い程度において学校に依存している。

同じ一つの成果の達成を目指して生徒に課される教育的効果も、傷つくことの恐れ、利己的な情熱、楽しみや満足への欲望などがこの成果の底にあるかどうかによって、大きく異なることにもなる。そして学校の行政と教師の態度が、生徒の心理的な基礎の形成に影響を持たないはずはなかろう。

学校にとって最悪なのは、生徒が恐怖、力、人為的な権威などのやり方で勉強させられることに思える。このような扱いは生徒の健全な心情、誠実さ、自信などを破壊する。それは服従的な人間を生む。

名声への動機、大志、多少歯に衣着せて言えば、認知や注目を得たいという望みは人間本性として確固としてある。この種の精神的刺激がないとき人間の協同は全く不可能である。仲間の人間の是認を求める欲望は社会の最も重要な結合力のひとつであることは確かである。このような感情の複合の中で、建設的力と破壊的力が緊密に共存している。是認や承認を求める欲望は健全な動機である。しかし、仲間の人間や仲間の学者より、より良い、より強い、より知的であると認められたい欲望はたやすく、過度に利己的な心理的適応に導く。それは個人や社会に対して有害になるかも知れない。それゆえ、学校や教員は生徒を勤勉に勉強させようとして、個人の野心を利用するような安易な方法を採らないように用心しなければならない。人生の主要目的として因習的な形式の中での成功に若い人々を導くことのないように気を付けなければならない。学校や人生における勉強に対する最も重要な動機は、勉強における喜びであり、その結果における喜びであり、共同体にとってその結果が価値があることを知る喜びである。重要な点は、遊びに子供が熱中するときのような気持ちを発展させ、認められることへの子供のような欲望を発展させ、社会にとって重要な領域へと子供たちを導くことである。このような学校では教師は彼の職務で一種の芸術家であることが要求される。

私はまだ、教育の題目の選択について何も言ってないし、教育の方法についても何も言ってない。言語が主になるべきか、学問における専門教育が主になるべきか。

これに対して私は答える。私の見解ではこれらのすべては二次的な重要さしかもたない。もし若い人間が体操や徒歩によって筋肉や肉体的忍耐を訓練したならば、彼は後にどんな肉体的仕事にも適合するだろう。このことはまた精神の訓練や精神的な手工的技能の鍛錬でも同様である。こうして次のように学校教育を否定するウィットの持ち主は誤ってはいなかったのである。〝教育は学校で学んだ全てのことを忘れても残っているものである！〟」。

最終的に彼は一九三六年頃、簡単だが啓発的な自画像を書いた（この記事は新聞の報道からではない）。

「自身の存在の中で重要であることについて、人はほとんど自覚していない。そしてそれは確かに他の仲間をわずらわすこともない。魚は全生涯を水の中で泳ぐがその水について何を知っているだろうか、

辛いものや甘いものは外から来るし、つらいことは中から、人間自身の努力から来る。私は概ね自身の性質が私を駆り立てる事を行う。それに対する敬意や愛をこれほど多く受けることに困惑している。憎悪の矢もまた私に向かって放たれた。しかし、それらは何であれともかく、私が何の関係もない別の世界に属しているので私にささることはなかった。

私は若者には苦痛だが、熟年には貴重なものである孤独の中に生きている」(266)。

一九三七年。 一九三六年七月十八日、スペイン内乱が起こった。この戦争は一九三九年四月にフランシスコ・フランコと彼のファシスト反乱勢力の勝利に終わることになった。一九三七年四月十八日、大集会が敗れたスペイン共和国を支持して、ニューヨークで行われた。アインシュタインは健康状態が悪いため親しく出席できないことを詫び、次のようなメッセージを送った。

「とりわけ私は、スペインにおける自由を救うための強力な行動を、すべての真の民主主義者にとって不可避の義務と考えることを強調したい。このような義務は、たとえスペイン政府やスペイン人民が自らの勇気や英雄的行為をかくも称賛すべき形で示さなかったとしてもなお存在するであろう。スペインにおける政治的自由の喪失は、人間的権利の生誕の地フランスでの政治的自由を極度に脅かす。あなた方が大衆に活発な

支持を与えるよう奮起することに成功するのを祈る……あなた方の正しい重要な運動の成功は、私には大変大切である」(267)。

一九三八年。彼はプリンストン大学の教授たちのグループとともにスペイン（すなわち反フランコ）政府に対するアメリカの武器通商停止を解くアピールに署名した。このニュースは日刊紙に広く報道された。新聞の反応の中でブルックリンの新聞からの次のものは衝撃的なほど反ユダヤ的である(268)。

アインシュタインを送り帰せ

「プリンストン大学の教授のグループは、アメリカ政府に対してスペインへの武器通商停止を止めるようにアピールした。最初の署名者はアインシュタイン教授であった。彼は最近ユダヤ人が迫害されているドイツからここアメリカに逃げてきた。

個人の危機に際してアインシュタイン教授はこの国に安住の地を与えられた。その彼が今やわれわれの政府に指図しようとしている。それだけでも十分に無礼で傲慢であるが、もっと悪いことは、彼が、スペインのキリスト教徒を射殺したり迫害したりすることを続ける動機を是認するようにさせていることである。

アインシュタインはそのようなタイプの人間である。彼は世界が彼のような人間に属し、残りは単に踏みにじられるようにその下に置かれていると考えているようである。彼にとって迫害に関して援助の価値がある唯一のものは明らかにユダヤ人だけであり、実際に迫害される可能性のある唯一のものはユダヤ人である。もし、キリスト教徒が迫害されても、同じことが認められないのである。この態度は〝彼らは存在するためにどんな権利をもつか〃であるようである。

ある人は言うかもしれない。〝この国がアインシュタインを嵐の外側へ逃れさせたのだから、彼は少なくとも政府に指図するには数年待とうとは考えないのか〃。これは正確ではない。アインシュタイン夫妻はすべての政府、すべての国が特別に自分のものであると考えている。すなわちそれが彼らの利益の為に運営され、悪は残りとともにあるのである。

ユダヤ人とキリスト教徒の国家会議、つまり様々な異宗派間の友愛の運動は、もし彼らがジェルソン、アイザック、ラービ・スティーブン・ヴァイス、アインシュタインらの一家などなどを効果的に取り上げなければ、支持されず、笑いものになると思われる。彼らの活動は、ヒトラーの雇われ人全てを一緒にしたよりも多くここでは広範な反ユダヤ主義の原因になっている。善意の示唆の一番目として、これらの善意協会がアインシュタインをドイツに送り帰す事を薦めることを示そう。そこで彼は自分のなすべきことが何なのか、初めて理解するかもしれないし、迫害をそのいまわしさによって再び実感し、彼が実際にそれを憎悪し、ユダヤ人と同様にキリスト教徒に対する迫害をも憎悪するようになるかもしれない」。

四月、アインシュタインは一九三八年四月に、初めて『タイム』という雑誌の表紙に現れた。その号の記事から。

「(プリンストンの)ファイン・ホールの掲示板には、この年老いた人物は、二一五号室の住人、〃A・アインシュタイン〃と掲げられている。今のところアインシュタインは宇宙が有限かそうでないかわかっていない……世界で最も偉大な存命中の科学者と見なされるこの人物は、プリンストンのマーサー通りの白い構えの家に静かに暮している。彼はこの家を、天井の高さと裏の花畑の広さという二つの理由で選んだ。彼はそこに後妻の最初の結婚による娘のマーゴット、秘書のヘレン・ドゥーカス嬢と共に住んでいる。ドゥーカスは前年の彼の妻の死後、彼の銀行口座、彼の衣服、その他彼にとって等しくささいなことの世話をしている。午前中には、彼は高等研究所のメンバーである助手のピーター・G・ベルクマンと家で仕事をする。午後にはファイン・ホールの研究室に行く。夜には可能なときにはいつもコンサートに、ごくたまには映画に行く。

今日のアインシュタインは一九三〇年にアメリカにやってきた臆病でおどおどした人物ではない。彼は人前でかなりの落ち着きを得、かつてそうだったようには世間を怖がらず、しばしば楽しんでいる。彼は嫌いで信用しない誰かと接する必要はないことを学んだ。彼は好きなように生活を送り、アメリカは彼に大変うまく適合する、彼の電話番号はリストにのっておらず、電話会社はそれを公表しようとはしない。

トレントンで先週登録されたエルザ・アインシュタイン夫人の財産の記載は彼女が五万二六八九ドルを残したことを明らかにした。彼女は遺言を残さず死んだので、三分の一だけが男やもめの彼に、残りが娘にいくであろう。彼は生活費には十分なお金を持っており、それ以上を望まない」。

六月。彼は六月、スワースモア・カレッジで「道徳と感情」について卒業式の演説を行った(269)。彼の原文から。

「人間は、普遍的な道徳的態度に向き合えるようになるずっと以前から、生命の危険への恐れから、そうした危険を様々な想像上の人格的存在に帰していた。すなわちそれは肉体的に触れることはできないが、人間が恐れたり、場合によっては歓迎したりする自然の力を解放する力である。そして人々は、至るところで彼らの想像をかき立てるそうした存在が、霊的には人間の姿に似せて造られ、しかも、超人間的な力を持っているものと信じた。これらは神の概念の原始的な前徴であった。当初は人間の日常生活を満たす恐れから発しながら、このような存在への信仰やその超常的な力への信仰は、想像することが難しいほど、人間や人間の行動に大変強い影響を持った。こうして、全ての人間に等しく適合するような道徳的概念を作ろうとした人々が、それを宗教と密接に関係づけたことは驚くべきことではない。そしてこのような道徳的要求がすべての人間に対して同じであった事実は、多神教から一神教への人類の宗教文化の展開に多く関係していたのかもしれない。

こうして普遍的な道徳的概念は宗教と結びつく概念にそのもともとの心理的潜在力を負う。しかし、別の意味では、その密接な関連は道徳的概念にとって致命的であった。一神教的宗教は様々な人々やグループの間で異なった形式を獲得したからである。それらの相違は決して根本的なものでないが、しかも共通である必然的なものよりもより強く感じられた。こうして宗教は、人類を普遍的な道徳概念で共に結びつける代りに、むしろしばしば憎悪や戦いを引き起こした。

その後、自然科学の成長がやってきた。人々の宗教的感情を近代においてより一層弱めながら、思想や実際生活に大きな影響を与えた。因果的客観的思考形式は、必ずしも宗教的領域と矛盾するものではなかったが、多くの人間の中に宗教的感覚を深める余地をほとんど残していない。そして宗教と道徳の伝統的な密接な関係のために、それはここ一〇〇年ほどの間に道徳的思考や感情の重大な弱体化をもたらした。私が思うには、それは現代の政治的方法の野蛮主義の主要な原因である。新しい技術的な手段の恐るべき効率の良さを併せて考えると、野蛮主義は既に文明世界に対する恐ろしい恐怖を作っている。

言うまでもないが、宗教が道徳原理の実現のためにはたらこうとすることは歓迎すべきことである。しかし、道徳的命令は協会や宗教のみの占有ではなく、人類全ての最も貴重な伝統的保有物である。この見地から、報道機関の位置や学校の位置でも、競争をあおるような方法を使っていることは考えなければならない。すべてが効率や成功を礼賛することによって支配され、人間社会の道徳的目標に関係する物事や人間の価値によって支配されてはいない。これに仮借なき経済努力から結果する道徳的退廃が付け加えられる。しかしながら宗教的領域の外側で道徳感を育て上げることは、そこでも助けとなるべきである。それは、社会問題の中に、より良い生活に対する喜びある奉仕の機会をいくらでも見付けることができるからである。というのは、道徳的行為は、単純な人間的見地から見れば、生活の望み通りの喜びのいくつかを断念するというきびしい要求を意味するのみならず、むしろすべての人間にとってより幸せな運命への社会的な関心を意味するからである。

ここで簡単に示した意味における道徳性は、固定されたはっきりした体系ではない。それはむしろ生活の中で起きるすべての問題が判断でき、判断すべき立場である。それはけっして完了しない仕事であり、判断を導き行動を起こすためにいつも存在しているものである」。

九月。『ニューヨーク・タイムズ』で(270)、ウェスティングハウス社の主導で、カプセルを来るべきニューヨーク世界博覧会の会場で預託することが報じられた。それは、当時記録しておくべき事柄のはいった短い金属の円筒であり、五〇〇〇年後の六九三九年九月二十三日に開けられることになっている。アインシュタイン、トーマス・マン、ミリカンらのメッセージが含まれた。アインシュタインの文章。

「われわれの時代は発明的な精神において豊かである。その発明品はわれわれの生活をかなり便利にすることができる。われわれは動力で海を渡っているし、苛酷なすべての筋肉労働から人間を救うためにも動力として使う。われわれは飛ぶことを学んだし、電波で全世界にわたって容易にメッセージやニューズを送ることができる。

しかしながら、ものの生産や分配が全く組織化されていないため、誰もが経済圏から除外されることにおびえて生きなければならない。それがあらゆる欠乏に苦しむ途となるからである。更に、異なる国に住む人々どうしは何かというと互いに殺し合い、この理由のためにまた未来を考える誰もが恐怖とおびえの中で生活しなければならない。これは大衆の知性や性格が、共同体に価値ある何かを生み出す少数の人々の知性や性格よりも比較できないほど低いという事実による。

私は後世の人がこの声明を、誇り高く正当な優越感をもって読むことを信じる」(271)。

十月。アインシュタインはニューヨークの六八番通り西四八番地でのアメリカ・ユダヤ人会議の新しい亡命者避難所の開所式での主要な演者の一人だった(272)。

一九三九年。一月。トーマス・マンがユダヤ人フォーラムが与えるアインシュタイン賞を受賞した。授与はアインシュタイン自身によって行われた。彼はその機会にこう語った。

「規準を支えてきた人々は、測り知れぬ価値をもつ彼らの遺産を防衛する力を弱体化している。そして邪悪な力はこのことによって強化された。態度の弱体化は性格の弱さになる。それは、危険に比例する勇気をもって行動する力の欠如になる。もし危険が、冷淡で勇気なき人々に新しい強さと決心を授けることのできる強い性格をもつ人々を、覚醒させなければ、これらすべては、われわれの知的生活の破壊につながるに違いない」(273)。

一月というこの月に文字どおり地球を揺るがすことがやがて明らかになった科学的発見がなされた。

第一六節　核分裂と核兵器について　そしてもちろんより多くの様々なこと

一　原子爆弾前史

一九三八年、ベルリンの二人の科学者オットー・ハーンとフリッツ・シュトラースマンはウランの原子核に中性子を衝突させて生まれる元素を注意深く放射化学的に分析することを始めた。彼らは結果の生成物の中にバリウムを確認した。バリウムはウラン原子の約半分の重さの原子である。

それは驚異的とよんでよい発見だった。そのようなことはかつて見られなかったし、以前には想像されたことがなかった。それまでは、核反応は衝突される原子核の元素と重量においてそれほど違った元素を決して生み出さなかった。これらの結果は一九三九年一月六日に印刷して発表された(274)。

この現象の理論的解析をリーゼ・マイトナーとオットー・フリッシュという二人のドイツ-ユダヤ人亡命者が与えた。その結果の論文(275)の中で彼らはこの新しい過程に対する名前を導入した。フリッシュは生物学者に生物学的な細胞分化に対してどんな用語を使うか、たずねた。「分裂 fission」が答だった。こうして分裂は核反応の新しい型のための名称にもなった。

分裂は多くのエネルギーを解放し、付加的な中性子を生み出す強烈な原子核崩壊である。これらの中性子は近くのウラン原子核を攻撃し、更なる分裂を導き、更なるエネルギーと中性子を解放することができる。そしてそれは続いていく。この連鎖反応が極度に大きな爆発物を生産するためのメカニズムであることを理解するためには大きな知恵はいらなかった。この可能性はすでに一九三九年に物理学者たちによって、そしてまた新聞において公に議論されてきた。一つの例は一九三九年四月二十九日の『ワシントン・ポスト』の見出しである。「物理

SECOND NEWS SECTION

For News, Subscriptions or Advertising Call ATlantic 6100.

SATURDAY MORNING,

Pittsburgh Post-Gazette

DECEMBER 29, 1934.

SPORTS, FINANCIAL, CLASSIFIED SECTION

This WORLD of OURS

by Clara Bodey Brotan

FOR MEN ONLY

Constantly Expressive—Einstein Warms Up to His Subject

ATOM ENERGY HOPE IS SPIKED BY EINSTEIN

Efforts at Loosing Vast Force Is Called Fruitless.

SAVANT TALKS HERE

Now Indicates Doubt Of Relativity Theory He Made Famous.

原子力エネルギーについて記者に語るアインシュタイン．1934年12月29日．（『ピッツバーグ・ポスト-ガゼット』AIP エミーリオ・セグレーヴィジュアル・アーカイヴスの好意による．）

学者たちは実験が二マイル四方の全域を吹き飛ばすかどうか議論している」。今や誰もが知るように答は「はい」である。原子爆弾の前史には大変多くのことがある。

しかしながらアインシュタインは一九三九年三月になって、このような武器の製造の可能性に疑問をとなえた。彼の六十歳の誕生日の機会のインタヴューで彼は次のように述べた(276)。

「原子の分裂に関してこれまで得られた結果は、過程の中で解放される原子エネルギーが経済的に利用できるという仮定を正当化しない。しかし、知的な好奇心をもたない物理学者は本来存在しえないので、この重要な問題に関する物理学者の興味が、過去の実験から引き出される否定的な結果のために弱まることはないだろう。」

彼は数カ月の間に、核分裂過程の決定的な観点を見過ごしていたことに気づいて、考えを変えた。それについて多くは、一九三九年の他の問題についての彼の公の発言にまず言及した後にすぐに述べる。

二　一九三九年　様々なこと

五月。ニューヨーク世界博覧会の最初の演し物《だ》は宇宙線で始まった。彼は二〇万人の来会者の聴衆に宇宙線の発見について五分間の話を行った(277)。

もうひとつ五月。五万人の人が世界博覧会のユダヤ人のパレスティナ展示館の開館式に参加する。アインシュタインは彼の言葉では、「私のユダヤの兄弟たちが世界博への寄与として建てた建物を公に開館するという高い特権をゆだねられた」(278)。

七月。映画『平和と民主主義における世界の指導者たち』は世界博で封切り上映される。この指導者にはチェコスロヴァキアの亡命した前大統領エドアールト・ベネシュ、アーサー・コンプトン、アインシュタイン、トーマス・マン、ユーリーが含まれた。アインシュタインは平和の問題の真の解決は、もし諸国家が「論議中のすべての裁判の判決を超国家裁判所に委ね、どんな状況下でもその決定を受入れ、その実行に協力する拘束力ある義務」を受け入れる時にのみやって来ることを示す(279)。

八月。彼はパリの世界学生組織の会合に挨拶を送る。それには三五カ国から二〇〇人の代議員が出席した。この会合は反ファシストの学生の団結をより強固にするために企画された(280)。

十一月。彼は教育に対して四つの基礎公理を定式化した。「ある道徳的社会的原理や基準をしっかり確立すること、このような方針に沿って若者の人格教育を行うこと。肉体的な適合性とともに、論理的思考、判断、記憶、芸術鑑賞、創造的能力などの重要な知的能力を開発すること。読書、作文、算術、言語のような日常的な働きにおける熟練と並んで一般的知識や情報を伝達すること。職業の準備のために特別な知識や熟練を分かちあたえること」(281)。

三　アインシュタインとフランクリン・デラノ・ローズヴェルト

上述のように、彼は一九三九年三月には、原子エネルギーの実際的な応用を信じていなかった。彼は八月までに心を変えた。レーオ・シラードとウィグナーがロング・アイランドのペコニックの彼の休暇の避暑地に七月のある時に彼を訪問し、彼らと議論した結果である。

これらの二人の物理学者は、ドイツが原子爆弾を製造する可能性に関心を持つようになり、それゆえアメリカの努力が緊急に必要であると感じていた。シラードが思い起こすところでは彼らが連鎖反応の可能性を彼に説明した時、彼は叫んだ。「〝それについては私は全く気付いていなかった〟……（彼は）素早くその意味を理解し、必要のあることなら何でも喜んで行おうと言った。彼は、警告が結果として空振りに終ることがあり得るとしても、警告を行うという責任を負うことを心から望んだ。殆どの科学者たちは馬鹿を見ることをいやがるものだが、アインシュタインはそのような恐れを持っていなかったし、このことはとりわけこの場合に彼の立場をユニークにしたものである」(282)。

三人はローズヴェルト大統領に知らせることを結論とした。アインシュタインはドイツ語でウィグナーに手紙を口述した。ウィグナーは親切にも私に手書きの原稿のコピーをくれた。ウィグナーは英語への翻訳を作り、アインシュタインはそれに八月二日に署名した。この記録文書は経済学者で大統領の非公式スタッフのアリクザンダー・ザックス博士にもたらされた。ザックスはその文書を一九三九年十月三日にローズヴェルト大統領に手渡した。

この手紙は当然新聞には公表されなかった。にもかかわらずその重要性ゆえに、私はその主要な表現のいくつかをここに再録する。

「この四カ月の間に多量のウラニウムで核連鎖反応を開始することが可能になるかも知れないということが確からしくなってきた。それによって巨大な量のパワーと多量の新しいラジウムのような元素が生まれるであろう。今、これが近い未来に達成されうることがほとんど確かに思える。

この新しい現象はまた爆弾の製造をも導くであろう……

この事態に鑑み、貴下は、行政と、アメリカで連鎖反応について研究している物理学者のグループとの間に、永続的な接触をもつことが望ましいと考えられる。

ドイツはチェコスロバキアから受け継いだ鉱山からウラニウムの販売を実際上停止していると私は理解している。ドイツがどうしてこのように素早い行動をとったのか、ドイツの国務次官の息子が……ベルリンのカイザー・ヴィルヘルム協会に配属されたという理由において理解されてよいだろう。そこではウラニウムについてのアメリカの研究の幾つかが今繰り返されている」(283)。

一カ月後、第二次世界大戦が勃発した……

十月十九日にローズヴェルトは答えた。

「親愛なる教授、貴方の最近の手紙と極めて興味深く重要な同封物について感謝申し上げます。

私はこのデータが重要であると見ましたので、ウラニウム元素に関係する貴方の示唆の可能性を徹底的に調査するため、国家標準局の長と陸軍海軍の選ばれた代表者とからなる委員会を招集しました……

どうぞ私の誠実な謝意をお受け取り下さい」(284)。

ローズヴェルトの委員会は誠実だが著名でない人物で構成された。核分裂の研究に対する政府の基金の最初の配分は一年間に六〇〇〇ドルというわずかなものだった。ほとんど何の活動もなく月日が過ぎていったのも不思議ではない。それゆえ、アインシュタインは大統領に見せるためにもう一度手紙を書くように要請された。それは実現した。一九四〇年三月七日の手紙から。

「昨年私が国家的に重要な結果が、ウラニウムの研究から生まれるかもしれないことを理解した時、私はこの可能性を行政に伝えることが私の義務であると考えた……

戦争の勃発以来、ウラニウムへの関心がドイツで強くなった。ドイツでの研究が厳重な秘密裡に実行されていること、その研究がカイザー・ヴィルヘルム研究所のもうひとつの研究所である物理学研究所に拡大されたことがわかっている」[285]。

多くのことがアインシュタイン-ローズヴェルト書簡について書かれた。しかしこれがマンハッタン計画の最初の口火であったというしばしばなされる主張は本質的ではない。一九三九年十月のローズヴェルトによる調査会の任命は、実際の政府の活動計画に結果をもたらさなかった。実際大統領が十分な規模の核兵器開発に乗り出すことを決定したのはやっと一九四一年十月になってからだった。（＊私が他のところで詳述したように[286]、このアメリカの計画を進めることに主要な責任のある人物はヴァーネヴァー・ブッシュであった。）陸軍長官のヘンリー・スティムソンが初めてこの計画を聞いたのは丁度この頃だった[287]。

上述の説明は彼の原爆との戦争時における関わりのポイントを示している[282]。彼は戦時の計画の展開から除外された。ヘレン・ドゥーカスは、広島への原爆投下の最初の新聞報道に対するアインシュタインの反応について私に話してくれたことがある。その時彼が言ったすべての言葉は、「なんと、痛ましいことよ Oj weh」であった。

彼自身は晩年、ローズヴェルトへの手紙に署名したことを一度ならず後悔したと言った。「もし私はドイツ人が原子爆弾製造に成功していないことを知っていたら、わたしは何もしなかっただろう」[288]。

戦時中の彼の戦争についての考え方を示す最後の証言。一九四四年十二月、当時ワシントンにいたニールス・ボーアはアインシュタインからの手紙を受け取った[289]。アインシュタインは物理学者オットー・シュテルンの訪問の際に警告を受けていた。シュテルンは、アインシュタインに、戦後、必然的に秘密兵器の開発競争が起り、それは戦争をかつてないほど悲惨なものにするだろうと警告した。アインシュタインは、指導的な科学者が政治的指導者に対して、軍事力が国際化されるべきであることを示す提案をした。そしてボーアに彼に賛同するように求めた。ボーアは（十二月においても）急いで、このような手段はもし信頼できる情報をもつ誰かが参加することにならなければきわめてみじめな結果になるであろうとアインシュタインに述べた。アインシュタインはそれを理解したこと、彼自身行動を控えること、他の同僚たちに同じように行動するよう促すと答えた。

四　様々なこと　一九四〇年から四五年

一九四〇年。三月。ニューヨーク市立大学へのバートランド・ラッセルの就任はかなりの議論を呼び起こした。これについてアインシュタインは次のように宣言した。「偉大な精神の持ち主は常に、二流の精神の持ち主からの暴力的な反対に遭遇してきた。この二流の心の持ち主は、〝伝統的な偏見に盲目的に従うことを拒否し、その代わりに自分の意見を勇気をもって正直に表すことを選ぶような人物〟を理解する能力がない」(290)。

五月。ローズヴェルトへの電報で、アインシュタインと多くの他のプリンストンの学者たちはアメリカ科学労働者協会の中立性の立場に反対を表明した。

「プリンストンに住む以下に署名した科学者は、アメリカ科学労働者協会の準備した請願に強い不同意を表明する。われわれの信ずるところでは、すべての文明圏のみならず、アメリカの関心は全体主義の攻撃による侵略の危険に置かれており、われわれの最善の国家的防御は現在この攻撃に反対している力への助力にある」(291)。

一九四一年。六月。アインシュタインはニュージャージーのハイツタウンにあるヘシャルツ（パレスティナへの開拓者）のための農場の開村の儀式に出席した。「この教授は鳥小屋を視察するために一五分以上の時間を費やした」(292)。

アインシュタインとオッペンハイマー，1940年代終わり．（国際コミュニケーション局．アメリカ物理学協会エミーリオ・セグレ・ヴィジュアル・アーカイヴのご好意による．）

十二月。七日に日本軍がパール・ハーバーを攻撃した。その日、アインシュタインは電話を通してホワイト・ハウスの通信員に「ドイツへのメッセージ」を口述した。

「この戦争は、奴隷制と圧制の原理に執着する人々と、個人にとっても国家にとっても自己決定の権利を信ずる人々との戦いである。人は自分自身にたずねなければならない。ある国家は単に人間の間の法や秩序を維持する機関でしかないのか。〝私は国家の道具でしかないのか〟。私の信じるところでは、後の問の分析において、政治制度の唯一の正当化されうる目的は個人や個人の能力の妨げられない発展を保証することである。

この理由で私は私自身アメリカ人であることを特に幸運であると考える。アメリカは今日、仲間の人々の権利を尊重し、自由や正義の原理を信じるすべての称賛すべき人々の希望の国である」[293]。

もう一つ十二月。記者への質問に答えて。「独裁政権が存在しなかった二〇年代には私は（戦争を行うことへの）拒否は戦争の不当さを明らかにすることを意味するであろうと主張した。ある国でこの方法を採用することさえ出来ないほどの抑圧が存在する状況が生じるに及んで、この方法をとれば、より攻撃的な国家に比べてあまり攻撃的でない国家が弱体化されると感じた……われわれはしっかりと攻撃し、崩壊を敵の側へ導かねばならない」[294]。

一九四二年。彼は病気で寝ている家から電話で、ロシア戦争救済ユダヤ会議のニューヨークでの晩餐のために講演した。彼は、戦後「ロシアは、他の国家が同じような真面目さと善意を見せるならば、国際的な安全保障の実行可能な枠組みへの強力で忠実な協同をあたえるだろう」[295]。

一九四四年。戦争の間、彼は海軍武器局の臨時のコンサルタントとして活動した。三月、『ニューヨーク・タイムズ』はこの武器局の出版物『スター・シェル』から引用した。「彼は爆発の理論を研究し、どんな法則があいまいな爆発波を支配するのかを探り当てようとしている」。この記事は、彼が海軍流の調髪をしたり、軍服を着用したりしなくてよいとされていることも報じている。「彼はズボンをまくり上げて着古したジャンパーのほうがより良く考えられるらしい」(296)。

同じ記事で、彼は次のように述べたと引用された。

「誰もが私を理解していないのに、誰もが私を好んでいるのは、どうしてだろうか」。

五月。科学、政治、ホワイトカラーなどの組織が集った国家戦時会議への声明で彼は、すべての人々に対して、「新たな攻撃的戦争に対する防護として国家を超えた力の設立のために戦うよう」要求した。「私は（これを）知的労働者の組織がこの歴史的時機に実行できる最も重要な奉仕と見る……知的労働者の組織は公共性や教育を通して世論に影響を与えることによって、社会全体に対して最も大きな意味をもつことができる」(297)。

八月。アインシュタインは、力量がなく、そうする道徳的な権利もないディミトリ・マリアノフによる伝記『アインシュタイン――一人の偉大な人間の親密な物語』を拒絶した(298)。（一九三〇年にアインシュタインの義理の娘のマーゴットはマリアノフと結婚し、一九三七年に夫による遺棄の理由で離婚した。）

十月。彼は世界の安全と平和を扱うのにもっともふさわしい人物として、第四期目に当たって、フランクリン・デラノ・ローズヴェルトを支持するよう大衆に訴えた(299)。

一九四五年。四月。彼は、十二日のローズヴェルトの死後、ニューヨークでの記念式へのメッセージを準備し

アインシュタイン（1950年代初め）.（アメリカのナショナル・アーカイヴ. アメリカ物理学協会エミーリオ・セグレ・ヴィジュアル・アーカイヴのご好意による.）

た。それは次のような言葉を含んでいた。「この人物がたとえいつこの世を去ろうとも、われわれは置き換え難い損失をこうむったと感じることだろう。悲劇なのは此度彼が亡くなったために、国際的な安全保障の問題に解決を見いだす仕事にユニークな能力を発揮できなかったことである……善意あるすべての人々はローズヴェルトの死によって彼らが昔からの親友を失ったと感じるだろう。彼が人々の心や精神に変わらぬ影響を与えますように」(300)。

八月。広島の原爆投下の次の週に彼は宣言した。「私は（原子爆弾について）研究を行わなかった、全く行わなかった。私は他の人々と同様にその爆弾に関心をもっている。もしかすると他の人より少し多くもっている」(301)。

第一七節　最後の一〇年。アインシュタインと原子力時代

この節は彼の晩年の最後の何年か、つまり第二次世界大戦の終わりから、彼の死までを扱う。最初に彼の個人生活のいくつかの出来事を、新聞記事によりながら述べ、それからこれが最後となるが雑報という項目を扱い、最後に核兵器に関するこの時期の彼の政治的言明を扱う。

一　個人的性質の出来事：健康状態、誕生日、統一場理論、イスラエルの大統領、栄誉と受賞

彼は晩年、概ね健康に恵まれなかった。上腹部の痛みの発作で苦しんだからである。一九四八年秋、彼の外科医はグレープフルーツ大の腹部腫脹を発見し、試験開腹を薦め、アインシュタインもそれに同意した。彼はブルックリンのユダヤ病院に入院し、そこで十二月三十一日午前八時に手術した(302)。彼の外科医は腹部静脈に瘤を

発見した。それは、今ではかなりありきたりになっているが当時の手術法では除去できない大きさだった。彼は手術創が十分に治るまで病院に留まり、一九四九年一月十三日に家に帰った(303)。彼は病院を出るとき、新聞のカメラマンに取り囲まれた。彼らに手を振った。「だめ、だめ。だめ。私はもし必要なら一晩中ここにとどまってもいいんだから」(304)。

一九四九年三月十四日月曜日は彼の七十歳の誕生日だった。秘書は新聞にコメントした。「アインシュタイン博士は今日何も祝っていません。彼は決してお祝いをしたことがないのです」(305)。(次の誕生日には彼は「この種のお祝いは子供のためのものだ」と言った(306)。)しかしながら、彼は訪問者を受けた。新アメリカ人連合サーヴィスの収容避難所から来た子供たちである(307)。彼はまたヘブライ大学から「純粋な喜びで私を満たす尊敬の印」(308)である名誉学位を受けた(309)。三月十九日彼を讃えるシンポジウムがプリンストン大学パルマー研究所で行われた。科学的な話があり、ニールス・ボーアが録音した賛辞が流された(310)。

私はそのシンポジウムに出席していた。私たちの多くは彼が到着したとき着席していた。私のその日の最も鮮烈な記憶は、私たちすべてが彼を迎えるために立ち上がる寸前の一瞬の静寂である。

一九五三年。「アインシュタイン博士は、それまではどんなものであれいかなる事業にも名を貸すことを拒否してきたが、彼の七十四歳の誕生日に(ニューヨークの)イェシヴァ大学の医学部をアルベルト・アインシュタイン医科大学と呼ばせることに同意した」(311)。この出来事を記念して昼食会がプリンストン・インでもたれた(私も出席した)。それはアインシュタインがドレスアップして現れためったにない機会の一つとなった。「彼の灰色のスーツはよくプレスされていて、彼は灰色と黒の縞のネクタイでソフト・カラーの純白のシャツを着ていた」(312)。

新聞報道された彼の最後の誕生日は一九五四年の七十五歳の時のものだった。インドの首相ジャワハルラル・

ネルー、トーマス・マン、バートランド・ラッセルらからの祝辞が報じられた(313)。また。トルーマン大統領、イタリア大統領、イスラエル大統領、ローズヴェルト夫人からのもあった(314)。エルサレムではヘブライ大学の学長が彼を讃える演説を行った。西ドイツの新聞はこの出来事に多くのスペースをさいて、敬意を表した(313)。

プリンストンで行われた非常市民自由委員会は彼の家に花を届けることを申出たが、彼はそれを辞退した。「最後の魔女狩り人が処刑された後なら、私の家に花を持ってきてよいが、それまではだめだ」(314)。三月十四日の『ニューヨーク・タイムズ』の雑誌版での彼についての記事から。「研究所のバスは彼を家から仕事場までのせてまた戻る。〝私は行きも帰りも歩きたいが、今はそうすることができない〟。運転手は雪が降りそうかどうかたずねる。〝あの方は答えて下さいませんでした〟。彼の助手が言う。彼の忍耐は素晴らしい。彼はいつも問題に対して楽観的である。失敗についてさえ楽観的である。彼の態度は〝まあ、これでも学ぶことはあった〟である」。

彼はこの最後の一〇年の間、統一場理論の最終版を研究した。(＊専門家のために。基本テンソルと接続が共に非対称の理論である。）新聞は多くの記事を載せた。一九四九年の十二月のある日、『ニューヨーク・タイムズ』は「新しいアインシュタイン理論は宇宙へのマスター・キーを与える」という見出しでこの理論についての記事が第一面を飾った(315)。この記事はアインシュタインの最も新しい草稿の一ページの複製を含んでいる。それは彼の素晴らしい小著『相対論の意味』の新版の付録としてプリンストン大学出版部によって出版されることになっていた。（私はこの論文のゲラ刷りを所有している。彼が批判的コメントを求めて私にくれたものである。）プリンストン大学出版部は、ニューヨークのスタットラー・ホテルで行われるアメリカ科学振興協会の十二月の会合でそれらの新しい出版を宣言した。アインシュタインはこの仕事についてインタヴューされる事を拒んだ。そして「二〇年経ったらまた会いにきて欲しい」というメッセージを記者に伝えるように秘書に頼んだ(316)。

数日後、ニューヨークの五五番通り四番街の南改革教会の牧師は新しい仕事を「モーゼが予感した古代の一神教の再言明」として賞賛した。「クリスマスを迎えてのアインシュタインの啓示は、神の奇跡のもう一つの証である」(317)。まことに然り。ニューヨーク八八通り西二五七番地の会衆共済組合ジェシェルンのラービは、アインシュタインを「物理学に革命を起こした」ことに対して過去五〇年間の最も偉大な一〇人のユダヤ人の筆頭に挙げた(318)。『ニューヨーク・タイムズ』の社説。「この最も新しいアインシュタイン理論が一般的に理解されるまでにどれくらいかかるか予言する人は大胆な人であろう」(319)。

彼は一九五〇年二月、新聞記者に彼の新理論が「最初に相対性理論を導きだした時に感じたのと同じ様な満足を彼に与えた」と語ったと報じられた(320)。彼は五月にはヘブライ大学の二五周年を機会に、新理論の元の原稿を寄付した。その記念式典で彼は述べた。「文化的生活の支援はユダヤ民族にとって主要な関心事である。われわれは学問におけるこのような絶えざる活動なしには民族として今日存在していないだろう」(321)。

一九五三年三月には、新理論について再び『ニューヨーク・タイムズ』に一面記事があった。「彼の一九二二年に初版がでた有名な本の第四版の付録としてプリンストン大学出版部から今日刊行」されるとあった。彼は「一九五〇年の彼の考え方は解かねばならぬ一つの重大な困難を残した……」が「理論におけるこの最後の段階はこの数カ月の間に十分克服した」と語った(322)。

私の知る限りではこれが彼の理論が新聞見出しになった最後の機会であった。彼の第二次世界大戦後の研究についてのこれらの最後の言明は大変悲しむべきものであると私には思える。というのは彼の発見のこの終わりの部分はとるべきものがないからである。それはあらゆる時代に尊敬される科学的業績に対する価値ある墓碑名とはならない。

一九五二年十一月十九日、『ニューヨーク・タイムズ』の一面は次のような記事を載せた。

「アルベルト・アインシュタイン教授は首相ディヴィド・ベン゠グリオンに、イスラエルの大統領職を受け入れることができないことを伝えた……（アインシュタインは）（十一月十八日の）夜の間、何も話さないままだった。彼の秘書はこの問題についてのすべての質問は、ワシントンのイスラエル大使館に対してして欲しいと述べた」(323)。

一体どんないきさつだったのか。

イスラエルの初代大統領のハイイム・ワイツマンは一九五二年十一月九日に亡くなっていた。すぐさま、イスラエル政府はアインシュタインに大統領職を与えることを決定した。十一月十六日、首相はワシントンの大使に次のような緊急の電報を打った。

「もし（国会で）選出されればアインシュタインは、イスラエルの大統領になるつもりがあるかどうか、直ちに、彼に問い合わせて欲しい。選出後は、直ちに彼はイスラエルに来てイスラエル市民となることになる。イスラエルでも何の支障もなく科学研究を続けられる。どうぞ彼の答を直ちに電報で送って欲しい。ベン＝グリオン」(324)。

事実、アインシュタインはこのニュースを午後『ニューヨーク・タイムズ』で知った。その後のことはアインシュタインとその夜一緒だった友人によって記述されている。

「九時頃電報が配達された……ワシントンのイスラエル大使のアッバ・エバン氏からだった。この電報のきわめて入念な言葉は……その前の記事が真実に違いないことを明らかにし、小さく静かな家庭は大変混乱した。〝これは大変厄介なことだ、大変厄介だ〟と年老いた紳士は、彼には大変珍しく興奮した状態で行ったり来たりしながら、説明していた。彼は自分自身のことを考えていたのではなく、大使やイスラエル政府が彼の不可避の拒否による困惑をいかにして少なくするかについて考えていた……彼は電報で返事をせず、すぐにワシントンに電話することを決心した。（彼は）大使と話すことが出来た。彼は大使に簡潔に話し、そしてきわめて謙遜に彼の立場を明らかにした」(325)。

栄誉や賞が積み上げられ続けた。幾つかを挙げる。

一九四六年に彼はリンカーン大学黒人学部から名誉博士号を受け取った。（＊彼が他に名誉学位を受け取ったのは、ジュネーヴ、チューリヒ、ロストック、マドリッド、ブリュッセル、ブエノス・アイレス、ソルボンヌ、ロンドン、オクスフォード、ケンブリッジ、グラスゴー、リーズ、マンチェスター、ハーヴァード、プリンストン、アルバニーのニューヨーク州立、イェシヴァの各大学である。このリストが不完全であることは疑いない。この様な名誉に対する彼のお気に入りの反応は。「悪いことは重なるものだ」。）彼は全学生に講演し、黒人のための「偉大な未来」が存在するという信念を表明し、集まった学生たちに長く、一所懸命、永続的な忍耐をもって働くよう促した(326)。

彼は一九四八年、「世界政府賞」を受賞した(327)。その機会にニューヨークのカーネギー・ホールで行われた彼の講演から。

「私の長い人生の過程の中で、私は自分に値するよりはるかに大きな評価を仲間の人々から受けてきた。私は恥の感覚が、つねに、そこに生まれる喜びよりもまさっていたことを告白する。しかし、以前の機会には、その苦痛は今のような喜びにまさるものでは決してなかった。というのは平和、理性や正義の勝利に関心があるわれわれすべては、理性や正直な善意が政治の分野での出来事にどれほど小さな影響しか与えないか今日鋭く気づいているに違いないからである。しかし、たとえそうであっても、どんな運命がわれわれに用意されていても、人間全体の福利に関心がある人々の疲れを知らない努力なしには、人類の運命は実際に今あるよりもなお悪くなるに違いないと確信している」(328)。

彼は一九五三年、ロード&テイラー［米国のデパートチェーン］賞を受けた(329)。ラジオで放送されたテープ録音の感謝の言葉は次のような言葉を含んでいた。

「実際、度し難い非妥協主義者の頑固さが、暖かく迎えられるのを体験するのは大きな喜びである。当然ながら、ここで私たちが問題にしているのは、世俗からははるか離れたところでの努力における非妥協主義である。そしてこの種の非妥協主義は、批判精神に乏しい、あるいはさなくとも、もともと怯えがちな人々の内心の安寧を脅かす危険があるが、どの上院の委員会も、今のところは、人々のためにその危険に立ち向かうことは大切な仕事だ、とは感じてはいない。

私に向けられた暖かい賞賛の言葉に関して、面倒なことをごちゃごちゃ言うのは止めよう。というのも、真摯な謙遜が存在するなどと、今時信じている人はいないであろうからである。私は、それでも年老いた偽善者と言われる危険を冒したほうがよいかもしれないが、今の私には、そのような危険を敢えて冒すだけの勇気が見つからない、ということを理解して貰いたい。

そこで私のすべきことはただ一つ、私がどんなに感謝しているか、を皆様に信じて戴くように努力することである。」(330)

一九五四年での法律家十戒協会の勲功賞受賞の機会へのメッセージの中で彼はこう言った。

「共産主義への恐怖から私たちは、他の文明世界の人々にとって不可解となってしまい、私たちの国をもの笑いにさらすような、その種の行動をとるようになった……人権の存在と妥当性は星の中に書かれているわけではない……大部分の歴史は人権を求める戦いに満ちている。それは最終的な勝利が決して得られない永遠の戦いである。しかし、その戦いに飽きることは社会の崩壊を意味するだろう」(331)。

私は最後にマーサー通りの彼の家に彼を訪問した著名な人物にネルー（一九四九年）(332)やベン＝グリオン（一九五一年）(333)が含まれていたことを記しておく。

二　最終的な様々なこと

一九四六年。七月一日。雑誌『タイム』は再び彼を表紙に載せる。その写真はきのこ雲を背景にした彼の姿であった。きのこ雲の中には $E=mc^2$ とあった。見出しは「宇宙の破壊者アインシュタイン。物質はすべて速度であり炎である」。本文から。

「やがて訪れる比類なき爆発と炎を通して、歴史の中の原因と結果に興味ある人々には、恥ずかしがり屋でほとんど聖人のような子供っぽい小さな人間の姿がかすかに見分けられる。柔らかい茶色の目、世間に疲れた犬のように打ちひしがれた顔の輪郭、オーロラのような髪……アインシュタインはふたつの重要な点で原子爆弾の父である。（一）アメリカの爆弾研究を開始させたのは彼の指導力であった。（二）原子爆弾を理論的に可能にしたのは彼の式 $E=mc^2$ であった」。

これまでの読者はすでに知っているように、アインシュタインが原爆の父であるというイメージに関わるこれら二つの理由はでっち上げられたものである。

九月。アインシュタインはトルーマン大統領に「リンチに対する安全保障はわれわれの世代の最も緊急な仕事の一つである」と書く(334)。

二日後。黒人に対する偏見は「われわれの国の社会が病む最悪の病気である」(335)。

一九四七年。十月。「ドイツの迫害の犠牲者で生き残った人々の運命は、人類の道徳的良心がどれほど劣化したかを示す証人である」(335a)。

一九四八年。彼はヘンリー・ウォレスをローズヴェルトやウェンデル・ウィルキーとともに「当時のつまらぬ騒ぎを超越し、利己的な関心をもたない」人々の仲間に含める(336)。

一九四九年。三月。「教育の近代的方法が、必ずしも探究のための聖なる好奇心を消し去っていないことは奇跡に近い」(337)。

八月。彼は社会学研究の国際センターの設立を促す。「そこでは、しばしば起こるように過去に執着することなく、国家間のよりよい理解を確立する方法と手段が研究されるだろう」(338)。

一九五〇年。彼はモントリオール・パイプ喫煙者クラブの生涯会員権を受け取る。「パイプ喫煙は人間についての幾分か静かで客観的な判断に寄与する」(339)。

一九五一年。一月。アインシュタインとトルーマンはニューヨーク倫理文化協会の七五周年の機会にメッセージを送る(340)。また、同じ月に、彼はイスラエルの作曲家が彼に捧げた交響曲の楽譜を受け取る(341)。

二月。彼と数学者ジョン・フォン・ノイマン、ノーバート・ウィーナーらは、「彼らが思考したり、あるいは休んでいる間」の脳波を記録させた。「それらは一般に平均のものとは違いを示した」(342)。この記事は頭に電極をつけて横たわるアインシュタインの写真を含む。

三月。プリンストンで彼は最初のアインシュタイン賞を物理学者ジュリアン・シュヴィンガーと論理学者クルト・ゲーデルに渡す。彼はまたルーイス・ストラウスのつくったこの新しい賞の受賞委員会の議長であった。彼からシュヴィンガーへ。「貴方はそれに値した」。ゲーデルへ。「貴方はそれを必要としない」(343)。(私は記念式に出席した。)

八月。アメリカ・イエズス会科学者協会の東部州部門の長の司祭マイケル・ウォルシュは、「科学的立場の特権を使って非科学的問題を語る人物」アインシュタインを批判する(344)。

一九五二年。彼はパレスティナ・イスラエル夏の研究所のユダヤ協会に寄付する。これはアメリカの学生や教育者のために考えられたイスラエルへの休暇時の仕事-研究旅行プログラムである(345)。

四月。彼は科学的相違を議論するために家に子爵ハーバート・サムエルを招く。サムエル卿は「現在の物理学は〝いない猫の笑い〟に幾分か似た概念に基づいている」という印象を撤回しなかったとアインシュタインは言った(346)。

五月。(第一面!)ハリウッドの映画作家の娘のジョアンナ・マンキヴィッツはロサンゼルスから幾何学の問題で助力を求めて手紙を書く。アインシュタインの返事は公開されている(347)。ジョアンナの先生は彼女を叱った。「偉大な科学者をそんな小さな問題でわずらわすべきではありません」(348)。

八月。科学での卒業後の研究で全米科学基金の奨学金を得たイェシヴァ大学の卒業生をアインシュタインが歓迎する[349]。

十月。教育についてのインタビュー。

「人間に専門を教えることでは十分ではない。それを通して、人間は一種の役に立つ機械にはなるだろうが、調和的に発達した人格の持ち主にはならない。（学生は）価値の理解や価値に対する鋭敏な感覚を獲得しなければならない。彼は美しいものや道徳的によいものについての生き生きしたセンスを獲得しなければならない。そうでなければ彼はよく訓練された犬さながらでしかない。このような貴重なことは教科書によってではなく、教える人間との個人的接触によって若い世代に受け継がれる。主に文化を作り、保存するのはこれである。競争システムの過度の強調や直接的有用性という理由での未成熟な専門化は、すべての文化的生活が依存する精神を壊し、関係する専門知識をもこわす……独立した批判的思考を若い人間に発展させる（べきである）。その発展はあまりに多くのそしてあまりに様々な問題によって過度に負担をかければ阻害される。過度の負担は必然的に浅薄さを導く」[350]。

もうひとつ十月。「アインシュタイン博士は彼が知事アドレイ・スティーヴンソンを支持して大統領選挙に投票すると宣言した」[351]。

十一月。一面。「アインシュタイン教授は彼でさえ間違い得ることを認める。これは、友人でニューヨークの医師グスタフ・バッキーによって起こされた特許侵害訴訟についての二時間の証言の間に起こった。アインシュタインは〝私は事前審理の宣誓供述質問に答える際に誤りを犯したかもしれない〟と言った」。高度に技術的な医学カメラへの特許権が問題だった[352]。

一九五三年。 一月。共産党中央委員会のメンバーでその科学部門の長のユーリ・ザンドフは、「政治的科学的知識の普及のためのモスクワ協会」の会合について『プラウダ』に記事を発表した。

「ザンドフ氏は科学におけるブルジョワ反動の傾向の典型例として物理学者アルベルト・アインシュタイン、ニールス・ボーア、イギリスの天文学者故アーサー・エディントン卿をあげた。彼は、ロシア内で彼らの研究を受容した科学者、それらを回覧したソヴィエト科学者は、マルクス主義に対する暴力的な敵の意見をソヴィエト社会に弘めたという点で有罪であると述べた」(353)。

これはスターリンが死んだ年に書かれた。一年後、「『プラウダ』は、アインシュタイン物理学を支持した。共産党の新聞はこの偉大な科学者の科学的寄与と彼の〝混乱した〟哲学と呼ばれるものを区別しようとするソヴィエト科学者を鋭く非難した。この記事はレーニンはアインシュタイン博士の科学的業績を深く尊敬したとして引用した」(353a)。

五月。彼はヘブライ大学支持のために、「若い国が真の独立を達成し、それを保つために、この国自身が育成した知識人や専門家のグループが存在しなければならない」(354)と述べた。

十月。アメリカユダヤ人会議の議長のラービ、イスラエル・ゴルトシュタインは祈りの中で、一二人のグループのキリスト教徒とユダヤ人哲学者が「小さな中立国」で今日の国際問題の解決に到達するために会合を開くことを示唆した。アインシュタインは彼のリストの筆頭だった(355)。

十二月。彼はヘブライ大学の名誉学長に選ばれる(356)。

三　「戦争には勝ったが、しかし平和は達成されていない」
核兵器についてのアインシュタイン

彼の式 $E = mc^2$ が原子爆弾を可能にしたという神話を誰が発明したか私は知らない。この式が核物理学で重要な役割を演じるのは本当であるが、これが兵器の製造を可能にしたということは、アルファベットの発明が聖書を書かせる原因になったと言うに近い。

たとえそうであったとしても、新しい兵器について彼はその見解をしきりに求められた。彼はこれらの道具が世界の権力バランスに生み出した第二次大戦後の劇的な変化について、彼の意見を公にすることを躊躇しなかった。例えば一九四五年九月、彼は新聞のインタヴューで[357]世界政府だけが人類を救うことができること、このような制度のみが新たな世界大戦の勃発を避けることができると述べた。十月には、彼は以下のように雄弁に始まる『ニューヨーク・タイムズ』への投書の連署者であった[358]。

「最初の原子爆弾は広島市以上のものを破壊した。それはわれわれの相続した、時代後れの政治的概念をも破壊したからである。」

もう一つ十月。アインシュタインへの戦後最初の公の攻撃は、アメリカ下院の超保守的なメンバーたちによってなされた。「この外国生まれの煽動者は、世界中へ共産主義の拡大を押し進めるために、もう一つのヨーロッパの戦争にわれわれを投げ込むつもりだ。など、など」[359]。

十一月、彼は有名な月刊誌に長いインタヴューを与えた。そこからの引用[360]。

「原子爆弾を使った戦争で、文明が消し去られるだろうとは思わない。地球上の人類の三分の二が殺されるかも知れない。しかし、再スタートに必要な思考の能力ある十分な人々と、十分な書物とは残るだろうし、文明は再建されうるだろう。

私は爆弾の秘密が国際連合組織に与えられるべきであるとは思わない。それがソヴィエト連邦に与えられるべきだとも思わない。どちらのコースも、資本をもった人間が、何かの事業に別の人も誘って、その人間に無邪気に彼のお金の半分を与えるようなものだ。共同事業にしようと望んだのに、誘われた人がライヴァルの事業を始めることを選ぶかも知れない。爆弾の秘密は世界政府に渡すべきであるし、アメリカは直ちにそれを世界政府に与える用意を言明すべきである……

アメリカやイギリスは原子爆弾の秘密を持ち、ソヴィエト連邦は持っていないのであるから、彼らはソヴィエトに対して、提案する世界政府の憲法の最初の草稿を準備し、与えるよう求めるべきである。このことはロシア人の不信を和らげる助けとなるだろう。爆弾は主に彼らが持つことを妨げるために秘密に保たれている故に、彼らは不信を感じている。

〝私は世界政府の専制政治を恐れるか?〟もちろん私は恐れる。しかし、私は次の戦争や多くの戦争の到来を一層恐れる。どんな政府もある程度確実に悪になるだろう。しかし、世界政府は特にその強力な破壊性から言えば、戦争というはるかに大きな悪よりもましである。

原子の秘密をもつ今、それを失ってはならない。そして、もし国際連合やソヴィエト連邦にそれを与えるならば、それに伴う危険を覚悟すべきである。しかし、爆弾を秘密にしているのは、われわれの力のためではなくて、世界政府による平和の達成を希望しているからであること、そしてわれわれはこの世界政府を出現させるために最大限の努力をつくすことを、できるだけ早く明らかにすべきである。

われわれはこの秘密を非常に長い間は保てないだろう。他の国が原子爆弾の開発に費やされるのに十分な資金を持っていないという議論があることは私も知っている。それが長期の秘密維持をわれわれに保証するというのである。物事をそれにかかるお金の量ではかることはこの国でしばしば犯される誤りである。資材や人材をもち、原子力開発の研究へそれらを応用しようと望む国なら、どこでもそれは可能である。というのは、必要なのは金ではなく、人間と資材、それにそれらを投下しようとする意志決定だけだからである。

私は自分自身が原子エネルギー解放の父であるとは考えない（強調は引用者）。それに関する私の役割は間接的なものだった。実際私は私の時代にそれが解放されるとは予想していなかった。私はそれが理論的に可能であることを信じたに過ぎない」。

十二月にアインシュタインはニューヨークのアスター・ホテルでのノーベル賞五〇年記念の晩餐会で講演した(361)。彼が述べた一部。

「戦争には勝ったが、平和は達成されていない。戦いに向けて統合された大国たちは、今平和と安定のために分割されつつある。世界は恐怖からの自由を約束されたが、現実には戦争の終結以来、恐怖は恐ろしく増えた。世界は欠乏からの自由を約束されたが、世界の一部は豊かさの中で生活している一方、世界の大部分は飢餓に直面している。国々は解放と正義を約束された。しかし、われわれは悲しい光景を見てきたし、今でも見ている。それは、独立や社会的平等をもとめる人々へ軍隊の発砲を〝解放すること〟や、そのような国々で軍隊の力を借りて、既得の利害に奉仕するのにもっともよく適合すると思える党や人々を支持させることである。領土を巡る紛争や権力闘争はもう時代遅れのはずなのに、依然として公共の福祉や正義についての必然的な要請よりも重要視されている……

戦後世界の姿は明るくない。われわれ物理学者に関する限り、われわれは政治家ではないし、政治に関わるのは決してわれわれの願望ではなかった。しかし、われわれは政治家が知らないいくつかのことを知っている。そしてわれわれは、安易な慰めへの逃れ道がないこと、少しずつ進んでいるふりをし、必要な変革をあいまいな未来に先送りする余裕はないこと、つまらぬ取り引きやかけ引きのための時間は残されていないことなどを、それらの責任ある人々に明言し、思い起こさせることを義務と感じている。状況は、勇気ある努力、ことに当る態度全般に亘って政治的考え方についての根本的改革を必要としている」[362]。

一九四六年。二月。「原子爆弾を使った戦争で文明が消し去られるだろうとは思わない。地球上の人類の三分の二が殺されるかも知れない。しかし、再スタートに必要な思考の能力ある十分な人々と、十分な書物とは残り、再び始まるだろうし、文明は再建されうるだろう」[363]。（ここでは前言を繰り返している。）

五月。彼はＡＢＣネットワークの全アメリカ放送で国際平和の問題の解決を演説した[364]。

「それはこの国とロシアの間の大規模な合意にのみかかっている……もしそのような合意が達成されることができれば、これらの二つの勢力だけでも、軍事的安全保障の確立に必要な程度に他の国の主権を制限することを認めさせる要因となることができる。

今、多くの人がロシアとの基本的合意が現状では不可能であると言うだろう。このような言明はもしアメリカがこの方向で昨年度にもっと真剣に努力していたのであれば、正当であるのだが。しかしながら、私の見るところでは、逆のことが起こっている……休みなく新しい原子爆弾を作る必要はないし、軍事的脅威が近い将来に考えられない年に、防衛のために一二〇億ドルを計上する必要もなかった。ここですべての詳細を再考するのは意味がない。それらすべてはロシアの不信を和らげるためには何もなされなかったことを示す。それらの不信はこの一〇年間に起こったことに照らすとよく理解できるし、その不信の原因にわれわれは少なからず、寄与したのである。

……保護を求める唯一の希望は国家を越えるような方法での平和の獲得にある……法律的な決定によって国家間の戦いを解決することのできる世界政府がつくられなければならない……この政府は諸政府や諸国家によって是認される明確な憲法にもとづかねばならないし、それは唯一の攻撃的兵器の支配権をもつ。

個人や国家は、その軍事力を国際的な権威に引き渡し、力によって外国での支配を達成しようとするすべての試みや手段を放棄することが準備されるときのみ、平和を愛するものと考えられる……今日国連は軍事力を持たないし、国際安全保障の状態をもたらす法律的基礎も持たない。またそれは実際の勢力の分布を考慮していない」。

六月。『ニューヨーク・タイムズ』の日曜雑誌欄に発表された長いインタヴューから(365)。

「他の国の多くの人々は、今アメリカを大きな疑惑の目で見ている。それは爆弾のみならず、アメリカが帝国主義的になるだろうということを彼らがおそれているからである。私自身も時にそのような恐れを全く感じないというわけではなかった。他の国はもし彼らが互いに知るようにわれわれを知るならば、正直で真面目な隣人としてアメリカ人を恐れないであろうけれども、彼らはまた真面目な国でさえ勝利に酔うようになりうることを知っている。もしドイツが一八七〇年に勝利を得ていなかったら、人類にとってのどれほどの悲劇が避けられたことであろう！

われわれは依然として爆弾を作っている。爆弾は憎悪や疑惑を作りだしている。われわれは秘密を守っているし、秘密は不信を生む。私は今爆弾の秘密を緩める方向に進むべきであるとは言わない。しかし、われわれは、爆弾や秘密の必要がなく、科学や人々が自由であるような世界を熱烈に求めているのだろうか？

われわれがロシアの秘密を不信に思い、ロシアがわれわれに不信を持っている限り……われわれがある宿命を共に歩んでいる限り……。
科学はこの危険を前進させたが、真の問題は人々の精神と心にある。われわれは機械的手段で他の人の心を変えられない。むしろ〝われわれ自身の〟心を変え、勇敢に語らなければならない。われわれは、可能な悪用に対する安全保障を確立してから、残りの世界に自然の諸力について持っている知識を与えることに寛大にならなければならない。われわれは世界の安全に必要な権威の結集に献身することに意欲を示すのみならず、それを積極的に求めなければならない。われわれは戦争と平和を同時に計画できないことを理解しなければならない。
こころや精神の中ではっきりわかっている限り、世界を脅かす恐れを乗り越える勇気を見いだすだろう」。

八月。二日に、原子物理学者の非常委員会がニュージャージー州で公式に結成された。その目的は核兵器の政治や平和利用について一般大衆に情報を拡大させることだった。アインシュタインはその八人のグループの議長だった。彼は全国規模の放送で、大衆を啓発する援助となる寄付を訴えた。彼は講演の中でこう言った(366)。

「知的労働者は直接政治闘争にうまく係わることができない、しかしながら、彼らは状況や成功する可能性のある活動についての明確な考えを普及することを達成することができる。彼らは啓蒙を通じて、能力のある政治家が奇妙な意見や偏見によって彼らの仕事が挫折しないように寄与できる」。

この非常委員会は一九四九年一月には機能しなくなった。
もう一つ八月。彼は「ローズヴェルト大統領が生きていたら、ヒロシマへの原爆投下を禁じただろうと確信した」(367)。

一九四七年。八月一日。トルーマン大統領は文民の評議会の監視のもとで、アメリカ原子力委員会を創設する議案に署名した。大統領が、この評議委員会の議長としてデイヴィッド・リリエンタールを指名したことはかなりの上院の反対に出くわした。アインシュタインは、二月にリリエンタールを承認した支援者たちと会った(367a)。

七月、彼はニューメキシコ州の最初の原子爆弾の爆発実験から二周年の前夜に、国連への変わらぬ信頼を求めた(368)。

夏、彼はアメリカ軍に以下のことを述べた。

「私は率直に告白しなければならないが、アメリカの外交政策は、戦争の終結以来、時々否応なく、カイザー・ヴィルヘルムII世のもとでのドイツの態度を思い起こさせるのである。そして、私とは別個に、この類似性が他の人々にも同様に大きな苦痛をもって呼び覚まされたことを知っている。軍にあっては、非人間的な要素（原子爆弾、戦略基地、あらゆる種類の兵器、原料の所持など）が必要と考えられる。人間やその欲望、思考など、つまり心理学的要因は重要でなく、二次的であると考えられるのが軍事的精神性の特徴である。少なくともその理論的側面のみを考慮するならば、ここにはマルクス主義とのある類似性が存在する。個人は単なる道具に格下げされる。個人は〝人的資材〟になる。人間の願望の正常な目的はこのような観点とともに消える。その代わりに軍事的精神性がそれ自身の目標として〝無防備の力〟を持ち上げる。これは人々が陥りやすいもっとも強い幻想の一つである。

現代では、軍事的精神性は、攻撃的兵器が防御的兵器よりもずっと強力になってきたので、以前よりもより一層危険にである。それゆえその精神は必然的に、予防戦争へと導く……

私は現状から、国家を超えた基礎の上に確立される、安全保障の目的をもつ、見通しの良い、正直で、勇気ある政治以外に、他の方法は考えられない(369)。

九月。彼は国際連合の一般総会に公開状を送る(370)。その文から。

「国連の第二回総会に集まった五五の政府の代表者たちは、疑いなく、次のような事実に気がついていることだろう。つまり、枢軸国に対する勝利以来、この二年間の間、評価できる進歩が、戦争の抑止の方向へも、原子エネルギーの制御のような専門分野での合意の方向へも、戦争被災地域の再建における経済的協力の方向へも、なされてこなかったことである。

この現状の行き詰まりは十分に信頼できる超国家的権威が存在しない事実にある。こうしてすべての政府の責任ある指導者たちは、偶発的な戦争の仮定にもとづいて行動せざるをえない。この仮定に動機づけられたすべての段階は、一般的な恐怖や不信に寄与し、最終的な破局を早める。たとえどれほど国家の軍備が強力であっても、それは如何なる国に対しても軍事的安全をつくらないし、平和の維持も保証しない……

国連が大胆な決定によってその道徳的権威を強める時期がやってきた。まず、総会の権威を、国連のほかのすべての委員会と同様に安全保障理事会も総会に従属するような形で増さねばならない。総会と安保理事会のあいだの権威の衝突が存在する限り、この機構全体の有効性は必然的に損なわれたままであろう。

われわれは、すべての努力にもかかわらずロシアとその同盟国が、このような世界政府の外側に留まることを依然として適切であると判断する可能性があることを前提とすべきである。その場合には、すべての努力がロシアとその同盟国の協力を得るようにきわめて誠実に試みられた後でのみ、他の国々は彼らぬきで進まねばならないことにもなろう。

このような部分的な世界政府は、初めからそのドアを完全な平等性をもとにした参加に対して、特にロシアのような非メンバーに広く開けられていることをはっきりさせるべきである」(371)。

十一月。月刊誌に発表されたもう一つの長いインタヴュー(372)。

「最初の原子爆弾の完成以来、戦争の破壊性を増すために多くのことがなされたが、世界を戦争からより安全にするためには何も達成されなかった。私はこの領域で研究していないので、原子爆弾の開発についての直接的な知識から語ることはできない。しかし、この爆弾がより効果的になったことを示す多くのことが、それを行う人々によって語られてきた。

原子力時代の最初の二年間の間に、別の現象が注目されることになる。核兵器の恐ろしい性質について警告された大衆はそれについて何もなし得なかった。そして大部分その意識からその警告を忘れ去った。

アメリカ人は攻撃的戦争も防衛的戦争も始めないという決定について確信しているかも知れない。そのためアメリカ人は彼らが二度目に原子爆弾を使う最初にはならないことを公に宣言することは余計であると思っているのかも知れない。しかし、この国はこの爆弾の使用を放棄すること、つまりそれを非合法化するよう厳粛に求められ、超国家的制御に対するその条件（＊これはバーナード・バルークによって国連へ一九四六年七月十四日に提出されたアメリカの計画のことを指す。この提案は決して成功しなかった）が受容されないならば、そうすることを拒否した。原子爆弾を専有する一方でそれを非合法化することの拒否において、この国は別の点で苦しむ。つまり、この前の戦争以前に形式的に受け入れていた戦争の倫理的規準に公に戻ることが出来ないのである……

私はアメリカが原爆を作って備蓄しておくべきではないと言っているのではない。というのは、私はアメリカがそうしなければならないと信じるからである。アメリカも原子爆弾を持っているならば、別の国がそれをつくることを思いとどまらせることができるにちがいないからである。しかし、抑止だけが原子爆弾の備蓄の唯一の目的であるべきである……

現在、ロシアは、計画的な威嚇の政治と見なす軍備の政策を、アメリカの人々が満足して支持しているのではないことを自ら確信するだけの証拠を与えられていない。もしアメリカが一方的にでも超国家的な法体制によって平和を維持しようとする情熱的な願望の証拠をロシアに示すなら、このことは、アメリカの現在の思考傾向の中で自国の安全保障への危険を考えるロシアの計算を狂わせるだろう。目覚めたアメリカ大衆によって支持された、本当の確信が持てる提案が、ソヴィエト連邦に与えられて初めて、ロシアの反応がどうであろうか言うことができるであろう。

何の軍事的秘密も持たない政体を示すことは、軍事的精神をもった人々に恥辱を与えるかも知れない。このような人々はこうして暴かれた秘密が好戦国に地球の征服を可能にさせると信じるよう教えられてきた。（いわゆる原子爆弾の秘密に関しては、ロシアは短い時間内に彼ら自身の努力によってこれを持つであろうと思っている。）軍事的秘密を保持できないことに危険が存在することを私は認める。もし、十分な数の国家がその強さを蓄えるならば、彼らの安全が大いに増加するのでこの危険を除くことができる。

原子科学者たちはアメリカ人を原子力時代の真理へと論理だけで覚醒させることが出来ないことを確信したと思う。そこに宗教の基本的な成分であるあの深い感情の力を加えねばならないだろう。教会のみならず、学校、大学、主要な言論機関などがこの点での固有の責任についてきちんと果たすことが望まれる」。

一九四八年。

「殺戮の方法をより残忍にそしてより効果的にする助けをすることは、われわれ科学者の悲劇的な宿命だった。そのわれわれは、全力をあげてこれらの兵器が、発明された野蛮な目的のために使用されることを防ぐことに全力を尽すことを、厳粛ですぐれた義務と考えねばならない。それよりも重要な仕事が一体われわれにあるのだろうか。どんな社会目的がわれわれにより大切だというのか」[373]。

ここで一九五〇年一月三十一日まで原子力の問題への彼の公式のかかわりが休止する。その日にトルーマンが水素爆弾としてより良く知られている熱核兵器の開発を早める決定を宣言したのである。アインシュタインのコメント：「総殺戮が思い起こされる」。軍拡競争は「ヒステリックな性格」を帯びてきた。「両陣営にとって大量破壊への手段はそれぞれの秘密の壁の背後で熱病のような性急さで完成される」[374]。(彼は生きながらえて、一九五三年三月一日の最初の水素爆弾の実験の成功を聞いた。)

アインシュタインの言明への反応は様々だった。フィラデルフィアの新聞は社説で論じた。「今後の原子の危険についての、アインシュタインの鮮烈な警告はそれらを避ける確実な方法をわれわれに伝えるのには足りない」[375]。

ミシシッピーの下院議員は「アインシュタインが係わっていたといわれる、告発された共産主義前線グループをリストアップした報告の抜粋を連邦議会議事録に印刷した」。この報告に付けられた言明は部分的につぎのように述べた。「世界がかつて知った最大の詐欺師のひとりはアルベルト・アインシュタインである。彼は数年前に共産主義活動のために追放されるべきであった。彼はこの国で長い間共産主義活動に従事してきた……彼が今広げているでたらめは単に共産主義の路線で実行されているに過ぎない」[376]。

以上でアインシュタインと原子力に関する新聞のコメントについてわかっていることを終え、そして次の問題へ移ろう。

第一八節　最後の一〇年。市民の自由についてのアインシュタイン

冷戦は一九四五年に熱い戦争が終る前に始まっていたといってよい。しかしチャーチルがミズーリ州のフルトンで「鉄のカーテンが降りて来る」という演説をした一九四六年のその日を、西側とソヴィエト連邦の関係がひどく緊張したという一般大衆の意識の始まりとして考えることはたぶん理屈にあう。

アメリカ内部で、アインシュタインの晩年であるその後の一〇年は反共主義の熱狂が支配した。それは共産主義に転じた中国と原子爆弾をはじめて爆発させたソ連によってあおられた。それは共に一九四九年に起こった出来事である。

しかしながらアメリカの政治的雰囲気はすでにそれ以前に悪化していた。大きな理由は一九三八年に（反ローズヴェルトの団体として）設立された、右翼の会である下院非米活動委員会の役割によるのである。司法長官にいわゆる危険な組織のリストの準備を許可した、一九四七年三月のトルーマン大統領の行政命令九八三五は、この委員会の追及の誘因を増大させた。一九五〇年、ジョージフ（ジョー）・マッカーシーはアメリカ政府の中で、野蛮で、容赦なく、狡かつな共産主義者狩りを始めた。アメリカの歴史の中で最も暗いものの一つであるこの時期は、一九五四年十二月二日に終わったと言ってよいだろう。その時に、アメリカ上院はウィスコンシン出身のその新参議員を「上院の伝統に反した」行動に関して非難した。それはその時からアメリカ人の反共主義的な感情が衰えたということではない、

個人的な議論の中で示された、このような状況がもたらした彼の道徳的な激怒について、私はあざやかな思い

出を持っている。彼は、アメリカを訪問することを望みながら、告発された共産主義的傾向のためにそれを禁じられた外国人科学者に対する政府の態度に少なからず憤ったのである。こうして彼は「今日アメリカ政府のヴィザや旅券政策に対して、集中的で強力な攻撃を仕掛ける世界の指導的な科学者三四人の一人であった」(377)。新聞によれば「(二日後に)国務省は政府のヴィザや旅券政策が自由を脅かしているという指導的な原子物理学者による告訴についての徹底的な調査を始めた」(378)。

アインシュタインはまた悪名高いローゼンバーグの裁判について彼の見解を公に表明した。ジュリアス・ローゼンバーグとその妻エセルは、ソ連のスパイとして告発された。彼らは一九五一年三月六日に裁判にかけられた。彼らは翌月、ロシア人に原子爆弾の秘密情報を伝えたことで、一九一七年のスパイ法のもとで、有罪として死刑を宣告され、すぐにシンシン刑務所に投獄された。アインシュタインは一九五三年一月、トルーマンに書いた。「親愛なる大統領。私は良心に従ってジュリアスとエセルのローゼンバーグ夫妻の死刑判決の減刑をあなたに説得しなければならない。著名な私の同僚のハロルド・C・ユーリーが、一九五三年一月五日の『ニューヨーク・タイムズ』への投書のなかで大変確信をもって述べたのと同じ理由で、貴方へのこのアピールを起こした。敬具……」(379)。ユーリーは、証拠には矛盾が多く、決定的ではないのでこの判決の再考を強く求めると主張した。

ローゼンバーグ夫妻は一九五三年六月十九日、電気椅子で死んだ……

戦後の時期における彼の反応で、ブルックリンのジェイムズ・マディソン高等学校の英語教師であるウィリアム・フラウエングラスへの彼の一九五三年の手紙ほど、大きなセンセーションを起こし、大衆の興味をひきつけたものはなかった。フラウエングラスは上院国内安全保障小委員会(いわゆるジェンナー委員会)での証言を拒んだために解雇に直面した。彼は「異文化間教育の技術」について教育委員会が準備した教師のための現職コースで六年前に行った講演のために委員会に呼び出されていた。フラウエングラスは手紙で答えた。「原理的な憲法上の理由で、私は政治支持に関わる問題に答えることを拒否する」。彼は今、市の憲章の九〇三項のもとで解雇に直面した。それは米国憲法修正第五条［この場合、自己に不利益な証言を強要されないこと］を行使する市の雇用者の職を無効にするものであった。

フラウエングラスは次にアインシュタインに接近した。アインシュタインは一九五三年五月十六日に彼に手紙を書いた。それは一カ月後、新聞に全文で発表された(380)。以下はその大部分である。

「この国の知識人が直面している問題は大変深刻である。反動的政治家は、大衆の目前に外側からの危険をみせびらかすことで、すべての知的努力への疑いを大衆に持たせてきた。彼らはこれまで成功したが、今教育の自由を圧迫し、従順でないことがわかるすべての人々からその地位を奪い取る、すなわちその人々を餓死させることに進んでいる。

少数の知識人はこの悪に対抗するために何をすべきか。率直に言って、私はガンジーの意味での非協力という革命的方法をとることができるだけである。委員会に呼び出されるすべての知識人は証言を拒否すべきである。すなわち彼は投獄や経済的破滅、すなわち自分の国の文化的福利のために、個人的福利を犠牲にする準備をしなければならない。

しかしながら、この証言拒否は、自らが有罪となる可能性に関して定められた修正第五条の権利を行使するというよく知られた口実に基礎をおいていてはならない。それは潔白な市民がこのような取調べに服するのは恥ずべきことであり、この種の取調べが憲法の精神を破るという主張に基礎を置くべきである。

十分多くの人々がこの重大なステップをとる用意があるなら、彼らは成功するだろう。もしそうでなければ、この国の知識人は彼らに対して意図される隷属より良いものには値しない。

追伸。この手紙は〝親展である〟と考える必要はない」。

この手紙は世論の爆発を引き起こした。賛成、反対の手紙が数多くの新聞に現れた(381)。上院議員のマッカーシーは「フラウエングラスにアインシュタインのような助言を行う誰もがアメリカの敵である」(382)とコメントした。彼は一週間後、インタヴューでこう言った。「その助言に何も新しいものはない……私はその名前がアインシュタインであろうとジョン・ジョーンズであろうと気にしないが、いかなるアメリカ人も、スパイ活動やサボタージュについて持っている秘密情報を守るように彼らに助言するようなアメリカ人、そのような人物はまさに忠誠を欠くアメリカ人である」(383)。アメリカ文化自由委員会はこの手紙を「考え違いをして、無責任である」ときめ付けた(384)。しかし、バートランド・ラッセルは『ニューヨーク・タイムズ』に次のような手紙を書いた。「あなた方は皇帝のいけにえになるのを拒否するキリスト教徒の殉教者を責めるのか……私はあなた方がジョージ・ワシントンを責めると考えざるを得ない……私は忠誠心をもつイギリス人としてもちろんこの見解を支持するが、それがあなた方の国で多くの支持を得られないのを憂慮する」(385)。数カ月後、別の中学校教師アーヴィング・アードラー、さらに別の教師ノーマン・ロンドンは共産党の党員であることの申し立てに関する審問に答えることを拒否した。二人ともアインシュタインの手紙を引用した(386)。

二つのさらなるコメントの例。最初は『ワシントンポスト』の社説から(387)。

「アインシュタインの盲点

この国中の何百万もの市民は、議会の様々な取調べが実行された行き過ぎへのアルベルト・アインシュタイン博士の憤りを分かちもっている。われわれは彼とともに、自由を抑圧し、大学の責任を侵害し、〝すべての知的な努力に疑いを持たせる〟ような調査権力の濫用を嘆く。しかし、この偉大な物理学者が、議会の委員会に呼ばれる〝知識人たち〟のすべてに、証言を拒否するよう助言することは、ひどい誤りだとわれわれは考える。

まず、〝知識人たち〟はなぜ他の市民に適用されない特別な免除をもつのか。もしわれわれが権利の平等性を主張するなら、われわれは同様に義務の平等性を持たねばならない。そして、市民権の異論のない義務のひとつが、何らかの公共組織によって要請された時、国家安全保障に対する脅威についての情報を与えることである。もし市民が一般にアインシュタイン博士の助言に従い、議会の委員会で証言するよりも入獄するのを選んだら！われわれの代議制は麻痺するだろう。

おそらくアインシュタイン博士はすべての議会聴取がボイコットされるべきであると言うつもりはなかったであろう。しかし、たとえ彼が偏った取調べについてだけ語っていると仮定しても、どの委員会がその人の証言を取り上げ、どの委員会が証言を取り上げないか決定するのを、個々の市民にまかせられるだろうか。明らかに、もしわれわれが秩序ある政府を持とうとしているならば、呼び出された各々の証人は、もし求められた証言が彼に罪を負わせるというのでなければ、任意の合法的グループの前で発言することを要求されねばならない。調査権力を濫用する乱暴な人間を矯正するためには、他の手段を見いださねばならない。

アインシュタイン博士はそれを理解していないかも知れないが、彼は無責任な言葉によって急進主義の枠のなかに自分を置いた。彼はここでも、科学における天才が政治的事柄での賢明さの保証ではないことを証明した」。

二番目はデトロイトの新聞の項目である(388)。

「前上院議員がアインシュタインを攻撃する。

フィラデルフィア、六月十五日（ＡＰ）――共産主義との関係の可能性をチェックする上院委員会での証言を拒否するようにとの、アメリカ人教師へのアルベルト・アインシュタイン博士の助言は、昨日〝侮辱〟や〝不当な干渉〟として批判された。

前上院議員ハーバート・Ｅ・オウコナー（歯学博士）は当地のペンシルヴァニア鉄道ホーリー・ネーム協会での講演でこの著名な科学者をこっぴどくこきおろした。

オウコナーはアインシュタインの助言をアメリカ人が気をつけねばならない三つの〝不穏な動き〟のひとつであると呼んだ。彼が言うところでは、他の二つは〝共産主義中国との取引を増やそうとする英貿易代表部の努力〟と〝ビルマは共産主義中国の国連への参加を求めることで指導権をとるであろう〟というビルマからの声明であった。

上院懲罰委員会の前委員長であったオウコナーはアインシュタイン博士の行動を〝防げない出来事〟と呼んだ。

このような無料相談はアインシュタイン博士の悪意から生じる。アメリカの総合大学や単科大学で、もしそれがあるとして、何らかの破壊活動を根絶やしにしようという、われわれの国家の役人の努力を彼が妨害することは許されるべきではないと、オコーナーは宣言した。

世界的規模での陰謀の存在への合法的調査を、誰かが侮ることは上院の委員会への侮辱である」。

一九五四年。三月。アインシュタインによる声明。

「原理的には誰もが憲法上の権利を守ることに平等である。言葉の最も広い意味における知識人は、しかしながら、彼らが専門的な訓練のお陰で世論の形成に特に強い影響をもつゆえに特別の地位にある。これこそが、権威主義的政府に導こうとする人々が、われわれに威嚇的に介入し、そのグループを口止めしようとする理由である。それゆえこのような状況においては特に知識人がその義務を果たすことが重要である。私はこの義務を、個人の憲法上の権利をやぶる企てへの協力の拒否に見る……憲法の強さは全面的に各々の市民がそれを擁護することの決定の中にある」(389)。

四月。 カリフォルニア共和党州委員会の公の機関紙は、アインシュタインを、自分自身が「国家の法律を超えて」いると考え、「科学が神である」とみなす、「居候」亡命者と記す。「彼が与えるよりも、はるかに多くのものをアメリカから受け取ったこの人物は、この国の義務の程度に関して彼の仲間に指導する権利を自分に勝手に与えている」(390)。

八月。 議会の両院は共産党を非合法化する修正案を認める。アインシュタインは「それは無意味である」と宣言し、それ以上のコメントを拒否した(391)。

十一月。 広く注目されたもうひとつの彼のコメント。

「あなた方は、アメリカにおける科学者の状況に関するあなた方の記事について私がどう考えるかたずねた。私はこの問題を分析しようとする代わりに、短い意見で私の感情を表したい。すなわちもし私が再び若者になりどのように生計をたてるか決定しなければならないなら、科学者、学者、教師にはなろうとしないだろう、私はむしろささやかな度合いの独立性が現状においてもまだ可能であるのを見つけるべく、鉛管工か行商人になることを選ぶだろう」(392)。

この章の最後の記事は、アインシュタインと新聞との間に、私がただ一度、個人的に係わったことを扱う。それはアメリカにおける市民の自由の歴史のもう一つの恥の時期を扱う。

一九五四年四月十一日の日曜日の朝、『ニューヨーク・ヘラルド・トリビューン』に「次のマッカーシーの標的、あの指導的な物理学者」と題するコラムが現れた。私はそれが何を意味するか知っていた。オッペンハイマー事件が起ころうとしていた。

ロバート・オッペンハイマーは、申し立てによって、「哀れな危険人物」であるために、一九五三年十二月、アメリカ原子力委員会でそれ以上働くことを禁じられ、秘密資料への接近も拒絶されていた。そのニューズはその当時には公にされなかった。しかしながら、私はそれに気づいており、またオッペンハイマーがこれらの申し立てに挑戦する事を計画していることも知っていた。その対決はオッペンハイマー事件として知られるようになった。

私は、その四月十一日の夜、プリンストン高等研究所の研究室で仕事をしていた。その時電話が鳴り、ワシントンの交換手がオッペンハイマー博士と話したいと言った。私は彼がこの町にいないと返事をした。（実際、彼はワシントンにいた。）次に交換手はアインシュタイン博士のことをたずねた。私は彼女にアインシュタインは研究室にいないこと、彼の家の電話番号は名簿にのっていない旨を告げた。交換手は次に同席者が私と話したいと言っていると言った。通信社APのワシントン支局長が電話に出て、オッペンハイマー事件が火曜の朝のすべての新聞にのると言った。彼は出来るかぎり早くアインシュタインの声明を欲しがった。私は翌日のマーサー通りの大混乱が、その夜の簡単な声明によって避けられるかもしれないことを理解した。それゆえとりあえず私がアインシュタインと話し、電話をかけなおすと言った。私はマーサー通りへ車をとばし、ベルを鳴らした。ヘレン・ドゥーカスが中へ入れてくれた。このような遅い時間に来たことを詫びた上で、教授と少しでも話すことができたら好都合であると言った。その間に彼はバスローブを着て、階段の上に現れ、「何があったのか」とたずねた。彼は降りてきた。彼の義理の娘のマーゴットもそうした。私が訪問の理由を告げると、アインシュタインは突然大声で笑いだした。私は少し驚いて、何がそれほどおかしいのか尋ねた。彼は問題は簡単であると言った。オッペンハイマーが行う必要のあるただ一つのことは、ワシントンに行き、役人たちに彼らが愚か者であることを告げ、さっさと帰る事であると彼は言った。もう少し議論して、われわれは簡単な声明が必要であると結論した。それは次のようだった。「私に言えることはオッペンハイマー博士に対して最大の尊敬と最も暖かい感情を持っているということである。私は彼を科学者としてのみならず、偉大な人間的資質をもった人物として尊敬している」(392a)。われわれはそれを書き上げ、アインシュタインはそれをAPワシントン支局長に電話を通して読んだ。

翌日、ヘレン・ドゥーカスは昼食を用意していた。その時彼女は車が家の前に並び、カメラが降ろされているのを見た。彼女はエプロン姿で（私にそう言った）家を飛び出し、帰宅しようとしていたアインシュタインに注意した。彼は玄関のドアに着いた時、記者に話すのを拒否した。

『原子科学者会報』の一九五四年五月号は多くの著名な科学者によるこの事件についての声明を含んでいた。アインシュタインの寄稿は辛らつで短かったがこの悲しい出来事への適切な結論を与える。それは全文で次のようである。

「相互の信頼や信用を破壊するこの系統的で広範な試みは、社会に対して可能な最も厳しい打撃となる」(393)。

第一九節　アインシュタインとユダヤ人　アインシュタインの死

第九節以来私はユダヤ人問題に関する彼の声明に注意を払ってこなかった。その箇所で私が想起したことは、彼は早い時期にユダヤ人であることや反ユダヤ主義の存在に既に気付いたが、しかし彼の出自に特別な注意を払わなかったこと、彼の最初のシオニズムへの直面は丁度第一次大戦後の頃に始まること、そして彼は決して何らかのシオニズム組織には加わらなかったことなどである。私はまた一九二三年の彼の唯一回のパレスティナ訪問、そして一九二五年のユダヤ人問題に関する新聞への最初のコメントについての簡単な説明を行った。今度は、文字通り彼の人生の最後まで、その後の公のコメントを追いかけよう。（＊「シオニズムについて」という彼の文章の論集も見よ(107)。）

一九二六年。パレスティナのアラブ人は一九二一年以来、反ユダヤ暴動をしきりに起した。そのいくつかは流血事件だった。このことは、ユダヤ人を他の場所に入植させる一時的な提案の理由のひとつになった。アインシュタインは、一九二六年、以下のようにロシアに入植させる考えについてコメントした。

「私が信じるのは、永続的な価値がある仕事が達成されるのはパレスティナにおいてのみであるし、離散した国々でなされるすべてのことは一時的緩和でしかないけれども、にもかかわらず、私はユダヤ人をロシアに入植させるためになされる努力は、それがパレスティナに直ちに吸収できない何千ものユダヤ人を助けることを目的としているゆえに反対されてはならないと考える。この理由によってこの努力は、私には支持するに値するように思える。それゆえ私はユダヤ人入植のためにロシアで消費されるお金が浪費されるとは思わない。必要な保証がこの入植の仕事の成功に対して存在するかどうかは、私は最初にそこにいたことがなければ言うことができない。しかし、この入植が成功すれば、それは究極的にわれわれにも利益となるであろう。なぜなら、それはユダヤ民族の強化を意味し、われわれの民族を強くするすべての努力、すべての要素は、たとえ道徳的だけであれ間接的だけであれ、正当であるからである」(394)。

一九二九年。 一九二九年にはユダヤ人入植者に対して、アラブ人による一連の極度に暴力的な攻撃が起こった。傷害の上になお侮辱を加えるために、あるイギリスのサークルはこの機会を反シオニズムの声明をするために使った。アインシュタインは次のような内容を含むイギリスの新聞への憤りの投書で反応した。

「無知な人々の宗教的怒りに訴える政治的陰謀によって組織され、狂気化したアラブの群集は、点在するユダヤ人入植地を襲い、抵抗がない場合には殺害し、略奪した。ヘブロンでは、人生の中で武器を決して手にしたことがない無実の若者たちであるラービ養成学校の寄宿者数人が冷酷に虐殺された。サフェドでは同じ運命が年配のラービやその妻子にふりかかった。最近、幾人かのアラブ人が、ロシアの大虐殺の哀れな生き残りが避難所を見いだしたユダヤ孤児入植地を襲った。そのような時、平和な人々へのこのような粗野な残酷さによる馬鹿騒ぎが、これらの残酷さの当事者や扇動者に対してでなく、その犠牲者に対して向けられた宣伝活動のキャンペーンのためにイギリスの新聞欄で使われたことはあきれ果てたことではないか」(395)。

一九三〇年。 一月にアインシュタインは直接、アラブ人に演説した。

「私自身のように長い間、未来の人間は、諸国家の親密な共同体の上に築かれねばならないという確信や、攻撃的な国家主義は克服されねばならないという確信を持ってきた人間にとって、パレスティナの未来は、この地域に住む二つの民族の間の平和的な協力を基礎として初めて見えてくる。この理由で偉大なアラブの人々が、ユダヤ主義の古代の中心地に国家的祖国を再建しなければならないとユダヤ人が感じている必要性を、もっとよく理解して欲しかったと思う。お互いの努力によってこの地域にユダヤ人入植地を拡げるための方法や手段を見つけて欲しかった。私は確信するが、ユダヤ民族のパレスティナへの献身は、この地域のすべての住人に物質的のみならず、文化的、国家的にも利益を与えるはずである。今アラブ人が占有している大きな領土でのアラブ・ルネサンスは、ユダヤ人の共感を得て初めて成り立つものと私は信じる。私はこれらの可能性についての全く自由で率直な議論のための機会をつくることを歓迎するだろう。というのは私が信じるところでは、西洋文明に永続的価値を加えるという点で、それぞれのやり方で寄与してきたこの二つの偉大なセム系民族は、偉大な未来を共通にもち、お互いに不毛な憎しみや相互不信に直面せずに、互いの国家的文化的努力を支持し、共感をもつ協力の可能性を探すべきだからである。積極的に政治に従事しない人々はとりわけこのような信頼の雰囲気の創成に寄与すべきである。

私はさる八月の悲劇的な事件を嘆く。それが人間の本質を最も低い点で示しただけでなく、それが二つの民族を遠ざけ、彼らが互いに近づくことを一時的にせよより困難にしたからである。しかし、人々はあらゆる行きがかりを捨てて協力しなければならない」(396)。

九月。ベルリンでもたれたパレスティナ労働者の最初の国際会議への講演。「どれほど多くのユダヤ人がパレスティナにいるかが問題なのではなく、彼らがそこで何を生み出すかがまさに問題なのである。それは全世界のユダヤ人が理想的な創造的仕事として考えることが出来、ユダヤ人が一体感をもてるものであるべきである」

(397)。

十月。ロンドンのサヴォイ・ホテルで十月二十九日に行った講演の中で、彼が行った発言の一部。

「われわれの離散したユダヤ人共同体の位置付けは、政治的世界の道徳上の尺度である。政治的道徳性や正義への尊敬について、その特異性が古代の文化的伝統の保護にあるような、防御なき少数者に対する国家の態度以上に、どのようなより確かな指標があるだろうか。

この尺度は、われわれが扱われるやり方から苦痛をもって体験しているように現在の時期には低い。しかし、このまさに低さこそわれわれの共同体を保ち、確立することがわれわれの責務であるという確信に私を決心させるのである。現在や未来においてすべての国の善のためにはたらき続けねばならないという正義や理性の愛が、ユダヤ民族の伝統の一部になっている……

困難や障害は、どんな社会でも健康と強さの価値ある源泉であることを思いだそう。われわれがもし安楽な身分にあったなら、とうてい何千年もの間生き延びられなかったであろう。私はそれを確信している」(398)。

一九三四年。四月。彼は修正主義、つまりパレスティナのユダヤ人国家の実現を目指してテロ的な行動を主張し、実行する右派ユダヤ人の運動について意見を述べた。

「修正主義は、モーゼが彼の社会法則のモデルを定式化した時、先見の明で潰そうとした有害な力の近代的な具体化である。

われわれの明らかに無尽蔵な活気の源泉は、社会正義の強い伝統や、われわれの直接の共同体や社会全体へのささやかな奉仕の強い伝統の中にある。

ユダヤ人はパレスティナを単に避難の地と見ないよう用心しなければならない」[399]。

彼はまた一九三四年に「忘れないようにしよう」と題する声明を発表した。

「ユダヤ人としてのわれわれが、今のような政治的に悲しむべき時代から何かを学ぶことができるとすれば、運命がわれわれを結び付けたという事実であろう。この事実は、平穏で安全な時代には、しばしば手もなく忘れてしまうものである。われわれは、異なる国での異なる宗教的見解をもつユダヤ人の間の相違を強調しすぎる傾向がある。そしてわれわれはしばしば、それは、ユダヤ人が到るところで嫌われ、不当に扱われる時や、どうにでもなる良心をもつ政治家が、われわれの犠牲の上に政治的枠組みをでっち上げるために、もともと宗教的な古い偏見をわれわれに働かそうとすることが、一人一人のユダヤ人の関心事であることを忘れがちになる。民族精神に対するこのような病的な、神経症的介入は海や国境によってさえぎられることはなく、まさに経済危機や伝染病のように蔓延するため、それはわれわれのすべてに関係する」[400]。

一九三五年。三月二十四日、彼はニューヨークのドイツ-ユダヤ人クラブのプリム祭［くじの祭り］の晩餐で語った。「ドイツのユダヤ人は存在しないし、ロシアのユダヤ人もアメリカのユダヤ人も存在しない。彼らの唯一の相違は日常言語である。実際にはユダヤ人しかいない」[401]。

四月。ニューヨークでの過ぎ越しの祝いで、彼は再び修正主義を非難し、ユダヤ-アラブの連帯を促した。彼は聴衆に、シオニズム運動の設立者たちが、正義の伝統的な理想や人類の利他的愛のために働いたことを思い起こせと説いた[402]。

六月。

「浅薄な唯物論が招いた知的衰退は、暴力によってユダヤ人の存在を脅かす数多くの外的な敵よりも、ユダヤ人の存続にとって大きな脅威である。われわれの先祖が、二〇〇〇年の間の厳しい不幸を通じて、精神的伝統の保護に慰め、避難、強さを見出したことを決して忘れてはならない」(403)。

一九三八年。一月。彼はピッツバーグの部会での、国家ユダヤ夫人評議会に挨拶を送った。

「相互の助力が苛酷な生存競争でのわれわれのひとつの武器であることは神に感謝すべきである。われわれは無数の派閥への離散によって弱められてしまっているにもかかわらず、すべての義務のうちで最も公正なもの、つまり非利己的な相互助力の義務によって依然として結合している。ユダヤ人はこの義務の要請を決してそれ自身否定しなかった」(404)。

四月。彼はニューヨークのアスター・ホテルでのパレスティナのための国家労働委員会のセイダ〔過ぎ越しの祝いの第一夜の祝祭と正餐〕でドイツ語で話した。

「ユダヤ人であることは……何よりも先ず、聖書に規定された思いやりの原則を認め、実際にそれに従うことを意味する。このような原則はそれなしには人間の健康で幸せな共同体が存在しえないものである。

われわれは今日パレスティナの発展に対する関心のゆえに集まっている。この時間にとりわけ、一つの事が強調されねばならない。つまり、ユダヤ主義はシオニズムに感謝の大きな恩義を負っているのである。シオニズム運動はユダヤ人の間で共同体の意味を生き返らせた……

盲目的な憎悪から生まれ誇張された国家主義という現代の運命的な病気は、パレスティナでのわれわれの仕事をきわめて困難な段階にいたらせた。日中に耕した畑は夜には狂信的なアラブの無法者に対して武装警戒しなければならない……分割の問題についての個人的なもう一言。私はユダヤ国家の建設よりもむしろおく平和で共に暮らせる基礎の上にアラブ人との合理的な合意を望みたい。われわれはもはやマッカビー時代のユダヤ人ではない。言葉の政治的な意味での国家への帰還は、われわれの予言者たちの才能に負う共同体の精神化から遠ざかることに等しいであろう。もし外的な必然性が結局この重荷を受け入れることをわれわれに強制するならば、気転と忍耐でそれに耐えよう」(405)。

また、テロリズムの圧力に屈しないように大英帝国に促した彼の言葉。

「われわれの厳しいアピールは諸国、とくにイギリスに向けられる。このわれわれの要請は不文律や正義によって支持を得ている。われわれはイギリスに、イギリスが約束したことを武力によって強制するのではなく、大多数のアラブ人やユダヤ人に対するテロによってその意志を行使するような少数派を許さないように求める」(406)。

十一月。「なぜ彼らはユダヤ人を嫌うのか」という彼の長い雑誌論文がニューヨークの雑誌に発表された(407)。その原文から。

「なぜユダヤ人は大衆の憎悪をこれほどしばしば引き出したのか。主たる原因はほとんどすべての国にユダヤ人がいることであり、ユダヤ人は至るところに極めてまばらに散在しているので、暴力的な攻撃に対して自らを守れないからである。

直近の過去の例はこの点を証明するだろう。十九世紀の終わり頃ロシアの人々は彼らの政府の専制のもとで苛立っていた。外交政策における愚かなしくじりは人々の気持ちを更に緊張させ、それを爆発点に到達させた。この極限状態において、ロシアの支配者たちはユダヤ人への憎悪や暴力に大衆を駆り立てることで不安を紛らわそうとした。このような策略は、ロシア政府が流血のあった一九〇五年の危険な革命を回避した後にも繰り返された。そしてこの手だては世界大戦の終わりの近くまで、人々の心の離れた政体を生き永らえさせる助けになったといってよい。

ドイツ人がその支配者層の企てた第一次世界大戦で敗北した時も、直ちにユダヤ人を責める試みがなされた。最初は戦争を引き起こす言い訳けであり、後には戦争に負けた言い訳けであった。時間の流れの中で、このような企てはうまくいった。

ユダヤ人が歴史の流れの中で責められてきた罪、つまり彼らに対する虐待を正当化できるとされた罪は、急激な流れの中で様々に変った。井戸に毒を入れたと考えられたこともあった。儀式のために子供を殺したと言われたこともある。人類全体の経済的支配や搾取の体系的な試みのかどで不当にも訴えられた。疑似科学的著作が彼らを劣った危険な人種と格付けするために書かれた。彼ら自身の利己的な目的のために戦争や革命を挑発すると言い立てられた。危険な革新者であると同時に、また真の進歩の敵であると表現された。同化するのを装って国民生活に浸透することで、ある国の文化を歪曲するかどで訴えられた。同時に、どんな社会にも適応することが不可能なほど頑固で柔軟性がないとも責められた。

（これらの断言の根拠は何なのか。）

ある国にいる何らかの集団のメンバー同士が、残りの人々に対してよりも緊密に互いに結びついている。

こうしてこのようなグループが際立ち続ける間、国家との間にはどうしても摩擦を免れない。私の信念では、住民の均一性はたとえそれが達成可能であっても、望まれるものではないだろう。共通の確信や目的、同じような関心は、どんな社会でもある意味で単位として行動するグループを生むだろう。常に、このようなグループの間に摩擦がある。個人の間にも同種の嫌悪や緊張がある……

ユダヤ人の敵の言い分だけからユダヤ人の像を描こうとする人は、ユダヤ人が世界権力を志向するという結論に達しなければならないだろう。一目で、それは全く馬鹿げて見える。しかも私の見解ではその背後には、ある意味が存在する。グループとしてのユダヤ人は力を持たないかも知れないが、個々のメンバーの達成の総和が至るところで重要であり、たとえそれらの達成が妨害に直面してなされたとしても、有効であるのである……個々人の中に眠っている力が結集され、個人自身は、グループに満ちている精神によって、自己犠牲的な努力へと刺激される。

それゆえ、人間の開明を避けようとする人々の間にユダヤ人嫌悪が生れる。彼らは、世界において他の何よりも多く、知的独立性をもつ人々の影響を恐れる」。

一九三九年。三月。二十二日に放送された統一ユダヤアピールのためのラジオ演説から。

「過去においてわれわれは、聖書の民族であったという事実〝にもかかわらず〟迫害されてきた。しかしながら今日、われわれが迫害されるのは、まさにわれわれが聖書の民族であるが〝ゆえ〟なのである。その目的はわれわれ自身を消滅させることのみならず、われわれとともに西ヨーロッパや北ヨーロッパで文明の勃興を可能にした聖書とキリスト教で表現された、あの精神を破壊することである。もし、この目的が達成されると、ヨーロッパは不毛の荒れ地になるだろう。というのは人間の共同体生活は、野蛮な力、残忍さ、テロ、憎悪などの上では長く耐えられないからである……

ユダヤ人や他のグループへの圧迫の最も悲劇的な点の一つは、亡命者という階層ができることであった。科学、芸術、文学などの多くの著名な人々が、彼ら自身の才能によって豊かにされた国から追い出された……私はその国を去ることができるという点で十分幸運であったドイツのかつての市民のひとりとして、ここや他の国でわたしの仲間の亡命者たちのために語ることができる。世界の民主主義国がわれわれを受け入れた素晴らしい態度に対してそれらの国に感謝する。われわれはすべてが感謝の恩義をわれわれの新しい国に負い、われわれのひとりひとりすべてが住む国々の経済的、社会的、文化的仕事への貢献の質によって感謝を表すために全力を尽くしている」[408]。

五月。 彼の家から、ニューヨークのタウンホールで開催された国家ユダヤ人労働者同盟の会合へ放送されたラジオ演説。「あなた方のもっともなつらさの中で、イギリスへの反対者もまたわれわれのもっとも憎い敵であること、すべてのことにもかかわらず、イギリスの立場の維持はわれわれにとって大変重要であることを覚えておこう」[409]。

(一九二〇年四月五日、サン・レモ会議で、イギリスは国際連盟によって、ヴェルサイユ条約で規定された原理に従って、パレスティナの委任統治国として選定された。一九三九年、イギリスは依然としてこの地域を管理していた。)

九月三日、第二次世界大戦が始まった。

一九四〇年。 ハイファ・テクニオン(工科大学)の後援者団体が催した彼への謝恩の晩餐で、彼はこう言った。

「私はドイツでのユダヤ人がパレスティナをあざ笑った頃をよく思い出すことができる。私がパレスティナについてラーテナウと語ったとき、彼が〝なぜあんな国に行くのか、砂だけで何の価値もないし、決して開発しえない所ではないか〟と言ったことを思い出す。これが彼の考えであった。しかし、もし彼が暗殺されなかったら、彼はおそらく今、パレスティナにいるだろう。それゆえ、パレスティナの開発はユダヤ人すべてにとって、実際に恐ろしいほど重要であることをあなた方は理解できるだろう」(410)。（＊ユダヤ人でアインシュタインの知り合いであるドイツの外務大臣ヴァルター・ラーテナウは一九二二年六月二十四日、ベルリンで暗殺された。）

一九四四年。六月。パレスティナの公共機関のためのアメリカ基金の晩餐での彼によるメッセージ。

「パレスティナにおけるユダヤ人の精神は新鮮で弾力性に富む。もしわれわれの民族とアラブ人が、ヨーロッパから移入され職業政治家によって悪化する偏狭な国家主義という幼稚な主張を克服できさえすれば、アラブ人との大規模な協力に成功することに私は疑いを持たない。ふたつの民族は、厳密な法の判定によってではなく、日常の仕事における活発な相互理解や信頼に立った協力によってのみ、正しい道を切り開けることを、認識してほしい」(411)。

一九四六年。一月。新聞は、ワシントンD・C・のパレスティナ英米調査委員会で与えた彼の証言について詳細な記事を載せる(412)。

「アインシュタイン教授は優しく微笑みながら、委員会がやがて聞くことになったイギリス植民地政策に対するきわめて心を込めた告発を行った」。彼は四つの点をあげる。

「(一) 彼は、残念ながらイギリス植民地政策が、大英帝国のパレスティナ委任統治のこれ以上の管理を不適当にするようなものであると確信している。(二) 国連がパレスティナを統治することで信頼関係はつくり上げられるべきである。そして、それはアメリカを含めて、何らかの一つの権力に限定されるべきでない。(三) ヨーロッパでの大多数のユダヤ避難民はパレスティナに定住させるべきである。(四) 彼は決して、パレスティナ・シオニスト組織が主張するようなユダヤ人の全面的な国家が必要であるとは考えないと言った。彼は、〝多くの調査委員会――その中の一つには自分も出席したが――は、関係当局にその発見や勧告へ注意を向けさせようという意図もなく、ただ善意の印象を与えるためにのみ作られてきたという信念を一度ならず繰り返した〟。国会議員リチャード・グロスマンは、ユダヤ人避難民がもし大量にやって来ると、アラブ人は彼らを射殺するだろうということが〝イギリスの帝国主義的虚構〟ではないという証言を示した。アインシュタインは、もしアラブ人がユダヤ人の移民に抵抗するならば、何が起こるかたずねられた時、〝アラブ人は扇動されない限り抵抗しないだろう。人々がともに働けば、彼らは誰が大多数であるか悩まないだろう〟と答えた。また。〝(イスラエルという) 国家の考えはわたしの心に沿っていない。わたしは、なぜそれが必要とされるのか理解できない。それは狭隘さや経済的疎外に結びつく。私はそれが悪いことであると思う。私はいつもそれに反対であった…… (それは) ヨーロッパの模倣である。ヨーロッパの終わりは国家主義によってもたらされた〟」。

二月。彼は、進歩的パレスティナ協会への手紙で、「国連の直接管理のもとでのパレスティナ政府と、票決とは無関係にユダヤ人、アラブ人双方の安全を確約する憲法とが、ユダヤ‐アラブの困難な問題を解くであろう」という信念を示した(413)。

一九四七年。彼はワイツマンをたたえるニューヨークのウォールドーフ・アストリア・ホテルでの晩餐にメッセージを送る。「昨今の運命的な決断において、貴方は、われわれの誰もが思い付かなかった見解によって、世界にわれわれの立場を唱えた」(414)。

一九四七年、十一月二十九日、その晩餐から四日後、国連総会はパレスティナに対するイギリスの委任統治を終わらせる趣旨の法案を通過させた。この決定は、この前の五月に審議を開始したパレスティナ国連特別委員会の勧告の結果であった。アラブの暴力は解消のニュースが知られるや否や起こった。

一九四八年。イギリスの統治は一九四八年五月十五日に終わった。五月十四日にイスラエル国家成立が宣言された。イスラエルは十五日に、エジプト、トランスヨルダン、シリア、レバノン、イラクなどの連合軍に攻撃された。この事後の独立戦争は形式的にはアラブ連合軍の敗北で一九四九年七月に終わった。

アインシュタインはこの戦争勃発の一カ月前、『ニューヨーク・タイムズ』に次のような投書を送った。

「アラブやユダヤの過激派は、今日、向こう見ずにパレスティナを無駄な戦争へと押し進めている……もしアラブ人によって実行されるよりもユダヤ人によって実行されるならば。われわれはテロや狂信的な国家主義の方法をこれ以上許さないことを強く宣言することをわれわれの義務と感じる。……どちらが決定的な勝利を収めるにせよ、それは苛烈な苦痛を与えるだろう……われわれは、この国やパレスティナにいるユダヤ人に、時折自爆的な規模に結果する絶望や誤った英雄主義のムードに駆り立てられないように訴える」(415)。

一九四九年。三月。彼はヘブライ大学から名誉学位を受け取ったとき、次のように宣言した。「新しい国家の指導者が示した知恵と中庸は、実り多い協力と相互信頼に基づく関係が次第にアラブ人との間に確立されるという確信を私に与える」(416)。

十一月。彼は再び、ヘブライ大学の国家後援委員会の議長に選出された(417)。彼は、この月の二十七日に統一ユダヤ・アピールのためのラジオ放送を行った。彼が述べた一部。

「われわれユダヤ人にとって、驚くべきエネルギーと比類なき率先した自己犠牲によって、イスラエルで達成されたものを確固たるものにする以上に重要な問題は他にはない。エネルギッシュで思慮深いこのような小さなグループが達成したすべてについて考える時、われわれを満たす喜びと称賛が、現状の置いた大きな責任を受け入れる強さをわれわれに与えんことを。(彼らは)長い歴史の流れの中で形成されたようなわれわれの民族のその倫理的理想に出来るかぎり近く一致させる共同体(を作った)。

これらの理想の一つは、理解や自己抑制に基づき、暴力には基づかない平和である。この理想が我々に根付いている限りわれわれの喜びは、アラブ人との関係が現在ではこの理想からは程遠いので、悲しみの混ざったものになるだろう。もしわれわれが他の人に妨げられずにわれわれの隣人との関係を達成することが可能なら、この理想に到達したといってよいだろう。というのはわれわれは平和を〝望み〟、われわれの未来の発展は平和にかかっているからである。

ユダヤ人とアラブ人が平和に平等なものとして自由に生きる分割されないパレスティナを達成しなかったのは、われわれ自身の誤りや、隣人の誤りというよりもはるかに多く委任統治力の誤りであった。もしパレスティナを支配したイギリス委任統治がそうであるように、ある国が他の国を支配するなら、その国は〝分割と支配〟という悪名高い方法をたどることをほとんど避けられない。この言葉は簡単に言えば次のような意味である。すなわち、支配される民族に不和をつくりだせ、そうすれば、彼らが自分たちに課された支配を払いのけるために団結する恐れはなくなる。さて、支配は取り除かれた。しかし、不和の種は実をつけ、いつか来るべきときに依然として害を与えるだろう。あまり長すぎないことを望もう。

イスラエルのユダヤ共同体の経済的手段は、この途方もない事業を目的の成功にもたらすのには十分ではない。一九四八年五月以来イスラエルに移民した三〇万以上の人々のうち一〇万人に対しては家や仕事を与えることが出来なかった。彼らはわれわれのすべてにとって恥辱である条件のもとでの荒れたキャンプに集められなければならなかった。

この国のユダヤ人が十分にあるいは迅速に協力しないがゆえに、この壮大な仕事を挫折させてはならない。私が思うに、ここにすべてのユダヤ人に与えられた貴重な贈り物がある。つまり、この素晴らしい仕事に積極的な役割を演じる機会である」(418)。

一九五一年。彼は最近発行の二〇万番目の五〇〇ドルのイスラエル国債を買った(419)。

一九五三年。彼はヘブライ大学への支持を嘆願して、こう言った。「若い国家が、実際の独立を達成しそれを保つためには、その国育ちの一群の知識人や専門家が生み出されなければならない」(420)。

一九五四年。彼はヘブライ大学のアメリカ後援会のプリンストンでの計画立案会議で話した。

「イスラエルは、ユダヤ人が彼ら自身の伝統的理想に従って公の生活を形作る可能性をもつ、この地球での唯一の場所である……われわれの伝統ではこの理想を表現するのは、支配者でも政治家でも、兵士や商人でもない。この理想は人々の知的、道徳的、芸術的な生活を豊かにする教師によって表現される。これは普通

アインシュタインとベン・グリオン．1951 年 5 月．マーサー通りの家の裏庭で．(©アラン・リチャーズ夫人．アーカイヴの写真提供，プリンストン高等研究所.)

に〝唯物論〟と呼ばれるものの明確な拒否を意味する。人間は、もし、人間の本質の限界の中で、物質的なものの欲望充足に努力することから免れることができさえすれば、価値ある調和的な生活を得ることができる。目標は社会の精神的価値を高めることである」(421)。

一九五五年。一九五五年四月十三日水曜日の朝、イスラエル大使はアインシュタインを家に訪問した。来るべきイスラエル独立記念日の機会にテレビとラジオで彼が行おうとしている声明の草稿を議論するためである。不完全な草稿は次のように終わる。

「責任ある地位にあるどんな政治家も、超国家的安全保障の（安定した平和への）唯一の約束されたコースをあえて取ろうとするものはいなかった。というのはこのことは確かに彼の政治的死を意味するだろうからである。あらゆる所で起こる政治的野心にとってその犠牲が必要とされるからである」(422)。

これは彼が新聞に関係した最後のことばであるといってよい。この訪問の二時間後、彼は致命的な病に陥った。彼は四月十八日の早朝亡くなった。彼はその日の午後火葬された。灰は知られないところにまかれた。

第二〇節　おわりに

本章序論で述べたように本章の目的は、アインシュタインが有名な人物であるのは、メディアが作ったものであることを示すことである。これまでに、二九七件の新聞や雑誌の参照部分がそれを示すために使われた。

今、アインシュタインを彼の死までたどった。続くべき最後の節が示すのは、メディアがアインシュタイン伝説を現在まで存続させ、来るべき長い将来にわたっても疑いなくそうし続けることである。

以下に、新聞への彼の数多くの登場から学んだことをまとめてみたい。

初めに、アインシュタインの科学の報道、彼の世界的名声の原因（第三、四節）。彼の科学は記者たちが欲しがり続けた話題である。彼の科学的寄与の性質が衰えてゆくのと同時に、新聞はそのような研究に一層夢中になった（第一二、一三節）。科学についての報告は決してメディアの得意なことではなかった。

政治的場面で、彼の声明はまず平和主義に集中した。彼の最初の立場は、第一次大戦後すぐ定式化されたが、戦争に飽きた世界で、ひとが国家間の理解や協力の改善に努力すべきであるということだった。しかしながら一九二〇年代終わりになって、はるかに急進的になり、彼は個々人が武器を持つことの拒否を主張した（第五、一一節）。ナチスの台頭は彼の心を変えたが、第二次大戦後、より以前の明確な平和主義的見解にもどった（第一七節）。

彼の第二の主要な政治的テーマは超国家主義である。彼は世界組織の確立を支持して登場した。その組織は、国際紛争を仲裁するのみならず、更にもし必要ならば、その世界組織が使うことが出来て、命令を下せる軍事力によってその決定を実行できるものだった（第一一、一七節）。このような軍事的選択を、国際連盟は使うことができなかった。彼は国際連盟には悲観的な見解を持っていた（第一一節）。

彼の政治的見解の第三のそして最後の焦点は、マッカーシー時代に重なる晩年の間にもっとも顕著だが、市民の自由に関係した（第一八節）。

政治的な物事に関する彼の言明は必ずしもすぐに実行できるものを述べてはいなかった。私が思うところでは、それらは全体としてそれほど影響力をもたなかった。科学においては、与えられた問題に答えを探すが、政治においては問題は答えをもたず、妥協しか存在しないこと、そして彼にとって、人生においても科学においても妥協によって問題を解決することほど違和感をおぼえるものはなかったことを覚えておこう。

このことは、彼が政治的にナイーヴであるという、かなり広く知れ渡った見解を導いた。私が思いつくこのような意見に対する最善の反応は、ハンス・クリスティアン・アンデルセンのよく知られた話『裸の王様』から数行を引用することである。

「人は誰も何も見えないことを認めないだろう。というのは、それは自分が愚か者であることを認めることであるからである。

〝でも、あの人は何も着ていないよ〟と小さな子供は不思議がった。

〝ああ、この罪のない人間、ナイーヴな人間の言うことに耳を傾けよ〟とその父は言った。するとー人の男がもう一人の男にささやき始めた。〝王様は何も着ていない。小さな子供は彼が何も着ていないと言っている〟。

〝しかし彼は何も着ていない〟と最後には皆が叫んだ」。

彼はあの小さな子供のように正直で飾り気がなかったが、しかし、ナイーヴではなかった。一度ならず彼の政治的見解は有効であることが、短い期間ではなく長い時間で、立証された。一九九〇年代になってはじめて政治的決定が軍事力で支持される世界組織を見ることができ始めた。そして、オッペンハイマーはアインシュタインの助言（第一八節）に従って、ワシントンの役人に愚かなこと、と一言言うだけで良かったのではないだろうか。今では、誰もが彼らが実際そうだったことを知っている。

アインシュタインの政治的意見は、ユダヤ人問題への彼の態度に関係していたが、またそれを越えてもいた。三十代になって初めてユダヤ人の運命を改善する十分な重要性と緊急性が彼にわかってきた。彼は一九二九年にこう書いた。

「私が（一九一四年に、三十五歳で）ドイツにやってきた時、私ははじめて自分がユダヤ人であることを見いだした。この発見はユダヤ人よりも非ユダヤ人に負う……

私は価値あるユダヤ人が卑しく風刺画化されているのを見た。その光景は私の心を痛めた。私は学校、新聞の漫画欄、無数の他の非ユダヤ人の多数派の影響力が、いかに私の友人のユダヤ人のうちで最も優れた人の信頼さえ損なっているかを理解した。そして私はこれが続くのは、許されえないことだと感じた。

そうして私は、世界中のユダヤ人の心に親しめる共通の事業だけが、これらの民族に健康を取り戻しうることを理解した。ユダヤ人の伝統的態度が何であったにせよ、国家としての故郷、もっと正確にはパレスティナの中心がわれわれの努力を集中すべき適切な対象であることを理解し、声の限り主張したことはヘルツルの偉大な業績であった。

これらすべてをあなた方は国家主義と呼び、そこには責められるべきものがある。しかし、われわれがそれなしではこの敵意に満ちた世界で生きられないし、死にもできない共同社会の目的は、いつもその醜い名前によって呼ばれうるのである。とにかくそれはその目的が権力でなく、尊厳や健康である国家主義である。もしわれわれが寛容なく心の狭い暴力的な人々の間で生きなくてよいのなら、私は普遍的人間性のためにすべての国家主義を投げ捨てる最初の人間になるだろう」(423)。

この数行が明らかにしているように、彼の心で彼の解釈したようなシオニズムと超国家主義とは互いに異なったものではなかった。それどころか彼はユダヤ主義を宗教的信条とも見なさなかった。彼にとってユダヤ的な伝統は「この世界の美や崇高さに対して心酔するある種の喜びや驚きであった。それは明確な概念とは仲々なり難いものであった。この喜びは、真の科学研究がその精神的栄養を引き出す感情であるのみならず、鳥の鳴き声一つにも現われると考えられる感情である。ただこの感情を神の概念に結び付けるのは子供っぽい愚かさでしかないと思う」(424)。

こうしてユダヤ人や彼らの運命についての彼の見解を、以下のようにまとめておくのが適切に思われる。ユダヤ人の共通の絆はより狭い宗教的なものというより、むしろ精神的なものである。確かに、パレスティナ、後のイスラエルは迫害されたものにとっての避難所となるべきでもあるが、しかし、何よりもまずユダヤの精神的価値が生きつづけている地域であるべきである。彼は数多くの機会にイスラエルのアラブ人の苦境に共感を示した。もちろん、アラブ人のテロ戦略についてはそうではないけれども。彼はユダヤ人とアラブ人との十分な協力を望んだが、しばらくの間はそれが生じえないことを理解した。彼がもし生きていてベギンやシャミルの方法を見たら、きっとイスラエル政府と衝突しただろう。

時々、雑多なことを挿入した目的は、何をしてもアインシュタインはニューズであったことを示すことであった。チャップリン、ロックフェラー、バーナード・ショー(第一二節)のような世界的人物と会ったこと、彼がフロイト(第一三節)、ローズヴェルト大統領(第一五節)らと書簡を交わしたこと、彼が一九三九年のニューヨーク世界博を開会したこと(第一六節)、入浴のこと、死刑に対して声明を出しこと(第一一節)、彼が女生徒を助けたこと、彼が脳波を記録させたこと(第一七節)などであった。そしてもちろん、私が今まとめたものより他にも、政治的物事や教育についての彼の意見はいつも引用に値すると考えられた。

彼の科学的才能に次ぐ最も偉大な才能はドイツ語で書くことであった。ドイツ語を生涯を通じて最も心地よく使い、科学的な話題を扱うのであれ、他の話題を扱うのであれ、自分の考えを論文にする時にはほとんど変わらず使った言語でもあった。英語で印刷されて現れた彼の手になる多くの文章は、事実上最初のドイツ語の原稿からの翻訳である。前述の文章に関しても私は、もちろんすべてを英語に変えなければならなかった。それが彼自身のもともとの上品で時にウィットに富むスタイルをあまり壊していないことを祈りたい。

第二一節　そしてショーは続く

彼の死によっても新聞が彼に払う注目度は減らなかった。ある点ではむしろ逆であった。

一　死　後

彼の死の翌日一九五五年四月十九日、『ニューヨーク・タイムズ』は彼のよい写真を含むニューズをその一面で報じた。その同じ号はまた、高等研究所の教授団の彼の同僚の一人の他、アメリカ大統領、西ドイツ大統領、イスラエル首相、フランス首相、インド首相などによる寄稿を含んでいる。同僚の寄稿。「(彼は) われわれの間から歴史の消えざる記録の中に移った。そこでは彼の高貴な場所が長く保証されている」。また次のような言葉を含む社説もあった。「アインシュタイン級の数理物理学者は現代の優れた詩人である」。

同じ月の四月の終わり頃、肉体においては去ったが精神においてはそうではないこの英雄に関する数多くの新聞記事が見いだされる。二十世紀物理学のもう一方の偉大な指導者であるニールス・ボーアは次のように述べた。

「アルベルト・アインシュタインの仕事によって、われわれの世界像が以前には夢想もしなかった統一と調和を獲得したのと同時に、人類の地平は測り知れないほど広がった。このような業績の背景は、世界規模の科学者共同体の先行する世代によって作られ、その充分な結果は来るべき世代に現れるであろう。

アインシュタインの才能は決して科学の領域に限定されない。実際、われわれの最も基本的で慣れ親しんでいる考えにおいてさえ、彼は誰も思いつかなかった考え方を生み出し、それは、すべての人々に、あらゆる国家的文化に固有な深い根をもつ偏見や自己満足を剔出し、それと戦うことへの新しい勇気づけを示すものとなった」(425)。

インドの首相ネルーは、冷戦における五年間の休戦提案を含むアインシュタインの手紙を丁度うけとったばかりであったと述べた(425)。

思い出。衣服についてのアインシュタイン。「袋のほうがそれを包む肉よりもより良いのは悲しい状況だ」(425)。

別の思い出。「アインシュタイン博士が一九二一年にアメリカを最初に訪れた時、彼の理論やその意味への関心がきわめて大きかったので、ニューヨークの下院議員J・J・キンドリッドは下院議長に、相対論の一般向けの説明を議事録に挿入するよう要求した」(426)。

二日後。「(東)ベルリン近郊カプートのアインシュタインの別荘は東ドイツによって作られるべき、記念館となるであろう」(426)。

次の日。「人はなぜ原子は発見できたが、それをコントロールする手段を見つけることができなかったのか、とたずねられて、アインシュタインは〝友よ。それは簡単です。政治は物理学よりもより難しいからです〟と答えた」(427)。

一九五五年五月。「シンペリウスD」として知られる月のクレーターは、アインシュタインと改名されるであろう。「それはアイザック・ニュートン卿にちなんで命名されたクレーターの近くにある」(426)。

五月にはまた、彼の家族の弁護士のデイヴィド・J・レヴィーはこう述べる。「私は、以下のように言うことを懇請され、認可される。アインシュタイン教授の遺志に従って遺灰は内密に、最終的にそして決定的に処理された。事態の詳細を一般に公開することはない。というのは究極的な事実として肉体的な痕跡はどこにも残されていないからである」(428)。

一九五五年八月。「一九五二年終わりの太平洋での最初の大規模な水素爆弾の爆発は、原子物理学者が今日明らかにした二つの新しい化学元素を生んだ。研究者たちはこの新しい元素が原子時代の誕生に大きな役割を果たしたアルベルト・アインシュタイン博士とエンリーコ・フェルミ博士の名にちなんで命名されるよう勧告した」(429)。

実際、原子番号九九と一〇〇の元素はそれぞれアインスタイニウム、フェルミウムとして今知られることになった。

二　ぞろぞろ現れる

最近、彼の人生の出来事に追加的な光をあてる新聞記事が現れてきた。そのような記事を五つ集めた。

彼は早くからイディッシュ科学研究所（Yiddish Scientific Institute, YIVO）の理事会の名誉議長を務めた。この組織の紀要の一九七九年九月号には一九二九年四月八日の日付をもつ彼の手紙のコピーが含まれている。

「よく知られているように東ヨーロッパの貧困は、ユダヤ大衆の経済的困窮を引き起こした。まずもっとも緊急の要請は彼らの最低限の存在の維持を扱うことだった。しかしながら、人はパンだけで生きるものではなく、特にユダヤ人はそうではない。それゆえ、知的エリートである小さなグループの人々は努力して、われわれの民族の知的道徳的伝統を維持し、できる限り更に発展させるために集まるとき、そのような試みはそうすることのできるすべての人々から共感と積極的な援助を受けるに値する」(430)。

ニューヨークへの彼の一九三〇年十二月の訪問（第一二節）の際に起こった事件に関する一九六五年のフランスの雑誌記事から。(431)

「新しいプロテスタント教会であるマンハッタンのリヴァーサイド教会をデザインした牧師が、人類に栄誉を与えた偉大な人物の彫像で正面を飾ることを決心した。最もよく知られた学者たちから一四人のリストを募集した時、どの答にも含まれていた名前はただ一人だった。それはアルベルト・アインシュタインであった。その牧師が彼の石の彫像をアインシュタインに見せたとき、彼はコメントした。〝いつの日か私がユダヤの聖人にされることならまだしも想像できたが、私がプロテスタントの聖人になるとは夢にも思わなかった〟」。

五〇年前にニューヨーク世界博のパレスティナ館の開館セレモニー（アインシュタインはそこで演説した）に出席していた人物の一九八九年の思い出である。「アインシュタインはたぶんわれわれにとって世界で最も有名なユダヤ人であった。ドイツなまりの彼の英語は集まった一〇万人近い人々には理解できなかった。しかし、それにもかかわらず感動はあった」。彼はアインシュタインと握手しようとして群衆の中に分け入ったが、群衆はあまりにも巨大であった(432)。

一九四七年、アインシュタインはイスラエル、レホヴォートのワイツマン研究所の応用数学部門の諮問委員会のメンバーになることを受け入れた。（一九四〇年代終わりの）この委員会初期の会議で、彼はこの部門の電子式コンピュータ導入の提案に反対した。彼は、もしこのような装置がヨーロッパ全体にまだ存在しないなら、貧乏なパレスティナが、なぜこのような冒険の試みを始めるべきなのか理解できなかった。しかしながら結局彼は説得されて同意した(433)。

最後に、菜食主義を積極的に進める人物へ彼が一九五三年に書いた手紙。この手紙は一九五七年に発表された。主要な点は以下のようである。

「貴方がキャベツやリンゴを植えるために一区画の湿地を買うと、あなたはまず、地面から水を除かねばならない。それは水中の動物相を殺すだろう。その後貴方は乏しい食物を食べ尽くす青虫などを殺さねばならない。もし、あなたがそれらすべてを避けたいと願うなら、貴方は自殺しなければならない。そしてすべてのより高い道徳原理を理解せず、受けつけないものを生かすことになるだろう。

道徳的な教えに敬意がありながら、人の存在はそれらに関して必要だが決定が困難な妥協を必要とすることを認めねばならない。ともかく人は道徳的な憤りだけではこのような妥協に到達できない」(434)。

三　芸術や広告におけるアインシュタイン

芸術表現への刺激としてのアインシュタインはそれ自体書物に値する問題である。（＊この方向へのよい第一歩がすでに存在する。私にとって大変助けとなった文献は注435。）私自身のコメントは極端に簡単にならざるを得ない。なぜなら、それを正当に評価するには、この問題に精通していないからである。また、正直なところ、この話題には私はあまり関心がもてない。さらに芸術表現に現れる彼まで論じるとなると、新聞に現れた彼を論ずるという目的をはるかに越えてしまうと言ってもよい。そこで彼の死以降からのほんの少数の例に限定する(436)。

純文学において。相対論から引き出された刺激についてのローレンス・ダーレルの謝辞。彼は『アレクサンドリア・クワルテット』の第二部の序文で次のように書いた。

「近代文学はわれわれに如何なる〝統一〟も与えない。それで私は科学に向い、相対論の命題に基づく形式を備えた四巻ものの小説を完成しようとしている。

空間の三つの側面と時間の一つの側面は連続体のスープの素の調理法を構成する。この四つの小説はこのパタンをたどる。

しかしながら最初の三つの部分は空間的に展開されるべきものである……そしてそれらは連続した形では結合していない。それらは純粋に空間的な関係で重なりあい、絡まりあっている。時間は止まっている。四番目の部分のみが時間を表現し、本当の連続である」(437)。

相対論は本文の中に出て来る。「相対論の命題は抽象絵画、前衛音楽、形式なき文学に対する直接の責任がある」(438)。そして第四部では、「もし私が書けば、私は役柄において多次元的効果を試みているだろう」(439)。私はこれらの引用にもかかわらず、『クワルテット』が大変好きである。

劇場で。フリードリヒ・デュレンマットの演劇『物理学者たち』は、ニュートン、アインシュタイン、数学者アウグスト・メービウスを、たとえ彼らが正気であっても精神病院の患者として表している(440)。この三人の人物は原子力の秘密の管理を主張している。この劇はアインシュタインがヴァイオリンを演奏するところで終わる。

映画で。BBCテレビ製作『アインシュタイン、彼の友人が語ったこの人物の物語』は一九六九年に放映された。

オペラで。フィリップ・グラスの『浜辺のアインシュタイン』は一九七六年に初演された。芸術の分野でのアルベルト・アインシュタインの登場というカテゴリーに、一九五六年から一九七六年にかけての数多くの郵便切手の肖像を含めてよいと思われる。それはアルゼンチン、カナダ、チャド、コモロ島、ガーナ、イスラエル、マリ、ニカラグア、パラグアイ、ポーランド、アメリカなどのものを含む(441)。

私がある夏の日、デンマークのとある高速道路をドライヴしていた時、スウェーデンの観光バスが私を追い抜いた。バスの左側を見ると、立派な老アルベルトが私を見つめていた。彼の肖像がバスの横に一つではなく三つも書かれていたのである。

メディアはアインシュタインを普遍的な肖像に仕立て上げるということをやってのけた。われわれは誰もがしばしば、日刊紙、週刊誌、雑誌、掲示板、手近かの広告ページから見つめている彼に出会う。いや、彼に扮した誰かである。私は自分の記憶の中に彼の偉大な顔をしっかりともっているのでこのことは不愉快に思える。これは実際の写真を再現する許可の要請を避けるために行われていることは疑いがない。

これらの肖像が販売促進に利用された製品は、婦人の靴下から高速コンピュータまでありとあらゆるものに及んでいる。メッセージの中味はいつも同じである。つまり、買い手があれこれの製品を購入することで知性や利口な考えを示すだろうというのである。多くの例の中で一つだけを挙げよう。ここに掲げた絵は左手に猿、右手にアインシュタインがおり、両方ともビールの一杯入ったジョッキを持っている。猿の下の説明、「本能がビールを命じる」。アインシュタインの下の説明。「理性がカールスバーグを命じる」(442)。

四　生誕百年祭

アインシュタインは一八七九年三月十四日、午前十一時三十分、ドイツのウルムに生まれた。従って、一九七

アインシュタインの生誕百年祭の機会に使われた初日カバー．1979年3月14日．（プリンストン高等研究所．）

九年という年は生誕百年のお祝いで満杯だった。壮重なもの、学問的なもの、お祭り的なもの、ほとんどのものがそれらの混合だった。

ウルムはそこで生まれた息子を祝い、チューリヒはETH（スイス連邦工科大学）の大講堂での会合やアインシュタインの展示で「そこのすべての養子のうちで最も偉大な人物」を祝った。新聞の写真は、アインシュタインの死後数カ月で生まれた彼の曽孫のトーマス・マーティン・アインシュタインがそのショーの開会式に出席しているのを示している(443)。

百年祭の会議はベルリン、エルサレム、プリンストンや、もちろん他のところでも開かれた。最も位の高い政府の権威者たちの多くが参加した。

アメリカでは写真家ハーマン・ランヅホフが撮った、一人の老人としてのアインシュタインの立派な肖像を扱った一五セントのアインシュタイン百年記念切手が作られた（最初の発行の日時と場所は三月十四日、プリンストンだった）。中華人民共和国もまた彼の公式 $E=mc^2$ のうえにこの人物の良い風貌を表す切手を発行した。おそらく他の国も同じように行ったことだろう。

二月十九日、雑誌『タイム』はまたもう一つのアインシュタインの表紙絵の記事を出した。雑誌『ルック』も四月二日にそうした。

プリンストン高等研究所は科学的な百年祭会議を組織化したのみならず、他のイヴェントを開催したり、共催したりした。例えば、一般聴衆向けに九〇分の映画『聖なる幾何学』、ニューヨークのスクリブナーズ・サンズ社が出版した新しい伝記『アルベルト・アインシュタイン――部分的描像』、アメリカ物理学協会の準備した移動展示「アルベルト・アインシュタイン――イメージと影響」、全米人文学基金の支持によるアルベルト・アインシュタイン百年記念講演事務局、ワシントンD・C・の国立歴史技術博物館のアインシュタイン生誕百年展示などである。これらのイヴェントはもちろん新聞でのあふれるような報道を導いた。私はそれらをたどっていない。

これらの国内的国際的大騒ぎは、人物としてのアインシュタインについて多くの新しいことを明らかにしたわけではなかった。この見地から私が知っている最も興味ある生誕百年記念の寄与は、この地の週刊誌『プリンストン・パケット』の一九七九年三月十四日に出版された特別記念号に見られる。これはプリンストンの住人によるこの偉大な人物の数多くの思い出を含む。私は本書全体を終えるにあたり、それらの言葉から引用しよう。

第二次世界大戦の間、海軍士官であった住人のその当時の思い出。

「私の部隊長は、以前アインシュタインが雇っており、今は海軍に勤務する秘書が、秘密情報をゆだねるのに充分な資格をもつかどうかに関して、アインシュタインの意見をもとめる目的でインタヴューを要請するように私に求めた。

インタヴューは認められ、マーサー通りの住居の奥のアインシュタイン博士の散らかった二階の書斎で行われた。彼は私の質問に答えて言った。〃はい、私はこの少女を、全ての点で良心的で、信頼でき、信用する価値のある忠誠心をもったアメリカ人として記憶していますよ。でも彼女は海軍情報部で求められていると貴方はおっしゃるのですか。それなら私は推薦できませんね〃。

〃どうしてでしょうか〃と私がたずねると、彼は言った。〃そりゃそうですよ、彼女には知性力がないのですから〃」。

少女の頃よくクリスマスの時に歌いに行き、一度アインシュタインの家の前で歌ったことのある婦人。

「その時、その年老いた紳士は私たちが立っている側道まで氷のような階段をゆっくり降りてやってきた。そして彼は通りの明かりの中で私たちに強いなまりのある口調で、古い聖歌の私たちの歌をどれほど楽しんだかを言い、二、三人に名前を聞き、学校についてたずねた。

それはわずかな時間でしかなかった。やがて長いマフラーで包まれたぼさぼさの白い髪は部屋の暖かさのなかに消え去った。しかし、私たちの各々の中の暖かさはその時、炉端さながらであった。私たちはそれぞれ深い感慨をもって決められた道をたどり続けた。」

当時赤ん坊の娘をもっていた住人。

「私たちの方へ向かって、二十世紀の二人の知的な巨人であるアルベルト・アインシュタインとバートランド・ラッセルが歩いてきた……私がプリンストンでもうひとりの娘を乳母車で押していた時、アインシュタインはよく、中をのぞいて、ときどき彼女のアゴの下を撫でたものだ。冬になろうとする風の強い日、彼はいつもどおり毛織りの海軍帽をかぶり、長い髪の毛をその下からはみ出させていた。
私の友人の息子は自転車の乗り方をアインシュタインから教わった。物理のその分野の指導的な権威による力学的平衡のなんと貴重なデモンストレーションであったことか」。

彼の医師。

「戦争後、私は自分の仕事を眼科に限定した。そしてアインシュタインの家族が視力を保つのを確実にすることで幸せだった。教授は特別扱いしないでほしいと言い、順番を待ちながら待合室で静かに座っていた。特別な扱いを求めなかったのである。

私が彼の目の定例の検査を終えた時、私は彼に新しく処方した眼鏡なら四〇パーセント改善できると言った。彼の答えは相変わらず、微笑みながら次のようだった。〝ニューヨークの友が毎年贈り物としてこの簡単な拡大鏡を送ってくれる。別段特にそれで害がなければ、眼鏡は変えないでおくよ、ヘンリー。私は彼の感情を傷つけたくない。私がこれを続けても気にしないでほしい〟。

それで毎年毎年、私は最終的な処方が学術的にだけ興味深いことを知りつつ、この偉大で頑固な人物の目を検査する喜びをもつのである」。

花屋の女主人。

「彼が小切手で勘定を払う時、私はそれを取っておく。彼の自署は小切手そのものよりより大きな価値があると私は思ったからだ。かなりたまったのを知ったアインシュタイン博士は電話をよこし、それらの小切手を現金化するよう頼んだ。それで彼は自分の小切手帳を清算することができた。
そしていくらでもサインを上げるよ、と言ってくれた。」

最後に地元の写真家。

「私はいつも彼が上品で忍耐強いことを見いだした。しかし、彼は自分の写真を撮られるのを好まなかった。彼は決して個人的な引き延ばし写真を望まなかった。

彼のスナップを撮ることがとくに重要だったある日、彼は私に撮られることを望まなかった。彼はたずねた。〝どうして君は私の写真を撮りたいのか。人は皆私の風貌を御承知ではないか〟。

〝君は写真が大変親切でありうると考えるために、しばしでも立ち止ったことがあるかい〟と彼はある日たずねた。〝とんでもない、その親切ってのは何だい〟。〝写真は決して歳をとらないじゃないか〟。アインシュタイン博士はもの思いにふけった。〝君も私も変わる。人々は誰も年月を通じて変わる。しかし写真はいつも同じままだ。ずっと以前に撮られた母や父の写真を見ることは何と素晴らしいことだろう。君は憶えている通りに、父母を見るんだよ〟」。

そしてショーは続く……

注

注意。以下のような略号が使われている。

NYT, *New York Times*.

SL, A. Pais, *Subtle is the Lord*, Clarendon Press, Oxford, 1982.

VZ, *Vossische Zeitung*.

1 Cf. O. Glasser, *W. C. Roentgen*, 2nd edn, Springer, Berlin, 1959 ; English translation by C. C. Thomas, Springfield, Ill. 1934.

2 P. Frank, *Einstein, sein Leben und seine Zeit*, p. 290, Vieweg, Braunschweig, 1979.

3 A. Einstein, *Ideas and opinions*, p. 15, Crown Publishers, New York, 1982.

4 *Anzeiger für die Stadt Bern*, 5 February 1902, Section 3, p. 2 ; repr. in *The collected papers of Albert Einstein*, Vol. 1, p. 334, ed. J. Stachel *et al*., Princeton University Press, Princeton, 1987.

5 *The comparative reception of relativity*, ed. T. F. Glick, Reidel, Boston, 1987.

6 See *SL*, p. 150.

7 *Neue Zürcher Zeitung*, 10 March 1909.

8 *Berner Tageblatt*, 10 May 1909.

9 Cf. *SL*, Chapter 30.

10 *Prager Tagblatt*, 15 January 1911 ; *Bohemia*, same date.

11 *Prager Tagblatt*, 22 January 1911.

12 *Prager Tagblatt*, 23, 24 May 1911 ; *Bohemia*, 24 May 1911.

13 *SL*, Chapter 11.
14 *Der Bund*, 31 January 1912.
15 *Frankfurter Zeitung*, 3 February 1912.
16 *Prager Tagblatt*, 30 July 1912.
17 *Neue Freie Presse*, 5 August 1912 ; excerpted in *Prager Tagblatt*, same date.
18 C. Kirsten and H. J. Treder, *Albert Einstein in Berlin, 1913-1933*, Vol. I, p. 95.
19 Ref. 18, p. 98.
20 A. Einstein, letter to J. Laub, 22 July 1913, Einstein Archive.
21 *Vossische Zeitung* (referred to hereafter as *VZ*), 1 August 1913.
22 *VZ*, 2 January 1914.
23 Cf. W. L. Shirer, *The rise and fall of the Third Reich*, p. 245, Simon and Schuster, New York, 1960.
24 *VZ*, 26 April 1914.
25 *VZ*, 23 May 1917.
26 *VZ*, 25 June 1914.
27 *VZ*, 3 July 1914.
28 *VZ*, 6 November 1914.
29 *VZ*, 27 July 1914.
30 *VZ*, 20 August 1914.
31 *VZ*, 18 February 1913.
32 *SL*, Chapter 16, Section (c). See also J. Grelinsten, *The Physics Teacher*, **18**, 115, 187, 1980.
33 *SL*, p. 200.
34 *Nieuwe Rotterdamsche Courant*, 9 November 1919. See also *ibid*. 11 and 19 November.
35 Max Born in the *Frankfurter Allgemeine Zeitung*, 23 November 1919.

36 Cf. *SL*, pp. 309–10.
37 *Nieuwe Rotterdamsche Courant*, 4 July 1921.
38 *NYT*, 28 January 1928.
39 For their beginnings, see *SL*, Chapter 16, Section (d).
40 *NYT*, 2 February 1920.
41 *NYT*, 6 March 1927, Section VIII.
42 *NYT*, 9 April 1929.
43 *NYT*, 18 August 1929, Section V.
44 Also in translation in *Neue Zürcher Zeitung*, 8 January 1920.
45 See *SL*, p. 504.
46 See e. g. the *Arbeiter Zeitung*, Vienna, 15 December 1920.
47 A. Einstein, letter to P. Ehrenfest, 4 December 1919.
48 See further *SL*, Chapter 16, Section (d).
49 *Vorwärts*, 13 February 1920.
50 *Vorwärts*, 14 February 1920.
51 *100 Autoren gegen Einstein*, ed. H. Israel *et al.*, Voigtlander, Leipzig, 1931.
52 *Berliner Tageblatt*, 27 August 1920.
53 M. von Laue, W. Nernst, and H. Rubens, *Tägliche Umschau*, 26 August 1920.
54 A. Einstein, letter to M. Born, 9 September 1920.
55 E. g. in *Prager Tagblatt*, 29 August 1920 ; *Morning Post*, London, 2 September 1920.
56 *NYT*, 2 April 1921.
57 *NYT*, 3 April 1921.
58 *NYT*, 9 April 1921.

59 *NYT*, 11 April 1921.
60 *NYT*, 16 April 1921.
61 *NYT*, 26 April 1921.
62 *Berliner Tageblatt*, 19 July 1921.
63 *NYT*, 27 April 1921.
64 *NYT*, 10 May 1921 ; also *Daily News*, same day.
65 *NYT*, 18 May 1921.
66 *NYT*, 19 May 1921.
67 *NYT*, 26 May 1921.
68 *NYT*, 31 May 1921.
69 *NYT*, 9 June 1921.
70 *The Times* (London), 14 June 1921.
71 *NYT*, 2 July 1921.
72 *NYT*, 8 July 1921.
73 *NYT*, 12 July 1921.
74 *Berliner Tageblatt*, July 1921, date illegible on my copy.
75 *VZ*, 10 July 1921.
76 *Petit Journal*, 29 March 1922.
77 *Le Matin*, 29 March 1922.
78 *Echo National*, 30 March 1922.
79 *Berliner Tageblatt*, 12 April 1922.
79 *a* C. Harnist, letter to A. Einstein, 31 March 1929, Einstein Archive.
80 *Die Umschau*, Frankfurt am Main, 16 April 1922.

81 *L'Oeuvre*, early April 1922, date illegible on my copy ; quoted in *NYT*, 5 April 1922.
82 *NYT*, 6 April 1922.
83 *Echo de Paris*, 3 April 1922.
84 *Le petit Parisien*, 10 April 1922.
84 *a* *NYT*, 12 June 1922.
85 *Neue Rundschau* **33**, 815, 1922.
86 Ref. 3, p. 187.
87 *The New Republic*, **32**, 197, 1922.
88 *Berliner Tageblatt*, 5 August 1922.
89 Ref. 18, Vol. I, p. 231.
90 *NYT*, 16 November 1922.
91 *Singapore Daily*, 3 November 1922.
92 *The Eastern Times*, 10 November 1922.
93 *Ibid*., 11 November 1922.
94 Ref. 18, document 153.
95 Ref. 5, p. 351.
96 J. Ishiwara, *Einstein Kōen-Roku*, Tokyo-Tosho, Tokyo, 1977.
97 T. Ogawa, *Jap. St. Hist. Sci*., **18**. 73, 1979.
98 *SL*, Chapter 30.
99 A. Pais, *Niels Bohr's times, in physics, philosophy, and polity*, Chapter 10, Section (f), Clarendon Press, Oxford, 1991.
100 *The Palestine Weekly*, 9 February 1923.
101 *SL*, p. 38.
102 *NYT*, 30 March 1927.

103 C. Alpert, letter to the *Jerusalem Post*, 10 May 1990.

104 Cf. *SL*, pp. 35, 36.

105 A. Einstein, letter to M. Grossmann, 3 January 1908, Einstein Archive.

106 C. Stoll, letter to H. Ernst, 4 March 1909, Einstein Archive.

107 A. Einstein, *On Zionism*, pp. 41, 43, transl. L. Simon, Mcmillan, New York, 1931.

108 K. Blumenfeld, letter to C. Weizmann, 15 March 1921 ; *ETH Bibl. Zürich Hs* **304**, 201-4.

109 A. Einstein, letter to K. Blumenfeld, 25 March 1955.

110 *The New Palestine*, 27 March 1925, reprod. in ref. 3, p. 63.

111 *Jüdische Rundschau*, **30**, 129, 1925.

112 *NYT*, September 25, 1924.

113 T. F. Glick, *Einstein in Spain*, Princeton University Press, 1988.

114 Ref. 113, p. 327.

115 Ref. 113, pp. 325-6.

116 *NYT*, 20 March 1923.

117 Ref. 18, document 154.

118 See ref. 113, pp. 357-74 ; also ref. 5, p. 231.

119 Ref. 113, p. 148.

120 *NYT*, 25 March 1925.

121 Ref. 18, document 156.

122 Ref. 5, p. 381.

123 A. Einstein, *Revista matematica Hispano-Americana*, **1**, 72, 1926.

124 *NYT*, 5 June 1925.

125 O. Nathan and H. Norden, *Einstein on peace*, Schocken, New York, 1968.

126 F. Gilbert, *The end of the European era, 1890 to the present*, 2nd edn, p. 137, Norton, New York, 1979.

127 *Berliner Tageblatt*, 17 October 1919, reprod. in H. Wehberg, *Wider den Aufruf der 93*, p. 31, Deutsche Verlagsges. fur Politik und Geschichte, Berlin, 1920.

128 A. Einstein, letter to H. A. Lorentz, 1 August 1919, reprod. in ref. 125, p. 33.

129 C. Seelig, *Albert Einstein*, p. 15, Europa Verlag Zürich, 1960.

130 Ref. 125, p. 7.

131 For the full text see ref. 125, pp. 4–6.

132 Ref. 125, p. 74.

133 Wehberg, ref. 127, p. 22 ff.

134 For more on the *Bund*, see ref. 125, pp. 9–12.

135 Ref. 18, Vol. 1, doc. 118.

136 Ref. 125, p. 17.

137 Ref. 18, Vol. 1, docs. 59–68.

138 Ref. 18, Vol. 1, docs. 81–87.

139 A. Einstein, letter to H. Zangger, undated, probably spring 1915.

140 Ref. 125, p. 25.

141 Ref. 125, pp. 32, 36.

142 Ref. 125, pp. 30, 31.

143 *New York Evening Post*, 26 March 1921.

144 *Christian Century*, July 1929.

145 *Berliner Tageblatt*, 16 May, 9 June, 1922; *VZ*, 14 June 1922.

146 *NYT*, 28 June 1923; also *VZ*, 22 March 1923.

147 A. Einstein, letter to G. Murray, 30 May 1924, reprod. in ref. 125, p. 66.

148 *VZ*, 28 July 1924.
149 *Frankfurter Allgemeine Zeitung*, 29 August 1924.
150 *Pressedienst der Deutschen Liga für Völkerbund*, 10 December 1926.
151 A. Reiser, *Albert Einstein*, Boni, New York, 1930.
152 Ref. 125, p. 111.
153 *New York Evening Post*, 1 January 1926.
154 *NYT*, 17 May 1925.
155 Ref. 18, Vol. 1, doc. 136.
156 Ref. 18, Vol. 1, doc. 140.
157 A. Einstein, statement prepared for the *Liga der Menschenrechte*, 6 January 1929.
158 A. Einstein, letter to K. R. Leitner, 8 September 1932.
159 A. Einstein, letter to V. Molotov, 23 March 1936.
160 A. Einstein, letter to V. Molotov, 4 July 1936.
161 A. Einstein, letter to J. Stalin, 17 November 1947.
162 S. K. Tsarapkin, letter to A. Einstein, 18 December 1947.
163 Cf. *SL*, Chapter 13.
164 For reference to these and other similar writings see *SL*, Chapter 16, Section (e).
165 H. Frentz, in *Die Furche* (Vienna), 5 April 1969.
166 *NYT*, 6 November 1927.
167 *NYT*, 3 May 1928.
168 *NYT*, 18 April 1926.
169 *NYT*, 6 March 1927, Section VIII.
170 A. Einstein, letter to J. Hadamard, 24 September 1929.

171 Cf. ref. 125, Chapter 4.
172 *NYT*, 21 January 1930.
173 *Die Menschenrechte*, 20 July 1930.
174 Statement submitted to the Danish paper *Politiken*, 5 August 1930.
175 *NYT*, 21 December 1930 ; also *Bund*, 17 December 1930 ; reprod. in its entirety in *Albert Einstein, Cosmic Religion*, p. 57, Covici-Friede, New York, 1931.
176 *NYT*, 22 November 1931.
177 *The Friend*, 12 August 1932.
178 *Jugendtribune*, 17 April 1931.
179 *NYT*, 28 February 1932.
180 *Berlin am Morgen*, 13 October 1932.
181 *Die Menschenrechte*, 20 March 1931.
182 *NYT*, 17 February 1931.
183 *NYT*, 2 August 1931.
184 *The Nation*, 23 September 1931.
185 *NYT*, 26 January 1932.
186 *Die Menschenrechte*, 20 August 1931.
187 *NYT*, 5 March 1931.
188 *The New World*, July 1931 issue.
189 A. Einstein, *Sitz. Ber. Preuss. Ak. Wiss*. 1929, p. 2.
190 *NYT*, 12 January 1929.
191 A. S. Eddington, letter to A. Einstein, 11 February 1929.
192 *NYT*, 4 February 1929.

193 *NYT*, 13 March 1929.
194 *NYT*, 21 April 1929.
195 Details about the Caputh affair, including the text of Einstein's two letters are in *Der Tagesspiegel*, 20 April 1955.
196 *NYT*, 17 June 1930.
197 *NYT*, 23 August 1930.
198 *NYT*, 14 September 1930.
199 *News Chronicle*, 28 October 1930.
200 Reproduced in full in *Cosmic Religion* (ref. 175), p. 84.
201 *NYT*, 29 October 1930. For the full text to Shaw's toast, see e. g. *Berliner Tageblatt*, same date.
202 *Natal Mercury* (Durban), 4 November 1930.
203 *NYT*, 3 December 1930.
204 *NYT*, 12 December 1930.
205 See e. g. *NYT*, 21 December 1930.
206 *NYT*, 15 December 1930.
207 *NYT*, 16 December 1930.
208 *Liberty Magazine*, 9 January 1932.
209 *NYT*, 1 January 1931.
210 *The Engineer*, October 1979.
211 *NYT*, 15 March 1931.
212 *NYT*, 17 April 1931.
213 *NYT*, 5 October 1931.
214 *Pictorial Review*, February 1933.
215 Ph. Frank, *Einstein*, p. 361, Paul List Verlag, Munich, 1949.

216 A. Einstein, in his personal travel diary, 6 December 1931.
217 Ref. 18, Vol. 1, doc. 146.
218 *New York World Telegram*, 11 March 1933.
219 *NYT*, 19 April 1955.
220 The Institute for Advanced Study, excerpt from minutes, 10 October 1932.
221 My edition was published by Diogenes Verlag Zürich 1972.
222 *SL*, p. 514.
223 A. Einstein, letter to A. Bachrach, 25 July 1949.
224 Ref. 18, Vol. 1, doc. 161.
225 *Aufbau*, 9 March 1979.
226 Ref. 18, Vol. 1, doc. 163.
227 *NYT*, 16 March 1933.
228 Ref. 18, Vol. 1, doc. 169.
229 E. g. *Neue Zeit*, 2 April 1933; also ref. 18, Vol. 1, doc. 173.
230 Ref. 18, Vol. 1, doc. 181; also *NYT*, 12 April 1933.
231 *Journal Officiel*, session of 13 April 1933, p. 2276; also *Arbeiter Zeitung*, 14 April 1933. See further letters by the French Consul in Ostende to Einstein, 8 and 13 April 1933, Einstein Archive.
232 *Le Monde*, 22 April 1955.
233 Ref. 113, Chapter 9.
234 *Bunte Woche* (Vienna), 1 October 1933.
235 *New York World Telegram*, 19 September 1933.
236 *NYT*, 10 September 1933.
237 *NYT*, 4 October 1933.

238 A. Flexner, letter to A. Einstein, 13 October 1933.
239 A. Einstein, *Ideas and Opinions*, p. 7, Crown Publishers, New York, 1954.
240 *NYT*, 13 October 1937.
241 *NYT*, 27 July 1973.
242 A. Einstein, letter to Queen Elizabeth, 20 November 1933.
243 A. Einstein, letter to Queen Elizabeth, 16 February 1935.
244 *NYT*, 23 June 1940 ; in more detail in ref. 125, pp. 312–14.
245 *New York Sun*, 9 January 1935. The full text is in ref. 125, p. 254.
246 *NYT*, 19 December 1933.
247 *NYT*, 18 March 1934, Section 4.
248 *NYT*, 14 April 1934, Section 2.
249 *NYT*, 30 April 1934.
250 *Pittsburgh Post-Gazette*, 29 December 1934 ; *The Literary Digest*, 12 January 1935.
251 *NYT*, 13 April 1935.
252 *NYT*, 15 April 1935.
253 A. Einstein, *Out of my later years*, p. 269, The Citadel Press, Secaucus, New Jersey, 1977.
254 *NYT*, 27 April 1935.
255 *NYT*, 29 June 1935.
256 *NYT*, 23 October 1935.
257 Ref. 125, p. 262.
258 For a detailed biography of Ossietzky, see K. R. Grossmann, *Ossietzky*, Kindler Verlag, Munich, 1963.
259 *New York World Telegram*, 31 May 1935 ; *New Yorker Volkszeitung*, 15 June 1935 ; *New York Post*, 24 June 1935.
260 Ref. 253, p. 241.

261 *NYT*, 12 February 1936.
262 *NYT*, 28 March 1936.
263 *NYT*, 9 March 1936.
264 *NYT*, 16 October 1936.
265 For the full text, see ref. 239, p. 59.
266 Ref. 253, p. 5.
267 *NYT*, 19 April 1937 ; also ref. 125, p. 274.
268 *The Brooklyn Tablet*, 14 May 1938.
269 *NYT*, 7 June 1938. The complete text of the address is found in ref. 253, p. 15.
270 *NYT*, 16 September 1938.
271 See e. g., ref. 239, p. 18 ; ref. 253, p. 11.
272 *NYT*, 30 October 1938.
273 *NYT*, 29 January 1939.
274 For an English translation of that paper, see H. G. Graetzer, *Am. J. Phys*. **32**, 9, 1964.
275 L. Meitner and O. R. Frisch, *Nature*, **143**, 239, 1939.
276 *NYT*, 14 March 1939.
277 *NYT*, 1 May 1939.
278 *NYT*, 29 May 1939.
279 *NYT*, 2 July 1939.
280 *NYT*, 17 August 1939.
281 *NYT*, 11 November 1939.
282 R. Rhodes, *The making of the atomic bomb*, p. 305, Simon and Schuster, New York, 1986.
283 This letter has often been reproduced in full ; see e. g. ref. 125, p. 295.

284 Ref. 125, p. 297.

285 Ref. 125, p. 299.

286 A. Pais, *Niels Bohr's Times*, p. 482 ff., Clarendon Press, 1991.

287 H. L. Stimson, *On active duty in peace and war*, Chapter 13, Harper, New York, 1947.

288 A. Vallentin, *The drama of Albert Einstein*, p. 278, Doubleday, New York, 1954.

289 A. Einstein, letter to N. Bohr, 12 December 1944.

290 *NYT*, 19 March 1940.

291 *NYT*, 23 May 1940.

291a *NYT*, 23 June 1940.

292 *NYT*, 16 June 1941.

293 Ref. 125, p. 320.

294 *NYT*, 30 December 1941.

295 *NYT*, 26 October 1942.

296 *NYT*, 12 March 1944.

297 *NYT*, 29 May 1944.

298 *NYT*, 5 August 1944.

299 *NYT*, 10 October 1944. For the full text of Einstein's statement, see ref. 125, p. 332.

300 *Aufbau* ［a New York publication］, 27 April 1945.

301 *NYT*, 12 August 1945.

302 *NYT*, 1 January 1949.

303 *NYT*, 13 January 1949.

304 *NYT*, 14 January 1949.

305 *NYT*, 15 March 1949.

306 *NYT*, 14 March 1950.
307 *NYT*, 14 March 1949.
308 Ref. 256, p. 272. See also ref. 317.
309 *NYT*, 16 March 1949.
310 *NYT*, 20 March 1949.
311 *NYT*, 17 March 1953.
312 *NYT*, 16 March 1953.
313 *NYT*, 14 March 1954.
314 *NYT*, 15 March 1954.
315 *NYT*, 27 December 1949.
316 *NYT*, 28 December 1949.
317 *NYT*, 2 January 1950.
318 *NYT*, 8 January 1950.
319 *NYT*, 9 January 1950.
320 *NYT*, 15 February 1950.
321 *NYT*, 11 May 1950.
322 *NYT*, 30 March 1953.
323 *NYT*, 19 November 1952.
324 Y. Navon, in *Albert Einstein, Historical and Cultural Perspectives*, p. 293, Princeton University Press, 1982.
325 D. Mitrany, in *Jewish Observer and Middle East Review*, 22 April 1955. For other details, see ref. 125, pp. 571–4.
326 *NYT*, 4 May 1946.
327 *NYT*, 28 April 1948.
328 Full text in ref. 239, p. 146.

329 *NYT*, 5 May 1953.
330 Full text in ref. 239, p. 33.
331 *NYT*, 21 February 1954.
332 *NYT*, 6 November 1949.
333 *NYT*, 14 May 1951.
334 *NYT*, 23 September 1946.
335 *NYT*, 25 September 1946.
335a *NYT*, 16 October 1947.
336 *NYT*, 30 March 1948.
337 *NYT*, 13 March 1949.
338 *NYT*, 11 August 1949.
339 *NYT*, 12 March 1950.
340 *NYT*, 6 January 1951.
341 *NYT*, 15 January 1951.
342 *NYT*, 24 February 1951.
343 *NYT*, 15 March 1951.
344 *NYT*, 28 August 1951.
345 *NYT*, 16 March 1952.
346 *NYT*, 5 April 1952.
347 *NYT*, 16 May 1952.
348 *NYT*, 17 May 1952.
349 *NYT*, 10 August 1952.
350 *NYT*, 5 October 1952.

351 *NYT*, 26 October 1952.
352 *NYT*, 29 November 1952.
353 *NYT*, 17 January 1953.
353 *a* *NYT*, 3 July 1954.
354 *NYT*, 25 May 1953.
355 *NYT*, 11 October 1953.
356 *NYT*, 24 December 1953.
357 *NYT*, 15 September 1945.
358 *NYT*, 10 October 1945; full text in ref. 125, p. 340.
359 *Congressional Record of 1945*, Vol. 91, part 8, p. 10049.
360 *Atlantic Monthly*, November 1945. Full text in ref. 239, p. 118.
361 *NYT*, 11 December 1945.
362 Full text in ref. 239, p. 115.
363 *NYT*, 24 February 1946.
364 *NYT*, 30 May 1946.
365 *NYT*, 23 June 1946. Full text in ref. 125, p. 383.
366 *NYT*, 18, November 1946.
367 *NYT*, 19 August 1946.
367 *a* *NYT*, 22 February 1947. The message was broadcast on station WMCA. Its full text is in ref. 125, p. 403.
368 *NYT*, 16 July 1947.
369 'The military mentality', in *The American Scholar*, New York, summer 1947; full text in ref. 239, p. 132.
370 *NYT*, 23 September 1947.
371 Full text in ref. 253, p. 156.

372 *Atlantic Monthly*, November 1947. Full text in ref. 239, p. 123.
373 *NYT*, 29 August 1948.
374 *NYT*, 13 February 1950.
375 *The Evening Bulletin*, 14 February 1950.
376 *Newark Evening News*, 14 February 1950.
377 *NYT*, 13 October 1952.
378 *NYT*, 15 October 1952.
379 *NYT*, 13 January 1953.
380 *NYT*, 12 June 1953.
381 See e. g. *NYT*, 17 June (*pro*) and 18 June (*con*) 1953.
382 *NYT*, 14 June 1953.
383 *NYT*, 22 June 1953.
384 Ref. 382, Sec. IV, p. 2.
385 *NYT*, 26 June 1953.
386 *NYT*, 19 and 22 December 1953.
387 *The Washington Post*, 13 June 1953.
388 *The Detroit News*, 15 June 1953.
389 *NYT*, 14 March 1954.
390 *NYT*, 11 April 1954.
391 *NYT*, 20 August 1954.
392 *The Reporter*, 18 November 1954.
392a *Newark Star Ledger*, 14 April 1954.
393 *Bull. At. Scientists*, May 1954.

394 *The New Palestine*, **11**, 334, 1926.

395 Letter to the *Manchester Guardian*, 12 October 1929 ; full text in ref. 107, p. 71.

396 Letter to the Palestinian Arab paper *Falastin*, 28 January 1930 ; full text in ref. 107, p. 87.

397 *NYT*, 28 September 1930.

398 Full text in ref. 239, p. 174.

399 *NYT*, 21 April, Section 2, 1954.

400 Reproduced in ref. 253, p. 257. I do not know where this statement was published originally.

401 *Aufbau*, 16 March 1979.

402 *NYT*, 21 April 1935.

403 *NYT*, 8 June 1936.

404 *NYT*, 28 January 1938.

405 *NYT*, 18 April 1938. Full text in ref. 239, p. 188.

406 *Jerusalem Post*, 11 November 1988.

407 *Collier's Magazine*, 26 November 1938. Full text in ref. 239, p. 191.

408 Full text in ref. 239, p. 198.

409 *NYT*, 28 May 1939.

410 *Technion Journal*, April 1941.

411 *NYT*, 6 June 1944.

412 *NYT*, 12 January 1946.

413 *NYT*, 15 February 1946.

414 *NYT*, 26 November 1947.

415 *NYT*, 18 April 1948, letter to the Editor, co-signed with Leo Baeck.

416 *NYT*, 16 March 1949.

417 *NYT*, 18 November 1949.
418 *NYT*, 28 November 1949. For the full text of the broadcast, see ref. 239, p. 200.
419 *NYT*, 30 October 1951.
420 *NYT*, 25 May 1953.
421 *NYT*, 20 September 1954.
422 Ref. 125, p. 639.
423 Ref. 239, p. 171.
424 Ref. 239, p. 186.
425 *NYT*, 19 April 1955.
426 *NYT*, 21 April 1955.
427 *NYT*, 22 April 1955.
428 *NYT*, 15 May 1955.
429 *NYT*, 31 August 1955.
430 *News of the YIVO*, September 1979, No. 150.
431 *L'express*, June 7-13, 1965.
432 *The Jerusalem Post Special*, July 1989.
433 *Jerusalem Post*, 18 January 1980.
434 *Vegetarisches Universum*, December 1957.
435 A. Friedman and C. Donley, *Einstein as myth and muse*, Cambridge University Press, 1985.
436 Examples referring to Einstein's life are found in ref. 435.
437 L. Durrell, *Balthazar*, p. 5, Faber and Faber, London, and E. P. Dutton, New York, 1958.
438 Ref. 437, p. 142.
439 L. Durrell, *Clea*, p. 135, Faber and Faber, London, and E. P. Dutton, New York, 1960.

440 English translations by J. Kirkup, Grove Press, New York, 1964.

441 All reproduced in *Einstein, a centenary volume*, p. 242, ed. A. P. French, Heinemann, London, 1979.

442 Repr. in ref. 435, p. 183.

443 *Neue Zürcher Zeitung*, 26 February 1979.

訳者あとがき

本書は Abraham Pais : *Einstein Lived Here*, Oxford University Press, 1994 の全訳である。パイスのアインシュタインを扱った前著『神は老獪にして…』は大著であるが、西島和彦氏の監訳で、同じ産業図書から出版されている（一九八七年）。著者のパイスに関しては、その訳書の監訳者の序で西島氏が詳しく述べておられるし、本書でも簡単な略歴が紹介されているから、ここで詳しくは扱わない。前著は、主として学問上の観点から描かれたアインシュタインの伝記という趣であったが、本書は、かなり性格を異にしている。著者自身本書のいろいろな場所で強調するように、アインシュタインが二十世紀が生んだ最大の人物の一人として、現在まで人気を保ち続けているのは、もちろん彼の学問上の業績もさることながら、メディアが彼を英雄に仕立てたことも効いているのであって、そのゆくたてを明らかにすることが、アインシュタイン理解には必要である、と言う問題意識が著者にあって、本書は、その課題に対する著者なりの解答である。

実際、このあとがきを書いている平成十三年一月十四日の朝日新聞朝刊には、ある団体の全紙広告が載っているが、その全紙一杯を埋めているのは、アインシュタインの肖像写真である。亡くなってかれこれ半世紀が経過しようとしている今日でさえ、彼の肖像に「広告」的価値があるという状況は、科学者としてでなくとも、極めて異例のことだと言ってよいだろう。本書の著者が最も力を注いだのは、全世界から、そうしたマスメディアのアインシュタインの扱いを収集、整理し、発表することだった。もちろん、そうした中には必ずしも好意的なものばかりがあるわけではない。しかし、彼自身の思惑とは別個に、世間がどのように彼を神格化していったか、ということの経過は、非常に興味ある記録となっている。

そのほか、例えば、最初の結婚にあっては、これまでその存在が取り上げられてこなかった私生児の介在があり、しかも、その消息は全く謎に包まれている、というような、やや週刊誌の話題めいた内容も盛られていて、アインシュタインという類稀な人物の人間的表裏を、余すところ無く描き上げたものとなっている。ただし、著者は晩年のアインシュタインと親交を結んだ物理学者であり、対象に対する著者の本質的敬意が常に描写の背後にあることによって、一見暴露的な内容の部分でも、読者は決して興味本位の後味の悪い記事を読んだというような読後感を抱くことはないはずである。

さらに二十一世紀の現在まで解決されることなく、激しい摩擦を続けてきたパレスティナ問題に関しても、まさしくその問題の始まりに当たってアインシュタイン自身が果たした、あるいは果たさなかった役割、真摯なユダヤ民族への思い、冷戦構造構築のなかでの絶対平和主義の主張など、多くの誹謗中傷にもめげずに、自分の科学者としての名声が役立つのであれば、平和の実現のためにどんな労も厭わない、というような政治的姿勢を、本書の記述からあらためて読み取って、大きな感銘を受ける読者もいるだろう。

いずれにしても、二十世紀を終えた今、その世紀が生み出した最大の人物の人間性を描き尽くした著者の力量は並々のものではないことだけは確かである。

訳文は最初板垣が造り、村上がそれにかなり手を入れた。板垣の初稿はかなり早く出来上がっていたが、村上の作業が遅れ、書肆にも迷惑をかけてしまったことをここでお詫びする。編集部の西川宏氏にはいつもながら御

世話になった。記して御礼の言葉とする

平成十三年一月

訳者を代表して

村上　陽一郎

も

よ

り

る

ろ

わ

て

と

な

に

ね

の

は

ひ

ふ

へ

ほ

ま

事項索引

ロ

ワ

ミ

メ

モ

ヤ

ユ

ヨ

ラ

リ

ル

レ

ハ

ヒ

フ

ヘ

ホ

マ

ス

セ

ソ

タ

チ

テ

ト

ナ

ニ

ネ

ノ

人名索引

ア

ウ

エ

〈訳者略歴〉

村《むら》 上《かみ》 陽一郎《よういちろう》

1968年　東京大学大学院人文科学研究科博士課程満期退学
1973年　東京大学教養学部助教授
1986年　東京大学先端科学技術研究センター・センター長
1995年　国際基督教大学教養学部教授
　　　　現在にいたる（東京大学名誉教授）

板《いた》 垣《がき》 良《りょう》 一《いち》

1981年　東京大学大学院科学史・科学基礎論修士課程修了
1985年　東海大学文明研究所専任講師
1988年　東海大学文明研究所助教授
　　　　現在にいたる

アインシュタインここに生きる

2001年3月27日　初　版

著　者　アブラハム・パイス
訳　者　村上陽一郎
　　　　板垣良一
発行者　江面竹彦
発行所　産業図書株式会社
東京都千代田区飯田橋2-11-3
郵便番号　102-0072
電　話　東京（3261）7821（代）
振替口座　00120-7-27724番

中央印刷・小高製本

ISBN 4-7828-0135-1　C0040